KB040063

영상, 역사를 비추다

한국현대사 영상자료해제집 IV

대한뉴스 해제집 4

영상, 역사를 비추다
한국현대사 영상자료해제집 IV
대한뉴스 해제집 4

초판 1쇄 발행   2017년 5월 31일

엮은이 ㅣ 허 은
펴낸이 ㅣ 윤 관 백
펴낸곳 ㅣ 도서출판선인

등   록 ㅣ 제5-77호(1998.11.4)
주   소 ㅣ 서울시 마포구 마포대로 4다길 4 곳마루 B/D 1층
전   화 ㅣ 02)718-6252/6257
팩   스 ㅣ 02)718-6253
E-mail ㅣ sunin72@chol.com

정가 59,000원

ISBN   979-11-6068-097-3   94910
ISBN   979-11-6068-093-5   (세트)

"이 저서는 2011년 정부(교육과학기술부)의 재원으로 한국학중앙연구원의
지원을 받아 수행된 연구임(AKS-2011-EAB-3101)"

영상, 역사를 비추다
한국현대사 영상자료해제집 IV

대한뉴스 해제집 4

허 은 편

도서출판 선인

▎해제집을 펴내면서

한국현대사 영상자료해제집은 고려대 한국사연구소 역사영상융합연구팀이 2011년부터 3년에 걸쳐 진행한 '한국 근현대 영상자료 수집 및 DB구축' 프로젝트의 결과물 중 하나이다. 6년 전 30여 명으로 구성된 역사영상융합연구팀은 세 가지 목표를 가지고 토대연구를 추진했다.

첫째, 한국 근현대사 관련 기록 영상자료를 최대한 망라하는 영상물 데이터베이스(DB) 구축을 목표로 삼았다. 사업을 시작할 때까지 이는 국내의 어떤 기관도 수행하지 못한 일이었다. 프로젝트가 완수되면 국내외 한국 근현대사 관련 기록 영상자료의 정보가 최초로 종합·정리되고, 특히 해외에 산재된 상당분량의 영상물이 새롭게 발굴·정리될 것이라 기대했다.

둘째, 역사학, 언론정보, 영화문화를 전공한 연구자들이 결합하여 체계적인 해제를 수행하고 주요 영상을 선별하여 해제집을 발간하는 것을 과제로 삼았다. 역사연구와 영상연구가 결합된 해제가 수행되어야 향후 역사학 분야뿐만 아니라 각 분과학문 연구에도 유용하게 활용될 수 있는 깊이 있는 DB를 구축할 수 있다고 보았기 때문이다.

셋째, 훼손이나 소멸될 가능성이 높은 자료를 우선 수집하고, 수집된 자료를 체계적으로 보존하며 동시에 그 활용을 극대화 하는 방안을 강구하고자 했다. 사적으로 수집된 영상자료는 논외로 하더라도 공공기관에서 수집한 해외소재 영상물조차 '공공재'로서 접근성이나 활용도가 크게 떨어지는 경우가 많았다. 당연한 언급이지만, 연구자와 대중이 영상자료를 수월하게 활용할 수 있을 때 영상을 활용한 새로운 역사쓰기의 가능성이 크게 확장될 수 있다.

이상의 세 가지 목표를 가지고 진행한 연구는 한국학중앙연구원, 한국영상자료원 등과 협조하에 부족하나마 가시적인 성과를 이룰 수 있었다. 해외수집영상물의 안정적인 보존은 한국영상자료원이 맡아주었고, 영상자료의 접근성과 활용도를 극대화하기 위해 누리집(고려대학교 한국사연구소 '한국근현대 영상아카이브' http://kfilm.khistory.org)을 구축하여 수집한 기록영상물을 쉽게 접근하고 활용할 수 있도록 했다. 학문 융합적인 접근을 통해 체계적인 해제를 수행한다는 목표는 단계별 카탈로깅 진행과 한국 현대사 영상자료 해제집의 발간을 통하여, 일단락을 맺은 셈이다.

　9권의 해제집은 크게 뉴스영화와 문화영화 해제로 구성되어 있다. 이 영상물들을 해제하는데 집중한 이유는 사료적 가치가 높음에도 불구하고, 역사학을 포함한 인문학 분야는 말할 것도 없고 한국영화사 연구 분야에서도 큰 주목을 받지 못했기 때문이다. 해제 범위는 8·15해방 이후부터 박정희 정권시기까지 대한민국 현대사와 관련된 영상자료로 한정했고, 다양한 역사적 사실들을 다루기 위해 연구팀이 소장하지 않은 영상자료에서도 선별하여 해제를 진행했다. 해외수집영상에 일제 강점기 영상도 일부 있으나, 해제집의 주안점은 한국현대사에 대한 이해를 높이는데 두었다. 움직이는 영상을 활자로 옮기는 작업은 영상미디어史를 쓰기 위한 불가결한 과정이지만, 활자화된 영상 정보가 다양한 해석의 가능성을 차단하지 않을까 우려된다. 이러한 우려를 최소화하기 위해 '한국근현대 영상아카이브' 누리집에서 가능한 한 많은 영상물을 시청할 수 있도록 했으니 함께 활용해 주기를 바란다.

　토대연구의 완료가 예상보다 3년을 더 경과한 셈이니 늦어도 많이 늦었다고 할 수 있다. 역사－영상 연구의 기반을 마련한다는 원대한 목표를 갖고 진행한 토대연구는 일사천리로 진행될 수 없었다. 역사학 분야에서 영상 연구가 일천하여 두 번의 국제학술회의와 연구서 발간을 통하여 문제의식을 공유하고, 영상 독해력도 갖추어 가야했다. 여기에 홈페이지 구축과 해제집 발간까지 병행한 6년은 프로젝트팀에게는 짧기만 한 기간이었다.

　영상 자료의 수집과 해제 과정은 많은 인내와 높은 집중력을 지속적으로 요구하는 작업이다. 하나의 영상을 사료로 만드는 과정은 영상과 관련된 문헌정보, 영상 속 시각·청각 정보 등을 종합적으로 정리할 때 가능하다. 연구의 정량적 평가에 시달리는 요즘, 지리하고 힘들뿐만 아니라 생색내기도 어려운 토대구축 연구를 같이 해준 전임연구원·공동연구원 선생님들과 녹취, 번역, 해제 집필 등 다양한 방식으로 참여한 모든 분들께 진심으로 감사를 드린다. 특히 각각 문화영화, 미국지역 수집영상물, 유럽지역 수집영상물의 최종 책임 편집을 맡아 정리하고, 각 해제집의 소개글을 작성해 주신 박선영, 양정심, 박희태 세 분께 다시 한번 감사드린다.

기초해제에서부터 최종 교정까지 대학원생들이 많은 수고를 해 주었다. 대학원 박사, 석사 지도학생들의 헌신적인 참여가 없었다면 이러한 규모의 토대연구는 엄두도 내지 못했을 것이다. 충분한 장학금을 주며 연구에 전념할 수 있는 여건을 마련해 줄 수 없는 현실에서 연구 프로젝트는 계륵과도 같은 존재이다. 특히 영상자료는 문헌사료가 중심인 역사학에서 연구외적 작업이 되기 십상이라 우려가 컸는데, 참여 대학원생들은 인내와 성실로 여러 난관을 끝까지 함께 극복해 주었다. 이주호, 금보운, 서홍석 세 명의 박사과정 학생들은 마지막까지 마무리 작업을 하느라 수고가 더 컸다.

이외에도 다 열거할 수 없을 정도로 많은 분들의 도움이 있었다. 영상자료 수집에서 조준형 팀장님을 비롯한 한국영상자료원의 도움이 컸으며, 연구 진행과 자료수집 그리고 해제에 공동연구원분들이 많은 힘을 실어주셨다. 일본 및 중국 현지에서 자료조사와 수집을 맡아 주었던 도쿄대의 정지혜, 남의영 연구원, 푸단대 순커즈 교수에게 감사드린다. 또한 사업기간 지원을 아끼지 않았으며, 해제집 발간도 인내심을 갖고 기다려 준 한국학중앙연구원에 감사의 뜻을 전하지 않을 수 없다. 끝으로 한국근현대 영상자료 해제집 발간을 흔쾌히 맡아주신 선인출판 윤관백 사장님과 편집교열에 수고해 주신 편집부 여러분께 감사드린다.

많은 분들의 헌신적인 참여와 도움으로 해제집을 발간할 수 있었지만, 새로운 시도에 따른 내용적 오류나 분석방법의 미숙함이 많이 눈에 띄리라 본다. 여러분들로부터 질정을 받으며 향후 지속적으로 수정, 보완해 나가도록 하겠다.

한국인뿐만 아니라 수많은 외국인들이 격동적으로 전개된 한국현대사를 영상으로 담았고, 그 결과 방대한 분량의 영상자료들이 전 세계 각국에 흩어져 한국현대사를 우리 앞에 펼쳐 보이고 있다. 이 해제집은 그중 일부를 다루었을 뿐이다. 여기서 거의 다루지 못한 북한과 구 공산진영 국가들에 흩어져 있는 영상들은 여러 연구자와 관계기관에 의해 수집 · 정리되고 있다. 남북한 각각의 역사가 아닌 20세기 한반도사 또는 한민족사를 위한 영상DB 구축이 머지않아 이루어지기를 고대한다.

21세기 초입에 우리는 개항, 식민지배, 분단과 전쟁, 산업화와 민주화 등 좌절과 희망의 20세기를 차분히 재성찰하며 냉전분단시대가 남긴 질곡과 유제를 극복 · 청산할 방향을 모색해야 한다. 한국현대사 영상자료 해제집이 20세기 냉전분단시대를 넘어서는 역사, 그리고 활자 미디어를 넘어서는 새로운 역사쓰기를 모색하는 이들에게 디딤돌이 된다면 이는 연구팀원 모두에게 큰 기쁨일 것이다.

2017년 5월
연구팀원을 대표하여
허은 씀

차 례

대한뉴스

대한뉴스 KC

대한뉴스

민속촌 개관 (1974년 10월 12일)

제작정보

출   처 : 대한뉴스 1004호
제 작 사 : 국립영화제작소
제 작 국 가 : 대한민국

영상정보

제 공 언 어 : 한국어
컬   러 : 컬러
사 운 드 : 유

영상요약

1974년 10월 3일 문을 연 경기도 용인의 민속촌에 대해 소개하는 영상이다. 민속촌의 주요 건물들에 대해 소개하고 내부에서 볼 수 있는 다양한 광경들을 보여주고 있다.

내레이션

여기는 이조 후기의 생활양식을 한눈에 볼 수 있는 경기도 용인의 민속촌. 용인군 기흥면 22만 2천 평에 자리 잡은 이 민속촌은 10월 3일에 문을 열었는데 아흔아홉 칸 양반집을 비롯해서 아흔 네 채의 일반초가와 민속박물관, 민속공연장 등 우선 125채의 건물을 완성했습니다. 여기 만든 집들은 문화재 전문가들의 고증을 거쳐 전국 각지의 대표적인 것만을 골라 원형을 재생한 것입니다. 일반 가옥은 왕골돗자리, 갓 등 우리나라 고유의 생활도구 제작과정을 소개하면서 제품을 전시하고 있는데, 앞으로는 기념품으로 팔기도 할 예정입니다. 조상들의 전통적인 민속문화를 살필 수 있는 이곳 용인의 민속촌은 새로운 관광자원으로서 큰 몫을 차지하게 되었습니다.

화면묘사

00:00   자막 "민속촌" (꼭두각시 장단의 배경음악)
00:04   용인 민속촌 전경
00:26   민속촌 입구에서 정장 차림의 고위 관계자들이 모여 테이프커팅을 하는 장면
00:33   민속촌 내부의 풍경을 보여주는 다양한 장면들. 초가집, 물레방아, 전통 복장을 한 남성들이 대장간에서 일하는 모습, 실내에서 한복을 입은 여성들이 왕골돗자리를 만드는 모습, 베틀에다가 베를 짜는 모습, 약방에서 약을 정리하고 의원이 책을 읽는 모습, 갓을 만드는 장면 등
01:20   양반의 기와집들이 모여있는 풍경

연구해제

이 영상은 1974년 10월 3일에 열린 용인 민속촌 개관식을 보여준다.

정부는 1962년 국제관광공사(현 한국관광공사)를 설립하고, 일본인 관광객들을 유치하는데 다각도로 노력을 기울였다. 그 결과 1962년 15,000여 명에 불과했던 외국인 관광객이 1970년에는 173,000여 명이 될 정도로 크게 증가했다. 민속촌의 설립은 이와 같은 관광 붐에 대한 정부의 대응의 일환으로 이루어졌다. 서울과 가까운 지역에 관광객들이

관광하며 머무를 수 있는 관광단지를 조성해야 할 필요를 느꼈기 때문이다.

　이러한 상황은 1972년 12월 28일에 열린 '민속촌 건립에 관한 세미나'의 내용에서도 구체적으로 확인 할 수 있다. 이 회의에는 문화재 위원, 문화재 관리국 소속 공무원, 청와대 경제 수석비서관 및 청와대 비서실 관료들이 함께 참석했는데, 한국 민속촌의 기본 구상에 대한 학계 인사와 문화재 관리국 관계자, 정부 관계자간의 의견대립이 발생한 점이 포착된다. 문화재 위원들은 장기적인 관점에서 학문적 객관성을 유지하는 것이 바람직하다고 주장하였다. 문화재 관리국 관계자들도 학계와 비슷한 관점에서 경복궁 내의 한국민속관을 활용하여 민속촌으로 확장시킬 계획을 세우고 있었다. 반면, 청와대 경제 수석 비서관으로 대표되는 정부 관료들은 관광수입을 통한 외화획득에 주요한 관심을 보이고 있었다. 결과적으로 학계와 문화재 관리국의 관점은 청와대 비서실과의 현실적 권력관계에 의해 묵살되었던 것으로 보인다. 청와대가 교통부와 관광국 등의 세력과 결합하여, 영리추구에 유리한 민속촌 건립 민자 유치를 추진하기로 결론지었기 때문이다.

　민자 유치로 용인군 기흥면에 설립된 한국 민속촌은 이후 민간이 경영하면서 독자적으로 운영되어 왔다. 1974년 10월 3일 개천절에 개관할 당시, 약 20만 평의 부지 위에 30여 가구의 건물이 세워진 상태였으나, 이후 더욱 확장되어 22만 평의 부지에 282동의 각종 건축물과 부대시설을 갖춘 야외 박물관으로 성장하였다. 민속촌의 전시물은 건물이 주류를 이룬다. 대체로 한반도 남부, 북부, 중부별 농가와 각 지역별 양반 가옥, 도자기나 목기를 만드는 공방, 한약방, 제주도민가, 울릉도민가, 서원과 서당 등등이 전시되어 있다. 한편 관광객을 유치하기 위하여 99칸 양반가와 도깨비집과 같은 흥미를 자극하는 건물도 세웠다. 일반 입장료는 어른 기준으로 600원이었으며, 흥미 위주의 시설에 입장하기 위해서는 별도의 입장료 200원을 지불하도록 되어 있었다. 이 외에도 수익을 위한 장터도 마련되었다.

　그렇지만 한국 민속촌은 엄밀한 고증 없이 지어진 건물들이 많고, 또한 조선 후기의 것만을 중심으로 복원해 놓았다는 지적도 받고 있다. 이 영상의 내레이션에서도 '이조 후기의 생활양식을 한눈에 보여 줄 수 있는' 곳으로서 민속촌을 설명하고 있으며, '새로운 관광자원으로서 큰 몫을 담당하게' 되었다고 평가내리고 있다. 이 영상은 개관 당시 민속촌에 대한 정부의 인식을 직접적으로 들을 수 있고, 이로 인해 발생할 수 있는 문제점들을 유추하는데 도움을 준다.

참고문헌

「국내 첫 민속촌개관」, 『동아일보』, 1974년 10월 3일.

국립민속박물관, 『국립민속박물관 50년사』, 1996.

조정우, 『박물관에서의 '역사만들기'에 관한 연구 : 국립민속박물관의 사례를 중심으로』,
　　　　서울대학교 석사학위논문, 2001.

해당호 전체 정보

1004-01 대통령 지방시찰

상영시간 ㅣ 02분 07초

영상요약 ㅣ 이 뉴스는 박정희 대통령의 호남지역 시찰 소식을 전하고 있다. 박 대통령은 광주와 전남 광산군의 수해복구상황과 전북 이리의 수출자유지역 공사현장을 시찰하고 지시사항을 전달하였다.

1004-02 민속촌 개관

상영시간 ㅣ 01분 26초

영상요약 ㅣ 1974년 10월 3일 문을 연 경기도 용인의 민속촌에 대해 소개하는 영상이다. 민속촌의 주요 건물들에 대해 소개하고 내부에서 볼 수 있는 다양한 광경들을 보여주고 있다.

1004-03 이런 일 저런 일

상영시간 ㅣ 03분 34초

영상요약 ㅣ 이 뉴스는 가을국전, 새마을 권잠실 현판식 행사, 포항 종합제철의 주물선 공장 준공, 국제인삼심포지엄, 미국 하원의장배 전국고교야구대회, 파주에서 열린 통일탑·평화의 종 제막식, 강화도 마니산 성지순례 기도행사 등 7개의 소식을 전하고 있다.

1004-04 제55회 전국 체육대회

상영시간 ㅣ 02분 09초

영상요약 ㅣ 제55회 전국체육대회 개막 소식을 전하는 뉴스이다. 체육대회는 국민들의 강인한 체력과 불굴의 투지를 함양하기 위한 것이라는 박정희 대통령의 개회사 내용을 전하면서 고등학생들이 선보인 매스게임 장면들을 보여준다.

휴전선에 남침 땅굴 (1975년 11월 23일)

제작정보

출   처 : 대한뉴스 1010호
제 작 사 : 국립영화제작소
제 작 국 가 : 대한민국

영상정보

제 공 언 어 : 한국어
컬   러 : 컬러
사 운 드 : 유

영상요약

이 뉴스는 휴전선 주변에서 북한이 파놓은 땅굴이 발견되었다는 소식과 함께 땅굴의 위치와 구조, 내부의 모습과 그 속에서 발견된 것들에 관한 정보를 상세하게 전하고 있다. 또한 이 땅굴이 북한의 무력남침 의도를 드러내는 증거라고 강조해서 대중에게 경각심을 가져야 한다는 메시지를 전하고 있다.

▌ 내레이션

한반도의 허리를 가로지른 휴전선. 이 휴전선을 사이에 두고 남침의 기회만 노리는 북한괴뢰와 우리는 맞서고 있습니다. 그런데 북한괴뢰는 최근 휴전선에 땅굴을 파고 무력 남침을 기도했습니다. 땅굴이 발견된 지점은 서울에서 북쪽으로 불과 52킬로미터 떨어진 비무장 지대입니다. 군사분계선을 중심으로 북쪽 2킬로미터 지점에는 북방한계선이, 남쪽 2킬로미터 지점에는 남방한계선이 있습니다. 그런데 북한 괴뢰는 군사분계선을 넘어 남쪽의 비무장지대로 1,200미터의 땅굴을 뚫어놓았는데, 북쪽 비무장지대에도 땅굴이 있다고 보면은 그 길이는 적어도 3내지 4킬로미터가 되는 것입니다. 따라서 남방한계선에서 불과 800미터 전방까지 뚫고 들어온 것입니다. 이것이 발각되자 북한 괴뢰는 총격을 가해왔던 것입니다. 유엔군 사령부 대변인 우드 사이드 대령은 11월 15일 아침 일곱 시 삼십오 분 남쪽 비무장지대를 순찰하던 우리 측 민정경찰대원에 의해 남침 지하터널이 발견되었다고 밝히면서 북한 괴뢰의 이번 행위는 휴전 협정의 중대한 위반일 뿐만 아니라 사실상의 무력 남침행위라고 말했습니다. 여기가 남방한계선. 이 남방한계선에서 북쪽 비무장지대 800미터 전방이 땅굴을 발견한 지점입니다. 견고하게 요새화되고 큰 확성기까지 갖춘 북한괴뢰의 진지. 이 진지에서 땅굴 발견지점으로 총격을 가해왔던 것입니다. 이 땅굴은 민정경찰대 구중석 중사 외 8명의 순찰조가 순찰도중에 땅밑에서 원인 불명의 김이 올라오는 것을 수상히 여겨 파헤쳤을 때 발견됐던 것입니다. 이 땅굴은 높이가 1미터 20센치, 상부너비 1미터, 하부너비 1미터 20센치, 콘크리트 두께가 5센치미터, 폭이 30센치미터로, 사다리꼴로 조립돼 있습니다. 이 땅굴은 바위가 있는 산을 파 오다가 여기 지표가 약한 곳에서 노출된 것입니다. 북한괴뢰가 구축한 남침 땅굴의 내부입니다. 천정과 벽은 조립식 콘크리트로 돼있으며 철근을 사용한 것으로 보입니다. 그리고 땅굴 밑에는 레일이 부설돼 있고 궤도차를 돌릴 수 있는 회차로 지점도 마련돼 있습니다. 땅굴 벽면에는 전선이 죽 연결돼있고 이 전선에는 220볼트 60와트짜리 전등이 가설돼있습니다. 이 속에는 궤도차가 마음대로 다닐 수 있어 실로 무서운 시설입니다. 북쪽 비무장지대 2킬로미터에도 땅굴이 구축돼있다고 볼 때, 이 땅굴의 길이는 적어도 3내지 4킬로미터나 될 것이며, 한 시간에 최소한 적 1개 연대 이상의 무장 병력을 침공시킬 수 있고, 약 1개 사단 이상의 병력을 수용할 수 있는 것입니다. 뿐만 아니라, 무장병사가 뛰어갈 수 있는 이 땅굴은 대포 등 각종 중화기를 쉽게 운반할 수도 있습니다. 그러기에 이 땅굴은 수비용도 아니며 수색용도 아닌 분명히 이것은 무력남침을 위한 공격용 땅굴입니다. 땅굴 안 벽에는 작업일지를 표시한 날짜들이 새겨져 있는가 하면은, 놈들의 야욕을 말해주는 "속도전"이라는 표어, 적화통일을 노리는 "통일로"라는 표지가 있습니다. 그리고 "부근"이라고 써놓은 글씨와 "1974년 9월 6일"을 표시한 숫자가 보입니다. "보임"이라고 써놓은 이곳은 우리 진지를 살피는 장소로 보였습니다. 땅굴 속에서 노획한 남침의 증거품들입니다. 삽과 괭이들, 흙손과 북한괴뢰 제품의 전화기며 다이너마이트, 먹다 남은 밥과 반찬들이 그대로 남아있기도 했습니다. 땅굴을 조사해나간 우리 민경대원들은 발견되는 땅굴을 위로부터 파헤쳐나갔습니다. 남쪽 비무장지대 깊숙이 나무로 뚫린 북한괴뢰의 땅굴. 그것은 분명히 일시에 대규모 병력을 침투시키기 위한 통로이거나 또는 대규모의 게릴라 부대를 침투시켜 군사적 도발을 감행하기 위한 것입니다. 그리고 북한 괴뢰가 남침할 때 그들의 피해를 적게 하고 각종 진지를 기습적으로 탈취하기 위한 속전속결 전략의 통로인 것입니다. 이 하나의 사실로 미루어보아 북한 괴뢰는 휴전선 도처에서 남침용 땅굴을 파고 있음이 분명합니다. 여기 고랑포 주변에서 서울까지는 자동차로 불과 한 시간 거립니다. 이 얼마나 가공할 일입니까. 잡초 우거진 여기 휴전선 비무장지대. 155마일 휴전선 곳곳에서 파 내려오는 북한괴뢰 남침 땅굴을 찾기 위해 지금 우리의 병사들은 계속 수색작전을 벌이고 있습니다. 휴전선 남쪽 자유의 땅은 지금 북한괴뢰의 두더지작전으로 위협을 받고 있습니다. 또다시 6 · 25와 같은 기습공격을 기도하는 북한괴뢰를 바로 눈앞에 두고 우리는 우리의 생존을 위하여 힘을 모아 놈들의 흉계를 막아야 하겠습니다.

화면묘사

00:00   자막 "휴전선에 남침땅굴" 붉은 바탕에 하얀 글씨 (긴장감을 불러일으키는 배경음악 끝까지 계속됨)

00:10   한반도 지도 화면. 평양, 판문점, 서울의 위치와 지명, 군사분계선과 북방한계선, 남방한계선이 표시되어 있고, 땅굴이 발견된 고랑포 지역에서 서울까지의 거리가 52km라는 정보가 표시된 그림을 보여줌

00:40 군사분계선으로부터 북방한계선이 2km, 남방한계선이 2km 떨어져 있다는 것을 나타내는 그림. 여기서 터널이 설치된 위치를 그림으로 나타내주고 있고, 고랑산과 고랑포, 임진강 등의 위치도 함께 표시되어 있음

01:26 유엔군 사령부 대변인 우드사이드(Woodside) 대령이 기자들 앞에서 발표하는 모습. 기자들이 그를 둘러싸고 취재하고 있음 (흑백화면)

01:55 남방한계선과 그 주변 풍경. 남방한계선으로부터 북쪽 800미터 지점, 땅굴을 발견한 장소를 바라보는 화면

02:23 총격을 가한 북한 측 진지와 그 주변 모습

02:49 땅굴이 발견된 주변 지형의 모습

02:53 땅굴이 발견된 지점을 붉은색, 흰색 깃발과 긴 천으로 표시를 해놓고 세 명의 헌병대원들이 조사하고 있음

03:02 조사중인 헌병대원들이 땅굴 아래에서 수치를 재고 그것을 기록하는 여러 장면. "헌병 MP"라고 적힌 모자와 완장을 차고 있음

03:23 땅굴 내부 구조와 크기를 나타내는 수치들을 보여주는 그림 화면

03:43 땅굴 내부를 보여주는 여러 모습들. 천정과 벽이 콘크리트로 되어 있고 철근이 사용된 흔적이 보임. 바닥에는 레일이 깔려 있고, 벽을 따라 전선이 연결돼 있으며 전등이 달려 있음. 헌병대원들이 실제로 궤도차를 레일을 따라 움직여보고, 땅굴 속을 뛰어가보기도 하는 등 시범을 보이면서 땅굴 내부를 상세히 살펴보는 화면들

05:45 땅굴 안 벽에 새겨진 "4.22", "속도전", "통일로", "부근", "9.6, 1974", "보임" 등의 표기들을 보여주는 여러 화면들

06:38 땅굴 내에서 발견된 것으로 보이는 여러 물건들을 진열해놓은 장면. 삽, 팽이, 장갑, 전화기, 다이너마이트, 군용 물통과 반합, 반합 속에 먹다 남겨진 밥과 반찬 등을 보여주는 여러 장면들. 물건들 앞에 물건의 이름을 써놓은 작은 푯말들이 세워져 있음

07:19 땅굴 발견지역 주변을 조망하는 화면

07:24 땅굴 발견지점에서 땅굴을 내려다보는 모습. 붉은 깃발로 위치가 표시되어 있음

07:35 땅굴 입구 및 내부 통로의 모습과 헌병 조사대가 조사를 벌이는 여러 장면들

08:07   땅굴 발견지역 주변을 조망하는 화면
09:10   잡초가 우거진 휴전선 비무장지대 모습과 총을 들고 이 일대를 수색하는 헌병
        수색대원들의 모습을 보여주는 여러 장면들
10:10   남방한계선 철책 앞에서 경계근무를 서고 있는 군인들의 모습

연구해제

　이 영상은 1975년 11월 15일 고랑포 부근 비무장지대에서 발견된 땅굴 소식과 함께 땅굴의 위치와 구조, 내부의 모습과 그 속에서 발견된 것들에 관한 정보를 상세하게 전하고 있다. 영상은 이 땅굴이 북한의 무력남침 의도를 드러내는 증거이며 국민들이 더욱 경각심을 가져야 한다는 메시지를 전하고 있다.

　1975년 11월 15일 밤 주한 유엔군사령부(United Nation command)는 중서부전선 비무장지대의 군사분계선 남쪽 약 1km 지점에서 북한이 구축한 높이 1.2m, 너비 약 90cm의 콘크리트 터널을 발견했다고 발표했다. 유엔군사령부 대변인 우드사이드 대령은 이례적으로 이날 밤 11시 15분 성명을 발표, 북한 측의 불법적인 터널 축조와 당일 오전 경기도 고랑포 북방 8km 지점에서 발생한 유엔군사령부 소속 민정경찰분대에 대한 총격을 비난했다. 유엔군사령부의 조사결과 이 터널에는 220볼트 전선에 60와트짜리 전등이 가설되어 있었으며, 파낸 흙을 나를 수 있도록 협궤의 레일이 깔려 있었고 차량도 있었다고 한다. 터널에는 또한 측도와 차량을 돌릴 수 있는 공간 및 잠잘 수 있는 장소와 하수시설까지 있었고 밥그릇과 북한제 크레모아 지뢰를 비롯한 폭발물과 시계도 발견되었다고 우드사이드 대변인은 전했다.

　한편 유엔군사령부에서 발표한 북한 측의 총격사건과 터널 발견 경위는 다음과 같다. 당일 오전 7시 35분쯤 비무장지대 남방을 순찰 중이던 9명의 한국군으로 구성된 유엔군사령부 민정경찰대 분대는 지하로부터 솟고 있는 증기를 발견, 이곳을 파본 결과 지하 약 46cm 지점에서 터널을 발견했다. 터널을 계속 파고들어가던 오전 8시 5분경 북한 측은 군사분계선 북쪽으로부터 약 3분 동안 300여 발의 사격을 가했으며 민경대도 이에 응사했으나 피해자는 없었다. 민경대는 계속 이날 밤까지 머물면서 터널을 수색했으며 군사정전위의 유엔군사령부 요원들도 파견되어 터널이 있음을 확인했다.

　이 사건은 남북관계 및 한미관계에도 영향을 미쳤다. 미국정부는 1974년 8월 발생한

박정희 대통령 암살 미수사건과 땅굴 발견으로 한반도에서 군사적 긴장이 고조되자 주한미군을 유지하는 쪽으로 정책을 선회하였다.

▌ 참고문헌

「북괴, DMZ에 지하터널」, 『경향신문』, 1974년 11월 16일.
홍석률, 『분단의 히스테리』, 창비, 2012.

해당호 전체 정보

1010-01 [특보] 휴전선에 남침 땅굴

상영시간 ㅣ 10분 36초

영상요약 ㅣ 이 뉴스는 휴전선 주변에서 북한이 파놓은 땅굴이 발견되었다는 소식과 함께 땅굴의 위치와 구조, 내부의 모습과 그 속에서 발견된 것들에 관한 정보를 상세하게 전하고 있다. 그러면서 이 땅굴이 북한의 무력남침 의도를 드러내는 증거라고 말하면서 남한 사람들이 더욱 경각심을 가져야 한다는 메시지를 전하고 있다.

특보 포오드 미국 대통령 한국 방문 1 (1974년 11월 30일)

제작정보

출   처 : 대한뉴스 1011호
제 작 사 : 국립영화제작소
제 작 국 가 : 대한민국

영상정보

제 공 언 어 : 한국어
컬   러 : 흑백
사 운 드 : 유

영상요약

1974년 포드(Gerald R. Ford) 미국 대통령이 한국을 방문했다는 소식을 전하는 뉴스이다. 김포공항에서 열린 환영행사와 서울시가지로 들어오는 과정, 포드 대통령을 반기는 수많은 환영인파들의 모습, 시민들과 인사를 나누는 포드 대통령의 모습 등을 보여주고 있다.

내레이션

1974년 11월 22일, 제럴드 알 포오드 미국 대통령이 박정희 대통령의 초청으로 우리나라를 방문했습니다. 오전 열 시, 혈맹관계의 한·미 두 나라 대통령은 뜨거운 악수를 나누며 서로가 반겼습니다. 포오드 대통령은 박 대통령의 안내로 삼부요인과 우리나라 주재 외교사절 등 내외 환영인사들과 인사를 나누었습니다. 스물한 발의 예포와 한미 두 나라 국가가 연주되는 가운데 환영의식이 베풀어졌습니다. 박 대통령은 환영사에서 포오드 대통령의 우리나라 방문은 한·미 두 나라의 전통적인 우호관계를 더욱 굳게 다지는 계기가 될 것이라고 말했습니다. 이어서 포오드 대통령은 도착성명을 통해, 전쟁의 잿더미 위에 건설된 한국의 위대한 발전을 보기 위해서, 그리고 한·미 양국의 우의를 재확인하고 이러한 우호관계를 더욱 두텁게 하기 위해 여기 왔다고 말했습니다. 서울사대부속국민학교 손소영 어린이가 포오드 대통령께 환영의 꽃다발을 드렸습니다. 포오드 대통령은 또 구자춘 서울시장으로부터 행운의 열쇠를 받았습니다. 환영식이 끝나자 두 나라 대통령은 공항을 떠나 서울시내로 향했습니다. 한·미 두 나라 대통령이 탄 승용차가 공항을 나와 김포가두에 들어서자, 길 양쪽에는 환영의 인파가 물결쳤습니다. 여기는 제2한강교 입구. 시민들은 미국의 현직 대통령으로서는 세 번째로 우리나라를 방문한 포오드 대통령을 열렬히 환영했습니다. 이곳 신촌로터리에서는 포오드 대통령이 차에서 내려 시민 학생들의 손을 잡았습니다. 국빈의 행렬이 빌딩거리에 들어서자, 즐비한 고층건물에서는 오색 꽃 종이가 눈송이처럼 뿌려지고, 포오드 대통령을 환영하는 거리의 분위기는 절정에 이르렀습니다. 6·25의 폐허를 딛고 온갖 시련을 극복하면서 건설한 한국의 수도 서울. 20여 년 전에 서울을 방문했던 포오드 대통령에게는 감회가 새로웠을 것입니다. 여기는 시청 앞 광장. 김포에서 여기까지 2백만 시민들이 환영을 나왔고, 소공동 입구에서 포오드 대통령은 또다시 내려 환호하는 시민들에게 답례를 보내며 여학생과는 일일이 악수했습니다.

화면묘사

00:00   자막 "포오드 미국 대통령 한국 방문"
00:05   김포공항에 항공기가 착륙하여 멈춰서는 모습. 많은 환영인파가 몰려 있음

00:11	많은 환영인파가 몰려 있는 김포공항의 모습. 건물 외벽에 "환영 WELCOME"이라는 문구와 함께 포드 미국대통령과 박정희 대통령의 초상화가 나란히 걸려 있음
00:15	비행기에서 내려오는 포드 대통령과 그를 맞이하는 박정희 대통령 일행이 서로 인사를 나누는 여러 장면
00:44	김포공항에 마중 나온 사람들이 태극기와 성조기를 흔드는 모습. 취재기자들이 사진을 찍는 장면
00:50	김포공항에 마중 나와 있는 군 의장대의 모습
00:54	나란히 서서 국민의례를 하는 포드 대통령과 박정희 대통령의 모습 (군악대의 연주 배경음악)
00:57	김포공항에서 진행된 환영식 장면. 의장대가 도열해 있고, 퍼레이드용 차량에 나란히 탄 박정희 대통령과 포드 대통령이 국민의례 자세로 선 채로 차를 타고 이동하는 장면 (군악대의 연주 배경음악)
01:07	태극기와 성조기를 흔드는 환영인파
01:10	환영사를 발표하는 박정희 대통령
01:20	일렬로 서서 환영사를 듣고 있는 미국 측 인사들의 모습
01:23	도착 성명을 발표하는 포드 대통령
01:30	꽃다발과 태극기를 들고 두 줄로 서서 양국 대통령을 맞이하는 한국 측 인사들
01:41	환영식장에서 포드 대통령에게 꽃다발을 건네고 악수를 하는 손소영 어린이. 그리고 행운의 열쇠를 전달하는 구자춘 서울시장. 포드 대통령 곁에는 박정희 대통령이 나란히 서있는 모습 (박수소리)
02:08	환영식장에서 의장대가 양국 국기를 흔들며 환호하는 모습. 그 사이로 두 나라 대통령이 탄 차량이 지나가는 장면
02:14	공항을 떠나 김포공항 도로로 접어드는 대통령 일행의 차량들. "WELCOME 미합중국 포오드 대통령각하 방한"이라는 현수막이 걸린 구조물이 보임. 차량 앞에서 경찰 오토바이들이 호위하고 있고 도로 양측에 몰려든 환영객 인파가 태극기와 성조기를 흔들면서 환호하는 여러 모습들 (함성소리)
02:28	제2한강교 입구에 몰려 있는 환영인파. 그 사이를 지나가는 대통령 일행의 차량들. 사람들이 깃발과 플래카드 등을 들고 있는 모습. 다리 입구에 "…각하 방

한"이라는 현수막이 보임 (함성소리)

02:46   신촌로터리에 몰려든 환영인파와 그 사이를 지나가는 대통령 일행의 차량들

02:51   신촌로터리 부근에서 차에서 내려 시민들과 악수하는 포오드 대통령의 모습 (함성소리)

02:57   서울 시가지 빌딩거리에 들어선 포드 대통령 행렬. 공중에 꽃 종이가 화려하게 뿌려지는 장면. 한 빌딩건물외벽에 써있는 "FRENCH…"라는 문구가 보임

03:15   거리를 지나는 포드 대통령 일행의 차량을 향해 풍선과, 태극기, 성조기 등을 흔드는 도로 주변의 시민들. 공중에는 꽃종이가 날리고 있는 여러 장면 (함성소리)

03:34   시청 앞 광장으로 들어온 대통령 일행의 차량. 공중에 꽃종이들이 날리는 장면

03:43   차에서 내려 시민, 학생들과 웃으며 인사하고 악수하는 포드 대통령의 모습. 환영인파가 들고 있는 피켓에는 "Welcome! President Ford", "우리는 미국의 우의를 잊지 않는다", "포오드 대통령의 즐거운 한국여행이 되기를" 등의 글귀가 쓰여 있음

█ 연구해제

대한뉴스 제1011호는 1974년 11월 22일 포드 미국 대통령의 한국 도착부터 떠나기 전까지의 다양한 방한 모습을 담고 있는 16분의 긴 분량의 영상이다. 1011-01호에는 김포공항에 도착한 포드의 환영행사와 그를 반기는 서울시민들의 모습이, 02호에는 국립묘지 참배, 미 2사단 방문, 청와대에서 개최된 한미정상회담 등을, 03호에는 환영공연과 제2차 정상회담 후 김포공항을 통해 출국하는 장면이 영상으로 담겨 있다. 포드의 방한 기간은 23시간에 불과했으나 이처럼 환영하고 홍보한 것에는 그만한 이유가 있었다.

닉슨이 워터게이트사건으로 물러나고 대통령직을 이어받은 포드 미국 대통령은 닉슨보다 안보적인 측면을 강조했으며, 베트남이 공산화되자 한국의 안보문제에 더욱 적극적인 입장을 취했다. 포드는 데탕트는 유지하지만 동맹국의 안보와 자립을 적극 지원하면서 강력한 세계방위체제를 수립하겠다고 밝혔다.

닉슨 행정부와 불편한 관계를 맺어온 박정희 정부는 포드의 취임을 계기로 미국과의 관계에서 새로운 전환기를 마련할 수 있다는 자신감을 얻었다. 특히 포드 대통령의 한

국 방문으로 박정희 정부는 더 큰 기대를 갖게 되었다. 포드가 방한을 준비할 때 미의회 의원 8명은 한국 방문 때 재야인사들을 만남으로써 한국의 인권상황에 대해 압력을 행사할 것을 요청했지만, 한국을 방문한 포드는 방위공약을 재확인하고 주한미군의 추가감축이 없을 것이라는 점에 합의하고 돌아감으로써 박정희의 유신체제를 옹호하는 것으로 간주되었다. 이에 포드 대통령의 방한은 긴급조치와 함께 1974년 10대뉴스에 들 정도로 대대적으로 선전되었고, 주한미군의 감축으로 약화된 한국정부의 위상을 한껏 드높여주어는 계기가 되었다.

▌참고문헌

빅터 D. 차, 김일영·문순보 옮김, 『적대적 제휴—한국, 미국, 일본의 삼각 안보체제』, 문학과 지성사, 2004.

해당호 전체 정보

1011-01 [특보] 포오드 미국 대통령 한국 방문 1

상영시간 ㅣ 04분 17초

영상요약 ㅣ 1974년 포드 미국 대통령이 한국을 방문했다는 소식을 전하는 뉴스이다. 김포 공항에서 열린 환영행사와 서울시가지로 들어오는 과정, 포드 대통령을 반기는 수많은 환영인파들의 모습, 시민들과 인사를 나누는 포드 대통령의 모습 등을 보여주고 있다.

1011-02 [특보] 포오드 미국 대통령 한국방문 2

상영시간 ㅣ 06분 28초

영상요약 ㅣ 포드 대통령의 방한 일정을 계속해서 소개하는 두 번째 뉴스이다. 포드 대통령이 국립묘지에 가서 한국군 무명용사탑에 묵념을 올리고 육영수 여사 묘소를 참배했다는 소식과 함께, 이어 미군 2사단에 방문해서 태권도 친선경기를 관람하고, 청와대에서 한·미정상회담을 했다는 소식을 전한다. 이어서 하비브 미 국무성 차관보가 프레스센터에서 발표한 한·미 정상회담의 공동성명과 주요 합의 내용에 대해 전하고, 끝으로 중앙청에서 열린 포드 대통령 환영 만찬회의 소식을 전하고 있다.

1011-03 [특보] 포오드 미국 대통령 한국방문 3

상영시간 ㅣ 05분 19초

영상요약 ㅣ 포드 미국 대통령의 방한 마지막 일정을 전하는 뉴스이다. 중앙청 홀에서 화관무, 부채춤과 리틀엔젤스 어린이 합창단 공연을 관람한 포드 대통령은 박정희 대통령과 이틀째 한·미 정상회담을 갖는다. 박 대통령에게 보이스카우트 훈장을 받은 포드 대통령은 김포공항을 통해 미국으로 돌아간다. 이 뉴스는 이날 함박눈이 내린 것이 길조라고 말하면서, 두 나라의 번영을 기원한다는 메시지를 전한다.

전국새마을지도자대회 (1974년 12월 21일)

제작정보

출   처 : 대한뉴스 1014호
제 작 사 : 국립영화제작소
제 작 국 가 : 대한민국

영상정보

제공언어 : 한국어
컬   러 : 흑백
사 운 드 : 유

영상요약

이 뉴스는 박정희 대통령이 새마을운동에 공이 많은 새마을지도자들에게 훈장을 수여했다는 소식을 전하며, 새마을운동이 소득증대에 역점을 두고 진행되어야 한다는 박 대통령의 메시지를 전달한다. 이어서 서울, 경기도 수원, 강원도 춘천, 충북 청주, 충남 대전, 전북 전주, 전남 광주, 경북 대구, 경남 마산, 부산 등 전국에서 일시적으로 열린 전국 새마을지도자대회 현장을 보여주면서, 자원난 극복, 근검절약, 소득증대 등을 강조하는 박 대통령의 유시를 함께 전하고 있다.

내레이션

새마을운동에 공이 많은 지도자 예순 여섯 명이 박 대통령을 예방하고 새마을훈장과 산업훈장을 받았습니다. 이 자리에서 박 대통령께서는 새마을운동의 열이 절대로 식어서는 안 된다고 말하고, 그러기 위해서는 새마을운동에 참가하는 사람들의 소득이 늘어야 하고, 따라서 새마을운동의 역점은 소득증대에 두어야 한다고 강조했습니다. 대통령께서는 치밀한 계획을 미리 세우고 마을 사람들과 사전에 충분히 의논을 해서 실천한 새마을운동은 무서운 힘을 나타내는 것이며, 이러한 사실을 깨달은 부락의 새마을운동은 무슨 일이든지 성공할 수 있다고 말하고, 조금 해보다가 실패했다고 해서 포기할 것이 아니라 꾸준한 노력과 인내로 난관을 극복해나갈 것을 당부했습니다. 대통령께서는 또, 지금 세계에서 한국 하면 새마을운동을 먼저 생각할 정도로 우리나라의 새마을 운동은 세계적으로 알려져 있다고 설명했습니다. 12월 18일에는 75년도 새마을운동과 증산의 결의를 다짐하는 전국 새마을지도자대회가 전국 각 시·도에서 열렸습니다. 이 자리에서 전국 새마을지도자와 증산유공자 이백아흔일곱 명이 표창을 받았으며, 실적이 우수한 삼천이백여든네 개 새마을에 대통령 특별지원금 41억여만 원이 전달됐습니다. 장충체육관에서 열린 이 대회에서 박 대통령은 김종필 국무총리가 대신 읽은 유시를 통해 75년에도 새마을 운동을 대대적으로 전개할 것이며 내년 새마을사업의 기본 방향을 식량증산과 고용효과를 올릴 수 있는 대규모의 취로사업을 벌이는 데 두고 이를 대대적으로 추진하겠다고 밝혔습니다. 여기는 수원에서 열린 새마을지도자 대흽니다. 박 대통령은 유시에서 오늘의 세계적인 자원난을 극복하는 데에는 근면, 자조, 협동의 새마을운동이 가장 효과적인 대책이라고 강조했습니다. 춘천에서 열린 새마을지도자대회, 새마을지도자들은 유신의 기수가 되며 농가소득 140만 원의 조기달성을 위한 새마을의 향도가 될 것을 다짐하는 결의문을 채택했습니다. 여기는 충청북도 청주입니다. 이날 새마을지도자들은 증산으로 식량의 자급자족을 앞당기겠다고 결의하고, 새마을운동이야 말로 우리가 앞으로 계속 범국민적으로 추진해나가야 할 구국 애족의 실천운동이요 민족중흥을 뒷받침하는 일대 약진운동이 될 것을 다짐했습니다. 여기는 대전. 이곳 새마을 지도자들은 조국의 안정과 번영을 위해 유신의 기수가 될 것을 다짐하고, 농촌 근대화를 앞당겨 실행하는 새마을의 기수가 될 것을 결의했습니다. 여기는 전라북도 전주에서 열린 새마을지도자 대회입니다. 이 자리에서 새마을지도자들은 아무리 증산을 해도 우리 사회에 낭비와 사치풍조가 남아있는 한 땀 흘려 노력한 보람은 아무런 소용이 없다는 박 대통령의 유시를 새겨들었습니다. 이날 새마을지도자들은 스스로 총화 안보의 초석이 될 것 등 3개 항의 결의문을 채택했습니다. 여기는 광주입니다. 이곳 새마을지도자들은 새마을정신을 신앙으로 하는 새마을지도자로서 박 대통령의 유시와 유신 이념을 실천에 옮겨 조국의 안정과 번영, 평화통일의 기수가 될 것을 다짐했습니다. 대구에서 열린 새마을지도자대회입니다. 이 자리에 모인 새마을지도자들은 앞으로의 새마을운동은 보다 치밀한 사전 계획을 세워 사후관리에 만전을 기하여 소기의 성과를 거둘 수 있도록 최선의 노력을 기울일 것을 다짐하고, 잘 사는 마을을 만드는 데 획기적인 전기를 마련할 것을 결의했습니다. 여기는 경상남도 마산. 이곳 새마을지도자들은 대통령의 유시를 받들어 내년도의 새마을운동과 증산의 결의를 굳게 다짐하고, 소득증대에 크게 이바지한 농어민들의 노고를 치하했습니다. 부산 새마을지도자대회. 지도자들은 1975년에는 마을을 위해 땀을, 나라를 위해 충성을 다해 총화 안보의 초석이 될 것을 결의했습니다. 박 대통령은 유시에서, 우리 국민들이 더욱 근검 절약할 것을 당부하고 특히 지도층이 여기에 앞장서야 한다고 지적하면서 이것이 곧 도시 새마을운동이라고 말했습니다.

▌화면묘사

00:00 자막 "전국 새마을지도자 대회"
00:04 멀리 삼각산이 보이는 세종로 일대. 차량이 다니고 있고, 공중에는 아치형의 구조물 위에 "전국 새마을지도자대회. 새마을운동은 유신이념의 실천도장이다"라는 문구가 적힌 거대한 퓻말이 걸려 있음
00:10 새마을지도자 66명이 청와대에서 박 대통령을 예방하고, 서로 고개 숙여 인사하는 모습
00:15 박 대통령이 새마을지도자들에게 훈장을 수여하고 악수와 인사를 나누는 여러 장면. 노인과 승려, 여성들도 포함되어 있음

01:23	청와대 내 새마을지도자들을 초대한 만찬회장에서 박 대통령이 이야기를 하고, 훈장을 수여한 새마을지도자들이 찻잔을 들고 경청하는 모습
01:37	서울 장충체육관 전경
01:44	75년도 전국 새마을지도자대회가 열린 서울 장충체육관 행사장 실내의 모습
01:52	행사에 참석하여 객석에 앉아 있는 수백 명의 새마을지도자들. 모두 새마을 모자를 쓰고 있음
01:59	김종필 총리가 새마을지도자 증산유공자들에게 표창을 달아주는고 악수하는 여러 장면
02:14	객석에서 박수를 치는 참석자들
02:21	단상에서 박 대통령의 유시를 대신 발표하는 김종필 총리. 단상 뒤편에 새마을운동 로고가 새겨진 거대한 현수막들이 걸려 있고, 단상 아래에는 전국 새마을지도자들이 질서정연하게 앉아서 유시를 들음
02:32	객석에 앉아 있는 새마을지도자들
02:45	수원 새마을지도자대회장. 단상 위에 "전국 새마을지도자대회"라는 현수막과 태극기가 걸려 있음
02:49	대통령을 대신해 수원 새마을지도자대회에 참석한 국무위원이 새마을지도자 대표자들에게 새마을 기를 수여하는 장면
02:56	행사에 참석한 새마을지도자들이 객석에 앉아 박수를 치는 모습
03:08	표창을 받은 새마을지도자들이 표창장을 펼쳐 들고 나란히 서서 촬영을 하는 모습
03:10	강원도 춘천의 새마을지도자대회 행사장 건물 전경. 새마을 로고와 함께 "전국 새마을지도자대회 강원도"라고 적힌 현수막이 건물 입구 위에 걸려 있음
03:15	강원도 춘천 새마을지도자대회 행사장 내부. 단상 위에 태극기가 있고, 단상 아래에는 "철원군", "충주시" 등의 팻말에 맞추어 참석자들이 앉아 있음
03:18	대통령을 대신해 강원도 새마을지도자대회에 참석한 국무위원이 새마을지도자 대표자들에게 새마을 기를 수여하고 있음
03:26	새마을지도자들이 표창을 받는 모습
03:28	행사에 참석한 새마을지도자들이 객석에 앉아 박수를 침. "원주시", "강릉시", "춘천시" 등의 팻말이 보임

03:36	충북 청주의 새마을지도자대회 행사장 건물 앞 전경. 행사장을 향해 참석자와 관계자들이 걸어가는 장면. 눈이 내린 흔적이 보임
03:40	청주 새마을지도자대회 행사장 내부. 단상에 태극기와 함께 "전국 새마을지도자 대회", "근면 · 자조 · 협동" 등의 문구가 걸려 있음
03:45	지역 대표 관계자가 국무위원에게 상패를 받고 있음
03:52	국무위원이 새마을지도자들에게 표창장을 수여하고 악수하는 모습
04:03	단상 위에서 새마을지도자들이 표창을 받고 있고, 객석에 앉아 있는 참석자들이 그 모습을 지켜보고 있음
04:15	표창을 받은 새마을운동 대표자들이 자리에 나란히 앉아 촬영하는 장면
04:24	전라북도 전주의 새마을지도자대회 행사장 전경. 새마을운동 로고와 함께 "전국새마을지도자대회"라고 적힌 간판이 입구에 걸려 있고, 그 옆에 "마을사랑 나라사랑 새마을로 실천하자"라는 문구가 적힌 플래카드가 세로로 걸려 있음
04:27	대전 새마을지도자대회 행사장 내부
04:31	국무위원이 새마을지도자 대표들에게 표창장을 수여하는 여러 장면
04:43	전라북도 전주의 새마을지도자대회 행사장. 새마을운동 로고와 함께 "전국새마을지도자대회"라고 적힌 간판이 입구에 걸려 있음
04:48	행사장 내부. 단상 위에 "전국 새마을 지도자 대회", "밝은 사회 부강한 전북" 등의 문구가 적힌 현수막이 걸려 있음
04:54	국무위원이 새마을지도자 대표들에게 새마을 기를 수여하는 여러 장면
05:02	객석에서 박수를 치는 참석자들 (박수소리) 객석 위쪽에 "총화 협동"이라는 문구가 적힌 플래카드가 보임
05:12	새마을지도자 대표 한 사람이 행사장 앞으로 나와 대표로 선서를 선창 하는 모습. 뒤쪽 객석의 참석자들도 모두 자리에서 일어나 함께 선서를 함
05:23	광주 새마을지도자대회 행사장. "전국새마을지도자대회", "총화약진", "총화유신"이라고 적힌 팻말이 행사장 입구에 세워져 있음
05:28	광주 대회 행사장 내부. "전국 새마을 지도자 대회"라는 현수막이 단상 위에 걸려 있고, 객석에 참석자들이 빼곡히 들어차 있음
05:35	국무위원이 지역 대표 관계자에게 상장을 수여하는 모습
05:38	국무위원이 새마을지도자 대표자들에게 표창장을 수여하는 여러 장면

05:55 참석자들이 객석에서 박수를 침 (박수소리)

05:57 표창 수상자들이 객석 맨 앞줄에 나란히 앉아 있는 모습

06:03 대구 새마을지도자대회 행사장 건물 전경

06:06 행사장 내부. 객석을 많은 참석자들이 메우고 있고, 단상 위에는 대형 새마을
운동 로고와 함께 "전국 새마을 지도자 대회"라는 현수막이 걸려 있음

06:18 국무위원이 새마을지도자 대표들에게 새마을 기를 수여하고 표창하는 장면들

06:27 객석에서 박수를 치는 참석자들 (박수소리)

06:35 경남 마산의 새마을지도자대회 행사장 내부. "전국새마을지도자대회"라고 적힌
현수막과 대형 태극기, 새마을 운동 로고가 단상에 걸려 있음

06:39 국무위원이 새마을지도자 대표들에게 표창 배지를 달아주고 상장을 수여하는
여러 장면

06:49 객석 맨 앞줄에 앉아 있는 표창 수상자들

06:56 부산 새마을지도자대회 행사장 건물

07:00 대회장 내부. 단상 위에 현수막과 태극기, 새마을 기가 걸려 있음. 단상 위에서
행사가 진행되는 가운데 객석의 참석자들이 박수를 침

07:04 국무위원이 새마을지도자 여성 대표들에게 새마을 기를 수여하는 장면

07:14 객석에서 박수를 치는 참석자들

07:18 행사 관계자가 대표로 발표를 하는 장면

07:21 행사장에 참석한 새마을운동 여성지도자들이 객석에서 발표를 듣고 있는 모습

07:24 객석 맨 앞줄에 표창을 받은 새마을지도자 대표들이 나란히 앉아 있는 모습.
"새마을"이라고 적힌 새마을 깃발이 그 앞에 세워져 있음

연구해제

이 영상은 1974년 12월 박정희 대통령이 새마을운동에 공이 많은 새마을지도자들에
게 훈장을 수여했다는 소식을 전하며, 새마을운동이 소득증대에 역점을 두고 진행되어
야 한다는 박정희 대통령의 메시지를 전달한다. 이어서 서울, 경기도 수원, 강원도 춘
천, 충북 청주, 충남 대전, 전북 전주, 전남 광주, 경북 대구, 경남 마산, 부산 등 전국에
서 일시적으로 열린 전국 새마을지도자대회 현장을 차례대로 보여주면서, 자원난 극복,

근검절약, 소득증대 등을 강조하는 박정희 대통령의 유시를 함께 전한다.

1974년 시작된 전국새마을지도자대회는 매년 각 지역과 전국단위에서 동시다발적으로 개최되었다. 전국새마을지도자대회는 크게 두 가지 효과를 가지고 있었다. 첫째, 새마을운동에 헌신한 유공자들을 포상하여 그들이 지속적으로 지역 내 새마을운동의 지도자가 되게 하는 것이다. 둘째, 지역단위─전국단위로 이어지는 새마을지도자대회는 굉장히 웅장한 규모를 자랑하였다. 또한 새마을지도자대회는 대한뉴스와 언론 등을 통하여 빠르게 전파되었다. 이를 통하여 국민들에게는 새마을운동의 참여를 유도하고자 하였고, 새마을지도자들에게는 '당신도 주인공이 될 수 있다'라는 메시지를 전달하였다.

그렇다면 새마을운동의 기원이자 핵심이었던 농촌지역에서 지도자는 어떻게 선발되었을까? 새마을지도자가 되는 경로는 첫째, 1960년대 마을변화를 자생적으로 이끌었던 지도자가 1970년대 새마을운동 전개와 더불어 '시범사례'로 등장한 경우, 둘째, 1970년대 새마을지도자로 발탁되어 일정한 성과를 이끌어낸 경우였다. 구체적 경로는 군/면단위에서 행정기관에 의해 지목된 자, 마을단위에서 선정된 자 등 통일되지 않은 양상을 보였다. 새마을지도자는 새마을교육, 상징·의례의 공급과 같은 관 주도의 새마을지도자 만들기 과정을 반드시 통과하였다. 특히 1970년대 새롭게 마을지도자로 부상한 경우 이러한 요인은 결정적이었다.

하지만 이는 관 주도의 수직적·획일적 과정인 동시에 선정된 지도자들의 참여와 의미 부여가 동반된 것이었다. 그들은 수동적으로 만들어진 것이 아니라, 그들 자신이 관 주도 새마을지도자 만들기의 또 하나의 주역이었다. 따라서 이들은 운동과정에서 자신의 의지를 관철시키기 위하여 헌신적 노력뿐 아니라 관에 대한 일방적인 추종 혹은 주민에 대한 헌신을 넘어 강제, 순응, 포섭, 회유, 속임수 등 다양한 방책을 통해 정부─주민 사이를 동적으로 오갔다.

█ 참고문헌

「박대통령, 새마을지도자대회 유시 '새마을'은 국난극복 원동력」, 『경향신문』, 1974년 12월 18일.

윤충로, 「구술을 통해 본 1970년대 새마을운동 : 새마을지도자 '만들기'와 '되기' 사이에서」, 『사회와 역사』 90, 2011.

해당호 전체 정보

1014-01   전국새마을지도자대회

상영시간 ㅣ 07분 26초

영상요약 ㅣ 이 뉴스는 박정희 대통령이 새마을운동에 공이 많은 새마을지도자들에게 훈
장을 수여했다는 소식을 전하며, 새마을운동이 소득증대에 역점을 두고 진행
되어야 한다는 박 대통령의 메시지를 전달한다. 이어서 서울, 경기도 수원, 강
원도 춘천, 충북 청주, 충남 대전, 전북 전주, 전남 광주, 경북 대구, 경남 마산,
부산 등 전국에서 일시적으로 열린 전국 새마을지도자대회 현장을 보여주면
서, 자원난 극복, 근검절약, 소득증대 등을 강조하는 박 대통령의 유시를 함께
전하고 있다.

1014-02   이런 일 저런 일

상영시간 ㅣ 01분 48초

영상요약 ㅣ 이 뉴스는 세 가지 소식을 전한다. 먼저, 서해 연평도 근처에서 북한의 것으로
추정되는 무장선박이 발견되어 더 경계를 해야겠다는 소식을 다루고, 이어서
서울에서 열린 전국 검사장 회의 소식을 다루면서 안정과 번영을 강조한 김종
필 총리의 메시지를 전한다. 끝으로 서울에 종합 완구 공업회관이 문을 열었
다는 소식을 전하고 있다.

1014-03   따뜻한 세모

상영시간 ㅣ 01분 05초

영상요약 ㅣ 연말 연시에 국군장병들과 불우한 이웃을 돕기 위한 많은 행사들이 열리고 있
다는 소식을 전하는 뉴스이다. 군부대에 위문품이 전달되고, 불우한 여성들을
돕기 위한 패션쇼가 열리고, 고아원을 방문하여 위문품을 전달하거나 어린이
들이 공연을 하는 등의 현장을 전하고 있다.

인혁당은 북괴 앞잡이 (1975년 3월 4일)

제작정보
출　　　처 : 대한뉴스 1022호
제 작 사 : 국립영화제작소
제 작 국 가 : 대한민국

영상정보
제 공 언 어 : 한국어
컬　　　러 : 흑백
사 운 드 : 유

영상요약

이 뉴스는 인혁당 사건과 관련하여, 인혁당은 북한의 지령을 받아 조직되고 활동해온
반국가단체이며, 인혁당을 찬양, 고무, 동조할 경우 반공법에 따라 처벌할 것이라는 황
산덕 법무부장관의 발표 내용을 전하고 있다.

█ 내레이션

황산덕 법무부장관은, 인혁당은 대한민국을 폭력으로 전복하고 공산정권을 수립할 목적으로 북한괴뢰의 지령에 따라 조직되고 활동한 반국가단체라고 밝혔습니다. 정부의 법적인 견해를 대변한다고 전제한 황 장관은, 이날 기자회견에서 인혁당이라는 반국가단체 또는 그 구성원을 찬양, 고무, 동조해서 반국가단체를 이롭게 하는 행위는 반공법 제4조 위반으로 처단할 것이라고 발표했습니다.

█ 화면묘사

00:00 자막 "인혁당은 북괴 앞잡이"
00:04 기자회견을 하는 황산덕 법무부장관. 기자들이 모여들어 촬영과 메모를 하고 있음
00:11 황산덕 법무부장관과 정부 관계자들이 자리에 앉아 인혁당 관련 내용을 발표함. "TBC", "MBC"등의 방송국 푯말이 붙은 마이크들이 놓여 있음
00:15 황 법무부장관의 발표 모습과 취재하는 현장의 기자들을 보여주는 여러 장면들

█ 연구해제

이 영상은 1975년 3월 영상으로, 1974년 민청학련사건과 함께 한국사회를 떠들썩하게 했던 인민혁명당 사건에 관한 황산덕 법무부장관의 기자회견 모습을 담고 있다.

정부는 유신체제에 본격적인 저항을 하고자 하는 학생운동을 '불순세력의 조종을 받은 민청학련 사건'으로 발표하고, 그 배후조직으로 '인민혁명당 재건위원회'를 지목했다. 인혁당 재건위 또는 2차 인혁당 사건은 1974년 4월 25일 신직수 중앙정보부장에 의해 처음으로 다음과 같이 언급되었다.

"민청학련은 공산계 불법단체인 '인혁당재건위 조직'과 재일조총련계 및 일본 공산당, 국내 좌파, 혁신계 인사가 복합적으로 작용, 1974년 4월 3일을 기해 현 정부를 전복하려 한 불순 반정부 세력으로 이들은 북괴의 통일전선 형성 공작과 동일한 4단계 혁명을 통해 노동자 농민에 의한 정권수립을 목표로 했으며 과도적 정치기구로서 민족지도부의

결성을 획책했다."

  그런데 민청학련을 배후조종한 단체로 지목된 소위 '인혁당 재건위원회'의 존재는 근거가 없는 것이었다. 인민혁명당은 1964년 당시 중앙정보부가 격렬하게 전개되던 한일회담반대투쟁을 잠재우기 위해 임의로 만들어낸 '북괴의 지령을 받는 반국가단체'였다. 그럼에도 처음부터 민청학련을 공산주의자들이 배후 조종한 인민혁명당 조직으로 규정하고 수사를 진행하던 중앙정보부는 여정남 등이 10년 전 인혁당사건 관계자인 도예종 등과 교류한 정황을 활용했다. 그러나 수사기관들이 발표한 인혁당 재건조직에 관한 물증은 아무것도 없었다. 인혁당 관계자로 낙인찍힌 이들은 반복되는 고문으로 심각한 육체적 정신적 손상을 입었다. 그 결과 당시 수사관들 중 일부조차 반발할 정도로 근거 없는 수사결과가 만들어졌다. 이 사실이 국외로 알려지면서 엠네스티와 종교단체 등에서 구명운동이 활발하게 전개되었으나 인혁당 관련자 7명과 민청학련 관련자 중 인혁당과 직접 연결된 여정남은 1975년 4월 9일 대법원의 확정 판결 다음날 새벽 사형을 집행당했다.

  그 후 인혁당 유족을 중심으로 인혁당 재건 사건에 대한 진실을 밝히기 위한 노력이 꾸준히 진행되어 지난 2005년 12월 7일에는 국가정보원 과거사진실규명을 통한 발전위원회가 "지난 1974년 국정원의 전신인 중앙정보부가 인혁당·민청학련사건을 조작하였으며, 권력자의 자의적 요구에 따라 수사방향을 미리 결정, 집행된 사건"이라는 조사결과를 발표했다. 그리고 2007년 1월 23일 서울 중앙지방법원에서는 인혁당 재건위원회 사건 관련 8인에 대해 무죄를 선고했고, 동년 8월 21일 서울지방법원은 인혁당 재건위원회 사건 희생자 유족들에게 국가가 배상하라는 판결을 내렸다.

▌참고문헌

민주화운동기념사업회 연구소 엮음, 『한국민주화운동사』 2, 돌베개, 2009.
조희연, 『현대 한국사회운동과 조직』, 한울, 1993.

해당호 전체 정보

1022-01 제56회 3·1절
상영시간 ㅣ 00분 49초
영상요약 ㅣ 이 뉴스는 제56회 3·1절을 맞아 열린 기념행사 소식을 다루면서, 북한의 침략을 경계하는 가운데 단결과 자주독립정신을 강조한 박정희 대통령의 메시지를 전달하고 있다.

1022-02 인혁당은 북괴 앞잡이
상영시간 ㅣ 00분 40초
영상요약 ㅣ 이 뉴스는 인혁당 사건과 관련하여, 인혁당은 북한의 지령을 받아 조직되고 활동해온 반국가단체이며, 인혁당을 찬양, 고무, 동조할 경우 반공법에 따라 처벌할 것이라는 황산덕 법무부장관의 발표 내용을 전하고 있다.

1022-03 형설의 공
상영시간 ㅣ 01분 42초
영상요약 ㅣ 이 뉴스는 제29회 서울대학교 졸업식과 제2회 한국방송통신대학교 졸업식, 그리고 경희대학교 졸업식 등의 현장을 보여주면서 학생의 본분은 공부이며 현실참여를 자제해야 한다는 김종필 총리의 메시지를 전한다. 또한 ROTC 임관식 소식을 다루면서 국력을 뭉치고 키워나갈 힘을 길러야 한다는 김 총리의 메시지도 전하고 있다.

1022-04 이 사람은..
상영시간 ㅣ 01분 13초
영상요약 ㅣ 이 뉴스는 전라북도 부안에서 불우한 사람들을 위한 자선 사업을 하면서 소년기술학교를 운영하고 있는 한 경찰관의 미담을 소개하면서, 그가 이러한 공로로 청룡봉사상을 받았다는 소식과 함께 시상식의 주요 내용을 전하고 있다.

1022-05 이런 일 저런 일

상영시간 | 02분 53초

영상요약 | 이 뉴스는 모두 다섯 개의 소식을 전한다. 중앙청에서 열린 우수공무원 포상
식, 경복궁 영추문 복원공사가 시작됐다는 소식, 그밖에도 수석 전시회, 제주
도에 오랜만에 큰 눈이 내렸다는 소식, 제56회 전국체육대회 스키대회의 주요
장면과 경기결과 등을 알리고 있다.

이런 일 저런 일 (1975년 4월 17일)

제작정보
출   처 : 대한뉴스 1027호
제 작 사 : 국립영화제작소
제 작 국 가 : 대한민국

영상정보
제 공 언 어 : 한국어
컬   러 : 흑백
사 운 드 : 유

영상요약

이 뉴스는 경복궁 내에 한국민속박물관이 개관했다는 소식을 비롯하여 대한노인회 75
년도 정기총회, 우량식품 및 의약품 전시회, 서울여자고등학교에서 열린 교련 실기 발
표회, 전국 종별 테니스대회 소식 등을 전하고 있다.

내레이션

경복궁 안에 한국민속박물관이 개관됐습니다. 민속자료를 조사, 연구, 수집, 전시할 목적으로 문화공보부가 마련한 이 민속박물관은 생업실, 식생활실, 복식실, 예능오락실, 공예실, 주거실, 신앙의례실, 사회문화실 등 여덟 개 상설전시실을 갖추고 있습니다. 이 민속박물관에 소장된 유물은 모두 4,981점에 이르고, 진열된 유물은 1,955점입니다.

대한노인회는 1975년도 정기총회를 갖고 경로사업에 공이 많은 김영재 씨 등 스물다섯 명을 표창했습니다. 이날 참석자들은 우리의 미풍양속을 이어받아 청소년을 선도할 것 등을 다짐했습니다.

여기는 창경원. 우량식품과 의약품 전시회입니다. 시사통신사가 농수산부와 보건사회부의 후원으로 막을 올린 이번 전시회에는 국민 식생활개선을 위해 우량식품 40개 상사가 출품한 2,000여 품목과 열아홉 개 제약업체가 출품한 1,000여 점의 우량의약품이 전시됐습니다.

서울시 교육위원회 지정 교련 연구학교인 서울여자고등학교의 교련 실기 발표회입니다. 화생방 교육의 효율적 지도방안이라는 주제로 가진 이번 발표회는 유익한 안보생활 교육을 보여주었습니다.

75년도 전국 종별 테니스대회가 부산에서 열렸습니다. 전국의 오백다섯 명 선수들이 참가해서 엿새 동안 벌인 이번 대회에서 산업은행의 김문일 선수 등 네 명이 단식과 복식에서 2관왕을 차지했습니다.

화면묘사

00:00 자막 "이런 일 저런 일"

〈경복궁 내 한국민속박물관 개관〉
00:04 경복궁 안에 새로 개관한 한국민속박물관 건물
00:08 테이프 커팅을 하는 이원경 문화공보부 장관 및 행사 관계자들
00:13 그릇, 항아리 등 생활 관련 유물들이 전시된 모습
00:23 전시된 유물들을 구경하는 행사 참석자들

00:26 하얀 치마저고리 차림의 여성이 방아를 찧는 모습을 재연한 인형
00:36 대장간에서 제련작업을 하는 남성의 노동을 재연한 인형과 베 짜는 여성의 모
습을 재연한 인형들이 전시된 모습

〈대한노인회 1975년도 정기총회〉
00:51 대한노인회 75년도 정기총회가 열린 행사장. 노인회 회원들이 객석에 앉아 있
고, 단상에서 관계자들이 행사를 진행하고 있음. 단상 정면 위쪽에 "大韓勞人會
75年度 定期總會(대한노인회 75년도 정기총회)"라고 적힌 현수막이 걸려 있음
00:54 경로사업에 공이 많은 김영재 씨 등이 관계자로부터 표창장을 받는 여러 장면.
객석에서 참석자들이 박수를 침 (박수소리)
01:04 대한노인회 한 관계자가 정기총회 결의문을 대표로 발표하고 있음
01:08 객석에 앉아 있는 노인회 회원들

〈우량식품 및 의약품 전시회〉
01:13 우량식품, 의약품 전시회가 열린 창경원(창경궁). 꽃이 피어 있고 사람들이 여
기 저기 모여 한가롭게 거니는 모습
01:20 행사 관계자들이 테이프 커팅을 함. 창경궁의 행사장 쪽에는 "식생활 개선을
위한 우량 식품, 의약품 전시회" 등의 문구가 적힌 대형 구조물이 설치돼 있음
01:26 행사장 내부의 전시실. 캔과 상자에 담긴 식료품이 전시되어 있고, 그것을 구
경하는 관람객들
01:31 "진주햄쏘세지"라는 안내표지가 있는 전시 코너를 둘러보는 사람들. 가운데 액
자에 돼지가 웃는 그림이 그려져 있고, 소시지 모형이 주변을 장식하고 있음
01:34 "삼화제관"이라는 안내표지가 붙어 있는 전시 코너에서 키 큰 백인이 행사 관
계자 여성과 이야기를 나누는 장면
01:35 "*강산업주식회사"라는 푯말이 세워져 있는 전시 코너의 모습. 병에 담긴 음료
와 캔, 박스 등으로 포장된 식품들이 전시되어 있음
01:38 관람객들에게 캔에 담긴 어떤 식료품에 대해 설명을 하고 있는 행사 관계자
01:40 음료 전시장을 둘러보고 있는 청소년 관람객들
01:43 전시장을 둘러보고 있는 사람들

〈서울여자고등학교 교련 실기 발표회〉

01:47 교련 실기 발표회가 열린 서울여자고등학교 운동장. 교련복을 갖춰 입은 서울 여고 학생들이 운동장에 도열해 있음. 왼쪽 팔에 적십자 모양의 완장을 차고 머리띠를 둘렀으며 작은 가방을 한쪽 어깨에 매고 있음

01:55 학생 대표와 두 명의 교사가 학생들이 도열해 있는 운동장 앞쪽을 행진하며 거수경례를 하는 학생들을 바라봄. 그중 한 교사가 거수경례로 답례를 함

02:00 행사 관계자들이 구령대 위에서 운동장 쪽을 바라보고 있고, 운동장에서는 여고생들이 줄을 맞추어 차례로 행진을 하고 있음

02:04 왼손으로 어깨에 맨 가방 끈을 붙잡고 오른손을 힘차게 앞뒤로 휘저으며 행진을 하는 여고생들

02:10 운동장에 앉아 방독면을 쓰고, 동시에 일어나 달려가면서 화생방 대피 시범을 보이고 있는 여고생들

〈1975년도 전국 종별 테니스대회〉

02:16 부산에서 열린 전국 종별 테니스대회 경기장. 여러 시합이 동시에 벌어지고 있음

02:24 남녀 참가자들이 테니스 시합을 벌이는 여러 장면

02:36 경기장 주변 객석에 앉아 흥미롭게 경기를 지켜보고 있는 관객들

02:39 대회가 끝나고 시상식이 열림. 모자를 쓴 한 선수가 우승 트로피와 메달을 받는 모습

연구해제

　이 영상은 1975년 4월 11일에 열린 한국민속박물관(현 국립민속박물관) 개관식 장면을 보여준다. 한국민속박물관은 해방 직후 1945년 11월 시정기념관 자리에 건립된 송석하의 국립민족박물관과, 1966년 경복궁 안의 수정관에 개관한 한국민속관의 역사를 바탕으로 설립되었다. 민족박물관은 한국인이 스스로 설립한 인류학박물관으로서 의미가 높지만, 6·25전쟁 이후 국립박물관의 분관으로 통합되며 자취를 감추었다. 한국민속관의 경우, 수정전 전각 내에 일개 전시실의 형식으로 개관했기 때문에 전시품 전시에 어

려움이 많았다. 아울러 민속에 대한 개념이 정립되지 않은 상황에서 양반 사대부의 문화를 중심으로 한 전시 구성을 갖추면서, 평민들의 생활모습을 배제시켰다는 한계를 가지고 있었다.

1972년 정부가 '민족주체의식 고양을 위한 국사교육 강화 시책'을 발표하면서, 각 급학교에서 국사를 필수로 가르치게 했는데, 이때 정부의 박물관 인식에도 변화가 일어나기 시작했다. 이 시점에 전시에 제약을 받고 있었던 한국민속관을 개편하고자 하는 논의도 일어난다. 1972년 6월 문화재관리국은 민속박물관을 설치하기 위하여, 민속박물관 설치준비위원회를 구성하고 민속박물관 건물선정 및 민속자료의 수집 등에 착수하였다. 또한 1973년 6월 15일 경복궁 내 현대 미술관(구 조선총독부건물)이 덕수궁으로 이전하자, 이 건물을 인수하여 보수, 증축하고 진열공사에 착수하여 1975년 4월 11일에 한국민속박물관이라는 명칭으로 개관하게 되었다. 이렇게 마련된 상설전시실은 1979년 국립민속박물관이 직제변경을 한 뒤 1993년에 이전 개관할 때까지 큰 변화 없이 운영되었다.

한국민속박물관에는 조선시대 양반 사대부가의 생활상을 입체적이고 풍부하게 전시했고, 일반 평민들의 생활상은 생산영역에만 한정된 일부를 전시하고 있었다. '민속'이 민중의 생활상을 연구하는 학문임에도 불구하고, 한정된 내용을 전시하게 된 이유는 박물관의 개관 과정에서 정부의 개입이 있었기 때문이라고 볼 수 있다. 1970년대 정부는 '공식역사만들기'와 '관광수입확보'라는 목적을 가지고 박물관을 건립하고자 개입했었다. 일례로 박물관을 개관할 당시 자문회의에서 "한국민속박물관은 국립의 박물관이고 외국 관광객이나 학자들이 참관할 것이므로, 너무 가난한 서민 풍속만을 뵈일 것이 아니라 사대부 생활과 같이 화려하고, 높은 생활수준의 풍속을 소개하는 것이 좋겠다"는 사안이 의결되기도 했었고, 실제 전시내용에도 반영된 것으로 보인다.

이 영상은 개관 당시의 한국민속박물관의 모습을 생생하게 담고 있다. 첫 번째로는 과거 조선총독부 박물관으로 사용되었던 건물의 1970년대 모습을 보여주고 있다. 두 번째로 이원경 문화공보부 장관을 비롯하여, 박물관 설립에 참여 했던 문화, 학계인사들이 테이프 커팅을 하고 전시 물품들을 둘러보는 모습을 보여주고 있어, 당시 정부와 학계의 박물관에 대한 관심을 엿볼 수 있었다. 마지막으로 개관 당시 한국민속박물관의 실제 전시내용을 보여주고 있어 전시의 성격을 유추하는데 도움을 준다. 영상에 등장하는 전시품들은 대체로 농업과 관계된 생활물품들 이었다. 주의할만한 점은 기와집 형태로 꾸며진 조형물 안에 전시되어 있었다는 점이다. 특히 베틀 앞에 앉아 천을 짜고 있는 형태로 전시된 여성 마네킹은 조선 후기 형태의 비단 한복을 입고 있는 모습도 볼 수 있다. 조선 상류층의 생활공간에 일상의 노동 현장을 재현하고 있는 장면은, 박물관 전시에 정부의 요구사항들이 반영되었음을 볼 수 있는 중요한 사례들이라고 할 수 있다.

▌ 참고문헌

국립민속박물관, 『국립민속박물관 50년사』, 1996.

조정우, 『박물관에서의 '역사만들기'에 관한 연구 : 국립민속박물관의 사례를 중심으로』, 서울대학교 석사학위논문, 2001.

한국 박물관 100년사 편찬위원회, 『한국박물관 100년사』, 국립중앙박물관, 2009.

해당호 전체 정보

1027-01 해군사관학교 졸업식

상영시간 l 01분 09초

영상요약 l 이 뉴스는 1975년도 해군사관학교 졸업 및 임관식 현장을 보여주면서, 여기에
참석하여 반공정신과 안보를 강조한 박정희 대통령의 메시지를 전하고 있다.

1027-02 예비군의 날

상영시간 l 01분 21초

영상요약 l 이 뉴스는 향토예비군 창설 7주년 기념으로 모범 예비군들을 접견한 박 대통
령의 모습을 보여주면서 베트남 전쟁을 교훈으로 삼아 공산주의 세력을 경계
하고, 국민 스스로 안보의식을 강화해야 한다는 박 대통령의 메시지를 전하고
있다.

1027-03 새마을

상영시간 l 01분 35초

영상요약 l 이 뉴스는 새마을 운동에 앞장선 공로로 훈장을 받은 전라북도 장수군의 김종
옥, 경상북도 영양군의 최병대 두 사람의 수상 소식과 업적을 보여준다. 하천
정비사업, 초가지붕 개량, 경제작물 재배, 뽕밭 조성 등으로 주민들의 소득을
높였다는 사실 등을 구체적으로 소개하고 있다.

1027-04 장개석 총통 장례식

상영시간 l 03분 59초

영상요약 l 이 뉴스는 대만 장개석 총통의 장례식에 조문단이 파견되어 대표로 김종필 국
무총리가 참석했다는 소식을 전하며 상세한 장 총통의 장례식 진행상황을 보
여준다. 장례식에 참석한 김종필 총리는 록펠러 미국 부통령을 만나서 국제정
세에 관한 의견을 나누고, 엄가감 총통의 초대로 다과회에 참석하여 양국의
유대관계를 재확인한다.

1027-05 이런 일 저런 일

상영시간 | 02분 40초

영상요약 | 이 뉴스는 경복궁 내에 한국민속박물관이 개관했다는 소식을 비롯하여 대한
노인회 75년도 정기총회, 우량식품 및 의약품 전시회, 서울여자고등학교에서
열린 교련 실기 발표회, 전국 종별 테니스대회 소식 등을 전하고 있다.

국가안전 공공질서 수호 긴급조치 9호 선포 (1975년 5월 17일)

제작정보

출　　　처	:	대한뉴스 1031호
제 작 사	:	국립영화제작소
제 작 국 가	:	대한민국

영상정보

제 공 언 어	:	한국어
컬　　　러	:	흑백
사 운 드	:	유

영상요약

1975년 5월 13일 선포된 '대통령 긴급조치 9호'의 내용과 취지를 설명하는 뉴스이다. 대통령 긴급조치 9호는 유언비어 금지, 헌법 부정행위 금지, 학생의 불법집회, 시위, 정치 관여 금지, 재산의 해외도피 금지, 사회 부조리의 금지 등을 그 내용으로 하며 이를 통해 국력을 집결하여 북한의 남침에 대처한다는 취지를 갖는다고 한다.

내레이션

박 대통령은 총력안보의 결의를 다짐하는 전 국민의 여망에 따라 5월 13일 국가안전과 공공질서 수호를 위한 대통령 긴급조치 9호를 선포했습니다. 이 조치는 국론분열과 국민총화를 저해하는 유언비어를 퍼뜨리거나 사실을 왜곡해서 전파, 보도하지 못하게 하며 헌법을 부정하거나 개정 또는 폐지를 거론하지 못하게 하고 학생들의 불법적인 집회, 시위 또는 정치관여를 금하며 재산을 해외에 도피시키는 일 등을 금하고 있습니다. 또한 공무원과 국영기업체 임직원 등 일반 사회의 부조리 현상을 발본색원해서 국력의 낭비와 국론 분열 행위에 종지부를 찍고 북한괴뢰의 남침 위협에 효과적으로 대처해서 민족중흥의 기틀을 우리 후손에게 물려주자는 것이 이번 긴급조치의 참뜻입니다.

화면묘사

00:00 자막 "국가안전 공공질서 수호 긴급조치 9호 선포"
00:16 자막 "유언비어 금지". 배경화면은 도시 번화가에 행인들이 오가고 있는 모습
00:28 자막 "헌법 부정행위 금지". 배경화면은 논 사이로 뻗은 고속도로
00:36 자막 "학생의 불법집회, 시위, 정치관여 금지". 배경화면은 교정에서 대화를 하고 있는 대학생들의 모습
00:44 자막 "재산의 해외도피 금지". 배경화면은 착륙해 있는 항공기
00:49 자막 "사회 부조리의 제거 등". 배경화면은 모자와 유니폼을 착용한 남성들이 대오를 지어 구보를 하고 있는 모습
00:59 자막 "모든 국력을 총집결하여 북괴의 흉계에 대처한다". 배경화면은 공중에 대형 태극기가 떠 있는 운동장에 유니폼을 입은 선수단이 행진하거나 정렬해 있는 모습

연구해제

이 영상은 1975년 5월 13일 선포된 긴급조치 9호의 내용인 유언비어 금지, 헌법 부정행위 금지, 학생의 불법집회·시위·정치관여 금지, 재산의 해외도피 금지, 사회 부조리

의 제거 등을 내레이션과 자막을 통해 상세히 소개하고 있다.

1974년 9월 17일 고려대 총학생회의 유인물 사건, 10월 24일 동아일보 기자들의 '자유언론 실천선언'에서 시작된 언론자유운동, 11월 19일 '자유실천문인협의회' 결성, 11월 27일 재야인사들의 '민주회복국민회의' 구성과 '국민선언' 발표 등 그동안 억눌려 있던 민주화운동이 다시 본격화되자, 박정희 정권은 더욱 강력하게 이를 탄압했다. 곧 자유언론운동에 대해서는 광고주들에게 압력을 넣어 신문에 광고를 싣지 못하도록 했고, 사주가 운동에 참여한 언론인들을 파면시키도록 강제했다. 그리고 1975년에는 내외국인의 반국가적 언동을 규제하는 형법개정안을 통과시키고, 4월 8일에는 교내에서의 집회 및 시위 금지, 영장 없는 체포, 구금, 압수수색 가능 등을 내용으로 하는 긴급조치 7호를 발표하고 고려대에는 휴교령을 내렸다.

그러던 중 1975년 4월 30일 남베트남 정부가 공산군에 의해 붕괴되자 정부는 각종 관변단체와 종교단체들을 동원하여 대규모 안보궐기대회를 개최했다. 이는 반공 안보 정국을 조성하여 유신체제에 대한 비판을 약화시키려는 전술이었다. 실제로 관변단체와 언론을 총동원한 노력의 결과, 상당수 국민들이 안보위기라는 박정희 정권의 주장에 동조하여 방위성금 모금에 적극 참여했다. 그에 따라 자연스럽게 반정부투쟁은 약화되었다. 곧이어 박정희 정권은 5월 13일 긴급조치 7호를 해제하는 긴급조치 8호와 긴급조치 중 최악인 유신헌법에 대한 일체의 부정적 행위를 금지하는 긴급조치 9호를 발동했다.

긴급조치 9호는 특정 사안에 대한 대응의 성격을 띠었던 기본 긴급조치와 달리 기존 내용들을 종합한 것으로서, 적용범위를 더욱 확대하고 처벌규정도 한층 강화한 것이었다. 특히 헌법 개정에 대한 청원 자체를 금지함으로써 유신헌법을 신성불가침의 영역에 올려놓는 동시에, 헌법이 규정하고 있는 국민의 기본권을 박탈했다. 긴급조치 9호는 박정희 정권이 끝날 때까지 4년 6개월 동안 유지되었다. 긴급조치 9호로 구속된 인사들은 1,387명에 달했고, 긴급조치 9호 관련 판결은 1,289건으로 그 피해자 수만도 974명에 이르렀다.

▌ 참고문헌

민주화운동기념사업회 연구소 엮음, 『한국민주화운동사』 2, 돌베개, 2009.
전재호, 「유신체제의 구조와 작동 기제」, 『유신과 반유신』, 민주화운동기념사업회, 2005.

해당호 전체 정보

1031-01　총력안보 궐기대회

상영시간 ｜ 04분 28초

영상요약 ｜ 서울 여의도 5 · 16광장에서 열린 총력안보 서울시민 궐기대회 소식을 전하는 뉴스이다. 광장에 운집한 시민들이 총력안보, 멸공통일, 국론통일, 총화단결 등의 구호를 외치고 혈서를 쓰거나 김일성 화형식을 하는 모습 등이 포함되어 있다. 이와 함께 대구에서도 총력안보 시민궐기대회가 열렸다는 소식도 전하고 있다.

1031-02　새마을 새 일꾼

상영시간 ｜ 01분 01초

영상요약 ｜ 새마을운동의 지역 사례를 소개하는 뉴스이다. 새마을훈장 협동장을 받은 경상북도 영천군 화산면 덕암1리 새마을 지도자 김종식의 사례로 소득사업과 부녀회 활동을 통한 생활 개선으로 농가소득을 크게 올렸다고 한다.

1031-03　국무총리 사우디아라비아 공식방문

상영시간 ｜ 02분 57초

영상요약 ｜ 1974년 4~5월 김종필 국무총리가 프랑스, 사우디아라비아, 일본을 순방한 소식을 전하는 뉴스이다. 김종필 국무총리 일행이 프랑스의 대통령, 사우디아라비아의 국왕과 황태자, 일본 수상 등을 만나 외교, 경제 등 각종 현안에 관해 회담을 하는 모습이 포함되어 있다.

1031-04　국가안전 공공질서 수호 긴급조치 9호 선포

상영시간 ｜ 01분 16초

영상요약 ｜ 1975년 5월 13일 선포된 '대통령 긴급조치 9호'의 내용과 취지를 설명하는 뉴스이다. 대통령 긴급조치 9호는 유언비어 금지, 헌법 부정행위 금지, 학생의 불법집회, 시위, 정치관여 금지, 재산의 해외도피 금지, 사회 부조리의 금지 등을 그 내용으로 하며 이를 통해 국력을 집결하여 북한의 남침에 대처한다는 취지를 갖는다고 한다.

장발단속 (1975년 8월 2일)

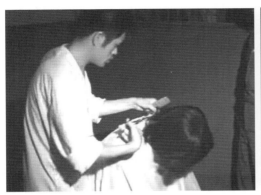

제작정보

출   처 : 대한뉴스 1042호
제 작 사 : 국립영화제작소
제 작 국 가 : 대한민국

영상정보

제 공 언 어 : 한국어
컬   러 : 흑백
사 운 드 : 유

영상요약

장발 단속에 관한 영상이다. 치안당국에서는 성별을 구별할 수 없을 정도의 장발을 한 청년들을 적발하여 이발을 시키고 이에 응하지 않을 경우 즉결재판에 넘기고 있다는 것을 보여준다.

내레이션

장발 단속. 남잔지 여잔지 구별할 수 없을 만큼 머리를 길게 늘어뜨린 청년들. 자신은 멋으로 알고 기르는지 모르지만은 장발은 위생에도 좋지 않고 보기에도 흉합니다. 남이 기른다고 덩달아 기르고 그 지저분한 모양이 과연 멋있게 보인다고 생각한다면은 큰 잘못입니다. 치안당국은 머리가 귀밑까지 내려가는 등 성별을 구별할 수 없을 정도의 장발자들에게는 머리를 깎아주고, 응하지 않을 때는 즉결재판에 넘기고 있습니다. 단속이 두려워서라기보다는 자신의 위생과 품위를 생각해서 머리를 단정하게 깎는 것이 좋겠습니다.

화면묘사

00:00 장발 단속에 적발되어 잡혀 온 청년들이 경찰서에 모여 있는 다양한 모습. 바닥에 앉아 고개를 숙이고 있거나 책 등으로 얼굴을 가리고 있음
00:24 경찰서에서 청년들이 이발을 하는 다양한 모습
00:47 장발 단속에 적발되어 잡혀 온 청년들이 경찰서 바닥에 앉아 있는 모습

연구해제

1970년대 중반에 제작된 이 영상은 장발 단속에 검거된 청년들이 죄인처럼 머리를 숙이고 수용되어 있는 모습과 긴 머리를 강제적으로 깎이는 장면을 담고 있다. 내레이션을 통해서는 치안 당국에서 성별을 구별할 수 없을 정도의 장발을 한 청년들을 적발하여 이발을 시키고 이에 응하지 않을 때 즉결재판에 넘기고 있다고 전한다.

박정희 유신체제의 입장에서 조직화된 반체제 세력은 "빨갱이 혹은 체제전복기도 세력" 등으로 얽어서 쉽게 비국민이라는 낙인을 찍고 탄압을 가할 수 있었다. 하지만 장발족이나 히피족과 같은 대중 속 반항자는 다루기 어려운 골칫덩어리였다. 따라서 '체제 순응적 주체 만들기'의 차원에서 보자면 후자가 더 다루기 까다로운 존재였다고 볼 수 있다. 박정희 정부는 이러한 까다로운 문제를 쉽게 처리하는 통로를 만들어 이들을 국가 체제 안에서 통제하고 싶어 했다. 따라서 대중문화와 생활영역에 "일탈"행위를 설정

하고 이를 시스템화 하여 사소한 일상의 "일탈처럼 보이는" 행위들까지 엄격히 통제하고 범죄화시켜 나갔다.

　매스미디어의 발전으로 1970년대는 방송이 대중문화 형성에 주도적인 역할을 했다. 이 시기 전 세계에서 유행하던 핫팬츠와 미니스커트와 같은 노출이 많은 히피풍 패션은 TV를 통해 한국에서도 빠르게 확산되었다. 이러한 영향으로 장발, 청바지, 미니스커트와 같은 자유분방한 청년문화가 유행하자 박정희 정부는 이를 사회윤리와 건전한 국민정신을 파괴하는 '퇴폐풍조'로 규정하고 단속하였다.

　본격적인 퇴폐풍조 단속이 시작된 것은 유신체제 성립 약 1년 전, 대통령선거 거의 직후인 1971년 10월 1일이었다. 정부는 일부사회에 만연하고 있는 퇴폐풍조를 대대적으로 추방 및 정화한다는 명목으로 합동단속반을 편성하고 강력한 단속에 나섰다. 내무·법무·보건사회·문화공보부가 합동으로 발표한 담화문에서 "저속하고 외설적인 출판, 공연들, 유흥업소의 퇴폐성향과 장발, 추악한 작태 등은 사회윤리와 법질서를 문란 시키고 있다"며 "건전한 국민정신을 위해 형법, 공연법, 광고물단속법, 경범죄처벌법 등 현행법규 안에서 엄하게 다스릴 방침이다"고 밝혔다. 퇴폐풍조 정화 세부시행계획이 세워졌고, 이에 따라 방송 드라마나 쇼, 영화, 기타 무대공연을 위한 각본, 필름, 무대에까지 검열이 엄격해졌다. 장발과 미니스커트 등은 당연히 고유의 미풍양속을 해치는 일체의 퇴폐행위로 낙인찍혔다. 이후 '바리캉'과 가위, 30㎝자를 든 경찰과 장발의 청년, 미니스커트를 입은 여성들이 곳곳에서 충돌했다. 구체적인 장발단속 기준은 "귀가 완전히 나오고 뒷머리가 와이셔츠 깃에 닿는지"였다.

　1973년 3월 10일에는 개정 경범죄처벌법이 발효되었다. 1973년 장발단속 실적은 102,870건이었고 1974년 6월 1~8일 사이에 서울시경이 주도한 장발단속에 걸린 사람은 무려 10,103명이었다. 그중 9,841명은 머리를 깎아 훈방했고 머리 깎기를 거부한 262명은 즉심에 넘겨졌다.

　이 영상이 제작되기 한 달여 전인 1975년 6월 23일에는 예비군 장발 없애기 시·도방위협의회 캠페인이 전개되었다. 7월 23일에는 서울시경에서 장발 일제단속을 실시하여 1,761명을 적발하는 등 여전히 대대적인 단속이 이뤄지고 있었다. 이 영상은 장발단속을 통해 박정희 정권의 사회인식을 살펴볼 수 있는 자료로서 의미를 갖는다.

참고문헌

「演藝人은 長髮해야 人氣얻나」, 『동아일보』, 1975년 6월 14일.

「豫備軍 長髮 없애기 市道防衛協 캠페인」, 『동아일보』, 1975년 6월 24일.

「長髮族일제단속 천7백여명적발」, 『매일경제』, 1975년 7월 24일.

「그 실태와 震源을 알아보면 숨바꼭질 長髮단속」, 『경향신문』, 1975년 7월 26일.

백경옥, 「1970년대 박정희정부의 대중문화통제」, 서울대학교 석사학위논문, 2012.

해당호 전체 정보

1042-01 유조선 명명식(울산) - 현대조선 ALTHEA호

상영시간 ㅣ 01분 25초

영상요약 ㅣ 울산의 현대조선소에서 열린 유조선 ALTHEA호의 명명식 소식을 전하는 뉴스
이다. 정주영 회장 등이 참석한 명명식에서 김종필 국무총리 부인인 박영옥
여사가 명명을 하는 모습이 포함되어 있다.

1042-02 전북의 새마을운동(완주군 고산면)

상영시간 ㅣ 00분 49초

영상요약 ㅣ 새마을운동의 지역 사례를 소개하는 뉴스이다. 새마을 교량 공사와 도읍 가꾸
기 사업을 전개한 전라북도 완주군 고산면의 사례를 소개하고 있다.

1042-03 강원의숙 개관

상영시간 ㅣ 00분 28초

영상요약 ㅣ 강원의숙 개관식 소식을 전하는 뉴스이다. 강원의숙은 서울에 유학하는 강원
도 출신 대학생들에게 숙식을 제공하기 위해 세워진 시설이다.

1042-04 국가유공자자녀 여름봉사활동

상영시간 ㅣ 00분 19초

영상요약 ㅣ 서울 동작동 국립묘지에서 열린 제4회 국가유공자자녀 새마을학생봉사단 결
단식 소식을 전하는 뉴스이다. 결단식의 모습과 학생봉사단이 국립묘지에서
제초작업을 하는 모습이 포함되어 있다.

1042-05 구급간호대 발대식

상영시간 ㅣ 00분 21초

영상요약 ㅣ 대한간호협회가 조직한 국가안보구급간호대 발대식 소식을 전하는 영상이다.

1042-06 재일동포 하계학교

상영시간 | 00분 38초

영상요약 | 중앙교육원에서 열린 제10회 재일동포 학생 여름학교 입교식 소식을 전하는 영상이다. 이들은 2주 동안 고국의 역사와 전통, 국가안보 등에 대한 교과학습과 명승지 견학, 산업시찰 등을 하게 된다고 한다.

1042-07 향토박물관 개관

상영시간 | 00분 44초

영상요약 | 경상남도 밀양의 밀양박물관 개관 소식을 전하는 영상이다.

1042-08 식생활 개선 전시회

상영시간 | 00분 26초

영상요약 | 한국식생활개발연구회 주최로 국립공보관에서 열린 양곡 소비절약을 위한 식생활개선전시회 소식을 전하는 영상이다.

1042-09 제6회 아시아 AG그룹 수영 선수권 대회

상영시간 | 01분 27초

영상요약 | 수영에 관한 소식을 전하고 있다. 태릉국제수영장에서 열린 제6회 아시아 AG그룹 수영 선수권대회 소식과 함께 대구 스포츠센터에 대한 소개를 하고 있다.

1042-10 태종대

상영시간 | 00분 42초

영상요약 | 부산 영도 태종대를 소개하는 영상으로 부산시가 이곳을 임해공원으로 개발하고 있다는 소식을 전하고 있다.

1042-11 장발단속

상영시간 | 00분 52초

영상요약 | 장발 단속에 관한 영상이다. 치안당국에서는 성별을 구별할 수 없을 정도의 장발을 한 청년들을 적발하여 이발을 시키고 이에 응하지 않을 경우 즉결재판에 넘기고 있다고 한다.

잠실지구 아파트단지 1차 준공 (1975년 8월 30일)

제작정보
출   처 : 대한뉴스 1046호
제 작 사 : 국립영화제작소
제 작 국 가 : 대한민국

영상정보
제 공 언 어 : 한국어
컬   러 : 흑백
사 운 드 : 유

영상요약

서울시가 잠실지구 개발 촉진을 위해 건설한 잠실지구 아파트 단지 1차분의 준공 소식을 전하는 뉴스이다.

여기는 잠실지구 아파트 단지입니다. 서울시가 집이 없는 시민들의 주택난 해결과 잠실지구 개발 촉진을 위해 이곳에 아파트를 짓기 시작한 이래 이번에 1차분으로 13평형 1,500가구가 준공됐습니다.

■ 화면묘사

00:00 준공된 잠실지구 아파트 단지 전경. 공사안내판 주변에 사람들이 모여 있고 한 아파트 동에는 "잠실아파트" 현수막이 걸려 있음

00:11 아파트 단지의 배치도 및 공사 안내판 앞에서 설명을 듣고 있는 관계자들

00:17 5층으로 지어진 아파트 단지 전경

■ 연구해제

1960년대 경제개발과 산업화의 추진은 도시의 급격한 인구증가를 초래했다. 이에 전국적인 신시가지 개발이 활발히 일어났는데, 인구집중이 가장 높았던 서울은 1963년 8월부터 잠실지구를 포함하는 한강 이남으로 서울행정구역이 확장되었고, 1970년부터 서울시 한강건설사업소에 의해 토지구획정리가 이루어지며 개발이 이루어졌다.

특히 잠실지구는 영동지구와 함께 강남개발의 중요한 한 부분을 이루었는데, 다른 지구와 다르게 사업 시행에 앞서 1974년 7월 최초의 도시설계 용역보고서인 '잠실지구 종합개발기본계획'을 수립하고 이 계획에 따라 도시공간이 형성되도록 개발을 유도했다.

이 계획 아래 서울시는 주거주택 건설을 위해 잠실지구 서쪽에 위치한 대규모 집단체비지 35만 평을 주택공사에 일괄 양도하였다. 그리고 양도된 토지 일부를 대상으로 잠실 아파트 4개 단지 조성계획이 가장 먼저 추진되었다. 특히 서울시민이 각 소득계층에 맞추어 골고루 입주할 수 있도록 하라는 박정희 대통령의 지시에 따라 13평 아파트가 49.9%를 차지하는, 합계 334개동 1만 5,250개 가구 건립 계획이 1974년 가을 발표되었다.

단지 배치계획이 마무리 된 1975년 2월 6일에는 김재규 건설부장관의 참석 아래 잠실 1~4단지 건립기공식이 거행되었다. 기존의 주택건설에 비해 잠실 1~4단지의 건설 물량은 파격적인 대규모였고, 주택공사와 서울시 기술진의 지휘 아래 한국 건설업계가 모두

참여하여 공사가 진행되었다. 특히 1974년 9월까지 서울시장직에 있다가 1975년 4월부터 주택공사사장으로 부임한 양택식 사장은 이른바 건설 '180일 작전'을 전개하며 속도전을 펼쳤다.

그 결과 1차적으로 1975년 8월 26일 잠실 1~4단지에서 조기 준공된 아파트는 13평형 1만 1,500여 가구에 이르렀다. 특히 1975년 주공의 13평형 잠실아파트는 무허가 불량건물 철거민들에게 배정한다는 원칙 아래 분양·입주가 추진되었다.

이 영상은 바로 이 1차분 준공 현장을 보여주고 있다. 그 후 나머지 물량의 건설도 순차적으로 진행되어 잠실 1~4단지 아파트 건설은 1976년에 완료되었다.

▌ 참고문헌

「잠실아파트 1단지준공 13평형」, 『매일경제』, 1975년 8월 26일.
손정목, 『서울도시계획 이야기』 3, 한울, 2003.

해당호 전체 정보

1046-01   미 국방부 장관 박정희 대통령 예방
상영시간 | 01분 58초

영상요약 | 서울에서 열린 제8차 한미연례안보협의회의 소식과 함께 제임스 슐레진저 (James R. Schlesinger) 미국 국방부장관의 박정희 대통령 예방과 전방 부대 시찰 소식 등을 전하고 있다. 제8차 한미연례안보협의회의에서 미국은 한국에 대한 무력공격이 있을 경우, 즉각적이고도 효과적인 원조를 제공한다는 등 13개 항의 공동성명을 채택했다. 한편 박정희 대통령을 예방한 자리에서 슐레진저 장관은 한국에 대한 미국의 방위공약이 확실하다는 포드 미국 대통령의 약속을 전했다.

1046-02   수출 진흥 확대회의
상영시간 | 00분 47초

영상요약 | 박정희 대통령 주재로 열린 수출진흥확대회의 소식을 전하는 영상이다. 세계 여론조사에서 우리나라 상품의 평가가 크게 좋아졌다는 외무부의 보고가 있었으며 박정희 대통령은 회의가 끝난 후 수출상품전시장을 둘러보았다.

1046-03   6·25 참전용사 일행 박정희 대통령 예방
상영시간 | 00분 47초

영상요약 | 박정희 대통령이 브루스 클라크(Bruce C. Clark) 장군 등 19명의 6·25 참전용사 일행의 예방을 받았다는 소식이다. 한복 차림으로 이 자리에 참석한 박근혜의 모습도 포함되어 있다.

1046-04   6·25 격전지 순례 대행군
상영시간 | 01분 08초

영상요약 | 전국의 고등학교와 전문학교, 대학교 학생들이 지역별로 6·25전쟁 격전지 순례 행군을 했다는 소식과 함께 격전지 순례를 마친 서울 지역 학생들이 서울 장충체육관에서 반공대회를 가졌다.

1046-05   영추문 복원

상영시간 ㅣ 00분 34초

영상요약 ㅣ 경복궁 영추문의 복원 준공식을 보여주는 영상이다. 김종필 국무총리와 관계
자들이 편액 제막과 테이프 커팅을 하는 모습이 포함되어 있다.

1046-06   청담교 준공 및 강남2로 개통

상영시간 ㅣ 00분 27초

영상요약 ㅣ 청담교 준공식 소식을 전하는 영상이다. 청담교가 준공됨으로써 강남2로가 완
전히 개통되어 강남지역 교통이 편리하게 되었다.

1046-07   잠실지구 아파트단지 1차 준공

상영시간 ㅣ 00분 24초

영상요약 ㅣ 서울시가 잠실지구 개발 촉진을 위해 건설한 잠실지구 아파트 단지 1차분의
준공 소식을 전하는 영상이다.

1046-08   새마을공장

상영시간 ㅣ 00분 24초

영상요약 ㅣ 충청남도 아산군 배방면 남리에 있는 도토리국수 새마을공장의 현황을 전하
고 있다. 이 공장에서는 농촌에서 도토리를 매입해 국수를 생산함으로써 쌀을
절약하고 농가소득 증대에 기여하고 있다.

1046-09   주한미군 위문공연

상영시간 ㅣ 00분 24초

영상요약 ㅣ 대한상공회의소와 전국경제인연합회, 무역협회 등 민간단체가 오산 등지에서
주한미군을 위한 위문공연을 가졌다.

1046-10   제1회 세계 태권도 대회

상영시간 ㅣ 01분 17초

영상요약 ㅣ 제2회 세계태권도선수권대회 소식이다. 개회식 장면과 경기 장면을 포함하고
있으며 한국이 제1회 대회에 이어 또다시 종합우승을 차지했다.

중앙학도호국단 발단식 (1975년 9월 6일)

제작정보

출　　　처 : 대한뉴스 1047호

제 작 사 : 국립영화제작소

제 작 국 가 : 대한민국

영상정보

제 공 언 어 : 한국어

컬　　　러 : 컬러

사 운 드 : 유

영상요약

여의도 5 · 16광장에서 열린 중앙학도호국단 발단식 소식을 전하는 뉴스이다. 김종필 국무총리의 훈시, 발단식에 참가한 학생들의 열병식, 분열행진, 시가행진 등의 모습이 포함되어 있다.

내레이션

여기는 여의도 5·16광장. 전국의 1,460개 고등학교와 전문학교, 대학교 학생을 대표한 40,000여 명의 학생들이 모인 가운데 중앙학도호국단 발단식이 거행됐습니다. 호국학도들은 먼저 태극기 앞에 조국과 민족의 무궁한 영광을 위해 몸과 마음을 바쳐 충성을 다할 것을 다짐하고 열병에 들어갔습니다. 김종필 국무총리는 중앙학도호국단장인 유기춘 문교부장관과 총지휘관 학생 이주삼군과 함께 정렬된 호국단원들을 사열했습니다. 김 총리는 이날 훈시를 통해 내 나라를 지킨다는 것은 국민된 사람 모두의 본문이요 의무이며 여기에는 이의가 있을 수 없다고 강조하고, 일선장병은 더 말할 것도 없고 온 국민이 예비군이나 민방위대 등에 참여해서 내 고장을 지킬 방위태세를 확립해 나가면서 각자 생업에도 더욱 충실하게 종사하고 있는 것이며, 학생 여러분이 학도호국단에 참가하고 있는 뜻도 바로 온 국민적인 자각과 일치하는 것이라고 말했습니다. 김 총리는 또 학도 여러분은 내일의 이 나라를 이끌어 나갈 지도자가 되고 일꾼이 되기 위해서 시간을 다투어 면학하고 과학하는 것을 본분으로 삼아야 한다고 말하고, 보다 투철한 한국인으로서의 처지를 올바르게 인식하고 그러한 바탕에서 사색하고 행동할 것을 당부했습니다. 전국의 1,460,000 학도호국단원을 대표해서 이날 발단식에 참석한 40,000여 학생들은 서울대교를 거쳐 서울 중심가에 이르는 8.7킬로미터를 시가행진하면서 시민들의 환영을 받았습니다.

화면묘사

00:00 대형풍선에 매달린 대형 태극기와 중앙학도호국단 깃발이 공중에서 휘날리고 있는 5·16 광장 전경

00:09 학생모, 교복, 각반, 군화를 착용한 남학생 대표가 선서를 하는 모습. 그 뒤에는 학생들이 태극기, 중앙학도호국단 깃발을 세워 들고 정렬해 있음

00:14 김종필 국무총리와 관계인사들이 착석해 있는 단상에서 선서를 하는 한 관계자의 모습과 단 아래 광장에 정렬해 있는 수많은 학생들

00:22 정렬해 있는 남학생들이 지휘에 따라 연주를 하는 모습 (연주 소리)

00:25 김종필 국무총리와 유기춘 문교부장관이 무개차에 탑승한 채 열병을 하는 모습

00:40	정렬해 있는 학생들이 중앙학도호국단 깃발을 세우거나 장검을 들고 사열을 받는 다양한 모습
01:07	단상에서 훈시를 하는 김종필 국무총리와 정렬해 있는 학생들. 멀리 국회의사당 모습이 보임
01:17	흰 모자, 제복을 착용하고 구급낭을 멘 여학생들이 정렬해 있는 모습
01:20	학생모와 교복을 착용하고 정렬해 있는 남학생들
01:24	남학생들이 총검술 시범을 보이는 다양한 모습
01:45	분열행진을 하는 학생들과 이를 지켜보는 단상의 관계자들
01:52	단상에서 거수경례를 하며 분열행진을 사열하는 김종필 국무총리와 단 아래 광장에 서 분열행진을 하는 학생들
02:01	남녀학생들이 중앙학도호국단 깃발을 세워 들고 분열행진을 하는 다양한 모습
02:14	연도에서 학생들의 시가행진을 지켜보는 시민들과 학생들. 교복을 입은 남학생들이 태극기를 흔들며 환영하고 있음
02:18	중앙학도호국단 깃발을 세워 들고 시가행진을 학생들. 도로 바닥에는 색종이가 뿌려져 있음

▌ 연구해제

박정희 정권은 1972년 10월 유신체제를 수립한 이후 사회 곳곳에서 일어나는 반유신운동으로 인해 체제유지에 위협을 느끼고 있었다. 이에 따라 1975년 긴급조치 9호를 내려 사회 전반에 강력한 통제력을 행사하고자 했다. 학교에 대한 통제도 이전시대 보다 한층 강화되었다. 박정희 정부는 반정부 저항운동에 앞장섰던 학생운동을 통제하기 위해 학생회를 없애고 대신 학원을 군대식으로 재조직하기 위해 4·19 이후 폐지되었던 학도호국단을 15년 만에 부활시켰다. 1971년에도 교과과정에 교련을 도입하고 의무적으로 이수하도록 하여 학원의 군대화를 추구한 바 있었지만, 1975년 학원 통제를 더욱 강화하기 위하여 학도호국단을 조직하고, 학생회 자체를 군대식으로 재편한 것이다. 학도호국단 간부들을 1년에 1주일씩 경주에 있는 화랑의 집에 들어가서 훈련을 받았는데, 일정 속에는 '박정희 대통령 어록'을 들으며 명상하는 시간도 포함되어 있었다.

이 영상에서는 여의도의 5·16광장에서 열린 학도호국단 발단식의 이모저모를 보여준다. 마포고등학교 학생 1,000여 명이 일사불란하게 펼치는 총검술 시범이나, 서울대 중대를 선두로 한 남녀 대학 및 고교 부대가 질서정연하게 분열행진하는 모습이 인상적이다. 이날 발단식에는 전국 1,460여개 고등학교와 전문학교, 대학교 학생들을 대표한 40,000여 명의 학생들이 참여 했는데, 이들은 5·16광장에서부터 서울대교를 지나 서울 중심가에 이르는 8.7km를 행진했다. 또한 이 행사에 참여한 김종필 국무총리는 훈시를 통해 학도들은 면학에 몰두하여 심신을 단련하고, 유사시 일어나는 국난에 대처해야 하며, 조국을 위해 자신을 희생할 수 있다는 분명한 자각을 하고 있다고 주장하였고, 북한의 부단한 도발과 위협에 대처할 총화 단결과 국력 배양의 가속화에 힘써야 할 것이라고 훈시했다. 이러한 발단식의 모습은 긴급초지 9호 이후 억압되었던 학원 분위기의 또 다른 측면을 확인할 수 있어 의의가 있다.

▌ 참고문헌

「5·16광장서, 중앙 학도 호국단 발단」,『경향신문』, 1975년 9월 2일.

해당호 전체 정보

1047-01 국회 의사당 준공

상영시간 ㅣ 01분 55초

영상요약 ㅣ 여의도 국회의사당 준공식 소식을 전하는 영상이다. 준공식에 참석한 박정희 대통령이 테이프커팅을 하고 내부를 둘러보는 모습과 함께 국회의사당의 규모를 전하고 있다.

1047-02 박정희 대통령, 고속도로 시찰

상영시간 ㅣ 03분 07초

영상요약 ㅣ 박정희 대통령이 영동고속도로와 동해고속도로 건설현장 그리고 동해안 북평 항만 공사현장 등을 시찰한 소식을 전하는 영상이다.

1047-03 중앙학도호국단 발단식

상영시간 ㅣ 02분 33초

영상요약 ㅣ 여의도 5·16광장에서 열린 중앙학도호국단 발단식 소식을 전하는 뉴스이다. 김종필 국무총리의 훈시, 발단식에 참가한 학생들의 열병식, 분열행진, 시가행진 등의 모습이 포함되어 있다.

1047-04 연료 사용기기 전시회

상영시간 ㅣ 00분 56초

영상요약 ㅣ 서울 장충단공원에서 열린 제1회 연료사용기기 전시회 소식을 전하는 뉴스이다. 이 전시회는 유류파동 이후 또다시 유가인상의 움직임이 있자 에너지 절약 운동의 일환으로 상공부 공업진흥청에서 주최한 행사이다.

1047-05 여군 창설 25주년

상영시간 ㅣ 00분 29초

영상요약 ㅣ 여군단 연병장에서 열린 여군 창설 25주년 기념식 소식을 전하는 영상이다.

1047-06 돈 깨끗이 쓰기 운동

상영시간 ㅣ 00분 54초

영상요약 ㅣ 이 영상은 돈 깨끗이 쓰기 운동이 벌어지고 있다는 소식을 다루면서, 함부로 돈을 써서 더럽히는 일은 위생과 나라의 재정에 나쁜 영향을 끼치기 때문에 돈을 깨끗이 써야 한다는 메시지를 전달하고 있다.

여성안보 실천도장 여군단 (1975년 11월 29일)

제작정보

출   처 : 대한뉴스 1058호

제 작 사 : 국립영화제작소

제작국가 : 대한민국

영상정보

제공언어 : 한국어

컬   러 : 컬러

사 운 드 : 유

영상요약

육군 여군단에 새마을 교육관과 함께 공기소총 사격장이 준공되었다.

내레이션

여기는 우리나라 여성 안보교육의 실천도장인 여군단입니다. 이곳에 새마을 교육관과 함께 공기소총 사격장이 준공돼 여군들의 사격술 향상에 이바지하게 됐습니다.

화면묘사

00:00   여군단 건물의 외관을 전체적으로 촬영
00:03   준공식 단상을 촬영함, 단상 위에 "축개관 공기소총사격장"이라고 적혀있음
00:07   군 장성과 여성 관계자들이 테이프 커팅하는 장면
00:12   공기소총으로 사격하는 여군들이 다양한 모습
00:21   공기소총으로 사격하기 위해 준비자세를 취하는 여군들
00:26   과녁에 조준하여 발사하는 여군들의 뒷모습

연구해제

 이 영상은 1975년 11월 19일 육군여군단의 새마을교육관과 공기총사격장 준공식 소식을 전달하고 있다. 새마을운동은 1973년 도시새마을운동으로 확대되면서 농촌 외에도 학교, 직장, 지역, 군대 등으로 퍼져나갔다. 이 영상은 '군대 새마을운동'의 한 단면을 잘 보여주고 있다. 내레이션에서 말하듯 육군여군단의 새마을교육관은 "여성 안보교육의 실천도장"으로 건설되었다. 교육관은 100명을 수용할 수 있는 12개 내무반을 갖췄으며 사회각계 여성 지도자들의 숙영시설로 이용되었다. 1975년 12월 1일부터 새마을 여성 지도자들이 입소하여 합숙교육을 받았다.

 새마을운동은 경제적으로 잘살기운동을 표방하였지만 정신적으로는 강력한 반공주의, 안보중심주의를 강조하였다. 안보를 강조하는 반공주의와 발전주의 담론의 결합은 대중동원의 기제이자 대중동원의 목표 그 자체였다. 군대 새마을운동은 이 영상에서 보이듯이 군대 내부와 외부를 모두 향하고 있었다. 군대 내부에서는 군인들의 정신무장과 소득증대(텃밭가꾸기, 지역일손돕기 등)가 주사업으로 전개되었고, 군대 외부의 새마을 지도자 및 지역민들의 안보교육 실천도장으로 활용되기도 하였다.

참고문헌

「육군여군단, 여성안보교육 위해 공기총사격장 건립」,『동아일보』, 1975년 11월 19일.

해당호 전체 정보

1058-01　노동청 중앙직업훈련원 시찰

상영시간 ㅣ 00분 55초

영상요약 ㅣ 박정희 대통령은 경기도 부평에 있는 노동청 중앙 직업훈련원을 방문하였다. 이 자리에서 박정희 대통령은 훈련원의 현황을 보고받고 실습장을 돌아보면서 원생과 교사들을 격려했다.

1058-02　중앙정보부 간첩단 검거

상영시간 ㅣ 01분 19초

영상요약 ㅣ 중앙정보부는 서울대학교, 부산대학교, 고려대학교, 한국신학대학교, 카톨릭대학교 학생 15명이 포함된 학원침투 간첩단 21명을 검거했다고 발표했다. 발표에서 이들은 일본을 통해 북한에 가서 북한 노동당에 입당한 뒤 남한에 들어와 활동했다고 밝혔으며 간첩단으로부터 공작 금품과 기본 암호표, 북한괴뢰 방송지령 수신용 라디오, 카메라, 등사기, 불온 유인물과 서적 들을 증거물로 압수했다고 말했다.

1058-03　안동댐 다목적 개발사업

상영시간 ㅣ 00분 58초

영상요약 ㅣ 4대강 유역 종합 개발사업의 하나로 낙동강 유역의 가뭄과 홍수를 막고 토지를 이용해서 식량을 증설하며 강물을 이용하고 전력생산을 생산하기 위해 진행되고 있는 안동댐 다목적 개발사업이 75퍼센트의 공정률을 보이고 있다.

1058-04　여성안보 실천도장 여군단

상영시간 ㅣ 00분 30초

영상요약 ㅣ 육군 여군단에 새마을 교육관과 함께 공기소총 사격장이 준공되었다.

1058-05　경찰학교 순경반 졸업식

상영시간 ㅣ 00분 45초

영상요약 ‖ 경찰 종합학교가 새로 발족한 후 첫 번째 졸업식 행사인 신임과장 순경반 제
102기 졸업식이 있었다. 이 졸업식에서 졸업생들은 각종 훈련시범을 보였는데
그 내용은 체포술, 총검술, 태권도였다.

1058-06   광희문 준공

상영시간 ‖ 00분 23초

영상요약 ‖ 서울 신당동에 있는 광희문이 착공 11개월 만에 복원, 완공되었습니다. 이 광
희문은 문루가 허물어 진 채 방치되어 있었는데 서울시가 성곽보존사업의 일
환으로 복원하였다.

1058-07   새마을운동 시범행사

상영시간 ‖ 00분 23초

영상요약 ‖ 서울시 민간단체 새마을운동협의회는 76개의 가입단체, 2,000여 회원들이 참
가한 가운데 중앙청에서 서울역에 이르는 연도를 청소했다.

1058-08   가을 새마을시민행사

상영시간 ‖ 00분 20초

영상요약 ‖ 서울 남산 야외음악당에서 가을 새마을 시민행사가 열렸다. 이 행사에는 서울
시립관현악단과 서울시립무용단 등이 출연했다.

1058-09   부산시민걷기대회

상영시간 ‖ 00분 30초

영상요약 ‖ 체력향상과 에너지 절약의 일환으로 부산에서는 시민, 학생, 외국인 등 약
6,000명이 참가해서 시내중심가 10킬로미터를 걷는 부산시민걷기대회가 열렸
다.

1058-10   물물교환운동

상영시간 ‖ 00분 16초

영상요약 ‖ 소비절약을 위해 전국적으로 물물교환 운동이 벌어졌다. 이 운동은 물물교환
거래소에서 자신이 쓰지 않는 물건을 내놓고 필요한 물건과 바꿔오는 것이다.

1058-11 해군사관학교 순항분대

상영시간 ㅣ 01분 14초

영상요약 ㅣ 해군사관학교 제30기 순항분대는 70일간 예정으로 동남아시아와 중동지역 우방8개국을 방문하고 있다. 항해 중에 순항분대는 인도양에서 해상보급훈련을 실시했으며 진해항을 떠난 지 18일만에 첫 순방국인 인도의 코친항에 입항했다. 해군사관학교 생도들은 순방국에서 상호친선을 도모하며 각국 사관생도들과 우의를 다지는 갖가지 행사를 가질 예정이다.

불우이웃돕기 바자회 참석 (1975년 12월 6일)

제작정보

출   처 : 대한뉴스 1059호
제 작 사 : 국립영화제작소
제 작 국 가 : 대한민국

영상정보

제 공 언 어 : 한국어
컬   러 : 흑백
사 운 드 : 유

영상요약

십자성마을 부녀와 한국전력 새마을부녀회가 공동으로 마련한 불우이웃돕기 자선바자회가 진행되었다.

█ 내레이션

대통령 영애 근혜양은 국군장병위문과 불우이웃돕기 바자회에 참석해 이웃돕기 운동에 앞장섰습니다. 십자성마을 부녀회와 한국전력 새마을부녀회가 공동으로 마련한 이 모임에서는 3,350,000원을 모금했는데 이 돈은 국군장병을 위문하고 불우한 이웃을 돕는데 쓰여집니다. 양지회 회원들은 대한적십자사에서 연말에 일선장병에게 보낼 사랑의 선물을 꾸렸습니다. 이 선물은 동부전선의 국군장병과 전투 경찰관들에게 보내집니다.

█ 화면묘사

00:00 테이프 커팅하는 박근혜와 십자성마을 부녀회, 한국전력 새마을부녀회 관계자의 모습, 바자회 참석자들이 박수침
00:07 바자회의 모습을 전체적으로 보여줌, 모금을 위해 마련된 물건들을 부녀회 회원들이 판매하고 있고 바자회 참석자들이 물건을 살펴보고 있음
00:18 물건을 고르며 부녀회 회원들과 이야기하는 박근혜
00:23 바자회 참석자들이 물품을 구매하는 다양한 모습
00:32 대한적십자사에서 일선장병들에게 보낼 선물을 포장하는 양지회 회원들의 다양한 모습

█ 연구해제

이 영상은 한국전력부녀회와 십자성마을부녀회가 공동주최한 '일선장병위문 및 불우이웃돕기 자선바자'의 모습을 기록하고 있다. 1975년 11월 29일 서울 태평로 국립공보관에서 열린 이 바자회에는 영애 박근혜가 참여하여 새마을부녀회를 격려하고 국군장병위문과 불우이웃돕기의 필요성을 역설하였다. 또한 이날 바자회는 총 335만 원의 수익금을 얻었는데, 모두 국군장병 위문과 불우이웃돕기에 사용되었다.

1970년대 새마을부녀회들은 이 영상에서 보이듯이 다양한 불우이웃돕기, 국군위문장병 위문에 동원되거나 참여하였다. 특히 도시-농촌 새마을부녀회의 공동행사는 도농 간 격차해소, 도시-농촌 연계발전을 목표로 삼았던 새마을운동의 이상을 상징화하는

의례였다. 1970년대 여성은 공동체 관념과 전통적 성역할을 받아들이면서도 그 틀 내에서 근대적 자본주의, 개인주의를 적절히 조화시켜 엄청난 양의 노동을 감내하였다. 각종 새마을부녀회의 활동은 일정 부분 여성들에게 가부장제에서 벗어나 정체성의 정치에 참여할 수 있는 계기를 제공하였고, 이를 통하여 주체적인 개인으로서 존재감을 획득할 수 있는 기반을 마련해 주었다.

특히 도시보다 교육기회에서 배제되었던 농촌 여성들은 새마을사업에 참여하면서 근대자본주의가 요구하는 효율적 인간상을 빠르게 습득하였다. 또한 박정희 정권은 새마을운동을 통하여 여성들에게 가족에서 마을로, 마을에서 지역사회 및 국가로 확장되는 '사회적 역할'을 부여하였다. 새마을부녀회를 중심으로 전개된 각종 이웃돕기사업, 국군장병 위문 등은 국가를 매개로 하여 개인(여성)이 더 넓은 사회와 관계 맺는 방식이었던 것이다. 그러나 여기서 말하는 '사회적 역할'이란 안정적 생산과 재생산에 필요한 자원을 '스스로' 동원하고 참여하는 것을 의미했다.

▌참고문헌

「박근혜양 참석, 십자성마을 부녀회 장병·불우돕기 바자」, 『경향신문』, 1975년 11월 29일.

최인이, 「근대적 시간관념과 이윤개념의 내면화 : 새마을부녀지도자의 노동활동 경험을 중심으로」, 『사회와 역사』 90, 2011.

해당호 전체 정보

1059-01 수출진흥확대대회

상영시간 ㅣ 00분 45초

영상요약 ㅣ 1975년도 9번째 수출진흥확대회의가 박정희 대통령의 주재로 중앙청에서 열렸다. 또한 회의장에 전시된 수출산업공단과 수출자유지역 입주업체 상품들을 둘러보았다.

1059-02 제12회 수출의날 기념식

상영시간 ㅣ 02분 41초

영상요약 ㅣ 제12회 수출의 날 기념식이 국립극장에서 열렸다. 이날 삼성물산은 수출 2억 달러를 돌파한 공로로 2억 달러 탑을 받았으며 대우실업을 비롯한 현대조선, 한일합섬, 국제화학 등이 대통령기를 또 쌍용산업과 포항종합제철이 1억 달러의 수출탑을 받았다. 그리고 금탑산업훈장은 동국무역의 백영기 씨가 받았으며 이 밖의 120여 명의 수출 유공자가 표창을 받았다.

1059-03 제1회 새마을연구발표회

상영시간 ㅣ 00분 47초

영상요약 ㅣ 문교부가 주최한 제1회 새마을운동 연구발표회가 열렸다. 발표회에서는 36명의 교수가 공동으로 연구한 결과를 발표했는데 새마을운동을 학술적인 차원에서 체계적으로 정리, 분석해서 이 운동을 지속적으로 발전시켜 나가야한다는 내용이었다.

1059-04 지하동굴탐사

상영시간 ㅣ 01분 11초

영상요약 ㅣ 동국대학교 동굴탐험연구회는 버려져 있는 동굴의 생성과 정밀 구조, 동굴생물의 동태를 살피기 위해 지난 11월 강원도 삼척에 있는 초당동굴을 탐사했다. 19명으로 구성된 연구회는 지하동굴에서 숙식하며 세부측량, 동굴 생물 수집, 수중 탐험들을 실시했다.

1059-05   호국승군단 군사훈련

상영시간 ㅣ 00분 35초

영상요약 ㅣ 조계종 승려들이 호국승군단을 조직하여 백마부대에서 2일에 걸쳐 제식훈련,
사격훈련 등 군사훈련을 받았다.

1059-06   불우이웃돕기 바자회 참석

상영시간 ㅣ 00분 55초

영상요약 ㅣ 십자성마을 부녀와 한국전력 새마을부녀회가 공동으로 마련한 불우이웃돕기
자선바자회가 진행되었다.

1059-07   자유중국 현대미술전

상영시간 ㅣ 00분 55초

영상요약 ㅣ 국립현대미술관에서는 자유중국 현대미술전이 열렸다. 이 전람회에는 중국국
립역사박물관이 제공한 장대천 화백의 60여 작품을 비롯해서 중국 현역작가
작품 270여 점이 전시되었다.

1059-08   해양수족관

상영시간 ㅣ 00분 50초

영상요약 ㅣ 서울 동대문종합시장 내에 해양수족관이 개관했다. 수족관에는 우리나라 근
해에서 잡은 100여 종류의 물고기와 모양과 색채가 화려한 태평양 열대 산호
초 고기와 말미잘 등 80여 종류 외에도 민물고기 20여 종류가 있다.

1059-09   시민회관 별관개관

상영시간 ㅣ 00분 27초

영상요약 ㅣ 옛 국회의사당이 시민회관 본관이 완성될 될 때까지 시민회관 별관으로 사용
될 예정이다. 시민회관 별관은 일반과 문화단체에 대관해주기도 한다.

1059-10   오페라 춘희 공연

상영시간 ㅣ 00분 23초

영상요약 ㅣ 대구 문화방송이 주최하고 대구출신 예술인들이 힘을 모아 마련된 베르디의

오페라 춘희의 공연이 대구 시민회관에서 있었다.

1059-11   제3회 실업배구연맹전

상영시간 ㅣ 00분 48초

영상요약 ㅣ 장충체육관에서 제3차 실업배구 연맹전 여자부 결승전이 열렸다. 이 경기에서
           대농팀이 대우실업팀을 3:0으로 이기고 우승을 차지했다.

나라 안전을 위한 호국승군단 조직 (1975년 12월 24일)

제작정보

출   처 : 대한뉴스 1062호
제 작 사 : 국립영화제작소
제 작 국 가 : 대한민국

영상정보

제 공 언 어 : 한국어
컬   러 : 흑백
사 운 드 : 유

영상요약

대한불교조계종 스님과 신도 약 5,000명이 서울 조계사에 모여 호국승군단 발단식을 갖고 불법을 통한 호국안보에 이바지할 것을 다짐했다. 부산시내에 있는 대각사에서는 고려불상에 금옷을 입히는 해금불사 의식을 갖고 나라의 평화와 총력안보, 국립인복을 위한 호국법회를 열었다. 또 순국영령을 위로하는 호국 위령제도 함께 올렸다.

내레이션

부처님을 모시는 스님들도 나라의 안전을 위해 호국승군단을 조직했습니다. 대한불교 조계종 스님과 신도 약 5,000명이 서울 조계사에 모여 호국승군단 발단식을 갖고 불법 을 통한 호국안보에 이바지할 것을 다짐했습니다. 여기는 부산시내에 있는 불교조계종 대각사입니다. 산속에 불교에서 도시불교로 불교의 대중화를 앞세운 이 절에서는 600여 신도들이 700년 전 고려불상에 금옷을 입히는 해금불사 의식을 갖고 나라의 평화와 총 력안보, 국립인복을 위한 호국법회를 열었습니다. 이들은 또 순국영령을 위로하는 호국 위령제도 함께 올렸습니다.

화면묘사

00:00 서울 조계사에서 열린 호국승군단 발단식이 열리는 전체적인 모습
00:04 조계사에 모인 신도와 승려들을 보여줌
00:09 호국승군단에게 호국승군단기를 전달하는 조계사 관계자
00:15 발단식에 참석한 승려들이 합장을 하고 발단식을 지켜봄
00:19 호국승군단 대표가 선서하는 모습
00:23 발단식에 참석한 승려들을 촬영, 현수막을 들고있는데 현수막에 "호국승군 있 는 곳에 승공통일 이룩된다", "호국불교 재연하여 총화단결 이룩하자"라고 적혀 있음
00:28 부산시에 있는 대각사 불당의 외부 전경
00:33 법당 안으로 들어가는 신도들의 뒷모습
00:37 법회가 진행되는 법당 안의 모습, 불상 3개가 맨 앞에 있음
00:40 법회를 진행하며 경을 외우는 조계종 승려들
00:46 불상을 촬영함, 앞에서는 승려들이 목탁을 치며 법회를 진행 중
00:50 합장을 하고 기도를 올리는 신도들의 모습
00:56 법회가 진행되는 법당 내부를 전체적으로 촬영

01:00 법당 밖에서 걸어가는 신도들의 모습을 멀리서 촬영

▍연구해제

　이 영상은 1975년 12월 17일 조계사에서 승려와 신도 5,000여 명이 모여 개최한 호국 승군단 발대식 모습을 스케치하고 있다. 승려들은 이날 발대식에서 불법(佛法)을 통한 호국안보를 다짐하였다. 호국승군단은 불교계 내부사정과 유신체제의 동원방식이 맞물리면서 만들어진 조직이었다. 당시 조계종 총무원 총무부장 고산은 승려들이 군대에 가지 않고 수도생활을 잘할 수 있는 법을 만들어달라면서 박정희 대통령을 면담하였다. 또한 이 무렵 문화공보부에서 작성한 「불교 조계종 최근 동향 보고」 문건에 의하면 조계종은 이서옹 종정과 손경산 총무원장이 종권을 놓고 대립상황이 지속되고 있었다. 이러한 상황에서 호국승군단의 창설은 정치권과의 활로를 모색하여 승려들이 군대에 입대하지 않고 군복무를 마칠 수 있는 방안을 찾으려는 것이었다.

　호국승군단의 총재는 종정이었으며, 단장은 총무원장, 부단장은 총무부장, 부장들은 중앙집행위원이었으며, 본사 주지들은 지단장으로 편제되었다. 이처럼 불교계는 호국안보에 매진하겠다면서 스스로 안보동원체제 내에서 불교계를 승병(僧兵)체제로 전환시켰다. 종단의 승려들은 승복을 군복으로 갈아입고 병영에 입소하여 사격훈련을 받았다. 승려들은 사찰에서 향토 예비군으로 편성되어 문화재를 지키는 훈련을 받아야 했다. 유명 포교사들은 전국을 돌며 안보강연회 유신헌법의 정당성을 설파하였으며, 『불교신문』은 매호마다 '과시하자 민족단결, 완수하자 유신과업' 등 유신구호를 싣고 사설과 기사를 통하여 박정희 정권을 옹호하였다. 불교계 내부의 내분(조계사파와 개운사파의 갈등)과 유신체제의 동조는 불교계 내부의 문제를 확장시켰고, 1980년 10·27법난의 내부적 원인으로 작용하였다.

　이 무렵 불교계 내부에서도 평신도를 중심으로 호국불교와 다른 결의 움직임이 태동하고 있었다. 여익구는 1970년대 중반 '민중불교회'를 조직하였고, 1976년에는 송광사에서 열린 한국대학생불교연합회(대불련)에서 '민중불교'라는 용어를 사용하였다. 또한 대불련 회장 전재성은 월간 『대화』에서 「민중불교론」 논문을 발표하여 민중불교의 이론적 토대를 마련하였다. 이러한 움직임은 맹아적 형태였으나 1980년 광주항쟁과 10·27법난 이후 발전한 민중불교운동의 기원이 되었다.

▌ 참고문헌

「호국승군단 발단식, 조계사 법당서」, 『경향신문』, 1975년 12월 17일.
김순석, 「한국 근현대사에서 호국불교의 재검토」, 『대각사상』 17, 2012.
이도흠, 「해방 이후 한국 사회문제와 불교의 대응 및 지향점」, 『불교학연구』 37, 2013.

해당호 전체 정보

1062-01 박정희 대통령 내각개편

상영시간 ｜ 00분 42초

영상요약 ｜ 박정희 대통령은 1975년 12월 18일 내각개편을 단행했다. 최규하 국무총리서리, 내무부 장관에 김치열, 농수산부장관에 최각규, 보건사회부장관에 신현확, 체신부장관에 박원근, 그리고 문화공보부장관에는 김성진, 제1무임소장관에는 신영식, 제2무임소장관에는 민병권이 각각 임명되고 이 밖에 외무부장관에는 박동진 유엔대사가 임명되었다.

1062-02 안동댐 건설현장

상영시간 ｜ 01분 03초

영상요약 ｜ 박정희 대통령은 안동댐 건설현장에 들러 공사 진행상황을 살펴보고 노동자들을 격려했다.

1062-03 제24회 서울특별시 문화상 시상

상영시간 ｜ 00분 27초

영상요약 ｜ 제24회 서울시 문화상 시상식이 열렸다. 예술부문에서 화가 김헌, 교육부문에서 진명여고 박용경 교장, 언론부문에서 한국일보 안병찬 기자, 건설부문에서 한양공대 함성권 교수, 학술부문에서 고 장경택 씨가 수상했다.

1062-04 나라 안전을 위한 호국승군단 조직

상영시간 ｜ 01분 04초

영상요약 ｜ 대한불교조계종 스님과 신도 약 5,000명이 서울 조계사에 모여 호국승군단 발단식을 갖고 불법을 통한 호국안보에 이바지할 것을 다짐했다. 부산시내에 있는 불교조계종 대각사에서는 고려불상에 금옷을 입히는 해금불사 의식을 갖고 나라의 평화와 총력안보, 국립인복을 위한 호국법회를 열었다. 또 순국영령을 위로하는 호국 위령제도 함께 올렸다.

1062-05 핫 테니스 세계선수권대회

상영시간 | 00분 40초

영상요약 | 테니스와 탁구에 배드민턴을 혼용한 이 핫 테니스 세계선수권대회가 서울에서 열렸다. 핫 테니스는 1968년 한국인 정광철 씨가 고안해 전 세계로 보급한 운동으로 좁은 장소와 짧은 시간에 효과적인 전신운동을 할 수 있다는 것이 특징이다. 제1회 세계 핫 테니스 선수권대회에서 정광철 선수가 우승을 차지했다.

1062-06 불우이웃 돕기

상영시간 | 01분 41초

영상요약 | 연말연시를 맞아 각 부처의 장·차관들이 일선부대를 찾아 전 공무원과 국영기업체 임직원들이 낸 성금으로 마련한 위문품을 전달하였다. 또한 서울시는 불우이웃돕기 성금을 모아 영세민들에게 일용품 등 선물을 전달했고 금융단부인회와 연세유치원을 포함한 각계각층에서 나보다 불우한 처지에 있는 이웃을 찾아보고 도와주자는 운동을 진행하였다. 한편 휴전선 최전방 초소인 애기봉 정상에서는 해군 해병 장병들에 의해 크리스마스 트리 점화식이 있었다.

1062-07 물자절약

상영시간 | 00분 58초

영상요약 | 연말연시를 맞아 물자절약에 힘써줄 것을 당부하는 내용의 영상이다. 한집에서 60와트 전구 한등 끄기, 전열기구를 하루 30분씩만 덜 쓰기, 수돗물 아껴 쓰기, 폐품활용, 종이 재활용 등을 실천해 줄 것을 독려하고 있다.

1062-08 표어

상영시간 | 00분 05초

영상요약 | 표어 "너도 나도 교통도덕 사고없는 명랑사회".

전라남도 여천공업단지 (1976년 1월 10일)

제작정보

출   처 : 대한뉴스 1064호

제 작 사 : 국립영화제작소

제 작 국 가 : 대한민국

영상정보

제 공 언 어 : 한국어

컬   러 : 흑백

사 운 드 : 유

▌ 영상요약

전라남도 여천공업단지의 국제항만시설을 갖추기 위한 공사와 여천군 제7비료공장 건설 공사를 보여주는 영상이다.

▌ 내레이션

여기는 전라남도 여천공업단지입니다. 새해 정초부터 건설의 역군들은 잠시도 일손을 멈추지 않고 맡은 일에 최선을 다하고 있습니다. 바다 가운데 강철 파이프를 박아 50,000톤급을 비롯한 다섯 척의 배가 동시에 자유로이 접안 할 수 있는 국제항만시설을 갖추기 위한 작업입니다. 여천공업단지는 또 바다를 메꾸어 공업단지 부지를 다지고 있습니다. 이제 1976년 새해 올해는 제3차 경제개발 5개년계획을 마무리 짓고 4차 5개년 계획을 준비하는 중요한 해입니다. 지금 우리에게 가장 시급한 과제가 증산과 절약을 통해 자조, 자립체제를 성취하는 일로써 새해벽두에 자신의 일터에서 맡은 일을 열심히 하는 자세야 말로 누구에게나 필요합니다. 여기는 여천군 삼일면 낙동리 310,000평 부지 위에 50퍼센트의 공사 진척을 보이고 있는 제7비료공장입니다. 내년 2월에 준공할 목표로 모두들 한겨울 추위도 아랑곳 하지 않고 공사에 여념이 없습니다. 이 작업 역시 우리가 한시바삐 자립하기 위한 일이며 자립의 바탕이 되는 일입니다. 국력이 막강하게 길러질 때 평화와 발전과 번영을 누릴 수 있습니다. 그런데 여수 앞바다가 이곳에 건설 중인 제7비료공장이 완공되면은 복합비료와 요소비료 등을 연간 1,030,000톤씩 생산하게 되고 머지않아 비료의 완전 자급이 이루어집니다. 남에게 기대지 않고 우리 스스로의 힘으로 더 잘살게 될 자조, 자립체계를 앞당겨 갖추기 위한 이런 일들이 새해에는 더 많이 이루어지고 있습니다.

▌ 화면묘사

00:00   여천공업단지의 건설현장을 전체적으로 보여준 뒤 항만공사가 진행되는 장소를 클로즈업

00:16   대형 크레인을 이용하여 공사자재를 옮기는 모습

00:25　불도저로 흙을 밀어내는 모습

00:33　측량기를 이용하여 측량하는 기술자를 보여준 뒤 대형 크레인으로 공사를 진행
　　　　하는 모습을 촬영

00:40　대형 쇠파이프는 땅에 박는 모습

00:48　항만공사가 진행되어 형태를 갖춘 공사현장을 전체적으로 보여줌

01:03　제7비료공장이 건설되는 현장을 전체적으로 촬영

01:20　공장 시설을 설비하는 기술자들을 보여준 뒤 공사현장을 전체적으로 촬영, 대
　　　　형크레인으로 철근을 옮기고 있음

01:32　바닥에 엎드려 설계도를 체크하는 기술자를 보여준 뒤 공장 내부의 시설을 설
　　　　비하는 노동자들을 보여줌

01:38　제7비료공장의 공사현장을 전체적으로 촬영

01:48　노동자가 쓰고 있은 안전모를 클로즈업한 뒤 안전모를 쓴 노동자가 대형 드릴
　　　　로 땅을 파는 모습을 촬영

01:54　제7비료공장의 공장 설비를 촬영

02:05　비료공장 옆의 바다를 보여준 뒤 비료공장을 멀리서 촬영

연구해제

　1970년대에 들어 박정희 정부는 중화학공업 발전을 위한 임해형 공업단지 개발계획을 주도했다. 본 영상에서 건설이 진행 중인 여천공업단지 역시 1970년대 초반에 수립된 정부의 중화학공업정책에 의해 건설되어 호남지역의 새로운 공업지역을 형성하게 되고, 오늘날에는 울산에 이어 우리나라의 대표적인 석유화학 중심의 공업단지로 기능하게 된다.

　여천공업단지 조성계획은 제2차 경제개발계획이 집행된 1966년 정부계획에서부터 출발하였다. 증가하는 원유수요에 대비함과 동시에 제2차 경제개발계획의 핵심사업인 석유화학콤비나트 건설을 위한 대상지로 여천지역이 선정되고, 1967년 호남정유 착공식을 계기로 여천공업단지 개발이 시작되었다. 여천지역이 공업단지로 지정된 배경에는 광양만의 양호한 항만조건, 공업용수의 안정적 확보, 노동력의 풍부 등 입지적 우위성이 있었다. 하지만 무엇보다 낙후된 호남의 균형발전이라는 정치적 요인이 크게 작용했다.

여천지역이 공업단지 대상지로 선정됨에 따라 1967년부터 제2정유공장 건설이 시작되었고, 호남정유 기공식을 시작으로, 여수화력(1967년), 쌍용시멘트(1968년), 호남화력(1969년) 등의 공장 건립이 계속되었다. 이에 1969년 호남정유 여천공장이 준공되면서 여천공단은 울산공단에 이어 새로운 제2의 석유화학공업단지로 등장하였다.

한편 1973년에 수립된 '중화학공업육성계획'과 '산업기지개발촉진법'을 계기로 정부는 중화학공업 육성을 위해 임해공업단지 개발을 본격화한다. 이에 힘입어 1974년 '여천종합화학공업기지' 개발구역(약 18.88㎢)이 고시되고 기본계획이 확정되었으며, 제7비료공장이 착공되었다. 1976년에는 공단 종사자를 위한 쌍봉면의 주거단지 조성사업을 비롯하여 석유화학 제1단지 및 연관단지의 착공, 그리고 '여천공업기지'로의 개칭 등이 행해졌다. 또한 여천공단의 개발구역이 확장(32.50㎢)되었으며, 공업단지를 효율적으로 개발하기 위해 여수지구 출장소가 개설되었다. 이러한 건설과 확장은 이후에도 계속 이어졌다.

그 결과 여천공단에는 석유화학 관련업종인 비료 · 정유 · 석유화학 계열 업종이 주류를 이루고 있고, 내수 및 수출과 관련한 생산제품에 사용되는 기초소재가 생산되고 있다. 또한 여천공단은 1981년부터 시작된 광양제철 및 연관단지의 개발 등에 직접적 영향을 미쳤으며, 광양만권 공업화의 초기 과정에서 선도 지역으로 기능하였다고 평가된다.

참고문헌

이정록, 「공업단지의 입지와 지역변화에 관한 연구 : 여천산단을 사례로」, 『한국경제지리학회지』 5-2, 2002.

해당호 전체 정보

1064-01 전라남도 여천공업단지

상영시간 ｜ 02분 15초

영상요약 ｜ 전라남도 여천공업단지의 국제항만시설을 갖추기 위한 공사와 여천군 제7비료공장 건설 공사를 보여주고 있다.

1064-02 취로사업

상영시간 ｜ 00분 46초

영상요약 ｜ 새마을 6차년도로 접어든 1976년에도 계속하여 사업이 벌어지고 있으며 이 영상은 제방공사를 하는 모습을 담은 것이다.

1064-03 소득사업

상영시간 ｜ 00분 35초

영상요약 ｜ 소득사업 추진 양상을 보여주고 있다.

1064-04 국군장병들의 경계태세

상영시간 ｜ 01분 14초

영상요약 ｜ 전방에서 복무 중인 군인들은 추운 겨울을 이겨내기 위해 체력단련에 힘쓰고 있다. 한편 육군 제2032부대는 75년도 전투력 측정 최우수부대로 뽑혀 대통령 표창을 받았다.

1064-05 임진각 이북5도민 연시제

상영시간 ｜ 01분 05초

영상요약 ｜ 임진각에서는 이북 5도민들이 연시제를 올렸다. 또 인천에서도 실향민들이 새해맞이 망향제를 올렸다.

1064-06   불우이웃돕기

상영시간 ㅣ 00분 34초

영상요약 ㅣ 대한상이군경회 회원들이 불우한 이웃을 돕기 위해 성금과 선물을 전달했다.
또 직장에 다니는 여성들도 불우이웃돕기 자선 전시회를 열어 거기서 모은 성
금으로 새해 선물을 마련해 보육원과 양로원에 전달했다.

1064-07   동물소식

상영시간 ㅣ 00분 23초

영상요약 ㅣ 창경원에서 새끼 사자 3마리가 태어났다.

거리청소 (1976년 3월 20일)

제작정보

출   처 : 대한뉴스 1074호
제 작 사 : 국립영화제작소
제 작 국 가 : 대한민국

영상정보

제 공 언 어 : 한국어
컬   러 : 흑백
사 운 드 : 유

영상요약

도시 새마을 운동의 일환으로 연예인들이 세종로 네거리에 나와 거리청소를 했다. 또한 중앙대학교 부속중학 교사, 학생, 학부모, 주민들도 토요일 거리청소에 나섰다.

도시 새마을 운동에 앞장 선 연예인들은 이른 새벽 세종로 네거리에서 아침청소를 하고, 명랑한 도시건설에 앞장 설 것을 다짐했습니다. 한편 중앙대학교 부속중학 새마을 지도교사를 중심으로 한 학생, 학부모, 그리고 주민들도 삼위일체가 돼 매주 토요일 거리청소 운동에 앞장서고 있습니다.

▌ 화면묘사

00:00   세종로 네거리에서 어깨띠를 하고 비질을 하고 있는 연예인들의 모습
00:18   중앙대학교 부속중학 학생, 교사, 학부모, 주민들이 거리청소를 하는 모습. 비질을 하고, 쓰레기를 쓰레받기에 담는 모습
00:28   '거리질서 확립', '혼분식 실천'이라고 쓰인 피켓을 들고 앞장서는 학생들과 청소를 하며 뒤따르는 사람들

▌ 연구해제

이 영상은 1976년 서울에서 전개되고 있는 도시새마을운동의 모습을 스케치하고 있다. 연예인들이 이른 새벽부터 세종로 네거리에 나와 도시새마을운동의 일환으로 거리청소하며 명랑한 도시건설에 앞장서겠다고 한다. 교사, 학생, 학부모, 주민들도 매주 토요일 거리청소를 하고 있다. 또한 "거리질서 확립", "혼분식 장려" 팻말을 들고 거리를 행진하기도 한다.

박정희 대통령은 1974년 연두기자회견에서 "새마을운동에 대해 강조하고 싶은 것은 이 운동이 농촌만 하는 것이 아니라 범국민적인 운동이라는 점이다. 도시사람들도 적극 참여해야할 것이다"라고 강조하면서, 도시새마을운동의 참여대상으로서 도시의 직장, 학교, 군대, 일반기업체를 제시하였다. 이로써 소득증대, 새마을교육과 더불어 도시새마을운동을 3대 역점시책으로 제시하였고, 이의 효율적인 추진을 위해 1975년에 각 시도에 민간단체 새마을운동협의회가 구성되었다.

도시새마을운동은 지역새마을운동, 학교새마을운동, 직장새마을운동을 3대 거점으로

하여 전개되었다. 지역새마을운동은 1976년 전국적으로 일제히 개최된 '반상회'를 중심으로 이웃돕기, 환경정비, 저축 및 폐품수집, 식생활 개선, 가족계획, 봉사활동 등을 중점적으로 실시하였다. 학교새마을운동은 각급 학교를 중심으로 환경개선, 노력봉사, 저축운동 등을 주로 시행하였다. 초등학교는 예절교육과 근검절약이 중심 사업이었고, 중고등학교는 독서활동, 지역새마을운동에 노동력 제공 등이 주로 이루어졌다. 대학교는 농촌봉사활동 등을 통해 새마을정신과 국가안보정신 강화에 초점을 두었다. 이처럼 새마을운동이 농촌에 국한되지 않고 범국민운동으로 도시에서도 추진되었다는 사실은 이것이 국가가 제시한 '조국근대화'를 위하여 반드시 필요했던 사회통합과 '국민총화'의 수단으로 활용되었다는 사실을 여실히 보여주고 있다.

참고문헌

국가기록원(www.archives.go.kr), 「새마을운동 – 기록과 현장 : 도시새마을운동」
대통령비서실, 「서울시 도시새마을 사업 추진 계획」, 1974.

해당호 전체 정보

1074-01　박정희 대통령 성남시 시찰

상영시간 ｜ 01분 19초

영상요약 ｜ 박정희 대통령은 민정시찰에 나서 성남시를 방문했다. 또한 대영 타이어 공장
과 풍국가방공장을 방문하여 공장 생산상황을 시찰하고 근로자들을 만나 이
야기를 나누었다.

1074-02　제95회 임시국회

상영시간 ｜ 01분 05초

영상요약 ｜ 제95회 임시국회가 열려 새 의장단을 선출했다. 국회의장에는 정일권 의원,
부의장에 구태회 의원, 이민우 의원이 선출됐고, 13개 상임위 위원장을 선출
했다. 이후 국정 전반에 대한 대정부 질문 및 상임위원회 활동이 전개되었다.

1074-03　사방사업

상영시간 ｜ 00분 33초

영상요약 ｜ 국민식수기간을 맞아 경상북도에서는 황폐한 임야지에 특수사방을 하고 나무
를 심었다. 주민들은 특수공법을 이용해 조건이 나쁜 영일지구에 4,000,000그
루의 나무를 심었다.

1074-04　거리청소

상영시간 ｜ 00분 31초

영상요약 ｜ 도시 새마을 운동의 일환으로 연예인들이 세종로 네거리에 나와 거리청소를
했다. 또한 중앙대學교 부속중학 교사, 학생, 학부모, 주민들도 토요일 거리청
소에 나섰다.

1074-05　미술전

상영시간 ｜ 01분 10초

영상요약 ｜ 덕수궁 미술관에 프랑스의 유명 인상파 화가들의 원화가 공개되었다. 또한 불

교미술전시관이 열렸다. 이곳 전시관에는 불교미술 전문가를 위한 많은 작품들이 수집, 전시될 것이다.

1074-06 한국 연극영화상 시상

상영시간 ㅣ 00분 14초

영상요약 ㅣ 한국일보사가 주최한 연극영화예술상이 개최되었다. 이날 국립영화 제작소의 〈한국동란사〉가 문화영화상을 받았다. 대상은 〈유랑극단〉이 차지했다.

창원 공업단지 기계건설 현황 (1976년 3월 27일)

제작정보		영상정보	
출　　　처 :	대한뉴스 1075호	제 공 언 어 :	한국어
제 작 사 :	국립영화제작소	컬　　　러 :	흑백
제 작 국 가 :	대한민국	사 운 드 :	유

영상요약

총 면적 1,300만 평에 이르는 창원 기계공업기지 건설이 진행 중에 있다. 이 공사는 주택과 교육시설을 비롯한 공원녹지 등으로 구성되어 30만 인구를 수용하게 되는 산업공원도시를 건설하기 위해 진행되는 것이다.

내레이션

여기는 경상남도 창원 기계공업기지 건설현장. 총 면적 1,300여만 평에 이르는 국내 최대 공업단지 건설에 땀흘려 일하는 기술자들의 생동하는 참모습을 보여주고 있습니다. 74년 후반기부터 시작된 건설이 80년 초에 완공되면은 3,000여 개의 공장이 들어서고, 주택과 교육시설을 비롯한 공원녹지 등으로 구성돼 30만 인구를 수용하게 되는 산업공원도시가 될 것입니다.

화면묘사

00:00   경상남도 창원 기계공업기지 건설현장의 전경
00:12   관리자들이 건설 계획도를 보며 공사현장을 지휘하는 모습. 포크레인이 흙을 퍼올리자 방향을 지시하는 관리자
00:23   철근 용접을 하는 노동자들의 모습
00:28   건설현장 전경
00:38   창원 기계공업기지 완공 조망도의 모습

연구해제

이 영상에서 보여주는 곳은 제3공화국 정부의 중화학공업 육성 정책에 따라 1974년부터 국내 최대 기계공업단지로서 조성되기 시작한 창원공단의 건설 현장이다. 앞서 1973년 9월, 정부는 1981년도 기계류 생산 52억 달러, 수출 16억 달러를 목표로 자동차, 공작기계 등 43개 중점육성 업종을 중심으로 국제 규모의 총 322개 공장을 건설한다는 장기

기계공업육성계획을 확정하였고, 이를 위해 경남 창원에 세계 최대 규모의 종합기계공업기지를 조성키로 결정하였다. 창원은 수출자유지역 공단을 건설한 마산시에서 동북방으로 14km 떨어져 있었고, 주변에 대구·부산·진주·진해 등 대도시가 인접하여 교류가 용이하고 기후가 온화하며 지반이 단단하여 산업도시 건설에 알맞다는 이유에서 창원지역 일대가 '산업기지개발구역'으로 선정되었다. 총 1400여만 평 중 약 650만 평의 공업용지와 470여만 평의 거주용지, 300여만 평의 공공용지로 건설이 추진되었는데, 이후 1974년 11월 들어 제1차 단지 125만 8,000평이 조성 완료되면서, 각종 기계 공장건설이 시작되어 1975년부터 공장이 가동되게 되었다.

이후 국가는 조세감면 및 융자혜택 등 각종 인센티브를 통해 국내 대기업의 분공장들과 외국기업과의 합작투자기업을 유치하였으며, 업종은 소재, 요소, 산업기계, 정밀기계, 전자기기, 수송기계 등으로 제한하였다. 이에 따라 창원공단은 기계산업에 특화된 공단으로 발전했다.

▌참고문헌

「이상공 창원에 세계최대 규모로 종합기계공업기지 조성」, 『매일경제』, 1973년 9월 19일.

이철우, 「창원 기계산업지구의 지역혁신체제」, 『지역경제의 재구조화와 도시 산업공간의 재편』, 한울아카데미, 2003.

최종명, 「공단정보: 창원기계공업공단의 현황」, 『기계산업』 30, 1977.

해당호 전체 정보

1075-01 박정희 대통령 강원도 순시

상영시간 | 01분 26초

영상요약 | 박정희 대통령은 지방확인 행정에 나서며 강원도를 순시하고, 화전민 단속을 제언했다. 또한 강원지역 국회의원 및 국민회의 대의원, 새마을 지도자와 접견한 후 군부대를 시찰했다.

1075-02 남부순환도로 착공

상영시간 | 00분 32초

영상요약 | 강남지역 개발에 도움을 줄 남부순환도로가 착공했다. 이 도로는 1978년 말 준공될 예정이며 인천독크와 구로공단, 그리고 경수도로를 직결하는 경부경인도로와 연결된다. 총 길이는 9.46km가 될 것이다.

1075-03 창원 공업단지 기계건설 현황

상영시간 | 00분 42초

영상요약 | 총 면적 1,300만 평에 이르는 창원 기계공업기지 건설이 진행 중이다. 이 공사는 주택과 교육시설을 비롯한 공원녹지 등으로 구성되어 30만 인구를 수용하게 되는 산업공원도시를 건설하기 위한 것이다.

1075-04 여천 종합화학 공업단지 조성

상영시간 | 00분 33초

영상요약 | 1973년 10월부터 시작된 여천 종합 화학공업기지 건설이 단기조성을 끝내고 공장 건설이 진행 중이다. 1979년 3월 제7비료공장과 석유화학원료공장 등 10개의 대규모 공장이 들어설 예정이다. 이는 우리나라 최대 화학공업기지가 될 것이다.

1075-05 상설 홍보관 위문공연

상영시간 ㅣ 00분 33초

영상요약 ㅣ 문화공보부에서는 새마을 위문을 위한 상설 홍보반을 설치하여 전국 곳곳의
농어촌을 찾아 위문공연을 실시했다. 이는 올해 10월까지 계속될 예정이다.

1075-06 스포츠

상영시간 ㅣ 01분 38초

영상요약 ㅣ 도쿄 국립경기장에서 몬트리올 올림픽 한일 축구 1차 예선전이 시행되어 2 대
0으로 한국팀이 승리했다. 이날 관중석에는 재일교포들도 참석했다.

청와대 소식 (1976년 5월 11일)

제작정보

출　　　처 : 대한뉴스 1081호
제 작 사 : 국립영화제작소
제 작 국 가 : 대한민국

영상정보

제 공 언 어 : 한국어
컬　　러 : 컬러
사 운 드 : 유

영상요약

박정희 대통령은 방한한 그래나다(Grenada) 수상인 에릭 메튜 게어리(Eric Matthew Gairy)에게 수교훈장을 수여한 후 국제무대에서 긴밀히 협조하기로 합의하였다. 또 박정희 대통령은 강원도 강릉 오죽헌 개관식에 참가하여 율곡 선생 사당에 참배했다.

내레이션

박정희 대통령께서는 우리나라를 처음으로 방문한 에릭 마튜 게어리 그래나다 수상의 예방을 받으시고 수교훈장 광화대장을 수여하셨습니다. 이어 대통령께서는 게어리 수상과 함께 국정 정세 일반에 관한 의견을 교환했는데 앞으로 두 나라는 유엔을 비롯한 국제 무대에서 긴밀히 협조해 나갈 것을 다짐하는 한편 경제, 통상, 기술 분야에서도 협력을 강화해 나가기로 합의했습니다. 박정희 대통령께서는 강원도 강릉에 있는 오죽헌 정화공사 준공식에 참석하시고 개관 테이프를 끊으셨습니다. 대통령께서는 이율곡 선생의 영정을 모신 문성사를 참배, 분향하시고 임진왜란을 예견하고 십만양병론을 주장한 선생의 높은 뜻을 흠모하셨습니다. 대통령께서는 기념관에서 신사임당과 율곡 선생 그리고 그 형제들의 유품을 돌아보시며 보존상태에 깊은 관심을 표명하셨습니다. 또한 대통령께서는 경내외를 구석구석 돌아보시고 세심한 관심을 가지셨습니다.

화면묘사

00:00 그래나다 수상인 에릭 메튜 게어리에게 수교훈장 광화대장을 수여하고 있는 박정희 대통령
00:20 그래나다 수상부부와 한 명의 수행원과 자리를 잡고 앉은 대통령과 우리나라 고위 인사 4명. 사진을 찍고 있는 사진 기자 1명
00:46 강릉 오죽헌 주차장에 주차한 버스와 대통령 차량과 사람들
00:50 개관 테이프를 끊고 있는 대통령과 고위 인사들
00:57 오죽헌 마당의 비석으로 향하는 대통령과 고위 인사들 그리고 수행원들
01:03 문성사를 참배하여 분향하는 대통령
01:28 이율곡 선생의 영정
01:32 밖에서 기념관을 바라보는 대통령과 고위 인사들, 수행원들
01:35 밖에서 보이는 기념관
01:38 기념관 내의 유품을 관람하는 대통령과 국무총리와 그 외 한 명
01:56 경내외를 둘러 보는 대통령과 고위 인사들, 수행원들의 모습

연구해제

본 영상은 1976년 5월 박정희 대통령의 근황을 보여준다. 영상 중에는 박정희 일행이 강릉 오죽헌 정화공사 준공식에 참여하여 개관기념 테이프 커팅을 한 뒤, 새롭게 단장된 오죽헌의 이모저모를 둘러보는 내용도 포함되어 있다. 오죽헌은 뒤뜰에 줄기가 손가락만하고 색이 검은 대나무가 자라고 있어 붙여진 이름이다. 이곳은 조선시대의 가장 큰 학자로 손꼽히는 율곡 이이가 태어난 집이자 신사임당의 친정집으로 오랜 기간 이율곡의 후손들이 소유하고 있었다. 1963년 1월 21일 보물 제165호로 지정되었으며, 1975년에는 박정희가 율곡 이이와 신사임당의 업적을 기리기 위해 오죽헌 정화사업을 실시했다.

박정희 정권은 "임진왜란으로 나라가 난국에 처했을 때 무인으로서 나라와 민족을 구출해 낸 성웅이 충무공 이순이라면, 높은 식견과 예리한 선견지명을 가진 문인으로서 위기를 미리 내다보고 십만 양병을 길러낸 인물"로 율곡 이이를 주목했다. 또한 율곡 이이의 학문에 대해서도 "실천과 경세를 위한 학문이었으며, 나라와 겨레를 위한 구국애민의 이상에 정진했다"는 내용을 강조했다. 이뿐만 아니라 오죽헌에도 이러한 내용을 반영하여 율곡의 영정을 모신 문성사를 비롯해 자경문, 율곡기념관 등을 신축했다.

이 영상은 박정희가 일행들과 함께 직접 오죽헌을 시찰하는 장면을 구체적으로 보여주고 있어, 당시 정부의 문화재 정화사업에 대한 높은 관심을 엿볼 수 있다. 영상에서는 깔끔하게 정비된 오죽헌의 모습을 보여준다. 유난히 직선이 강조된 널찍한 마당과 담장, 그리고 관제 형식으로 지어진 기념관과 같은 건물들이 눈에 띈다. 그러나 원래의 오죽헌은 이것과는 상당히 달랐던 것으로 추정된다.

1959년 서울대학교 문리대 교수 박종홍은 강릉 답사에서 가장 인상 깊었던 오죽헌을 소개하는 글을 썼는데, 이 글에 따르면 당시 오죽헌은 낮은 언덕의 오죽으로 들어찬 대나무 숲을 배경으로 아늑하게 자리 잡고 있었으며, 조선시대 건축의 원형에 가깝게 보존되었던 것으로 보인다. 그렇지만 정화사업 당시 율곡 이이가 태어났다고 전해지는 별당 건물과 바깥채 이외의 건물을 모두 철거하였고, 그 자리를 대신 직선의 콘크리트길과 시멘트와 철근으로 지은 건물들로 채워놓았다. 당시 정화사업으로 인해 오죽헌이 강릉의 명소로서 자리 잡은 것은 분명한 사실이지만, 다른 한편으로는 정권의 이데올로기적 성소를 만들기 위해 문화재를 파손한 문제점도 동시에 발생했던 것이다. 1975년 당시 철거되었던 전각들은 1996년 다시 복원되었으나, 과거 명문고택으로서의 오죽헌의 정취는 찾아보기 힘들다.

▌ 참고문헌

『오죽헌 정화지』, 강화도, 1976.

박종홍, 「江陵의 烏竹軒」, 『사상계』 75, 1959.

한국문화유산답사회, 『답사여행의 길잡이』 3, 돌베개, 1994.

해당호 전체 정보

1081-01 청와대 소식

상영시간 ㅣ 02분 11초

영상요약 ㅣ 박정희 대통령은 방한한 그래나다(Grenada) 수상인 에릭 메튜 게어리(Eric Matthew Gairy)에게 수교훈장을 수여한 후 국제무대에서 긴밀히 협조하기로 합의하였다. 또 박정희 대통령은 강원도 강릉 오죽헌 개관식에 참가하여 율곡 선생 사당에 참배했다.

1081-02 제9차 세계 반공연맹 총회

상영시간 ㅣ 01분 16초

영상요약 ㅣ 우리나라에서 열린 제9차 세계 반공연맹 총회에서 박정희 대통령은 평화와 자유를 애호하는 나라들이 상호 단합해야 한다고 강조하였다. 총회 후 대표단들은 땅굴 등 전방을 시찰하였다.

1081-03 어린이 독서헌장 선포식

상영시간 ㅣ 00분 29초

영상요약 ㅣ 어린이회관에서 어린이 독서헌장 선포 기념식에 참석한 박근혜는 출판 관계자들에게 좋은 책을 많이 만들어 줄 것을 당부했다.

1081-04 부처님 오신 날

상영시간 ㅣ 00분 59초

영상요약 ㅣ 처음으로 공휴일로 지정된 부처님 오신 날을 기념하는 행사가 서울 시청 앞 광장에서 진행되었으며 장충체육관에서는 19개 불교종단 공동주최로 연합 대법회가 있었다.

1081-05 조총련 동포 기자회견

상영시간 ㅣ 01분 10초

영상요약 ㅣ 조총련에서 이탈한 재일조선인들이 기자회견을 통해 그들의 활동을 공식화하면서 김일성 유일체제를 맹비난하였다.

유행성출혈열 (1976년 7월 24일)

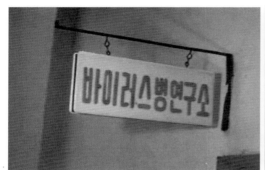
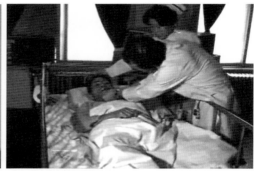

제작정보

출   처 : 대한뉴스 1092호

제 작 사 : 국립영화제작소

제 작 국 가 : 대한민국

영상정보

제 공 언 어 : 한국어

컬   러 : 흑백

사 운 드 : 유

영상요약

고려대 의과대학 이호왕 박사가 유행성출혈열(40도 고열이 3일간 지속되고 전신에 출혈 반응 일어나는 병)의 전파경로를 밝혀냈고, 7년간의 연구로 유행성출혈열의 병원체인 바이러스와 환자 혈청 속에서 색다른 항체를 증명하는데 성공했다.

내레이션

고려대학교 의과대학 바이러스병 연구소장 이호왕 박사는 유행성출혈열은 6·25때 중공군이 옮겨놓고 간 것이라고 밝혔습니다. "*이 소련이나 중공에서 6·25때 군수물자가 많이 들어 올 때에 같이 묻혀 온 질병으로 판명이 됐습니다. 이 병의 증상은 40도 이상의 고열이 3일간 계속하다 전신에 출혈반응이 생깁니다. 특히 얼굴, 목, 겨드랑이 근처에 많이 생기는데 신체 내 여러 가지 장기에도 출혈이 생깁니다. 그래서 이 병을 유행성출혈열이라고 이름이 붙은 것입니다. 이호왕 박사는 이 병이 유행하는 지역에서 서식하고 있는 등줄쥐의 폐와 심장조직에서 출혈열 환자에만 공통적으로 나타나는 특이한 작은 병원균을 분리해냈습니다. 병원균을 분리해냄으로써 이 병이 전국적으로 토착화된 것을 밝혀낸 이박사 연구진은 7년간의 연구로 이 병의 병원체인 바이러스와 환자 혈청 속에서 색다른 항체를 증명하는 데 성공했습니다. 또한 이 병균의 보균자는 들에 사는 등줄쥐라는 사실을 밝혀냈으며 앞으로 2, 3년 더 연구하면은 유행성출혈열의 예방접종도 발명할 수 있을 것이라고 말했습니다.

화면묘사

00:00 고려대학교 전경을 천천히 보여줌

00:11 "바이러스병연구소" 팻말이 붙어있는 연구소

00:14 신문들이 겹쳐진 장면. "한국전역에 토착화, 유행성출혈열은 중공군이 옮겨" 등의 기사가 보임(이왕식 박사의 육성녹음이 이어짐)

00:25 병원 침대에 누워있는 남자 환자에게 청진기를 갖다대는 이왕식 박사와 그 옆의 간호사

00:35 환자의 눈과 입, 목 등을 꼼꼼이 살피는 이 박사

00:49 등줄쥐

00:51 등줄쥐에 주사기를 이용해 피를 뽑는 이호왕과 그 옆에서 여러 실험을 하는 다른 의사들

01:00 등줄쥐를 바닥에 눕혀서 네 발을 줄로 묶어놓고 주사기로 피를 뽑아내고 있는 장면

01:12 등줄쥐를 완전히 해부하여 장기들을 가위와 핀셋으로 분리하는 장면

01:32 등줄쥐에게서 분리한 장기들을 실험기구 안으로 넣는 장면

01:42 현미경을 사용하는 이호왕

연구해제

이 영상은 1976년 7월 29일 고려대학교 의과대학 바이러스병 연구팀의 유행성출혈열 연구 성공을 전하는 뉴스이다. 유행성출혈열은 주로 가을에 발생하는, 쥐를 매개로 감염하는 공기전파식 바이러스성 전염병이다. 등줄쥐의 소변에 섞여 나온 바이러스가 공기 중에 퍼져서 호흡기로 퍼진다고 하는데, 급격한 고열, 발적, 고열증상, 일시적인 신장 및 간장의 기능장애를 동반하는 것으로 알려져 있다. 그러나 이에 대한 특별한 처방법과 원인이 밝혀지지 않고 있었는데, 1976년 4월 29일 고려대의대 바이러스병연구소 이호왕 박사와 이평우 강사를 중심으로 한 연구팀이 세계 최초로 유행성출혈열의 병원체와 면역체를 밝혀낸 것이다.

이 연구팀은 지난 1969년도부터 7년 동안 경기도 연천과 포천 등지의 유행성출혈열 환자 발생지역에 사는 들쥐조직을 연구한 결과 이 병의 원인인 항원을 밝혀냈고, 더불어 회복기의 유행성출혈열 환자 혈액에서 면역체와 반응하는 것도 확인했다고 발표했다. 이에 따라 유행성출혈열은 혈청학적 검사를 통해 진단할 수 있게 되었으며, 예방이나 전염경위도 미생물학적으로 구명되었다. 연구팀은 이 항원에 대해 "코리아항원"이라고 명명했다.

유행성출혈열은 1913년 소련 블라디보스토크에서 처음으로 발병했다고 한다. 1930년대 소련·만주 산림지역의 일본군과 소련군 사이에서 집단적으로 발병하거나 몽고 등지에서 간혹 발병한 기록이 있다. 6·25전쟁 중 1951~1954년 사이 철의 삼각지대에 주둔

한 3,000명의 유엔군 장병에게도 집단적으로 발병했다. 1956년 이후 휴전선 근처의 장병들을 중심으로 많이 발생되다가 남하하여, 1970년에는 충남북·경남북으로 확대되었다. 환자의 연도별 발생상황을 보면 1956년에 200명이었지만 1963년에는 271명, 1967년에는 690명, 1973년에 578명으로 급격히 불어났다. 한편 소련학자 스모르 딘체프 박사는 1970년 태평양과학자회의에서 북한에 이 병이 다발하고 있음을 밝혔다.

흥미로운 사실은 1976년 6월 24일 북한 보건부부장 한홍섭이 의학협회 중앙위원장 자격으로 고려대 바이러스연구팀의 연구결과에 대해 발표한 기자회견 내용이다. 한홍섭은 "유행성출혈열은 남조선에서 감행되어온 미제의 세균무기실험의 결과"라고 주장하고 "고려대의 이번 연구결과가 미제의 자금지원 아래 실시된 세균 무기시험의 확대발전을 위한 성과 분석"이라고 비판했다.

1976년 9월 1일 보건사회부는 황열, 유행성출혈열 등 2가지 질병을 법정전염병에 추가시켰고, 이후 성홍열, 재귀열 및 유행성 뇌척수막염을 2종 전염병으로 조정하는 것 등을 골자로 한 전염병 예방법 중 개정안을 마련, 관계부처와 협의를 거쳐 국회에 상정했다.

▌참고문헌

「流行性出血熱의 病原·免疫體를究明」,『동아일보』, 1976년 4월 29일.
「51年 처음發病---해마다 增加추세」,『경향신문』, 1976년 4월 29일.
「北傀 세균武器云云 高大硏究陣을 모략」,『경향신문』, 1976년 6월 26일.
「流行性 出血熱病原體규명 美紙서도자세히報道」,『동아일보』, 1976년 5월 13일.
「高大李鎬汪博士 流行性出血熱 63年前 蘇서 첫發生"6·25때 中共軍이 옮겨"」,『동아일보』,
      1976년 7월 12일.
「베일 벗겨지는 유행성 出血熱」,『경향신문』, 1976년 7월 13일.
「黃熱(황열)·유행성 出血熱(출혈열) 法定(법정) 전염병으로」,『경향신문』, 1976년 9월 1일.

해당호 전체 정보

1092-01 가봉공화국 국회의장 박정희 대통령 예방
상영시간 ㅣ 00분 48초
영상요약 ㅣ 가봉 공화국의 국회의장 폴 공주가 박정희 대통령을 예방하여 두 나라 간의 우의를 다졌다.

1092-02　세계 대학 총장회 이사회 : 서울
상영시간 ㅣ 00분 31초
영상요약 ㅣ 세계 670여 회원 대학 중 북미, 남미, 중동, 아프리카, 아시아 등에서 17명의 대학총장이 서울에서 열린 세계대학총장회 이사회에 참석했다.

1092-03　한미친선회회장 미군 병사에게 감사패 수여
상영시간 ㅣ 00분 34초
영상요약 ㅣ 한강에서 투신자살하려던 사람을 살려 낸 미군 병사 두 명이 한미 친선회 회장에게서 감사패를 받았다.

1092-04　유행성출혈열
상영시간 ㅣ 01분 44초
영상요약 ㅣ 고려대 의과대학 이호왕 박사가 유행성출혈열(40도 고열이 3일간 지속되고 전신에 출혈반응 일어나는 병)의 전파경로를 밝혀냈고 7년간의 연구로 유행성출혈열의 병원체인 바이러스와 환자 혈청 속에서 색다른 항체를 증명하는데 성공했다.

1092-05　대한항공 서울에서 스위스 쥬리히 취항 노선 개설
상영시간 ㅣ 00분 20초
영상요약 ㅣ 대한항공이 서울에서 스위스 취리히를 잇는 정기노선을 개설했다.

1092-06   제21회 캐나다 몬트리올 올림픽

상영시간 ㅣ 02분 37초

영상요약 ㅣ 7월 17일, 캐나다 몬트리올에서 제21회 올림픽이 열렸다. 우리나라에서는 72명
의 선수가 권투, 유도, 레슬링, 사격, 배구에 출전했으며 특히 권투에서 황철
순, 김주석, 김정철 선수가 좋은 성적을 거두었다.

기능공들의 처우개선 (1976년 7월 31일)

제작정보
출   처 : 대한뉴스 1093호
제 작 사 : 국립영화제작소
제 작 국 가 : 대한민국

영상정보
제 공 언 어 : 한국어
컬   러 : 흑백
사 운 드 : 유

영상요약

박정희 대통령이 공업단지 내 근로자들의 처우개선을 위해 복지후생시설을 마련하도록
지시했다.

내레이션

박 대통령은 공업단지 내 근로자들의 복지후생 문제에 깊은 관심을 갖고 공업단지에 복지후생시설을 마련하며 처우를 개선해 주라고 관계자들에게 지시했습니다. 한국수출산업공단에서 일하는 한 젊은 기능사원은 (기능사원 육성).

화면묘사

00:00 공업단지 안에 빽빽이 앉아서 일 하는 공장 근로자들
00:18 공업단지 안에 있는 도서관에서 책을 읽는 근로자들 (기능사원 육성 : 우리들에게 최소한도 대학 과정이라도 배우고 익혀서 훌륭한 기술자가 되도록 계기를 마련해주신 대통령께 감사드립니다. 저희들은 이에 보답하기 위하여 보다 열심히 배우고 일해서 우리나라가 세계에 뒤떨어지지 않는 공업국가가 되도록 열심히 노력할 것입니다)
00:35 기계를 다루는 한 기능공
00:39 공업단지 안에서 기계를 다루는 많은 기능공들

연구해제

이 영상은 1976년 서울 구로동에 위치한 한국수출산업공단의 모습과 기능사원의 인터뷰를 담고 있다. 내레이션은 박정희 대통령이 노동자들의 복지후생에 깊은 관심을 가지고 있으며, 공업단지 내 복지후생 시설 설치와 노동자들의 처우 개선을 당부했다고 밝힌다. 또한 한국수출산업공단 기능사원은 인터뷰에서 대통령에게 감사의 말을 전하고, 이에 보답하기 위하여 열심히 일하고 배워서 우리나라가 세계에서 뒤떨어지지 않는 공업국가가 되는데 이바지 할 것이라고 말한다.

1970년대 노동자들의 복지후생, 기업복지는 중요한 의제로 다뤄졌으며 1977년 제4차 경제개발 5개년계획부터는 복지국가 건설이 중요한 과제로 대두되었다. 이처럼 노동자들의 복지후생 문제가 사회적으로 대두된 가장 큰 이유는 한국의 경제성장의 부작용과 임금문제가 심각했기 때문이다. 불균형한 노사관계의 법제화와 1973~74년 제1차 석유파

동으로 노동자들의 임금인상이 억눌리면서 다른 산업과의 임금격차가 증가했다. 1976년에는 전체 노동자의 약 70%가 저임금 지대에 놓여 있어 당시 지식인들과 정부는 임금문제를 노동자 생존권 문제를 넘어 한국 자본주의의 성장문제, 즉 노동력 재생산과 노동력 고갈문제로 인식하였다.

1975년부터 개최된 중앙노사간담회에서도 임금문제에 대한 합의가 원활히 도출되지 못하자 상대적으로 합의가 쉬운 사회개발과 공장 내에서의 복지후생 문제가 강조되었다. 1976년 5월 개최된 제5차 중앙노사간담회에서 정부와 한국경영자협회, 한국노총은 공동명의로 ①임금문제 해결, ②노사협의회 강화, ③공장새마을운동 전개를 합의하였다. 같은 해 9월 국회에서는 의료보험법안, 직업훈련기본법안, 산재보험법안, 근로복지공사법안, 소득세법개정안 등 근로관계법을 심의했다. 노동청에서도 근로복지향상 지침을 각 시도와 기업에 시달하여 복지관련 규정을 각 기업별로 명문화 시켰다. 이처럼 정부와 기업, 노동계는 안정적 성장을 위해 노사관계를 유지하고 임금문제를 우회하는 수단으로 복지후생 문제에 접근하였다.

하지만 이러한 추상적 합의는 현실의 임금문제를 해결하지 못했다. 첫째, 1976년부터 임금문제는 저임금 지대의 해결과 함께 성별, 학력별, 직종별, 산업별 '임금의 이중구조' 문제로 증가했다. 기업의 복지후생은 대공장을 중심으로 확대되면서 업종별 임금격차를 오히려 확장하였다. 둘째, 복지후생은 인플레이션으로 인한 임금침식문제를 해결하는데 활용되었으나 예기치 못한 문제를 발생시켰다. 전체 임금에서 복지후생비가 증가하는 만큼 기본급의 비율이 점차 증가하여 고용구조와 노동시장이 빠르게 불안정해졌기 때문이다. 이처럼 1970년대 중반 박정희 정부의 노동정책은 기술습득, 근면한 노동윤리 함양 등 개인들의 능력향상에 대한 보상으로 복지후생을 늘리는 방식이었다. 이러한 방식은 경제성장의 단점인 인플레이션, 임금의 양극화, 저임금 지대 유지 등을 일시적으로 보완하였으나 궁극적으로는 문제들이 심각해지는 쪽으로 작동하였다.

▍참고문헌

임광순, 「유신체제하 박정희 정권의 노동정책 전개와 성격 : 공장새마을운동의 양면성과 균열을 중심으로」, 고려대학교 석사학위논문, 2014.

대전 중앙공무원 교육원 (1976년 12월 26일)

제작정보

출　　　처 : 대한뉴스 1093호
제 작 사 : 국립영화제작소
제 작 국 가 : 대한민국

영상정보

제 공 언 어 : 한국어
컬　　　러 : 흑백
사 운 드 : 유

영상요약

대전 중앙공무원 교육원에서 고급 공무원, 대학생, 국영 기업체 간부들이 1주일간 새마을 교육을 받았다.

내레이션

여기는 대전 교외에 자리 잡은 중앙공무원 교육원입니다. 삼복 무더운 철이지만은 각 부처에서 차출된 고급 공무원과 대학생, 국영 기업체 간부직원 등 260명은 일주일간의 새마을 교육을 받으면서 합숙훈련을 통해 새 역사 창조의 역군이 될 것을 다짐했습니다.

화면묘사

00:00   도로 위를 달리고 있는 교육생들. 공무원, 대학생, 기업 간부들이 포함되어 있음
00:15   교육장에서 교육을 받고 있는 교육 참가자들
00:17   강연을 하고 있는 강사
00:28   마을길을 걷고 있는 교육생들

연구해제

이 영상은 1976년 여름 대전 중앙공무원교육원에서 진행된 일주일간의 새마을합숙교육의 모습을 보여준다. 각 부처 공무원을 중심으로 대학생, 국영기업체 간부직원 등 260여 명이 아침구보, 대강당 새마을교육, 마을답사 등 통일된 프로그램에 맞춰 교육을 받으며, 교육의 말미에는 "새역사 창조의 역군이 될 것"을 다같이 다짐하고 있다.

새마을교육은 1970년대 초반부터 연수원을 중심으로 진행되었는데, 새마을운동이 농촌새마을, 도시새마을, 공장새마을, 학교새마을, 군대새마을 등으로 세분화되면서 그 위상이 더 강화되었다. 1976년 1월 대전 중앙공무원교육원에서 개최된 「새마을교육발전세미나」에서 심흥선 총무처장관은 "새마을운동은 민족의 의지와 창의가 담긴 대약진으로 발전하고 있다"고 평가하면서, "새마을운동의 지속적인 발전을 도모함에 있어서 그 어느 요소 못지않게 긴요한 것"이라고 새마을교육의 중요성을 강조하였다.

농촌새마을운동은 정부의 주도성이 강한 사업으로 지방공무원은 농촌지도자만큼이나 정부의 주목을 받았다. 정부는 공무원 채용시험부터 '유신이념과 새마을정신 자세 강화'를 요구하였다. 또한 소득증대, 생활환경개선, 주민의식개조라는 정책목표를 달성

하기 위하여 농촌사회의 인적, 물적 자원을 동원하고 주민들의 참여를 유도하고자 하였다. 이 과정에서 지방공무원들은 설득과 유인 등의 방법을 활용하여 새마을운동의 정당성을 확산시켰으며, 새마을운동에 참여할 경우 상당한 이익이 돌아온다는 점을 주민들에게 상기시키는 임무를 담당하였다. 즉 지방공무원은 중앙정부로부터 요구되는 강제동원의 강도를 완화시키거나 이에 대한 주민들의 반발이나 불만을 감소시키고, 더 나아가 주민들의 자발적 참여로 이어지게 하는 일종의 연결고리 역할을 하였던 것이다. 이처럼 지방공무원들은 중앙정부와 농촌주민이 만나게 되는 접점으로, 동원과 참여 사이에서 긍정적 의미로는 윤활유 역할을, 부정적 의미로는 정부의 의도를 미시적으로 침투시키는 역할을 수행하였다.

▌참고문헌

「심 총무처, 새마을세미나서 강조 "민족대약진운동으로 발전"」, 『경향신문』, 1976년 1월 29일.

대통령비서실, 「공무원의 유신이념과 새마을정신자세 강화를 위한 채용시험지침 수립 보고(총무처)」, 1974.

엄석진, 「동원과 참여 사이에서 : 1970년대 농촌새마을운동 과정에서의 지방공무원의 역할」, 『한국행정학보』 43-3, 2011.

해당호 전체 정보

1093-01   태국상무장관 상공회의소 회장 박정희 대통령 예방과 박근혜 정립회관 후원 기금 전달
상영시간 ㅣ 00분 48초
영상요약 ㅣ 태국의 상무장관인 담롱 라타티파트와 상공회의소 회장인 오브 바슈라타가 박 대통령을 예방, 두 나라간 경제협력에 대해 협의했고 박근혜는 정립회관을 찾아 후원금을 전달했다.

1093-02   기능공들의 처우개선
상영시간 ㅣ 00분 47초
영상요약 ㅣ 박정희 대통령이 공업단지 내 근로자들의 처우개선을 위해 복지후생시설을 마련하도록 지시했다.

1093-03   휴전협정 23주년
상영시간 ㅣ 00분 41초
영상요약 ㅣ 휴전협정이 된지 27년이나 지났지만 북한은 아직도 비무장지대에 불법 군사 시설을 갖추는 등 남침의 기회를 엿보고 있다는 내용의 영상이다.

1093-04   대전 중앙공무원 교육원
상영시간 ㅣ 00분 32초
영상요약 ㅣ 대전 중앙공무원 교육원에서 고급 공무원, 대학생, 국영 기업체 간부들이 1주일간 새마을 교육을 받았다.

1093-05   제트식 공해 방지기
상영시간 ㅣ 00분 27초
영상요약 ㅣ 냉각수 순환을 이용하여 건물의 보일러와 연결시켜 각종 유해 가스를 90% 이상 없애고 건물의 연대를 대용할 수 있는 종합 공해 방지기가 나왔다.

1093-06 농업기계 종합 전시회 : 공보관

상영시간 ㅣ 00분 34초

영상요약 ㅣ 농기구 협동조합이 마련한 농업기계 전시회가 서울에서 열렸는데 18종류, 135점
의 기계가 출품되었다.

1093-07 대학생들의 농어촌 봉사활동

상영시간 ㅣ 01분 26초

영상요약 ㅣ 여름방학을 맞아 상명여사범대, 영남대, 고려대 등 많은 대학생들이 농촌과
어촌을 찾아 봉사활동을 하고 있는데 농촌 일손 돕기와 교육봉사, 의료봉사
등 다양한 활동을 펴고 있다.

8·18 판문점 도끼 만행 사건 (1976년 8월 21일)

제작정보

출   처 : 대한뉴스 1096호
제 작 사 : 국립영화제작소
제 작 국 가 : 대한민국

영상정보

제 공 언 어 : 한국어
컬   러 : 흑백
사 운 드 : 유

영상요약

1976년 8월 18일 판문점 공동경비구역에서 북한군이 한국군 포함 유엔군 측을 도끼와 곡괭이로 공격, 미군장교 2명을 살해하고 우리 측 경비병들에게 중경상을 입혔으며 유엔군 차량 3대를 부쉈다는 내용의 영상이다.

▌내레이션

8월 18일 오전 판문점 공동경비구역 안에서 노무자들의 작업을 경비하던 유엔군 경비병들을 북한괴뢰 경비병 약 30명이 계획적으로 기습해와서 악랄한 살인만행을 저질렀습니다. 이날 유엔군 측 경비병들은 돌아오지 않는 다리 남쪽 유엔군 측 경비초소 근처에서 관례에 따라 나무에 가지치기작업을 보호하고 있었는데 이때 시비를 걸어왔고 얼마 후 30여 명의 북한 괴뢰군이 자동차로 몰려와서 도끼와 곡괭이를 마구 휘둘러 미군장교 두 명을 살해하고 한국군을 포함한 유엔군 측 경비병이 중경상을 입었으며 유엔군 측 차량 석 대가 부서졌습니다. 다음날 유엔군 측 요구로 제379차 군사정전위원회가 열려 살인만행의 현장사진들을 내 놓으며 항의했으나 북한괴뢰 측은 딴지를 부리고 발뺌을 하기에 바빴습니다. 이날 회의장 밖에서는 처음으로 양측 경비장교 회의까지 열렸습니다. 한편 정부 대변인 김성진 문화공보부장관은 북한괴뢰 두목 김일성은 1976년 8월 19일 오후 다섯 시를 기해 전 인민군과 노동 적위대 등 모든 병력에 대해 전투태세령을 내림으로써 대한민국을 또다시 무력으로 침략하려 한다고 규탄했습니다. 8월 20일 피살된 미군장교 유해는 미국으로 봉송됐습니다. 이제 우리에게는 참는 데도 한계가 있습니다. 그들이 또다시 도발해 올 경우에 즉각적인 응징 조치를 해 나갈 것입니다.

▌화면묘사

00:00 판문점의 모습을 멀리서 찍고 있음

00:05 군용트럭 한 대가 세워져 있고 그 뒤에 군복차림의 군인들 약12명 쯤이 몰려 있음

00:13 북한군 몇 명과 군용트럭이 나무 아래 있음, 몇 명은 나무에 올라 가 있음

00:19 나무 아래에 우리 측 군과 북한 측 군이 몇 명씩 서 있고 트럭도 각각 한 대씩 세워져 있음

00:24 흰 철모를 쓴 유엔군 측 병사들과 경찰모자처럼 생긴 모자를 쓴 북측 병사들이 트럭 한 대를 가운데 두고 몰려 서있는 사진

00:29 나무에 사다리를 대어 놓고 사다리를 타고 내려오는 두 사람과 그 옆에 보이는 사람들

00:31 유엔군 측과 북측의 대치상황

00:35 도망가는 유엔군 측 병사와 도끼와 곡괭이를 들고 달리는 북측 병사들의 사진 여러 컷. 사람이 쓰러진 사진도 있음

01:18 유엔군의 요구로 군사정전 위원회에 참석한 유엔군 측 대표들과 북측 대표들이 회의장에 앉아있고 한 미군 대표가 열변을 토하고 있는 장면

01:38 회의장 밖에 서 있는 유엔군 측 병사들과 남·북측 병사들

01:40 앉아서 두 손에 들고 있는 문서를 읽고 있는 김성진 문화공보부장관과 그것을 찍고 있는 사진기자와 녹음을 위해 마이크를 갖다 대는 기자들

02:00 군비행장에 군용 비행기 한 대가 서 있음

02:03 도끼만행사건에서 희생된 미군장교들의 시신을 넣은 관이 성조기에 둘러싸여 군용 비행기로 옮겨지고 있음

연구해제

이 영상은 1976년 8·18 판문점 도끼 살인사건 당시의 사진과 제379차 군사정전위원회 장면, 김성진 문화공보부장관의 기자회견 등을 담고 있다.

판문점 공동경비구역은 휴전체제를 유지하기 위해 만들어진 특별지역이었다. 1976년까지만 해도 공동경비구역에는 원래 군사분계선이 표시되지 않았고 양측 경비 병력과 민간인이 자유롭게 이동할 수 있었다.

판문점 사건의 발단은 공동경비구역에 있던 미루나무의 가지치기 작업에서부터 시작되었다. 이 지역에 있는 유엔군 경비대는 상호 관찰하면서 분쟁이나 공격이 있을 경우 곧바로 대응할 수 있도록 하기 위해 자신의 초소들을 서로 잘 보이는 곳에 위치시켜 놓았다. 유엔군 초소 중에서 가장 중요한 것은 '돌아오지 않는 다리' 바로 앞에 있는 3초소인데, 이 초소를 관찰하기 위해 5초소를 만들었다. 그런데 3초소와 5초소 사이에 미루나무가 너무 무성하게 자라나 시야를 가로막자, 8월 3일 유엔군 경비대 작업반은 시야 확보를 위해 나무를 절단할 것을 권고했다. 8월 6일 유엔군 경비병과 노무자가 미루나무에 접근하여 절단을 시도했는데 북한 경비병이 제지하여 일단 작업을 포기했다.

8월 18일 오전 10시 30분, 다시 가지치기를 위해 한국인 노무자 3명과 유엔군 경비단 장교 3명, 사병 7명이 다시 미루나무에 접근했다. 그러나 북한 경비병이 다가왔고 유엔

군 측은 나무를 절단하는 것이 아니라 가지만 치는 것이라 설명했다. 처음에는 별다른 문제가 없었으나 약 20분 뒤 북한의 경비단 장교 박철 중위가 작업을 중단하라고 강력히 요구했다. 작업 책임자인 미군 대위 보니파스(Arthur Bonifas)는 이를 무시하고 작업을 계속할 것을 지시했다. 그러자 11시경 30명의 북한 경비병이 증원되고 양 측의 마찰이 발생했다. 결국 북한 측이 유엔군에 달려들어 약 4분가량 격투가 있었는데, 미군장교가 심하게 맞아 사망했다. 이 사건의 장면 장면들은 유엔군 측이 사전에 설치한 카메라로 모두 촬영되었고, 곧바로 세계 언론에 보도되었다.

사건이 발생하자 미국은 즉각적으로 이를 위기상황으로 규정하고, 일단 한반도 주변의 군사력을 증강시켰다. 8월 19일, 미국과 북한은 이 사안을 놓고 경비장교 회담과 군사정전위원회를 동시에 열었는데, 이 자리에서 미국은 곧바로 유엔군사령관이 조선인민군총사령관 김일성에게 보내는 메시지를 전달하고 사과와 보상, 관련자 처벌을 요구했다.

같은 날, 유엔군 사령부는 한반도의 데프콘 등급을 한 단계 상향 조정하여, '데프콘 3'을 발동했다. 6·25전쟁 이후 데프콘 등급이 상향 조정된 것은 이것이 처음이었다. 김일성도 같은 날 인민군 전체 부대와 노동적위대, 붉은 청년근위대 전체 대원들에게 전투태세에 돌입하라는 명령을 내렸다.

8월 21일, 일촉즉발의 상황에서 미국은 '폴 번얀 작전(Operation Paul Bunyan)'을 시작해서 미루나무를 절단했다. 그러자 북한은 사태 해결을 위해 즉각 반응을 보였다. 8월 21일 군사정전위원회에서 북한 측 수석대표 한주경은 사고에 대해 유감을 표명하는 성명서를 유엔군 측에 전달했다. 8월 25일 제380차 군사정전위원회에서 미국은 가해자 처벌 및 재발 방지를 요구했고, 북한은 유사 사태 재발방지를 위해 공동경비구역을 양분하고 양측 경비대 병력이 상대방 지역에 들어가지 못하도록 할 것을 제안했다. 이후 8월 31일에서 9월 6일까지 양측 회의가 진행되어 공동경비구역 내에도 군사분계선 표식물이 세워지고, 양측의 군인들은 그 선을 넘지 못하도록 되었으며, 군사분계선 남쪽에 있던 북한군 초소들도 철거하기로 합의되면서 사건은 일단락되었다.

▌참고문헌

홍석률, 「1976년 판문점 도끼 살해사건과 한반도 위기」, 『정신문화연구』 28-4, 2005.

해당호 전체 정보

1096-01   박정희 대통령 동정

상영시간 ㅣ 02분 34초

영상요약 ㅣ 전북 수해현장을 들린 박정희 대통령은 복구작업에 임하는 주민들을 위로했
　　　　　다. 또 제21회 몬트리올올림픽에서 금메달을 딴 양정모 선수와 김택수 대한
　　　　　체육회장에게 훈장을 수여하고 올림픽 참가 선수들을 치하했다.

1096-02   8·18 판문점 도끼 만행 사건

상영시간 ㅣ 02분 18초

영상요약 ㅣ 1976년 8월 18일 판문점 공동경비구역에서 북한군이 한국군 포함 유엔군 측을
　　　　　도끼와 곡괭이로 공격, 미군장교 2명을 살해하고 우리 측 경비병들에게 중경
　　　　　상을 입혔으며 유엔군 차량 3대를 부쉈다는 내용의 영상이다.

1096-03   포항제철 3기 설비확장공사 기공식

상영시간 ㅣ 00분 38초

영상요약 ㅣ 포항제철 3기 설비 확장공사 기공식 장면을 보여주고 있다. 이 시설이 완공되
　　　　　면 국제경쟁력을 갖춘 대단위 종합제철소로 국내수요의 60퍼센트를 수급할
　　　　　것이라고 한다.

1096-04   김해 국제공항 개항

상영시간 ㅣ 00분 38초

영상요약 ㅣ 김해 국제공항이 2년 4개월 만에 완성되었다. 이 공항은 국내선과 국제선 청
　　　　　사, 통관시설을 갖추었다.

근로자 복지사업에 힘쓰는 현대조선 (1976년 10월 25일)

제작정보

출   처 : 대한뉴스 1105호
제 작 사 : 국립영화제작소
제 작 국 가 : 대한민국

영상정보

제 공 언 어 : 한국어
컬   러 : 흑백
사 운 드 : 유

영상요약

근로자 후생복지에 힘쓰고 있는 현대조선이 울산종합병원 개원 1주년을 기념하여 근로
자와 가족들 및 지역사회 주민들에게 의료혜택을 제공한다는 내용의 영상이다.

내레이션

근로자들에 대한 후생복지 사업에 힘쓰고 있는 현대조선에서는 의료시설을 확충하고 근로자와 가족들에게 큰 혜택을 주고 있습니다. 개원 1주년을 맞이한 현대조선 울산종합병원은 근로자에게는 의료비 80%를 그리고 가족들에게는 60%까지 회사 측에서 부담하고 있으며 인근 극빈 주민들에게도 무료진료의 혜택을 주고 있습니다.

화면묘사

00:00 현대 조선의 옥외 모습을 찬찬히 보여줌
00:15 울산 종합병원 개원 1주년 기념식 장면. 근로자들이 운동장에 가득 서 있고 한 쪽에는 간호원 복장의 간호원들이 서 있음
00:20 진료를 받고 있는 사람들. 혈압을 재고 있는 장면
00:26 수술복 차림의 의사들이 수술을 하고 있는 장면

연구해제

이 영상은 1976년 울산 현대조선의 의료복지사업에 대해 알리는 영상이다. 현대조선 울산종합병원은 1970년대 시행된 의료보험 정책의 일환으로 설립되었으며, 일종의 근로 복지 차원에서 운영되었다. 기업복지(근로복지)사업은 저임금문제가 사회적으로 부상하였던 1976년 이후 정부와 노사 양측이 임금문제를 우회하는 수단으로 도입된 것으로, 이 영상 또한 이에 대한 홍보였다.

한국의 의료보험제도는 1970년대 급격한 경제개발이 초래한 사회적 문제를 사회개발을 통해 해결하기 위하여 도입되었다. 1970년에 1차 의료보험법 개정으로 의료보험 시행의 법적 기반이 마련되었으나 재원조달 문제로 시행되지 못하였다. 그러다 1973년 제1차 석유파동으로 생활조건이 악화되고, 병원의 진료거부 문제가 사회적으로 제기되자 전국경제인연합회 주도로 더 이상 의료보험을 미룰 수 없다는 여론이 확산되었다. 1976년 2차 의료보험법 개정을 계기로 500인 이상 작업장에서는 의료보험조합 설치가 의무화되었고, 의료복지혜택이 확장되었다. 정부와 기업, 언론 등은 1976년 법안 개정과 1977년

의료보험 시행을 전후로 기업의 사회적 역할을 크게 강조하였다. 이 같은 의료보험의 도입은 개발담론과 복지담론의 실질적 결합 기반을 마련한 것으로 평가할 수 있다. 또한 신체, 건강 관리를 통한 근대권력의 지향이 제도적으로 실천된 것을 의미한다.

그런데 의료보험의 혜택이 영상에서 홍보하듯이 현대조선에서 근무하는 '전체 노동자'에게 제공되었는지는 검토가 필요하다. 울산 현대조선소는 1974년 9월 '현대조선소 폭동'이라는 큰 사건의 중심에 있었다. '현대조선소 폭동'은 제1차 석유파동 이후 더 열악해졌던 노동조건과 실패한 노동정책을 상징하는 사건이었다. 따라서 1974년 정기국회에서는 현대조선소 사건을 계기로 노동조합법 개정, 국가보위에 관한 특별조치법 개정안 등이 활발하게 논의되었다. '현대조선소 사건'의 원인은 내부적으로 사내 하청공 제도에서 비롯된 것이었다고 할 수 있다. 1987년 노동자대투쟁을 계기로 폐지된 하청공은 이 당시 직영기능공의 최대 3배까지 많이 고용되어 지속적인 노사갈등의 원인이 되고 있었다. 현대조선소의 사내 하청공 제도는 조선소 건설 초기에 작업 능률을 경영인이 직접 통제할 수 없는 상황에서 간접적 노무관리의 일환으로 도입한 제도였기 때문이다. 1976~77년은 의료복지가 도입된 해였지만 역설적으로 직영기능공 대비 하청공 비율이 가장 높은 시기이기도 하였다.

▌참고문헌

신원철, 「사내하청공 제도의 형성과 전개」, 『산업노동연구』 9-1, 2003.
황병주, 「1970년대 의료보험 정책의 변화와 복지담론」, 『의사학』 20-2, 2011.

해당호 전체 정보

1105-01   박정희 대통령 동정

상영시간 ㅣ 01분 19초

영상요약 ㅣ 존 베시(John W. Vessey Jr.) 유엔군 사령관이 박 대통령에게 부임 인사를 했으
며 박 대통령은 박근혜와 함께 제7회 한국전자전람회와 정밀도대회 전시회장
을 방문했다.

1105-02   문화의 날 기념

상영시간 ㅣ 00분 20초

영상요약 ㅣ 제4회 문화의 날을 맞이하여 문화창달에 공이 큰 문화예술인들이 문화훈장을
받았다.

1105-03   북송 재일동포 가족 방한

상영시간 ㅣ 00분 37초

영상요약 ㅣ 북송된 재일동포의 가족들이 서울에서 북한괴뢰 규탄 강연회를 가진 후 임진
각에서 북녘을 향해 가족들의 자유왕래를 호소했다.

1105-04   근로자 복지사업에 힘쓰는 현대조선

상영시간 ㅣ 00분 31초

영상요약 ㅣ 근로자 후생복지에 힘쓰고 있는 현대조선이 울산종합병원 개원 1주년을 기념
하여 근로자와 가족들 및 지역사회 주민들에게 의료혜택을 제공한다는 내용
의 영상이다.

1105-05   삼청지구 성곽, 숙정문 복원공사 완공

상영시간 ㅣ 00분 25초

영상요약 ㅣ 문화재 복원사업의 일환으로 서울 삼청지구 성곽과 숙정문 복원공사가 13개
월 만에 완공되었다. 특히 숙정문은 창의문과 광희문 모양으로 복원되었다.

1105-06   요리법 강습회

상영시간 ㅣ 00분 25초

영상요약 ㅣ 농수산부가 프랑스 요리사 앙드레 띠에보를 초청하여 여성단체 지도자들에게
토끼고기와 양고기를 이용한 요리 강습회를 열었다. 이것은 쇠고기와 돼지고
기를 대체할 수있는 육류의 생산공급을 위한 것이다.

1105-07   각종 문화제

상영시간 ㅣ 01분 17초

영상요약 ㅣ 문화의 달을 맞아 백제의 옛 도읍인 공주, 부여에서는 22회 백제문화제가 열
렸고 전남 광주에서는 영산강 유역 농업개발 사업 준공을 경축하는 가운데 남
도문화제가 열렸으며 강원도에서는 설악제가 열렸다.

1105-08   전국체전

상영시간 ㅣ 01분 01초

영상요약 ㅣ 부산에서 열린 57회 전국체전에서 육상, 수영, 역도, 싸이클에서 한국 신기록
이 나왔으며 서울시가 1위, 경기도가 2위, 경북이 3위를 했다.

공장 새마을운동 전진대회 (1977년 3월 30일)

제작정보

출　　처 ： 대한뉴스 1127호
제 작 사 ： 국립영화제작소
제 작 국 가 ： 대한민국

영상정보

제 공 언 어 ： 한국어
컬　　러 ： 흑백
사 운 드 ： 유

영상요약

구미공단 공장새마을운동 전진대회에 박근혜가 참석해 연설했다.

내레이션

여기는 구미 수출산업 공단입니다. 이곳에서 구미공단 공장새마을운동 전진대회가 열렸습니다. 이날 대회에 참석한 박근혜 양은 새마을운동이란 새마음을 가지는 운동이라면서 기업주는 종업원을 가족처럼 아끼고 종업원은 공장을 내 가정처럼 여기는 아름다운 인간관계를 이루어나가자고 당부했습니다.

화면묘사

00:00 구미 수출산업 공단 전경
00:12 공장새마을운동 전진대회에 참석한 박근혜의 모습
00:17 박수치는 여공들의 모습
00:20 연설하는 박근혜의 모습
00:25 작업복을 입고 서있는 어린 여공들이 모습
00:28 근로자들 대표가 선서를 하는 장면
00:33 "근면 자조 협동", "사용자는 복지증진 근로자는 생산"이라고 써있는 팻말을 들고 전진대회에 참가한 여공들이 모습

연구해제

이 영상은 1977년 3월 24일 구미수출공단에서 열린 구미공단 공장새마을운동 전진대회의 모습과 여기에 참석한 영애 박근혜의 발언을 전달하고 있다. 박근혜는 이날 대회에서 공장새마을운동은 새마음을 가지는 운동이라면서 기업주와 종업원의 확고한 일체감과 협동, 노력을 강조하였다. 이 영상처럼 공장새마을운동 전진대회(촉진대회)는 지역 또는 공단별로 개최되어 각 지역의 모범사례를 발굴하였다. 여기에서 선정된 인원들은 다시 연말에 개최된 전국단위 공장새마을운동 전진대회에 서훈자로 추천되거나 참석하였다.

1973년 입안되고 1974년부터 전개된 초기 공장새마을운동은 도시새마을운동의 일환으로 전개되었으며, 기업새마을운동이나 직장새마을운동이라고도 불렸다. 하지만 1976

년부터 정부의 선택으로 공장새마을운동의 성격과 추진조직이 변화하였다. 1977년에는 도시새마을운동으로부터 완전히 분리되었으며, 대한상공회의소, 전국경제인연합회 등 경제단체들과 한국노총 위원장 등이 공장새마을운동추진본부에 가입하여 외면적으로 노사정 합의기구의 성격을 띠었다. 농촌새마을운동이 근면, 자조, 협동을 강조하면서 소득증대사업과 마을단위 사업을 강조하였다면, 공장새마을운동은 '한국적 노사관계'라는 표현을 사용하면서 노사관계의 공동운명체적 성격을 강조하였다. 이는 원만한 노사관계가 전제된다면 안정적인 생산증강을 이루어 노사 양측이 모두 큰 이익을 얻는다는 논리였다.

이 같이 노사협의를 대중동원방식으로 새롭게 조직한 공장새마을운동은 유신체제기 노사정책의 핵심을 이루었다. 여기에 참석하였던 노동자들 중 공장에 귀속의식이 강했던 노동자들은 이를 긍정적으로 인식하고 참여하면서 자신의 의사를 표출하였다. 하지만 공장새마을운동은 궁극적으로 1970년대 국가보위에 관한 특별조치법과 억압적 노동행정으로 고착된 불균형한 노사관계의 문제를 해결하지 못하였다. 이 과정에서 정부는 노사갈등의 근본적 문제를 해결한 공장보다 표면적으로 노사갈등을 제거한 공장을 중심으로 모범공장을 선정하기도 하였다. 이 같은 한계로 인하여 공장새마을운동은 안정적 노사관계를 강조하는 지향에도 불구하고 현실에서 제대로 작동되기 어려웠다.

█ 참고문헌

「공장새마을대회 근혜양 참석 격려」, 『매일경제신문』, 1977년 3월 25일.
임광순, 「유신체제하 박정희 정권의 노동정책 전개와 성격 : 공장새마을운동의 양면성
      과 균열을 중심으로」, 고려대학교 석사학위논문, 2014.

해당호 전체 정보

1127-01 청와대 소식
상영시간 ㅣ 00분 23초
영상요약 ㅣ 박정희 대통령이 서울 영훈고등학교 학생 최강에게 스카우트 기장과 장학금
을 수여했다.

1127-02 무역 진흥 확대회의
상영시간 ㅣ 01분 15초
영상요약 ㅣ 중앙청에서 열린 무역진흥확대회의에 박정희 대통령이 참석해서 우수업체 단
체표창을 했다.

1127-03 공장 새마을운동 전진대회
상영시간 ㅣ 00분 34초
영상요약 ㅣ 구미공단 공장새마을운동 전진대회에 박근혜가 참석해 연설했다.

1127-04 건설소식
상영시간 ㅣ 00분 29초
영상요약 ㅣ 성수대로와 성산대로의 공사가 시작되었다.

1127-05 지방문화재 지정 한옥
상영시간 ㅣ 00분 39초
영상요약 ㅣ 서울에 있는 한옥 17채가 지방문화재로 지정되었다.

1127-06 어천절 행사
상영시간 ㅣ 00분 17초
영상요약 ㅣ 서울 사직공원에서 어천절 행사가 진행되었다.

1127-07   정발장군 동상 건립

상영시간 ｜ 00분 22초

영상요약 ｜ 부산 초량동 로터리에 정발 장군 동상이 세워졌다.

1127-08   고수동굴

상영시간 ｜ 00분 44초

영상요약 ｜ 충청북도 단양군에 있는 고수동굴 관광객들이 늘어나고 있다.

새마음 갖기 궐기대회 (1977년 4월 25일)

제작정보

출 처	:	대한뉴스 1131호
제 작 사	:	국립영화제작소
제 작 국 가	:	대한민국

영상정보

제 공 언 어	:	한국어
컬 러	:	흑백
사 운 드	:	유

영상요약

마산에서 열린 새마음 갖기 경상남도민 궐기대회에 구국여성봉사단 명예총재 박근혜가
참석했다.

내레이션

구국여성봉사단 명예총재인 박근혜 양은 마산에서 열린 새마음갖기의 경상남도민 궐기대회에서 충효를 바탕으로 새마음갖기 운동을 벌이는 경상남도 내 각급 봉사단체 관계자들을 격려했습니다. 박근혜 양은 또 새마음갖기의 충청남도와 대전시민 궐기대회에서 효심은 모든 인간관계를 평화롭고 명랑하게 유지해주는 도덕의 모체가 된다고 말하고 새마음갖기라는 정신순화 운동을 펴나가자고 강조했습니다.

화면묘사

00:00 마산의 새마음 갖기 궐기대회가 열린 건물 외관
00:05 손을 들어 주민들에게 인사하는 박근혜의 모습
00:18 연설하는 박근혜의 모습
00:22 강당을 가득 메운 청중들의 모습
00:27 궐기대회 전경
00:34 기수단이 청중들 사이에서 입장하는 장면
00:39 깃발을 받아 넘겨주는 박근혜의 모습
00:45 박수치는 중년 여성들의 모습

연구해제

새마음운동은 1976년부터 유신체제의 영속성과 새마을운동을 보완하기 위하여 시작된 정부주도 운동이다. 이 운동은 1976년 유신정우회의 연간 활동계획에도 포함되어 1976년 연말에는 박근혜가 새해부터 범국민운동으로 추진할 것을 밝혔다. 1977년 1월에는 박근혜를 중심으로 구국여성봉사단, 서울시의사회 등이 앞장서서 '새마음갖기운동본부'를 발족했다. "새마음운동은 곧 정신혁명"이라는 슬로건에서 알 수 있듯이, 충효예의 가치를 전면에 내세우면서 국민들의 이데올로기적 통제를 강화하는데 사용되었다.

새마음갖기운동본부가 발족한 이후 각 지역마다 궐기대회나 창립대회를 통해 지역지부가 결성되었는데, 본 영상은 경상남도 마산과 충청남도 대전에서 개최된 '새마음갖기

궐기대회'의 모습을 담고 있다. 영상의 내레이션에서도 '충효' 정신을 강조하고 있으며, 궐기대회가 진행된 체육관 내에도 "충효정신"을 강조하는 슬로건이 부착되어 있는 것을 확인할 수 있다. 또한 이 시기 박근혜 새마음갖기운동본부장(구국봉사단장)이 박정희 대통령을 대신하여 전국을 순회하고 새마음운동을 적극 추진하는 모습을 영상에서 확인할 수 있다.

1977년 4월 12일 마산에서는 박근혜 총재를 비롯하여 조병규 경남도지사, 관내 기관장 및 단체장이 참석하여 경남도민 궐기대회 및 구국여성봉사단 경남시군지부 단기수여식이 개최되었다. 20일에 대전에서 개최된 행사도 도민 궐기대회 및 구국여성봉사단 충남시군 결단식을 겸하여 진행되었다. 두 행사에서 박근혜는 공통적으로 국민 개개인의 정신혁명(개조)을 강조하고, 충효예를 기반으로 복지사회와 평화통일을 앞당길 수 있다고 주장했다.

이 같은 주장은 1970년대 유신체제의 지속논리와 동일하다. 그리고 "새마을운동은 곧 유신의 실천도장"이라고 했던 새마을운동의 정신적 측면을 강화한 것으로 평가할 수 있다. 또한 박근혜는 마산, 대전 외에도 여러 도시와 농촌, 공장을 순회하면서 새마음운동을 촉진시켰는데, 이 과정은 결국 국민들을 유신체제에 맞는 인간형으로 개조하고자 하는 것이었다.

▮ 참고문헌

「박근혜 양, 경남도민궐기대회서 "새마음 생활 속에 뿌리 잡아야 평화통일, 복지사회 이룩"」, 『경향신문』, 1977년 4월 12일.

「마산 새마음대회 근혜양 참석 격려」, 『매일경제신문』, 1977년 4월 21일.

김원, 『여공 1970, 그녀들의 反역사』, 이매진, 2006.

박근혜, 『새마음의 길』, 구국여성봉사단, 1979.

해당호 전체 정보

1131-01 영등포 야간 중·고등학교 시찰

상영시간 l 01분 28초

영상요약 l 박정희 대통령이 서울 영등포 주변 야간 중·고등학교를 살펴보았다.

1131-02 새마음 갖기 궐기대회

상영시간 l 00분 52초

영상요약 l 마산에서 열린 새마음 갖기 경상남도민 궐기대회에 구국여성봉사단 명예총재 박근혜가 참석했다.

1131-03 종합개발 사업확장

상영시간 l 00분 46초

영상요약 l 삽교천 종합개발사업이 착공되었다. 한강의 11번 째 다리 성산대교가 착공되었다.

1131-04 전주 제지공장 성장

상영시간 l 00분 18초

영상요약 l 전주 공업단지 내 전주제지는 대단위 제지공장으로 성장하고 있다.

1131-05 장기영 별세소식

상영시간 l 00분 22초

영상요약 l 제9대 국회의원 장기영이 별세하여 국회장으로 치러졌다.

1131-06 제47회 제네바 국제자동차 박람회

상영시간 l 00분 30초

영상요약 l 제47회 제네바 국제자동차 박람회에 현대자동차가 포니를 출품했다.

1131-07 카페리 취항식

상영시간 ㅣ 00분 26초

영상요약 ㅣ 부산 제주 간 왕래하는 카페리의 취항식이 진행되었다.

무역진흥확대회의 (1977년 5월 11일)

제작정보
출   처 : 대한뉴스 1133호
제 작 사 : 국립영화제작소
제 작 국 가 : 대한민국

영상정보
제 공 언 어 : 한국어
컬   러 : 흑백
사 운 드 : 유

영상요약

무역진흥확대회의 관련 소식을 다루고 있는 영상이다.

박정희 대통령은 무역진흥확대회의에서 앞으로 2~3년 길게 보아서 3~4년이면은 방위산업은 놀라운 성과를 나타낼 것이라 밝히고 방위산업을 시작한지 얼마 되지 않지만은 이만큼 급속한 성과를 가져온 것은 이 분야에 종사하는 기업가들의 숨은 노고와 근로자들의 수고 그리고 세금을 내주는 국민들의 덕분이라고 치하했습니다. 섬유류 등 우리나라 제품에 대한 일부 국가의 수입규제가 강화되는 가운데서도 자동차 등의 수출이 늘어나 지난 4월 말까지 28억 7,700만 달러의 수출을 기록했으며 외환 보유고는 32억 4,100만 달러로 3월 말에 비해 2,800만 달러가 늘어났습니다.

■ 화면묘사

00:00   박정희 대통령이 제품전시장을 돌아보고 관계자가 옆에서 설명을 하는 장면
00:09   전시되어 있는 식기 등 주방용품의 모습
00:13   제품을 살펴보는 박정희 대통령의 모습
00:25   진열되어 있는 각종 기계류, 부품 등의 모습
00:30   항만크레인으로 자동차를 거대한 선박에 싣는 장면

■ 연구해제

이 영상은 1977년 4월 27일 중앙청 제1회의실에서 열린 '무역진흥확대회의' 관련 소식을 전하고 있다. 박정희 대통령은 관계관 보고를 받은 뒤 "앞으로 2~3년, 길게 보아 3~4년이면 우리의 방위산업은 놀라운 성과를 나타낼 것"이라고 말하면서 방위산업 건설과 국가방위에 대한 자신감을 표현했다. 영상에서는 박정희 대통령이 직접 방위산업 관련 물품들을 둘러보고 설명을 듣는 모습이 담겨 있다. 또한 영상의 후반부는 일부 국가의 수입규제에도 불구하고 자동차 수출이 증가하고 있음을 알리면서 자동차들이 항구를 통해 운반되는 것을 보여준다.

'무역진흥확대회의'는 1976년까지 개최되었던 '수출진흥확대회의'가 1977년부터 개칭된 것이다. 1970년대 중반부터 한국은 해외국가들로부터 조금씩 수입규제 등 선진국형

무역제재를 받기 시작하였고, 앞으로 이러한 제재가 증가할 것으로 예상되었다. 따라서 수입의 점진적 개방과 수출입 균형발전을 제4차 경제개발5개년계획에도 명시하였으며 회의 명칭도 무역진흥확대회의로 개칭한 것이다. 무역진흥확대회의의 구성은 이전에 비하여 변화하지 않았으나 수입관련 보고가 추가되었다. 예컨대 1977년 개최된 제1회 무역진흥확대회의에서는 수입 관련하여 ①자유화 품목 확대, ②탄력관세 해당품목의 관세율 조정에 따른 간접제한으로 변경, ③수입담보금 적립율 조정방식 활용, ④수입절차 간소화, ⑤수입 자유화 시기 예고제 시행이 보고·논의 되었다. 이러한 변화는 한국 자본주의의 성장을 상징하면서 동시에 한국이 더 이상 수출만 강조해서는 국제무역시장에서 살아남기 힘든 상황에 직면했다는 것을 보여주는 것이었다.

▌ 참고문헌

「수출진흥회의 개칭, '무역확대회의'로」, 『매일경제신문』, 1977년 1월 26일.
「박대통령, 무역확대회의서 지시, "방위산업 건설 계속 추진, 공단 야간교 운영도 개선"」,
　　　『매일경제신문』, 1977년 4월 28일.

해당호 전체 정보

1133-01   무역진흥확대회의

상영시간 ㅣ 00분 53초

영상요약 ㅣ 무역진흥확대회의에서 박정희 대통령은 4년 이내 방위산업이 큰 성과를 낼 것 이라고 전망했다.

1133-02   새마음 갖기 시민궐기대회

상영시간 ㅣ 00분 40초

영상요약 ㅣ 박근혜는 전주에서 열린 새마음 갖기 시민궐기대회에 참석했다.

1133-03   제55회 어린이날 행사

상영시간 ㅣ 00분 41초

영상요약 ㅣ 제55회 어린이날을 맞이해서 서울 효창운동장에서 경축대잔치가 열렸고 창경 원도 아이들을 위해서 개방되었다.

1133-04   초고압 송변전 시설준공

상영시간 ㅣ 00분 30초

영상요약 ㅣ 경기도 화성군 반월면에 초고압 송변전 시설이 준공되었다.

1133-05   덴마크 체조단

상영시간 ㅣ 01분 05초

영상요약 ㅣ 덴마크 체조단이 세계순방 중 한국에서 시범경기를 했다.

1133-06   대한적십자 병원선 백련호

상영시간 ㅣ 00분 58초

영상요약 ㅣ 대한적십자사 병원선 백련호가 서해 도서 주민들을 위해 진료봉사활동을 하 고 있다.

박정희 대통령 수해지구 시찰 (1977년 7월 19일)

제작정보

출   처 : 대한뉴스 1143호
제 작 사 : 국립영화제작소
제 작 국 가 : 대한민국

영상정보

제 공 언 어 : 한국어
컬   러 : 흑백
사 운 드 : 유

영상요약

1977년 7월 8일부터 9일까지 내린 폭우로 수해가 발생했다. 박정희 대통령은 서울과 경기도 시흥지구에 수해현장을 돌아보고 수해복구, 이재민 구호에 대한 지시를 했다. 박근혜는 수해지역인 구로동 수출산업공단을 찾아 피해상황과 복구현황을 보고 받고 근로자들과 이재민들을 위문했다.

내레이션

지난 7월 8일 저녁부터 9일 아침까지 서울 경기지방에 50여 년 만에 큰 폭우가 내려 많은 인명피해와 재산피해를 냈습니다. 박정희 대통령은 서울과 경기도 시흥지구에 수해현장을 돌아보고 수해복구와 이재민 구호에 만전을 기하라고 지시했습니다. 하루 밤새 집과 재산과 가족마저 잃은 수재민들은 기막힌 슬픔 속에서도 새 삶의 의욕을 가지고 복구작업에 나섰습니다. 정부의 즉각적인 대책과 주민들의 새마을 협동정신으로 복구작업은 진척됐습니다. 박 대통령의 특별지시로 육군 공병대가 동원돼서 파손된 도로를 복구하고 임시 교량을 가설하는 등 신속히 대처했습니다. 박 대통령은 수재민들에 대해 정부에서 수해복구에 예산을 충분히 뒷받침해 줄 테니 실망하지 말고 용기를 내서 완벽한 복구에 최선을 다하라고 당부하고 수재민 구호대책 진척상황을 매일 보고하도록 재해대책본부에 지시했습니다. 대통령 영애 박근혜 양은 수해를 입은 구로동 수출산업공단을 찾아 피해상황과 복구현황을 살피고 근로자들을 위로했습니다. 박근혜 양은 복구작업을 벌이고 있는 여성근로자들에게 용기를 가지도록 부탁했으며 진료차에도 올라 검진 중인 서울시의사회봉사반을 격려했습니다. 근혜 양은 또 산사태 이재민들이 수용돼 있는 시흥2동 혜명보육원에 들려 수용실태와 이재민들의 건강상태를 돌아보고 이들을 위로했습니다. 박근혜 양은 이재민 부녀자들의 손을 잡고 이런 때일수록 어머니들이 용기를 잃지 않아야 한다면서 용기를 갖고 어린이들을 잘 보살필 것을 부탁했습니다. 수재민들을 돕는 일을 남의 일로만 여기지 말고 우리 스스로가 따뜻한 동포애를 발휘해서 재난을 당한 사람들이 새 삶의 용기를 갖도록 해주어야 하겠습니다.

화면묘사

00:00   물이 불어나있는 농촌 수로의 모습
00:07   강물이 높게 올라와있는 모습
00:10   수해를 입은 해당 관청 외관
00:13   박정희 대통령이 수해 관련 대책을 지시하는 장면

연구해제

이 영상은 박정희 대통령의 1977년 7월 수해현장 시찰 모습과 각 지역의 수해복구 모습을 갈무리한 것이다. 7월 8~9일 서울, 경기지역에는 50여 년 만의 큰 비가 내려 많은 인명과 재산에 피해를 입었다. 이에 박정희 대통령은 10일 영등포구 구로동의 수출산업공단과 안양시 수해현장을 시찰하고, 빠른 수해대책을 촉구 지시하였다.

　이 영상의 전반부는 박정희 대통령의 동선에 따라 촬영되었으며 후반부에는 각 지역의 수해복구 사업의 모습을 스케치하고 있다. 특히 내레이션을 통하여 정부의 빠른 조치와 주민들의 "새마을 협동정신"을 강조하여 수해복구 사업이 잘 진행되고 있다는 사실을 알리고 있다. 또한 영상의 마지막에는 당시 영부인 역할을 수행하던 영애 박근혜의 수해복구현장 시찰 모습이 기록되어 있다. 박근혜는 7월 13일 구로공단과 시흥2동 산사태 현장 등을 찾아 피해상황과 복구현황을 살폈다. 내레이션에 따르면 박근혜는 여성 노동자들을 위로하고, 수해복구에서 '어머니의 힘'을 강조하였다 한다.

　당시 신문기사와 영상을 통해 확인할 수 있듯, 박정희와 박근혜는 수해피해가 심한 서울, 경기 지역을 돌아보면서 특히 공업시설(구로공단, 안양, 시흥)을 중점적으로 방문하였다. 이들은 공업시설을 돌아보면서 노사 합심을 통한 빠른 공장복구를 주문하였고, 수해복구 후에는 노사협조를 대표적으로 보여주었던 공장들을 표창하기도 하였다. 박근혜는 1979년 구국여성봉사단에서 출판한 『새마음의 길』에서 충, 효, 예를 강조하면서 1977년 수해복구 현장시찰 모습을 기록하기도 하였다.

　이 영상은 수해현장을 시찰하며 빠른 복구를 지시하는 국가지도자의 모습에 대한 홍보와 함께 당시 정부가 수도권 공업생산이 수해로 피해를 볼 것을 얼마나 우려하고 있었는지, 또한 수해를 새마을, 새마음정신으로 극복해야할 장애로 인식하고 있었다는 것을 보여준다.

█ 참고문헌

「박대통령 지시, 수해현장 시찰, 아파트 지어 수재민 우선 입주」, 『경향신문』, 1977년 7월 11일.
「박근혜 양, 수해지 살피고 격려 "이럴땔수록 어머니들 힘이"」, 『경향신문』, 1977년 7월 13일.

범여성 총력안보 궐기대회 (1977년 7월 19일)

제작정보

출   처 : 대한뉴스 1143호
제 작 사 : 국립영화제작소
제 작 국 가 : 대한민국

영상정보

제 공 언 어 : 한국어
컬   러 : 흑백
사 운 드 : 유

영상요약

한국여성단체협의회 회원들이 주최한 범여성 총력안보 궐기대회를 다룬 영상이다. 참석자들은 안보와 미 지상군철수를 반대하는 내용의 피켓 등을 들고 연설자들의 발표를 들었다. 발표장에 모인 수많은 사람들은 만세를 외치기도 했다.

범여성 총력안보 궐기대회가 서울에서 열렸습니다. 한국 여성 단체 협의회 등 각 여성 단체 회원들이 참가한 이 궐기대회는 박정희 대통령과 카터 미국 대통령에게 보내는 메시지와 주한 미 지상군 철수 반대 등 4개 항의 결의문을 채택하고 전국의 여성들도 총력안보를 생활화해서 자주국방에 앞장설 것을 다짐했습니다.

화면묘사

00:00 범여성 총력안보 궐기대회가 열리는 실내경기장 모습으로 관중석에는 수많은 사람들이 착석해 있음
00:05 경기장을 가득 메운 사람들이 보이는 가운데 정면으로 보이는 단상에 '범여성 총력안보 궐기대회' 현수막이 보임
00:08 '내조국 내민족 내힘으로 지키자, 서울 영희 국민학교' '나라 없이 가정없다, 조국 수호 우선하자, 서울 영희 국민학교' 등 각종 표어가 적힌 피켓판을 들고 있는 사람들
00:11 단상 위에서 연설중인 여성의 모습
00:15 각종 표어가 적힌 피켓을 든 사람들이 객석에 앉아 있음
00:19 무대 위에 사람들이 피켓을 들고 기립해 있으며 그 앞에 마련된 연단에서 발표를 하는 여성과 관계자들의 모습
00:24 실내경기장 관중석을 가득 메운 참가자들이 각자 피켓을 들고 있음
00:28 사람들이 관중석에서 기립하여 만세를 외침

연구해제

본 영상은 1977년 7월 6일 오전 10시 반에 미군 철수 반대 시위를 위해 서울 중구 장충체육관에서 개최된 범여성총력안보궐기대회 장면을 담고 있다. 이날 대회에는 정부 측에서 박승함 보사부차관, 경제계에서 태완선 상의회장 등 각계 인사와 61개 여성단체의 15,000여 명의 여성들이 참가했다.

이 영상에서 대회장인 한국여성단체협의회장 이숙종이 대회사를 하는 장면을 볼 수 있는데, 그녀는 대회사를 통해 "27년 전 민족사에 유례없는 동족상잔의 비극을 체험한 우리 국민은 '제2의 6·25동란'을 결코 용납할 수 없으며 한반도에 평화가 정착될 때까지 주한미지상군의 철수를 강력히 반대한다"고 역설했다. 이후 조선일보 논설위원 조덕송의 「주한미지상군철수에 따른 여성의 자세」에 관한 강연과 월남에서 온 트란티마이란의 「메아리 없는 절규」란 제목의 총력안보사례 발표가 이어졌다. 이날 대회에서 채택된 4개 항의 결의문 골자는 주한미군철수 반대, 아시아와 미국 안보를 위한 주한미군의 필요성에 대한 카터 대통령의 인식 촉구, 범여성 총력안보 결의, 범여성 승공정신 무장이었다.

주한미군 철수에 대한 논의는 대한민국 정부 수립 이후 자주 논쟁이 되었고, 휴전 성립 이후에도 꾸준히 감축되었는데, 그때마다 많은 논란이 되어온 민감한 사안이다. 닉슨(Richard M. Nixon) 대통령과 카터(Jimmy Carter) 대통령은 모두 주한미군 철수를 선거공약으로 내세웠다. 1977년 2월 당선된 카터 대통령이 국방비 절감과 인권정책을 미국 외교의 주된 방향으로 설정하면서 이전부터 논의되었던 주한미군 철수에 대한 논의는 보다 구체적으로 제기되기 시작했다. 특히 1977년 7월 시점은 김대중 납치사건 이후 계속되었던 남한의 인권탄압에 대한 문제제기와 코리아게이트 사건에 관한 미의회청문회가 진행되던 시기로, 미국의 반한감정의 직접적인 표현으로 주한미군 철수가 미국사회에서 진지하게 논의되고 있었다. 범여성 총력안보 궐기대회는 이러한 때에 맞춰 정치권뿐만 아니라 한국사회에서 주한미군 철수 반대의지를 알리기 위해 준비된 것이었다.

▎참고문헌

「東亞포우스트」, 『동아일보』, 1977년 7월 4일.
「朴大統領에 보내는 메시지 채택 耐乏강조 自主國防 다짐」, 『매일경제』, 1977년 7월 6일.
文淳寶, 「박정희 시대의 한미갈등-관념, 제도, 정책의 분석적 관점에서-」, 성균관대학교 박사학위논문, 2007.
박원곤, 「카터 행정부의 대한정책 1977~1980」, 서울대학교 박사학위논문, 2008.

1143-01 박정희 대통령 수해지구 시찰

상영시간 ㅣ 03분 12초

영상요약 ㅣ 1977년 7월 8일부터 9일까지 내린 폭우로 수해가 발생했다. 박정희 대통령은 서울과 경기도 시흥지구에 수해현장을 돌아보고 수해복구, 이재민 구호에 대한 지시를 했다. 박근혜는 수해지역인 구로동 수출산업공단을 찾아 피해상황과 복구현황을 보고 받고 근로자들과 이재민들을 위문했다.

1143-02 범여성 총력안보 궐기대회

상영시간 ㅣ 00분 35초

영상요약 ㅣ 한국여성단체협의회 회원들이 범여성 총력안보 궐기대회를 개최했다. 참석자들은 안보와 지상군철수를 반대하는 내용의 피켓 등을 들고 연설자들의 발표를 들었다. 발표장에 모인 수많은 사람들은 만세를 외치기도 했다.

1143-03 신안 앞바다 해저 문화재 인양

상영시간 ㅣ 01분 05초

영상요약 ㅣ 신안 앞 바다에서 해저 문화재가 발굴되어 인양작업이 이뤄졌다. 잠수부들이 바다로 들어가 각종 그릇, 항아리, 동전 등의 문화재를 발굴하였다.

1143-04 프랑스 18세기 명화전

상영시간 ㅣ 00분 31초

영상요약 ㅣ 프랑스 18세기 명화전이 덕수궁 현대미술관에서 개최되었다.

1143-05 포항~울릉도 쾌속여객선 취항

상영시간 ㅣ 01분 13초

영상요약 ㅣ 포항, 울릉도 간 쾌속여객선 한일호가 취항했고 울릉도에서는 도동항 선착장이 준공되었다.

1143-06 4개국 친선 여자배구대회

상영시간 ㅣ 00분 56초

영상요약 ㅣ 미국, 일본, 멕시코, 한국 4개국 친선여자배구대회에서 전승으로 한국팀이 우
승했다.

제23회 국제기능올림픽대회 우승 선수단 귀국 (1977년 7월 27일)

제작정보

출   처 : 대한뉴스 1144호
제 작 사 : 국립영화제작소
제 작 국 가 : 대한민국

영상정보

제 공 언 어 : 한국어
컬   러 : 흑백
사 운 드 : 유

영상요약

제23회 국제 기능올림픽대회에서 우승한 선수단을 환영하는 모습을 다룬 영상이다. 공항에서 환영식을 하고 시가지 카퍼레이드를 한 선수들은 청와대를 예방했다.

내레이션

제23회 국제 기능올림픽대회에서 종합 우승을 차지한 우리나라 대표 선수단이 김포공항에 도착해서 해산했습니다. 이들 선수들은 네덜란드에서 열린 국제 기능올림픽에서 금메달 12개, 은메달 4개, 동메달 5개와 대회장 특상 5개로 첫 종합 1위를 차지하고 기능 한국을 세계에 떨쳤습니다. 공항에서 있은 환영식에서 국민 모두가 국위를 떨치고 돌아온 선수들에게 뜨거운 찬사를 보내면서 진심으로 환영했습니다. 선수단이 서울 시가지에 들어오는 연두에는 휴일인데도 수많은 시민들이 나와서 자랑스런 우리의 젊은 기능공들을 열광적으로 맞아 주었습니다. 선수단 일행은 박 대통령을 예방하고 귀국신고를 했는데 이 자리에서 박 대통령은 민대열 군 등 수상자 12명에게 동탑산업훈장과 상금을 주었으며 은메달 수상자들에게는 철탑산업훈장을 동메달 수상자들에게도 석탑산업훈장을 일일이 달아주고 상금을 주었으며 곧 대회장 특상 수상자들에게도 산업포장과 상금을 수여했습니다. 박 대통령은 이 자리에서 우리나라가 공업입국을 지양하고 있는 이때 여러분이 국제 기능올림픽대회에서 자랑스럽게도 종합 1위를 차지한 일은 우리가 멀지 않아 선진공업국가 대열에 올라 설 수 있다는 확고한 자신감을 갖게 해준 것이라고 치하했습니다. 박 대통령은 특히 중화학공업분야에 우리 젊은이들의 숨은 자질과 저력을 발휘한 것은 의의가 있다고 말하고 온 국민과 더불어 여러분에게 축하를 보낸다고 치하했습니다.

화면묘사

00:00 '대한항공'이 적혀있는 항공기에서 기능올림픽 선수단이 차례로 내리고 있고 맨 앞에 선수대표가 태극기를 듦
00:08 태극 마크를 왼쪽가슴에 단 선수단이 차례로 비행기 트랩을 내려오고 있음
00:17 선수단을 마중 나온 당국 관계자들과 선수들이 차례로 악수를 나눔
00:24 'KOREAN AIR LINES'가 적힌 비행기 기체가 보이고 줄지어서 비행장을 걸어 나오는 선수들
00:32 '계' '선' '석' '미' 글자가 적힌 피켓 판과 현수막, 소형 태극기를 들고 선수단을 반기는 학생들의 모습

00:35	각종 현수막을 들고 환영식장에 모여있는 사람들

00:35   각종 현수막을 들고 환영식장에 모여있는 사람들

00:41   '第(제) 23 回(회) 國制(국제)技能(기능)올림픽 大會(대회)選手團(선수단)' 현수막이 일부 보이고 그 앞에 많은 사람들이 모여있는 가운데 한 선수에게 한복을 입은 여성이 화환을 걸어줌

00:43   계속해서 한복을 입은 여학생이 선수에게 화환을 걸어주고 있음

00:48   '환영, 제23회 국제기능올림픽대회 선수단 개선' 현수막이 설치된 단상 앞에 화환을 걸고 있는 선수단원들이 대열을 맞추고 서있음

00:52   화환을 달고 있는 선수들과 환영 현수막의 일부가 보임

00:55   거리 한 쪽에 여학생들이 태극기를 들고 선수단을 환영 함

01:01   빌딩 옥상에서 기념 꽃 종이가 공중에 날림

01:05   꽃 종이가 공중에 날리고 있고 선수단이 카 퍼레이드를 하고 있음

01:19   박정희 대통령이 청와대를 방문한 선수들에게 훈장을 수여하고 뒤이어 박근혜가 선수들과 악수를 함

02:41   박정희 대통령과 박근혜, 당국 관계자, 선수단원들이 다과상이 놓인 테이블 주위에 모여 있음

연구해제

이 영상은 1977년 네덜란드에서 열린 제23회 국제기능올림픽대회 한국선수단의 귀국 관련 모습을 모아놓은 영상이다. 한국선수단은 이 대회에서 금메달 12개, 은메달 4개, 동메달 5개를 획득하여 대회참가 사상 처음으로 종합우승을 차지하였다. 기능올림픽은 1947년 스페인에서 시작되어 1953년 제1회 국제대회가 개최되었다. 1965년 유럽을 순방한 김종필의 구상으로 국제기능올림픽 한국위원회가 조직되었고, 한국선수단은 1967년 부터 정식으로 참가하기 시작했다. 1967년 첫 참가부터 한국선수단은 세계 4위의 성적을 거두었고, 박정희 대통령은 이들에게 일생의 보장을 약속하면서 선수단의 귀국행사를 범국민적 환영행사로 치뤘다. 1977년 한국선수단이 처음으로 우승하자 『동아일보』는 사설을 통해 "조국의 번영을 몸으로 실천하고 이룩하는 역군들"이라고 이들을 칭송했고, 박정희 대통령은 영애 박근혜를 대동한 자리에서 "미국 등 선진 공업국가들의 선수들과 일대일로 당당히 겨루어 종합우승한 것"이라고 치사했다.

이처럼 1970년대 한국사회에서 국제기능올림픽은 정부에 의해 범국민행사로 각인되었고 첫 종합우승 다음 해인 1978년에는 부산에서 대회를 개최하기도 하였다. 박정희 정부와 기업은 공업화 우선의 경제성장 과정에서 이들을 '산업역군'의 산 증인이자 모범으로 호명했다. 기능경기대회는 기능과 스포츠를 결합시켜 최대한의 경쟁원리를 가동시키는 방식이었다. 국가대표는 지방대회와 전국대회를 거쳐 선발했는데 1978년의 경우 지방대회 참가 2,768명 중 전국대회를 거쳐 최종 국가대표가 된 인원은 33명이었다. 지방대회 출전 또한 학교, 기업별로 선발과정을 거쳐야 했기에 실질적으로 국가대표 경쟁에 투입되는 인원은 훨씬 더 많았다. 지방대회 기준으로만 83 대 1의 경쟁률이었고 실제로는 수백 대 1의 경쟁을 뚫어야 했다.

1970년대 국제기능올림픽 수상자들은 영상에서 보이듯 범국민적 영웅으로 칭송받고 실제 정부로부터 각종 훈·포장을 받았다. 박정희 대통령은 1977년 대회에서 우승한 한국선수단에게 "상급학교에 진학 못했다고 하더라도 노력만 하면 학문과 이론을 배울 수 있도록 대학에 진학하는 길도 터놓았다"고 강조했다. 하지만 1994년 조사에 따르면 100명의 조사대상 메달리스트 중 10여 명이 해외 이민을 떠난 상황이었고, 설문에 응한 32명 중 동일분야에서 계속 일하는 사람은 불과 9명에 그쳤다. 메달리스트들은 정부와 기업, 언론에 의해 대대적으로 홍보되었지만 실제 그들의 처우는 직장에서도 크게 달라지지 않았다. 기능올림픽 메달리스트들은 '기회의 평등' 아래 치열한 경쟁에서 승리했지만 기능공에 대한 한국사회의 언술적 찬사와 경제적 비하 가운데 동요하면서 또 다른 경쟁으로 내몰리고 있었다.

▌ 참고문헌

「'기능한국'을 세계에 떨치고 기능올림픽 제패, 선수단 개선」, 『동아일보』, 1977년 7월 18일.
「1970 박정희부터 선데이서울까지(25) 기능올림픽」, 『경향신문』, 2014년 2월 7일.

해당호 전체 정보

1144-01 박정희 대통령 동정

상영시간 ㅣ 01분 40초

영상요약 ㅣ 수해복구사업 관련 영상으로, 박정희 대통령이 수해지구 공장을 시찰하고 복구사업진행 상황에 대한 내용을 보고 받았다. 한편 한국 신문협회와 방송 협회 회장단은 박정희 대통령을 예방하고 성금을 전달하였다.

1144-02 제23회 국제 기능올림픽대회 우승 선수단

상영시간 ㅣ 02분 51초

영상요약 ㅣ 제23회 국제 기능올림픽대회에서 우승한 선수단이 김포공항을 통해 입국했다. 공항에서 환영식을 하고 시가지 카퍼레이드를 한 선수들은 청와대를 예방하였다. 박정희 대통령은 박근혜, 당국 관계자들이 모인 가운데 선수들에게 훈장을 수여하고 다과회를 열었다.

1144-03 비무장지대 미군 헬리콥터 추락사건

상영시간 ㅣ 00분 36초

영상요약 ㅣ 미군 헬리콥터 한 대가 동해안 비무장지대 상공에서 북한괴뢰 폭격으로 추락하여 사망자의 시신과 생존자가 판문점을 통해 송환되었다.

1144-04 세검정 홍지문 복원 준공식

상영시간 ㅣ 00분 20초

영상요약 ㅣ 서울의 성곽 복원사업에 따라 홍지문, 오간대 수문이 복원되어 현판식이 열렸다. 당국 관계자들과 시민들이 참석한 가운데 현판의 제막이 이뤄졌고 사람들은 홍지문에 올랐다.

1144-05 제31회 황금사자기 쟁탈 전국지구별 초청 고교야구

상영시간 ㅣ 00분 50초

영상요약 ㅣ 서울 운동장에서 열린 제31회 황금사자기 쟁탈 전국지구별 초청 고교야구대

회 경기의 일부를 보여준다. 관중석을 가득 메운 관중들의 열띤 응원이 계속
되고 연장전 끝에 광주상고가 우승했다.

통일전 (1977년 9월 15일)

제작정보

출　　　처 : 대한뉴스 1151호
제 작 사 : 국립영화제작소
제 작 국 가 : 대한민국

영상정보

제 공 언 어 : 한국어
컬　　　러 : 컬러
사 운 드 : 유

영상요약

박정희 대통령, 박근혜, 박지만을 비롯한 당국 관계자들이 통일전을 방문하여 사당에서 참배하고 기록화 등을 관람한 모습을 보여주는 영상이다.

내레이션

삼국통일의 위업을 기리기 위한 통일전이 경주 남산 기슭에 지어졌습니다. 통일전은 20,000여 평의 대지에 신라 건축양식을 최대한 살린 본전과 회랑, 선원문, 흥국문 등을 세우고 돌담을 쌓아 새로운 유적을 만든 것인데 지난해 4월 박 대통령의 지시로 문화재관리국이 1년 5개월 만에 완성했습니다. 박 대통령은 본당 앞에서 분향을 한 후 삼국통일의 주역인 태종 무열왕과 문무왕 그리고 김유신 장군의 영정을 모신 통일전 본당과 경내를 돌아봤습니다. 박 대통령은 회랑에 걸려 있는 삼국통일 과정의 중요 사실을 담은 기록화도 둘러 봤습니다. 박 대통령은 본전의 단청과 기둥의 빛깔이 잘 조화를 이루고 있다면서 앞으로 다른 곳에 짓는 옛 건물은 이곳 통일전 건물을 기준으로 짓도록 하라고 당부 했습니다. 삼국 통일 기념비와 사적비를 돌아보면서 통일 신라는 한민족이 이룩한 것이라고 지적하고 우리도 언젠가는 꼭 통일을 이룩할 것이라고 말했습니다. 그런데 〈대한뉴스〉는 통일전에 관한 문화영화를 제작해서 여러분에게 보여드리겠습니다.

화면묘사

00:00 　경주 남산 기슭에 위치한 통일전의 전경
00:11 　'興國門(흥국문)' 현판
00:15 　흥국문에서 본 통일전 본전 정면
00:18 　박정희, 박근혜, 박지만, 관계자들이 테이프 커팅을 함
00:22 　완공된 통일전 내부의 복도
00:26 　통일전 본전
00:29 　박정희, 박근혜, 박지만, 당국 관계자 일행이 통일전에 들어서고 있음
00:37 　'統一殿(통일전)' 현판이 본전에 걸려있음
00:39 　박정희가 통일전 본전에서 분향을 함
00:48 　분향을 한 박정희와 일행들이 일제히 묵념을 하고 한편에 선 취재진들이 이 모습을 촬영하고 있음
00:51 　통일전 내부에 마련된 사당에 태조무열왕, 문무왕, 김유신 장군 등의 영정 그림이 걸려있음

00:55   박정희 일행이 통일전에 전시된 기록화를 관람하는 모습

01:05   벽에 걸려있는 기록화 한 점

01:08   전쟁을 묘사한 기록화

01:11   지역 주민들이 전시된 기록화를 관람하고 있음

01:16   전쟁을 묘사한 기록화

01:18   관계자의 안내를 받으며 박정희 일행이 통일전 주변을 시찰함

01:27   기념비 앞에서 대통령 일행이 김성진 문화공보부장관으로부터 설명을 듣고 있
         는 모습

01:35   사적비

01:35   대통령 일행이 삼국통일기념비를 바라봄

01:42   '三國統一紀念碑(삼국통일기념비)'가 새겨진 기념비

연구해제

　　1970년대 박정희는 주체적 민족사관을 내세우며, 선조들이 지켜온 역사적 유산을 자랑스럽게 여기고 민족문화의 전통을 계승·발전시켜야 한다고 주장했다. 경제개발의 성공에 따른 자신감을 표출하고, 남북한 간의 체제 경쟁에서 이겨야 한다는 의지를 보여주기 위함이었다. 박정희가 가지고 있던 역사관의 중심에는 삼국을 통일한 신라가 있었다. 북한이 고구려를 민족주체성의 시조로 본 것에 대응해, 박정희 정부는 신라를 한국사의 황금기로 상상했던 것이다. 신라의 삼국통일과 발달된 문화는 한국인들이 자랑스러워해야 하는 문화로 채색되었고, 화랑도는 자주, 민주, 평화, 통일을 상징하는 한민족의 민족정신으로 승화되었다. 이와 같은 민족정신의 고취 및 통일의지의 고양이라는 명분 아래에서 수립된 것이 '경주고도개발사업'이었다.

　　경주고도개발사업은 1970년대 관광산업의 대두와도 연관되어 있다. 1960년대까지만 해도 한국의 관광은 대체로 주한미군과 일본인을 대상으로 한 국제관광이 중심이었다. 하지만 1970년대가 되면서 내국인을 대상으로 한 국민관광의 시대가 도래하였다. 국민관광으로 노동 대중의 재생산 의욕을 고취할 수 있으며, 국가와 지역사회의 경제적인 이익을 창출할 수 있을 것이라는 전망이 나온 것이다. 이와 같은 관점에서 박정희는 경주의 문화유적과 관광을 결합시켜 적극적으로 경제적인 이익을 확보해 나가겠다는 계

획을 세워 경주시를 체계적으로 정비했고, 국제부흥개발은행(IBRD)으로부터 차관을 도입해 보문단지를 설립하는 등 새로운 경주를 구성하기 위해 여러 사업을 벌였다.

이 영상에서 다루고 있는 '통일전'은 경주고도개발사업의 일환으로 신라 역사 인물들에 대한 성역화 사업으로 건립되었다. 통일전 건립은 1974년 6월 10일 낙성대 정화사업 준공식에서 처음 제안되었다. 박정희가 윤주영 문화공보부장관에게 '한국 역사상 최초로 통일을 이룬 신라의 위인들을 위한 유적'으로 '통일전'을 조성하라고 지시한 것이다. 이에 따라 1974년 11월 8일 경주 남산 화랑의 집 근처에 김유신, 태종무열왕, 문무왕을 모시는 통일전을 세우는 계획이 확정되었고, 1976년 4월 22일 공사를 시작해 1977년 9월 7일 완공되었으며 총 6억 4,900만 원의 예산이 투입되었다.

이 영상은 통일전 준공식의 모습을 기록하고 있다. 박정희는 박근혜, 박근령, 박지만 등과 함께 준공식에 참여하여 흥국문 앞에서 테이프 커팅을 하고, 본당에서 분향하였다. 박정희는 준공식장에서 기자들에게 "이곳에 오지 못하는 일반국민들이 널리 볼 수 있도록" 인물중심이 아니라 건물 중심의 촬영을 하도록 주문했다. 그러나 이 영상 역시 통일전의 여러 전각과 구조물을 둘러보는 박정희 일행 중심으로 편집되어 있으며, 통일전에 있는 김유신, 태종무열왕, 문무왕의 영전은 아주 짧은 부분만을 보여주고 있다. 통일전 건물에 대한 박정희의 관심은 매우 깊었던 것으로 보이는데, 직접 통일전의 현판에 글씨를 썼고, 주요한 전각의 이름을 짓기도 했으며, 문화재 전문가를 일본의 나라로 파견해 신라와 동시대 건물을 참조하도록 했다. 또한 "앞으로 다른 곳에 짓게 되는 옛 건물들은 모두 통일전 본전을 기준으로 하라"고 지시하였다. 이처럼 통일전은 박정희가 구상했던 민족정신의 이상을 투사한 상징적인 공간으로 박정희 정권이 창조한 유물로서 자리 잡는다.

▌참고문헌

「통일전 준공」, 『경향신문』, 1977년 9월 7일.
김원, 「'한국적인 것'의 전유를 둘러싼 경쟁」, 『사회와 역사』 93, 2012.
최광승, 「박정희의 경주고도 개발사업」, 『정신문화연구』 35, 2012.

해당호 전체 정보

1151-01 육군사관학교 졸업식 및 임관식

상영시간 ㅣ 01분 10초

영상요약 ㅣ 육군 제3사관학교 졸업식 및 임관식이 열렸다. 박정희 대통령, 박근혜, 당국 관계자가 참석했다.

1151-02 통일전

상영시간 ㅣ 01분 48초

영상요약 ㅣ 박정희 대통령, 박근혜, 박지만을 비롯한 당국 관계자들이 통일전을 방문하여 사당에서 참배하고 기록화 등을 관람하였다. 김성진 문화공보부장관의 안내를 받아 통일전을 살펴본 박정희 대통령 일행은 기념비, 사적비도 살펴보았다.

1151-03 박정희 대통령, 불국사 관람

상영시간 ㅣ 00분 36초

영상요약 ㅣ 박정희 대통령, 박근혜, 관계자 일행이 불국사를 방문하였다.

1151-04 9차 한·일 각료회담

상영시간 ㅣ 01분 19초

영상요약 ㅣ 〈9차 한·일 각료회담〉〈조국통일기원대제〉 영상이다. 먼저 도쿄에서 한일 각료회담이 열렸으며 대륙붕 공동개발협정, 남북관계 관련 사항을 논의했다. 한편 통일로를 지나 임진각에서는 조국 통일 기원 대제가 열렸다. 동학종단대표들과 신도들이 참석한 가운데 제를 올렸다.

정수직업훈련원 수료식 및 입학식 (1977년 9월 17일)

제작정보

출   처 : 대한뉴스 1152호
제 작 사 : 국립영화제작소
제 작 국 가 : 대한민국

영상정보

제 공 언 어 : 한국어
컬   러 : 컬러
사 운 드 : 유

영상요약

정수직업훈련원 수료 및 입학식이 열린 가운데 박근혜, 당국 관계자들이 참석하였다.
박근혜는 연설을 한 후 원생들과 악수를 나눴으며 전시작품을 관람하기도 했다.

내레이션

정수직업훈련원의 제4기 수료식과 제5기 입학식에 참석한 대통령 영애 박근혜양은 졸업생과 신입생들에게 여러분은 기능인으로서의 긍지와 자세를 지켜 언제 어디서나 꼭 필요하고 환영받는 산업 역군이 돼 훈련원의 명예를 빛내고 기술로써 나라에 보답하는 참된 일꾼이 돼 달라고 부탁했습니다. 이어 근혜양은 학생들이 만든 작품을 살펴보고 훌륭한 솜씨를 칭찬했습니다.

화면묘사

00:00 　작업복을 입고 대열을 맞추고 서있는 정수직업훈련원 원생들
00:03 　원생들의 대열 앞으로 '경축, 77훈련생 수료 및 입학식' 현수막이 설치된 단상에서 연설중인 박근혜
00:07 　태극기가 부착된 단상의 연단에서 박근혜가 연설 중임
00:09 　동일한 작업 모자, 복장을 한 남자 원생들이 대열을 맞추고 서있는 모습
00:13 　동일한 작업 모자, 복장을 한 여자 원생들의 대열
00:15 　박근혜가 원생들과 악수를 하고 이 모습을 취재진들이 촬영을 하고 있으며 박근혜의 뒤를 따르고 있는 당국 관계자들
00:24 　관계자의 안내를 받으며 박근혜와 당국 관계자들이 훈련원생들의 전시작품을 살펴봄
00:29 　전시품 중 원생들의 목각 조명

연구해제

이 영상은 1977년 10월 12일 개최된 정수직업훈련원 제4기 수료식(328명) 및 제5기 입학식(350명)을 다루고 있다. 이날 행사에는 박근혜, 정희섭 이사장, 구자춘 서울시장을 비롯한 학부모 500여 명이 참석했다.

정수직업훈련원은 육영수가 1973년 미국 오트 패스만(Otto Passman) 하원의원의 특별 기부금으로 설립했으며 중학교 졸업 이상의 학력을 가진 이들을 선발하여 직업교육을

진행하였다. 정수직업훈련원의 개원은 1973년 「직업훈련법」 개정과 각 지방에도 직업훈련원을 설치하라는 박정희의 발언과 연결시켜 생각해볼 수 있다. 또한 정수직업훈련원의 운영은 「직업훈련법」이 폐지되고 1977년부터 새로 시행된 「직업훈련기본법」, 「직업훈련촉진기금법」의 연장선상에서 이해할 수 있다. 위 법률들은 1977년부터 시작된 제4차 경제개발 5개년계획과 중화학공업화의 심화를 위해 계획된 경제·노동법안들의 일부로서 제정되었다. 정부는 새로운 법안으로 정부 산하 직업훈련원과 각 기업체 직업훈련원을 완전히 나눴으며, 정부 산하 직업훈련원의 자금 지원은 노동청장이 관리하도록 했다. 정수직업훈련원은 금오공업고등학교와 함께 1970년대 직업훈련원을 대표했으며 정부 지원으로 운영되었다.

따라서 정수직업훈련원은 정부의 직업훈련(기능공 양성)에 대한 의지를 보여주는 대표적 시설이며, 〈대한뉴스〉에서도 여러 번 등장하고 있다. 또한 1970년대 중반 호황경기에서 발생한 심각한 '임금의 이중구조화'(양극화) 문제를 '기능공 양성→임금상승'으로 해결하려는 정부의 노동정책을 일정 부분 반영하고 있다. 정부주도의 기능공 육성정책은 급격한 산업구조 변동기에 발생한 기능공 부족문제를 일부분 보완했으나 노동시장의 구조적 문제로 인하여 학력간 임금격차의 문제를 완전히 해소할 수는 없었다.

▌참고문헌

「정수직업훈련원 개원, 박대통령 내외 참석」, 『동아일보』, 1973년 10월 18일.
「국회서 통과된 주요 법안내용」, 『매일경제신문』, 1976년 12월 18일.
「정수직업훈련원 졸업·입학식 박근혜양 참석 격려」, 『동아일보』, 1977년 9월 12일.
「정수직업훈련원 중졸이상자 입교가능」, 『경향신문』, 1977년 10월 6일.

해당호 전체 정보

1152-01 태국 수상, 청와대 예방

상영시간 | 00분 40초

영상요약 | 태국 타닌(Thanin Kraivichien) 수상 일행이 방한하여 박정희 대통령을 예방하였다. 최규하 국무총리, 박동진 외무부장관, 박근혜 등이 참석한 가운데 박정희 대통령이 타닌 수상에게 수교훈장 강화대장을 수여하였다.

1152-02 월간경제동향 보고

상영시간 | 00분 35초

영상요약 | 박정희 대통령이 근교원예사업으로 소득을 올린 송상득과 불우한 청소년을 위한 교육활동을 하고 있는 백승택 등에게 새마을 운동 협동장을 수여하였다.

1152-03 정수직업훈련원 수료식 및 입학식

상영시간 | 00분 32초

영상요약 | 정수직업훈련원 수료 및 입학식이 열린 가운데 박근혜, 당국 관계자들이 참석하였다. 박근혜는 연설을 한 후 원생들과 악수를 나눴으며 전시작품을 관람했다.

1152-04 제7회 카네이션컵 쟁탈 전국 어머니 배구대회

상영시간 | 00분 35초

영상요약 | 제7회 카네이션컵 쟁탈 전국 어머니 배구대회 실황 영상이다. 선수들의 경기를 하고 있는 가운데 관중석의 응원단이 조직적인 응원을 펼치고 있다.

1152-05 대아고등학교 학생들 창열사 참배

상영시간 | 00분 41초

영상요약 | 진주 대아고등학교 학생들이 창열사를 참배하고 경내 주변을 청소하는 모습이다.

1152-06   박정인 도예전

상영시간 I 00분 19초

영상요약 I 박정인 도예가의 개인전이 열리는 전시장 모습으로 여러 디자인의 도자기들
이 전시되었다.

1152-07   대한주택공사와 어린이보호대 해군기지 방문

상영시간 I 00분 35초

영상요약 I 대한 주택공사와 잠실지구 어린이 환경보호대가 인천지구 해군기지를 방문하
였다. 어린이 환경보호대 고적대의 위문공연과 함께 위문품이 전달되었다.

1152-08   자연보호

상영시간 I 01분 32초

영상요약 I 서울시 민간단체 새마을 협의회가 주체하고 국제 관광공사를 비롯한 민간 단
체들이 협력하여 자연보호 운동을 하는 영상이다. 봉사자들은 등산로 입구에
서 등산객들에게 쓰레기 봉투를 나누어 주었고 산에 올라 쓰레기를 청소했다.
영상에서는 한강변 습지의 백로들을 보여 주며 자연보호를 강조하였다.

강화도 유적지 복원 준공 (1977년 11월 7일)

제작정보

출   처 : 대한뉴스 1158호
제 작 사 : 국립영화제작소
제작국가 : 대한민국

영상정보

제공언어 : 한국어
컬   러 : 컬러
사 운 드 : 유

영상요약

박정희 대통령이 김성진 문화공보부장관과 관계자 일행을 대동하고 강화도 일대를 시
찰하였다. 갑곶돈대, 용두돈대, 쌍충비각 등을 차례로 돌아보며 무명용사를 위한 헌화,
강화 전적지 정화 기념비 등을 제막하였다.

고국의 유적지인 강화도의 갑곶돈대와 초지진, 덕진진, 광성보, 고려궁지 등이 강화전적
지 정화 사업으로 복원 준공되었습니다. 박정희 대통령은 갑곶돈대에서 준공 테이프를
끊고 옛 모습대로 복원된 돈대 내부를 둘러보았습니다. 박 대통령은 이곳에 세워진 포
각 안에 전시된 대형 조선포를 살피면서 외세 침략을 받았을 때 우리 조상들이 자주국방
의 결의로 이 지역을 지켰던 당시를 회고 했습니다. 박 대통령은 또 강화 앞바다를 향해
놓여진 소포의 모습을 살펴보았습니다. 그런데 140미터 길이로 복원된 갑곶돈대는 강화
도의 쉰세 개 돈대 가운데 하나로써 병인양요 때 모습 그대로 재현한 것입니다. 박 대통
령은 용두돈대에서 강화 전적지 정화 기념비를 제막하고 이곳에서 물결이 거세게 일고
있는 강화해협을 바라보며 과연 요충지라고 말했습니다. 이어서 신미양요 때 우리 장병
들이 묻혀 있는 순절묘단에 분화하고 분향했습니다. 박 대통령은 병인양요 당시 600여
병사와 분쟁하다가 전사한 어재연 장군 형제를 기리는 쌍충비각을 둘러보고 이 비각 옆
에 무명용사 순절비를 세우도록 하라고 관계관에게 지시했습니다. 그런데 〈대한뉴스〉에
서는 강화전적지 정화산업에 관한 기록영화를 제작해서 여러분께 보여 드리겠습니다.

■ 화면묘사

00:00	강화도 갑곶돈대의 성곽을 비롯한 전각 일대 전경
00:17	박정희 대통령, 김성진 문화공보부장관 등 관계자 일동이 테이프 커팅을 함
00:22	박정희, 김성진이 앞장서서 걷고 있고 그 뒤로 관계자 일행이 강화도 갑곶돈대에 들어섬
00:27	갑곶돈대에 전시된 대포
00:30	관계자 일동이 지켜보는 가운데 박정희가 전시된 대포에 가까이 서서 대포를 살펴보는 모습
00:49	박정희, 김성진 등 관계자 일행이 갑곶돈대에 전시된 또 다른 소포를 관람함
00:59	강화 앞바다를 향해 전시된 소포 2대
01:03	갑곶돈대에서 바라본 강화 앞바다
01:15	복원된 갑곶돈대의 성문

01:19   박정희, 김성진 등이 용두돈대에서 제막을 함

01:24   '江華戰蹟地淨化記念碑(강화전적지정화기념비)'가 적힌 기념비

01:26   용두돈대에서 강화 앞 바다를 보고 있는 박정희

01:34   박정희, 김성진 등 관계자 일행이 용두돈대를 시찰함

01:43   순절묘단에 헌화를 하는 박정희

01:45   순절묘단 앞에 서서 묵념을 하는 박정희

01:53   '雙忠碑閣 (쌍충비각)' 현판이 걸려있는 전각의 외관

01:57   쌍충비각으로 앞장서 들어서는 박정희와 뒤이은 관계자 일행들

02:04   어재연, 어재순 순절비

02:08   언덕에서 찍은 강화도 앞 바다

▌ 연구해제

이 영상은 1977년 10월에 있었던 강화도 전사유적 보수정화사업의 준공식 영상이다. 장엄한 음악이 흐르는 가운데 깨끗하게 정비된 강화 전적지를 둘러보는 박정희 대통령 일행의 모습이 인상적이다.

강화도는 고려시대 대몽 항쟁기 행궁이 세워졌던 곳이자, 조선시대 각종 군사시설 및 행궁, 외규장각이 설치되어 있었던 중요한 보장지역(保障之處)이었다. 남북을 오가는 길목에 있음으로 해서 해방 이후 6 · 25전쟁기까지 좌우익의 갈등과 민간인 학살이 자행된 공간이기도 하였다.

박정희 정부의 강화도 개발은 1976년부터 시작된다. 강화도를 국난극복의 현장으로 부각시키고자 하는 강화 전적지 정화사업에 착수한 것이다. 정화사업은 발굴, 복원, 주변지 정비, 도로정비 등으로 이루어졌다. 발굴은 1976년 8월 26일 고려궁지 서쪽부터 시작되었다. 공사 지역은 크게 두 개로 분리되었는데, 제1공구는 대체로 대몽항쟁을 염두에 둔 발굴복원이었고, 2공구는 병인양요, 신미양요와 관련된 전적지 발굴이 목적이었다. 발굴과 복원이 관주도로 이루어졌는데, 학술조사는 당시 동국대 총장이던 이선근의 주도로 이루어졌다. 조사단은 강화도가 단군유적과 항몽유적이 있는 곳인데다, 팔만대장경, 청자, 금속활자를 만든 곳이고, 임진왜란, 병자호란, 병인양요, 신미양요를 거쳐 침략해 오는 외세의 방파제 역할을 한 곳임을 강조했다. 아울러 이곳을 조사, 발굴함으

로써 민족사의 혈맥을 되살리고, 국난극복을 위한 강인한 호국의 정신을 함양하고자 한다는 학술조사의 목적을 밝혔다.

일련의 내용을 살펴볼 때 강화도 전적지 정화사업은 현충사 정화사업의 연장선상에 있었다. 60년대 후반에서 70년대 초반 이루어진 현충사 정화사업의 목적에 탁월한 전략 전술을 구사하여 나라를 지킨 성웅 이순신이 있었다면, 70년대 중반에 이루어지는 전적지 정화사업의 목적은 칠백의총이나 진주성과 행주산성처럼 다수의 백성들이 총화단결로 국난을 극복했다는 점을 강조하는 방식이었던 것이다. 강화도 전적지에도 박정희의 특별지시로 '신미양요순국무명용사비(辛未洋擾殉國無名勇士碑)'가 세워졌는데, 국난극복 과정에서 무명의 영웅들의 활약을 두드러지게 강조하는 부분이었다. 이 영상에서도 "신미양요 당시 전사한 우리 장병들이 묻혀있는 순절묘단"이라는 내레이션과 함께 박정희가 직접 헌화하고 분향하는 장면이 부각되어 있다.

강화대교가 건설되면서 서울과의 접근성이 좋아지자 1970년대에는 관광지로서 부각되었다. 국방유적관련 관광지는 오늘날까지도 강화도 답사지 가운데 가장 대중적인 코스로 이용될 정도이다. 하지만 강화도 정화사업은 지나치게 전적지 유적을 선택적으로 개발하면서 강화도가 지닌 다양한 역사성을 축소 왜곡하였다는 맹점이 있다. 또한 성역화 작업과정에서, 국가에 충성한 개인들에 대해 의도적으로 강조하고 있는 부분은 당시 유신체제기 정부가 국민들에게 총화단결을 요청했던 것과 연결되는 지점으로, 역사를 현실 정치의 필요에 의해 조작했다는 비판을 받고 있다.

▌ 참고문헌

은정태, 「박정희 시대 성역화사업의 추이와 성격」, 『역사문제연구』 15, 2005.

해당호 전체 정보

1158-01 강화도 유적지 복원 준공

상영시간 ㅣ 02분 09초

영상요약 ㅣ 박정희 대통령이 김성진 문화공보부장관과 관계자 일행을 대동하고 강화도 일대를 시찰하였다. 갑곶돈대, 용두돈대, 쌍충비각 등을 차례로 돌아보며 무명 용사를 위한 헌화, 강화 전적지 정화 기념비 등을 제막하였다.

1158-02 박정희 대통령, 요르단 왕세자 접견

상영시간 ㅣ 01분 02초

영상요약 ㅣ 요르단 왕국 하산빈 타랄(Hassan Bin Talal) 왕세자부부가 방한하여 청와대를 방문했다. 박정희 대통령과 만난 왕세자는 환담을 나누고 수교훈장 광화장을 수여 받기도 했다. 또한 왕세자비도 청와대에서 박근혜와 만나 환담을 나누었다.

1158-03 새마음 갖기 충청북도인 궐기대회

상영시간 ㅣ 00분 31초

영상요약 ㅣ 청주의 실내경기장에서 새마음 갖기 충청북도민 궐기대회가 열려 박근혜가 관계자 일동과 함께 참석하였다. 박근혜는 격려사를 비롯하여 상징기를 전달하였다.

1158-04 중구절 망향제

상영시간 ㅣ 00분 26초

영상요약 ㅣ 판문점 부근 통일촌에서 대한반공청년회가 주최한 중구절 망향제 영상이다. 회원을 비롯한 실향민들이 모여 합동제사를 올렸다.

1158-05 제18회 전국 민속예술 경연대회

상영시간 ㅣ 01분 34초

영상요약 ㅣ 수원에서 열린 제18회 전국 민속예술 경연대회 실황으로 우승한 각 지역 팀의 공연실황이 영상에 보인다.

폭발사고 (1977년 11월 24일)

제작정보		영상정보	
출 처 :	대한뉴스 1160호	제 공 언 어 :	한국어
제 작 사 :	국립영화제작소	컬 러 :	컬러
제 작 국 가 :	대한민국	사 운 드 :	유

영상요약

전라북도 이리역 폭발사고를 다룬 영상이다. 폭발사고 직후 피해상황과 민·관·군의 대처 모습을 보여준다.

내레이션

전라북도 이리역 구내에서 화약을 실은 화차가 폭발해 큰 피해를 가져왔습니다. 위험한 화물을 호송하거나 운송하는 관계자들에 조그마한 부주의가 수십 명의 목숨을 앗아가는 등 천여 명의 인명피해를 내고 엄청난 재산손실을 내게 했습니다. 박정희 대통령은 이리 폭발사고 현장을 돌아보고 희생자와 유족과 이재민에게 심심한 조의와 위로를 표하고 정부가 지원할 수 있는 한 모든 대책을 세워서 집행하고 부상자의 치료와 가옥복구에 최선을 다하라고 관계부처에 지시했습니다. 적십자 구호반을 비롯해서 관계당국과 군부대, 민방위대, 예비군, 학생 등 각계 각층에서는 신속히 이리 지방 이재민 구호와 복구 작업에 나섰습니다. 이리 사고 복구와 구호 및 그리고 이리역 주변 정화사업은 모두 130억 원이 투입됩니다. 복구계획에 따르면은 가옥이 전파된 이재민을 위해 13평형 5층 아파트 1,150가구를 12월에 착공해 내년 6월에 완공하며 이재민에 대한 장기 구호 대책과 조금이라도 파괴된 가옥에 대해서도 적절한 보상책을 마련했습니다. 재난을 직접 당한 이리지역 주민들도 복구작업에 나섬으로써 새 삶의 의욕을 보여주고 있습니다. 온 국민의 사랑의 손길이 계속해서 뻗치고 피해지역 주민들이 자활의욕으로 복구에 나서는 한 이번 사고의 불행은 반드시 극복할 수 있을 것입니다.

화면묘사

00:00 전라북도 이리역에서 발생한 폭발사고로 역사와 인근 가옥이 무너졌고 잔해 주변에서 연기가 피어오름
00:10 폭발사고로 파손된 이리역 역사와, 레일이 보이고 객차 한대가 놓여져 있음
00:21 폭발로 부서진 레일과 화차의 잔해물들
00:24 폭발로 이리역 인근 가옥의 지붕에 잔해물이 떨어지고 기와가 파손됨

00:32	폭발로 파손된 슬레이트 지붕, 기와의 모습
00:35	창문의 유리가 깨지고 가옥의 벽면이 파손됨
00:42	건물의 일부가 무너짐
00:45	지붕이 무너지고 건물이 일부 유실된 모습
00:48	박정희 대통령과 관계자 일행이 헬기에서 내려 사고 현장을 찾은 모습으로 태극마크가 새겨진 헬기 한대가 뒤에 놓여있음
00:52	박정희가 군 관계자와 악수를 나눔
00:55	'裡里驛爆發事件報告(이리역폭발사건보고)'이 적힌 회의용 판넬
00:58	이리역 폭발사건 보고를 듣고 있는 박정희
01:03	이리역 폭발사건 보고를 듣고 있는 당국 관계자들
01:06	관계자가 박정희, 당국 관계자들 앞에서 이리역 폭발사건 보고를 하고 있음
01:10	'적십자 긴급구호반' 현수막이 건물 외관에 부착되어 있고 지역주민들이 폭발사고 의료지원을 받기 위해 줄지어 서있는 모습
01:17	간호사들과 의사들이 주민들을 치료, 진료하고 있음
01:22	폭발사고로 인해 안면에 외상을 입은 노인을 치료하고 있는 의료진
01:25	폭발사고 잔해물을 치우고 있는 군인들
01:28	폭발사고로 부서진 이리역 기차레일과 폭발 잔해물들
01:37	폭발로 인한 잔해물이 흩어져있는 이리역의 모습이 계속 보이는 가운데 복구작업이 진행되는 모습
01:44	장비를 이용하여 복구 작업을 하고 있는 사람들과 운행이 중단된 객차가 세워져 있음
01:49	복구공사가 진행되고 있는 가운데 이재민들을 위한 임시 가옥이 설치됨
01:59	군인들이 이재민의 임시거처를 제작하고 있는 모습
02:02	군인들이 목재로 만든 임시거처를 옮김

▌ 연구해제

이 영상은 1977년 11월 11일 이리역에서 화약을 실은 화차가 폭발한 사고를 전하고 있다. 이 사고로 이리역 역사와 인근 가옥 등이 파괴되고 1,000여 명을 넘는 사상자가 발생했다.

사건 당일 밤 9시, 이리역에서 광주로 가기 위해 입환작업을 하던 제1805호 임시화물열차 15량 중 다이너마이트 900상자, 초산암모니아 200개, 초육폭약 100상자, 도화선 50개 등 1,250개 상자를 실은 11번째 화차가 폭발했다. 원자폭탄 투하를 방불하게 하는 사상 최대의 폭발물 사고였다. 폭발과 함께 이내 이리 시내는 정전이 되어 온 시가지는 암흑에 뒤덮였다. 42명의 사망자와 1,022명의 부상자가 발생했고, 재산피해액은 87억으로 집계되었다.

검경합동조사반은 조사 초기 사고원인을 화약호송인 신무일의 담뱃불에 의한 실화로 보고 신무일을 구속하고 그의 행적에 대해서 집중 수사하였다. 신무일의 진술과 역무원과 신호원의 진술이 일치하지 않는 점에 착안하여 신무일이 화차에서 잠을 자다 촛불에 불이 옮겨 붙어 뛰쳐나온 것을 확인하였다. 조사반은 신무일의 직접적 책임과 더불어 한국화약이 신고된 호송원을 교체, 나무상자 대신 종이상자로 포장, 신무일이 성냥 등 화기위험물을 갖고 화차 안에서 기거했으나 호송인에 대한 감독을 소홀히 한 점 등의 문제, 철도청에 대해서는 직송하기로 한 규정을 어기고 오랫동안 화차를 정거시킨 점 등의 문제에 대해서 책임을 물었다. 이후 신무일은 과실폭발물 파열, 업무상 과실 기차 파괴, 업무상과실치사 죄목으로 징역 10년에 처해졌다.

사건 이후 정부는 이 사건의 피해복구 및 이재민 구호를 위해 정부 내 긴급대책본부를 설치하여 운영했다. 내무부 건설부, 보사부 등 관계 장관이 현지로 급파되어 현지사정을 보고하고 대책을 수립했다. 세워진 복구대책에 따라 정부는 사고 복구와 구호, 이리역 주변 정화사업에 130억을 투입했고, 가옥이 전파된 이재민을 위한 아파트를 건축하는 등 장기구호대책을 세웠다.

▎ 참고문헌

「裡里驛서 史上 최대 爆發慘事」, 『매일경제』, 1977년 11월 12일.
「南企劃 豫備費 50億 긴급支出」, 『동아일보』, 1977년 11월 12일.
「罹災民에 宿所」, 『동아일보』, 1977년 11월 12일.
「復舊작업 最大지원 베시 유엔軍司令官」, 『경향신문』, 1977년 11월 12일.
「爆發원인은「촛불」」, 『동아일보』, 1977년 11월 14일.

「申茂一 구속 합동조사단 "裡里驛 爆藥사고는 호송원失火"」, 『경향신문』, 1977년 11월
    14일.
손정목, 「기획연재 : 도시50년사(21) ; 이리역 가스폭발 사고」, 『도시문제』 39, 2004.

해당호 전체 정보

1160-01 폭발사고

상영시간 ㅣ 02분 06초

영상요약 ㅣ 전라북도 이리역에서 화약을 실은 화차가 폭발하는 사고가 발생하였다. 이리
역 역사와 레일, 인근 가옥 등이 파괴되고 인명피해가 있었다. 박정희 대통령
은 당국 관계자들과 함께 사고 현장을 방문하여 사건보고를 받았다. 또한 대
한적십자사는 피해주민들의 의료지원을 실시하고 군부대에서는 복구작업, 이
재민의 임시거처를 제작하였다.

1160-02 자연보호

상영시간 ㅣ 01분 21초

영상요약 ㅣ 〈제1회 자연보호 사진 전시회〉〈자연보호 웅변대회〉〈제3회 국립공원대회〉 모
음 영상이다. 먼저 박근혜는 제1회 '자연보호 사진 전시회'에 참석하여 전시작
품을 살펴보았다. 또한 대한 웅변중앙회가 주최한 자연보호 웅변대회가 열렸
다. 마지막으로 오대산 월정사에서 제3회 국립공원대회가 열렸다.

1160-03 호국단 정기 검열 및 실기 경진대회

상영시간 ㅣ 00분 39초

영상요약 ㅣ 호국단 정기 검열 및 실기 경진대회, 교련실기 경진대회영상이다. 각 대학의
학도호국단에서는 구호활동, 교련시범훈련을 실시했다.

1160-04 프랑스 공업기술, 엔지니어링 전시회

상영시간 ㅣ 00분 20초

영상요약 ㅣ 여의도에서 엔지니어링 전시회가 열렸다. 장예준 상공부장관과 한국, 프랑스
관계자들이 참석한 가운데 각종 기계 사진들이 전시되었다.

1160-05 대한적십자 제2호 병원선인 무궁화호 취항식

상영시간 ㅣ 00분 47초

영상요약 ㅣ 대한적십자사가 지원하는 제2호 병원선 무궁화호가 목포에서 취항식을 갖고
전라남도 무의촌 지역에서 무료순회진료를 진행하였다.

쌀막걸리 약주 생산 (1977년 12월 14일)

제작정보

출 처 : 대한뉴스 1163호
제 작 사 : 국립영화제작소
제 작 국 가 : 대한민국

영상정보

제 공 언 어 : 한국어
컬 러 : 컬러
사 운 드 : 유

영상요약

쌀 수확 4천만 섬 돌파로 쌀이 남게 되어 쌀 막걸리의 생산이 재개되었다는 소식을 전달하는 뉴스이다. 막걸리를 생산하는 과정과 주점에서 막걸리를 마시는 손님의 모습 등의 영상을 보여주고 있다.

내레이션

계속된 대풍작과 쌀 수확 4천만 섬 돌파로 쌀이 남아돌게 됨에 따라서 14년 만에 쌀 막걸리와 약주가 다시 나왔습니다. 전국 1,500개 양조장에서 만든 쌀 막걸리는 유통과정에서 질이 떨어지는 것을 막기 위해 통술 판매 이외에 1리터 들이 폴리에틸렌 병에 담은 것을 함께 판매하고 있습니다. 그런데 전국의 주점에서는 쌀 막걸리를 찾는 손님이 크게 늘어나 공급이 달릴 정도였습니다.

화면묘사

00:00 흰색 위생복과 위생모를 쓴 남성 둘이 막걸리를 빚기 위한 쌀을 커다란 찜통에 옮겨 담는 장면
00:07 쌀을 바닥의 한 곳에 모아서 쌓고 있음
00:13 쌀 막걸리를 만들고 있는 양조 공장 내부의 모습. 커다란 스테인레스 통들 속에 흰색 액체들이 가득 들어 있음. 한 남성이 큰 통에 들어 있는 막걸리 상태를 점검하고 있음
00:27 기계장치로 막걸리가 1리터 짜리 병에 주입되는 장면과 이를 조절하는 사람의 손
00:35 막걸리가 담긴 탱크를 실은 삼륜트럭이 공장에서 나와 이동하는 장면
00:41 주점에서 손님들이 김치 등 안주를 앞에 놓고 막걸리를 마시는 장면들. 주점의 벽에 "쌀 막걸리 400"이라는 가격표가 붙어 있음

▌ 연구해제

이 영상은 쌀 수확 4천만 섬 돌파로 쌀이 남게 되어 쌀막걸리 생산을 재개하였다는 소식을 전한다. 양조공장에서 위생복을 입은 근로자가 막걸리를 제조하는 과정, 주점에서 사람들이 쌀막걸리를 마시는 장면을 볼 수 있다.

1963년 6월 23일 박정희 정부는 식량대책 10개 항을 결정함으로써 쌀막걸리의 생산을 중지시켰다. 이 결정은 당시 남부지역의 수해에 따른 양곡문제를 해결해야 할 이유가 직접적인 동기가 되었지만 양곡의 자급을 위한 정부계획의 일환에서 시행된 것이었다. 이후 14년 동안 쌀막걸리는 생산이 중단되었고, 밀가루 80%, 옥수수 20%를 원료로 한 막걸리가 생산되었다. 또한 가정에서 조금씩 담던 곡주도 밀주로 규정하고 발각되면 처벌조치 하였다. 하지만 점차 식량자급율이 늘어나고 쌀 생산이 진작됨에 따라 이러한 상황은 변화되었다.

1977년 11월 7일 경제장관회의에서 주세법이 개정되어 쌀을 원료로 한 양조가 가능해졌다. 이 주세법 개정은 남는 쌀에 대한 소비촉진과 외국산 밀 도입을 억제하기 위한 것이었다. 당시 주류업계는 쌀막걸리 생산이 소주 수요에 타격을 줄 것으로 예상했고, 정부에서는 막걸리와 소주의 주세율 차이로 세수문제가 발생할 것으로 우려하기도 했다. 이와 같은 문제들과 별개로 1977년 12월에 쌀막걸리가 출시되자 일부 애주가들의 맛에 대한 혹평에도 불구하고 주문이 쇄도하여 물량이 동이 나는 경우가 다반사였다. 지방에서는 가정에서 막걸리 제조를 허용된 것으로 오해하고 쌀로 술을 빚는 경우도 나타났다.

하지만 1979년 11월 1일 농수산부와 국세청은 급격하게 늘어나는 쌀 소비 완화를 위해 쌀막걸리만을 제조하도록 한 행정명령을 철회하고 밀가루와 옥수수 등을 사용할 수 있도록 자율화시켰다. 그렇지만 탁주제조업자들은 제조원가 문제로 일률적으로 밀가루 막걸리만을 제조하기로 결정하여 쌀막걸리는 다시 사라지게 되었다. 쌀막걸리가 시중에 재등장하게 되는 것은 1989년 11월 7일이다. 연속 9년간의 풍작에 의한 미곡의 재고 과잉현상을 해결하기 위해 쌀을 주류 원료곡물로 지정했던 것이다. 이에 따라 10년 만에 쌀막걸리가 생산되었고 쌀로 만든 가공식품의 개발도 촉진되기 시작했다.

이 영상은 1963년 이후 쌀막걸리가 생산되지 않았던 약 30년 동안의 시기 사이 3년간 쌀막걸리가 생산되었던 시점을 알리는 영상으로서 의미가 있으며, 양곡생산과 양조원료와의 관계에 대해서 살펴볼 수 있는 자료로서 의의를 가진다.

▌ 참고문헌

「食糧對策 10個項을 決定」, 『동아일보』, 1963년 6월 24일.

「쌀 막걸리 14년만에 나온다」, 『동아일보』, 1977년 11월 8일.

「愛酒家 실망속 첫선-벌써 동나 "쌀막걸리 제맛이 안난다"」, 『경향신문』, 1977년 12월 8일.

「農村엔 벌써부터 「쌀막걸리 擊壤歌」」, 『경향신문』, 1977년 11월 9일.

「쌀막걸리 市販 첫날 酒店街 대폿집 북새통 … 麥酒호올 한산」, 『동아일보』, 1977년 12월 9일.

「쌀막걸리 오늘부터 사라져 年間 百萬섬절약 … 밀가루로 代替」, 『경향신문』, 1979년 11월 1일.

「쌀막걸리 다시 나온다」, 『동아일보』, 1989년 11월 8일.

해당호 전체 정보

1163-01 민복기 대법원장과 일행 접견

상영시간 ㅣ 00분 29초

영상요약 ㅣ 전국 법원장 회의를 마치고 청와대를 예방한 법관 일행과 박정희 대통령의 회견 소식을 전달하는 뉴스이다.

1163-02 검사장 회의

상영시간 ㅣ 00분 33초

영상요약 ㅣ 1977년도 전국 검사장 회의 소식과 회의 장면들을 전달하는 뉴스이다.

1163-03 통일 안보 보고회

상영시간 ㅣ 00분 36초

영상요약 ㅣ 통일주체국민회의에서 개최한 1977년도 통일안보 보고회 소식을 전달하는 뉴스이다.

1163-04 쌀막걸리 약주 생산

상영시간 ㅣ 00분 51초

영상요약 ㅣ 쌀 수확 4천만 섬 돌파로 쌀이 남게 되어 쌀 막걸리의 생산이 재개되었다는 소식을 전달하는 뉴스이다. 막걸리를 생산하는 과정과 주점에서 막걸리를 마시는 손님의 모습 등의 영상을 보여주고 있다.

1163-05 안전관리와 산업재해 예방 촉진대회

상영시간 ㅣ 00분 37초

영상요약 ㅣ 구미수출산업공단에서 안전관리와 산업재해 예방 촉진대회가 열린 소식을 전달하는 뉴스이다. 이리역에서 발생한 폭발물 사고의 예를 들면서 각종 재난을 미연에 방지하자고 촉구하고 있다.

1163-06 스포츠

상영시간 | 00분 52초

영상요약 | 슈퍼 월드컵 세계야구대회에서 우승한 야구 선수단과 WBA 주니어 페더급 챔피언 타이틀을 획득하고 돌아온 홍수환 선수의 소식을 전달하는 영상이다.

1163-07 총력 안보의 노래

상영시간 | 02분 32초

영상요약 | 여러 가지 영상을 보여주면서 "총력안보의 노래"를 들려주고 있는 영상이다.

대구 교도소 모범 재소자와 소년원생에게 조선분야 직업 훈련 수료식 (1978년 3월 23일)

제작정보

출 처 : 대한뉴스 1177호
제 작 사 : 국립영화제작소
제 작 국 가 : 대한민국

영상정보

제 공 언 어 : 한국어
컬 러 : 컬러
사 운 드 : 유

영상요약

대구교도소 모범 재소자와 소년원생들의 직업훈련수료식 및 직업훈련원에서 직업교육 중인 재소자들의 모습을 보여주는 영상이다.

내레이션

대구교도소 재소자 221명과 소년원생 70명에 대한 조선분야 직업훈련수료식이 베풀어 졌습니다. 이들은 전국 교도소 모범수 가운데에서 선발돼 현대중공업이 대구교도소 안 에 마련한 직업훈련원에서 6개월 동안 훈련을 쌓아 2급기능사 자격시험에 전원 합격해 서 가석방과 함께 현대중공업 신입사원으로 새출발했습니다.

화면묘사

00:00 경축 조선분야직업훈련생수료식 간판이 걸린 수료식장에 수료자들이 제복 차 림으로 정렬해 있음
00:03 한 수료자가 단상에서 내빈에게 상을 받고 악수함
00:08 박수를 치는 수료자들
00:12 직업훈련원에서 용접작업 중인 재소자들과 이를 지켜보는 내빈들의 모습을 여 러 화면으로 보여줌
00:22 직업훈련원 재소자들의 다양한 작업 장면들

연구해제

〈대한뉴스〉 제1169호 '교도소 재소자에 대한 건설 중장비 운전훈련 입소식'과 제1177호 '대구 교도소 모범 재소자와 소년원생에게 조선분야 직업훈련 수료식'은 1977년부터 시 행된 모범수 직업훈련의 성과를 선전하는 기록물이다. 정부는 1977년부터 「직업훈련기 본법」, 「직업훈련촉진기금법」을 제정하여 각 기업체의 직업훈련소(원) 설치를 강조해왔 다. 이미 정부는 1970년대 중반부터 경제개발과 이를 보완하는 사회개발에 각 기업의 활발한 참여 및 동원을 적극적으로 추진하였다. 중화학공업화를 추진하려는 정부 시책 과 기능공이 부족한 각 기업의 이해관계는 접점을 형성하여 많은 기업체 부설 직업훈련 원이 설립되었고, 모범 재소자를 대상으로 하는 직업훈련으로 확대되었다.

모범 재소자 직업훈련은 중장비 운전, 전기용접, 제관, 선반, 건축, 목공, 미장공 등 인 력난이 심각한 분야를 중심으로 진행되었다. 참가기업은 1978년 11월 현재 동아건설, 현

대중공업, 대우중공업, 충남방적, 선경합섬, 삼도물산, 태평양화학 등 총7개에 달했다. 이들 업체들은 대부분 법무부, 교도소와 협조 아래 교도소 내에서 직업훈련소를 설치·운영하였고, 동아건설은 행정형사상 최초로 외부통근제를 실시하였다. 8월까지 1차로 배출된 기능공 재소자는 전국 461명이었으며, 이들의 91.7%인 423명은 가석방 형태로 취업에 성공했다. 동아건설은 중기운전분야에서 40명을 배출 및 배치했고, 현대중공업은 5개 직종 291명을 수료시켜 279명을 고용했다. 대우중공업도 인천교도소 수료자 중 107명을 각 사업장에 배치했다. 또한 1,000여 명의 재소자가 기업체 지원 직업훈련소에 참여하였다.

〈대한뉴스〉제1169호에서는 동아건설 부평훈련소에서 중장비 훈련을 받고 있는 재소자들의 모습과 인천소년교도소에서 진행 중인 대우중공업의 기계류 직업훈련의 모습을 자세하게 보여주고 있다. 또한 제1177호에서는 1978년 3월 대구교도소에서 2급 기능사 자격증을 획득하고 현대중공업에 입사하게 된 재소자들의 수료식 장면을 자세하게 담고 있다. 재소자 직업훈련은 기능공 부족문제라는 경제적 원인이 컸으나, 유신독재체제의 사회안정조치로서 기능하기도 했다. 교도소 직업훈련소를 허용한 법무부는 1978년을 "기강질서 확립의 해"로 지정하여 반국가, 반시국, 반사회, 반윤리적 요소를 뿌리 뽑겠다고 밝혔다. 이선중 법무부장관은 교도소 직업훈련의 목표를 재소자의 "근로정신을 함양"시키는 것이라 주장했다. 즉 재소자 직업훈련소 제도는 '건전한 노동'이라는 의례로 기능하면서 반(反)유신운동을 순화시키는 역할을 했다고도 할 수 있다.

참고문헌

「반국가·반사회사범 근절, 법무부 보고」, 『동아일보』, 1978년 2월 7일.
「전과 씻고 훌륭한 산업전사로 모범재소자기능훈련.. 그 현장을 가다」, 『매일경제신문』, 1978년 11월 25일.
「재소자 직업훈련 현실에 뒤져 출소 후 취업활용 안돼」, 『동아일보』, 1979년 11월 24일.

1177-01 팀스피리트 78 한미작전

상영시간 | 01분 51초

영상요약 | 박정희 대통령의 팀스피리트(Team Spirit) 훈련 시찰을 알리는 영상이다. 영상은 박정희 대통령이 정부 인사와 군 수뇌들과 함께 참관실에서 훈련지역을 바라보는 모습을 보여주며 시작한다. 이어서 공수부대 강하, 훈련에 동원된 여러 군사장비, 헬기와 상륙정이 동원된 상륙작전 등 훈련 장면들을 보여준다.

1177-02 어천절

상영시간 | 00분 23초

영상요약 | 현정회 인사들이 어천절을 맞아 단군성전에서 제사를 지내는 모습을 보여주는 영상이다.

1177-03 대구 교도소 모범 재소자와 소년원생에게 조선분야 직업훈련 수료식

상영시간 | 00분 30초

영상요약 | 대구교도소 모범 재소자와 소년원생들의 직업훈련수료식 및 직업훈련원에서 직업교육 중인 재소자들의 모습을 보여주는 영상이다.

1177-04 물범 새끼 순산

상영시간 | 00분 23초

영상요약 | 창경원 동물원의 어미물범과 갓 태어난 새끼물범을 보여주는 영상이다.

1177-05 난초 전시회

상영시간 | 00분 22초

영상요약 | 창경원 식물원에서 열린 난초 전시회 모습을 보여주는 영상이다.

1177-06   전국 남녀 실업배구 1차 연맹전 결승

상영시간 ㅣ 00분 35초

영상요약 ㅣ 전국남녀실업배구 1차 연맹전 대한석유공사 대 태광산업의 경기를 보여주는
영상이다.

한국정신문화연구원 개원식 (1978년 7월 1일)

제작정보

출   처 : 대한뉴스 1191호

제 작 사 : 국립영화제작소

제 작 국 가 : 대한민국

영상정보

제 공 언 어 : 한국어

컬   러 : 흑백

사 운 드 : 유

영상요약

박정희, 박근혜가 첨석한 한국정신문화연구원의 개원식을 보여주는 영상이다.

내레이션

경기도 성남시에 자리 잡은 한국정신문화연구원이 개원되었습니다. 박정희 대통령은 개원식 치사에서 우리가 진정한 근대화와 민족중흥을 이룩하기 위해서는 오늘의 경제발전에 발맞추어서 전통에 바탕을 둔 새로운 민족문화의 창조와 개발에 끊임없는 노력을 기울여야 한다고 강조했습니다. 박 대통령은 그동안 정부가 국적있는 교육을 강조하면서 호국문화유적을 복원하고 정화하는데 힘쓰며 충효사상을 복돋아 온 것도 새로운 민족문화를 창조하고 개발하기 위한 것이라고 말했습니다. 박 대통령은 정신문화와 물질문명이 상호보완과 균형을 이룰 때 참다운 발전이 따른다면서 우리 스스로가 이 나라의 주인이며 역사의 주체라는 자각이 투철해야 훌륭한 문화를 창조할 수 있고 참다운 자주정신은 전통문화에 대한 애착과 긍지에서 우러나는 것이라고 말했습니다. 그런데 한국 정신 문화연구원은 한국문화에 관한 학술연구와 고전자료의 편찬과 번역 그리고 국내외 관련 기관과의 연구협력 등의 사업을 벌이며 특히 민족학의 정신을 발굴하고 주체적 역사관과 건전한 가치관을 정립하는데 역점을 두게 됩니다.

화면묘사

00:00 한국 정신 문화연구원의 외부전경 앞으로 대통령과 수행원들의 자동차가 들어오는 모습
00:05 "경축 한국 정신문화 연구원 개원"라고 쓰여진 현수막이 입구에 걸려있는 전경
00:09 본관 건물 입구에 "경축 한국 정신문화 연구원 개원"이라고 쓰여진 현수막
00:15 본관 입구로 걸어 들어오는 박정희 대통령과 박근혜를 뒤이어 수행원들과 관계자들이 따라 들어오고 있는 모습
00:22 테이프 커팅을 하고 있는 박정희와 박근혜, 그리고 관계자들
00:25 연구원 외부를 둘러보는 박정희와 박근혜 옆에서 설명을 하고 있는 관계자와 뒤따르는 수행원들
00:36 "경축 한국 정신문화 연구원 개원"이라고 쓰여진 현수막 밑 연단에서 치사를 하고 있는 박정희 뒤에 앉아 있는 박근혜를 비롯한 관계자들과 앞쪽에 자리에 앉아 치사를 듣고 있는 사람들

▌ 연구해제

이 영상은 1978년 6월 30일 성남에 위치한 한국정신문화연구원의 개원식과 이후 이곳을 둘러보는 박정희 대통령과 박근혜의 모습을 담고 있다.

'한국정신문화연구원'은 박정희 정부가 전통문화를 계승, 발전시키기 위한 국책기관으로 만든 곳이다. 1976년 7월 21일 박정희는 그동안의 경제성장과 국가발전에서 정신문화가 소홀히 취급되었다며 전통에 바탕을 둔 새로운 민족문화의 창조와 계발을 위해 이를 담당하는 기관을 설립하라는 지시를 내렸다. 이에 따라 1977년 5월 18일 설립추진본부가 발족되었으며 1978년 6월 30일 정식으로 개원했다.

박정희가 개원식에서 한 연설에서 드러난 정신문화연구원의 목표는 주체적 역사관과 건전한 가치관의 정립, 민족중흥과 국가발전을 위한 국민정신의 고양, 그리고 민족문화의 창달 등이었다. 이에 따라 정신문화연구원은 순수하게 전통문화나 역사 등을 연구하기도 했지만 국책연구기관으로서 박정희 정부가 요구하는 과제를 중점적으로 수행했다. 이를 통해 박정희 정부는 국민들에게 자신의 민족적 정통성을 과시하는 동시에 국가주의 담론을 전파하려 했다. 정신문화연구원은 2005년 1월 한국학중앙연구원 육성법이 공포되면서 '한국학중앙연구원'으로 명칭이 변경되었다.

참고문헌

전재호, 「박정희 체제의 민족주의 연구」, 서강대학교 박사학위논문, 1997.
한국정신문화연구원, 『한국정신문화연구원 20년사』, 1998.

해당호 전체 정보

1191-01　한국정신문화연구원 개원식

상영시간 ｜ 01분 50초

영상요약 ｜ 박정희, 박근혜가 첨석한 한국정신문화연구원의 개원식을 보여주는 영상이다.

1191-02　새마음 갖기 결의 실천대회

상영시간 ｜ 00분 42초

영상요약 ｜ 박근혜가 참석한 서울특별시 중고등학교 새마음 갖기 결의 실천대회를 다룬 영상이다. 새마음 운동으로 충·효를 불러일으킬 것을 강조하였다. 또한 박근혜 총재는 제주도민 새마음 갖기 결의 실천대회 참석하여 제주도는 충·효·예를 실천하는 인심이 높이 평가될 때 훌륭한 관광지로 빛날 것이라고 말했다.

1191-03　78 쌍룡작전

상영시간 ｜ 00분 35초

영상요약 ｜ 향토예비군 총동원 훈련이 경상북도, 경기도, 강원도 일원에서 북괴의 기습공격에 대비, 현 전선과 수도권 고수방어 개념에 따라 초전필승의 임전태세를 다지기 위한 훈련이 전개되었으며 예비군 응소율이 100%를 기록하였다.

1191-04　학도 호국단 창단 3주년 기념식

상영시간 ｜ 00분 19초

영상요약 ｜ 서울시 학도 호국단 창단 3주년 기념식이 여의도 5·16광장에서 개최되어 남녀 학생들이 연마한 교련 실기대회를 보여주는 영상이다.

1191-05　6·25 구국 대성회

상영시간 ｜ 00분 23초

영상요약 ｜ 구국 전상 복음 선교회 서울에서 개최되어 6·25 구국 대성회를 가졌으며 전주에서는 전라북도 내 기독교도들이 특별집회 가지고 국가안보와 평화통일 기원하였다.

1191-06   중공업 제품 수출

상영시간 ㅣ 00분 33초

영상요약 ㅣ 대우중공업이 아시아·아프리카 국가들에 객차·화차를 수출하는 모습을 보여주는 영상이다.

1191-07   농심회 회원들의 새집 달기

상영시간 ㅣ 00분 39초

영상요약 ㅣ 도봉구 새마을 지도자 모임인 농심회 회원들이 도봉산, 우이동, 불암산을 찾아 산새들의 보금자리 마련해 주고 아름다운 자연을 보존하기 위해 74명들의 새마을 지도자들이 성금을 모아 새집을 달아주는 영상이다.

1191-08   서울 시립무용단 공연

상영시간 ㅣ 00분 30초

영상요약 ㅣ 바리공주 이야기를 소재로 한 서울 시립무용단의 무용곡 〈바리공주〉가 서울 세종문화회관에서 공연되었다.

이리 이재민 아파트 입주식 (1978년 7월 14일)

제작정보

출   처 : 대한뉴스 1193호
제 작 사 : 국립영화제작소
제 작 국 가 : 대한민국

영상정보

제 공 언 어 : 한국어
컬   러 : 컬러
사 운 드 : 유

영상요약

정부출자금과 국민들이 낸 재해연금으로 13평형 1,180가구분의 아파트에 이리 재해민들이 임대보증금과 1년 또는 5년간의 임대료를 정부로부터 지원받아 입주하였다.

내레이션

이리역 폭발사고 이재민이 입주할 아파트가 8개월 만에 완공돼 입주식을 가졌습니다. 정부출자금과 국민들이 낸 재해연금으로 건설한 이 아파트는 13평형 1,180가구분인데 재해민들은 임대보증금과 일년 또는 오년간 임대료를 정부로부터 지원을 받아 입주했습니다.

화면묘사

00:00 입주식을 가질 아파트 옆에 있는 철도에 화물기차들이 지나다니는 모습
00:06 아파트 옆 공터에 입주식을 진행하기 위해 모인 사람들의 모습과 "준공 이리재해지구아파트입주식"이라고 쓰여진 현판 아래 행사를 준비하는 사람들의 모습
00:12 재해민들에게 기념품을 전달하는 관계자들의 모습을 사진 찍는 기자들
00:19 "대통령각하 감사합니다 소라1지구 이재민일동"이라고 쓰여진 현수막을 들고 줄을 맞춰 서있는 주민들
00:22 행사에 참석한 주민들과 이를 촬영하는 기자

연구해제

이 영상은 1978년 7월에 제작된 것인데, 1977년 11월 11일 이리역에서 발생했던 폭발사고에 대한 이재민 주거대책으로 계획되었던 아파트 입주식에 관한 소식을 전하고 있다. 영상에서는 화차들이 재건된 이리역에 세워져 있는 장면과 아파트 옆 공터에서 진행되는 입주식장에 "박대통령각하 감사합니다. 소라1지구 이재민 일동"이라고 쓰여 있는 플래카드 등을 볼 수 있다.

이리역 사고는 이리역 역사와 인근 가옥 등을 파괴시켰고, 42명의 사망자와 1,022명의 부상자가 발생했으며, 재산피해액은 87억으로 집계된 대형사건이었다. 사건 직후 정부는 이 사건의 피해복구 및 이재민 구호를 위해 정부 내 긴급대책본부를 설치하여 운영했다. 내무부 건설부, 보사부 등 관계 장관도 현지로 급파되어 대책을 수립했다. 세워진 복구대책에 따라 정부는 사고 복구와 구호, 이리역 주변 정화사업에 130억을 투입했고 가옥이 전파된 이재민을 위한 아파트를 건축하는 등 장기구호 대책을 세웠다.

1977년 11월 13일 최규하 국무총리 주재로 이리역 화약화차폭발사고대책을 위한 긴급 관계장관회의를 소집, 사고지역의 이재민 구호와 파손가옥 복구 등을 위해 우선 6억 원의 취로사업비를 14일 전북도에 영달하는 한편, 시멘트, 연탄, 건축자재와 생필품을 현지에서 집중공급하고 국세, 지방세 및 각급 학교 공납금을 경감해주도록 했다. 더불어 대책회의는 가옥이 완파된 이재민들을 위해 아파트와 연립주택 건설을 서두르고 반파 또는 부분적으로 파손된 주택복구를 조속히 추진키 위해 시멘트, 유리 등 건축자개와 연탄 유류 등 생필품 공급을 이리시에 집중하기로 했다.

이에 따라 같은 11월 15일 이리 폭발사고로 인한 이재민용 아파트 1,100가구가 모현동 공사현장에 기공되었다. 대지 25,000평에 45억 7천만 원을 투입하여 13평형 임대아파트 1,150가구를 1978년 6월까지 건설한다는 계획이었다. 이재민아파트는 이처럼 정부출자금과 국민들이 낸 재해연금으로 건설되었다. 재해민들은 임대보증금과 1년 또는 5년간의 임대료를 정부로부터 지원받았는데, 임대보증금 18만 원, 월임대료 1만 원으로 다른 지방의 임대조건보다는 유리하도록 했고, 임대보증금과 1년간 임대료를 합산한 금액인 30만 원은 정부가 주공에 대불하게 했다.

1978년 7월 8일 이재민들의 새보금자리인 모현아파트 입주식이 신형식 건설부장관, 황인성 전라북도지사를 비롯한 각급기관장과 시민다수가 참석한 가운데 거행되었다. 이날 입주식에서 신형식 건설부장관은 삼환, 동아, 삼부, 대립, 현대 등 5개 시공업자에게 감사장을 수여했다. 이 자리에서 황 전라북도지사는 "정부와 국민의 성원에 힘입어 훌륭한 보금자리를 마련한 전북도민은 앞으로 다른 동포들의 재난에 보답하자"고 말했다. 이날 주택공사 측은 입주자 1,180가구에 아파트 열쇠를 전달, 주민들의 입주가 시작됐다.

참고문헌

「裡里驛서 史上 최대 爆發慘事」, 『매일경제』, 1977년 11월 12일.

「南企劃 豫備費 50億 긴급支出」, 『동아일보』, 1977년 11월 12일.

「罹災民에 宿所」, 『동아일보』, 1977년 11월 12일.

「復舊작업 最大지원 베시 유엔軍司令官」, 『경향신문』, 1977년 11월 12일.

「爆發원인은「촛불」」, 『동아일보』, 1977년 11월 14일.

「申茂一 구속 합동조사단 "裡里驛 爆藥사고는 호송원失火"」, 『경향신문』, 1977년 11월 14일.

「裡里폭약事故 각종稅減免·生必品집중供給」, 『경향신문』, 1977년 11월 14일.

「罹災民아파트 1천150家口건립」, 『매일경제』, 1977년 11월 18일.

「裡里驛폭발 이재민 慕縣아파트 入住式」, 『경향신문』, 1978년 7월 8일.

손정목, 「기획연재 : 도시50년사(21) ; 이리역 가스폭발 사고」, 『도시문제』 39, 2004.

장성 광부아파트 준공 (1978년 7월 14일)

제작정보
출   처 : 대한뉴스 1193호
제 작 사 : 국립영화제작소
제 작 국 가 : 대한민국

영상정보
제 공 언 어 : 한국어
컬   러 : 컬러
사 운 드 : 유

영상요약

광부들의 후생복지를 위한 장성 광부아파트가 준공되었다.

내레이션

광부들의 후생복지 향상을 위해 지은 장성 광부아파트가 준공되었습니다. 26동 396가구 분의 아파트는 광부들에게 입주료와 수도요금 등이 면제됩니다.

화면묘사

00:00 광부아파트 단지의 전경
00:04 광부아파트 건물의 외부 모습
00:07 준공식을 하기 위해서 줄을 서서 열중 쉬어 자세로 유니폼을 입고 서있는 광부들 앞에 "경축 화광아파트 준공식"이라고 쓰여진 현수막 아래 앉아 있는 관계자들의 모습
00:11 "和光(화광) 아파트 1976.6.30 竣工(준공)"이라고 쓰여진 비석 앞에서 흰장갑을 끼고 행사를 진행하는 관계자들의 모습
00:14 우산을 쓰고 아파트 단지 앞에 모여 있는 입주민들의 모습

연구해제

이 영상은 1979년 6월 30일 장성광산에서 거행된 광부아파트 준공식을 다루고 있다. 영상에서는 광부들의 후생복지를 위해 세워진 아파트의 준공식이 진행되는 장면과 "和光(화광) 아파트, 1978.6.30 竣工(준공)"이라고 쓰여 있는 준공석의 모습 등을 볼 수 있다.

1973년, 세계체제의 1차 석유파동이 나자 정부는 그동안 추진하던 주유종탄(主油從炭)의 에너지정책을 주탄종유(主炭從油)의 에너지정책으로 급선회했다. 이에 따라 1973년 부터는 석탄산업 육성자금을 대폭적으로 증액하여 석탄광의 육성을 도모하였다. 1978년 에는 동력자원부를 발족하여 종래 상공부에서 담당하던 전기·석유·광업 분야를 이관, 에너지 자급 능력의 확보에 전력하게 하고, 석탄부분은 동력자원부 내에 석탄국을 설치 하여 담당하게 했다. 1978년, 2차 석유파동이 나자 이번에는 석탄생산 극대화 정책 추진 뿐만 아니라 비축량 확대를 위한 적극적인 석탄 수입에까지 나섰다. 특히 탄광지역에서 는 생산력 극대화를 위해 탄광노동자들에게 더욱 강도 높은 막장노동을 요구했는데, 무

리한 조업으로 탄광안전 사고가 끊이지 않고 광부들의 불만이 고조되자 정부는 광부들의 사기를 진작시킬 안을 모색했다.

박정희 대통령은 1978년 연두교서에서 석탄생산목표를 1,800만 톤으로 책정하고 광산사고방지를 위한 보안시설을 대폭강화하고 광부후생복지개선에 역점을 두겠다고 밝혔다. 같은 1월 6일 대한탄광협회는 석탄생산 목표달성의 결의를 확인하며, 탄광 소요인력 확보, 재해방지 사업 확충 등에 주력해나가기로 했다. 이에 따라 광부들의 직업병인 진폐·규폐 전문치료센터가 태백탄전지대인 장성과 사북 등 두 곳에 설립되었다. 광부들의 후생복지증진을 위해 장성, 화순, 나전 등 3개 광산촌에 광부아파트 526가구를 건설할 계획이 발표되기도 했다. 더불어 작년 연말석탄 값 33%인상 이후 3월 10일 현재 전국106개 탄광 가운데 88개 탄광이 광부들 임금을 평균 37.8% 올렸고 나머지 18개 업체가 현재 임금인상을 위한 노사협의를 진행되고 있었다.

이러한 상황에서 1977년 5월에 착공한 장성광업소 광부아파트 26개 동이 13개월 만에 완공되었다. 6월 30일 오전 삼척군 화광동에서 유각종 동력자원부 차관, 이훈섭 석공사장, 김무연 강원도지사 및 장성광업소종업원, 가족들이 참석한 가운데 준공식이 개최되었다. 이 아파트단지는 총공사비 11억 3천2백만 원을 투입하여 대지 8,094평에 세운 것이며, 광부들에게는 입주료와 수도요금 등을 면제해주는 조건이었다. 이날 준공식에서 장예준 장관은 "광산 근로자들의 노고에 온 국민은 감사의 마음을 아끼지 않으며 정부 또한 귀중한 노고에 상응하는 처우의 지속적인 개선에 게을리 하지 않겠다"고 말하고, "이번에 준공된 아파트가 광부 가족의 행복의 보금자리가 되고 산업원동력의 원천이 될 것으로 믿으며 금년 1,800만 톤 생산 목표 달성에 힘써 달라"고 연설했다. 이 영상은 1970년 후반 정부의 석탄산업 인식과 광부들의 처우문제에 대해서 고민할 수 있는 자료로서 의의를 가진다.

▎참고문헌

「厚生福祉에 주력」, 『매일경제』, 1978년 1월 6일.

「塵肺전문治療센터 長省·舍北에 新設」, 『동아일보』, 1978년 1월 17일.

「朴大統領 年頭會見 요지」, 『동아일보』, 1978년 1월 18일.

「鑛夫엔 혜택없는「炭(탄)값引上(인상)」」, 『동아일보』, 1978년 1월 23일.

「鑛夫賃金빨리올리라」, 『동아일보』, 1978년 1월 24일.

「鑛夫아파트 건설」, 『매일경제』, 1978년 2월 13일.

「炭鑛協會정기總會 鑛夫처우 改善키로」, 『동아일보』, 1978년 2월 14일.

「炭값引上후 鑛夫賃金 37%인상」, 『동아일보』, 1978년 3월 10일.

「鑛夫아파트 完工 長省 광업소」, 『경향신문』, 1978년 6월 30일.

「長省 鑛夫아파트 竣工 石公 社宅入住率 94.9%로」, 『매일경제』, 1978년 6월 30일.

박철한, 「사북항쟁연구 : 일상·공간·저항」, 서강대학교 석사학위논문, 2002.

해당호 전체 정보

1193-01 대통령 최전방 시찰

상영시간 ｜ 01분 32초

영상요약 ｜ 박정희 대통령이 서부전선 최전방 경계 근무 중인 장병들을 격려하고 사단장으로부터 적의 동태와 군의 대비태세 보고 후 최전방 철책상황을 시찰했다.

1193-02 이리 이재민 아파트 입주식

상영시간 ｜ 00분 26초

영상요약 ｜ 정부출자금과 국민들이 낸 재해연금으로 13평형 1,180가구분의 아파트에 이리 재해민들이 임대보증금과 1년 또는 5년간의 임대료를 정부로부터 지원받아 입주하였다.

1193-03 장성 광부아파트 준공

상영시간 ｜ 00분 13초

영상요약 ｜ 광부들의 후생복지를 위한 장성 광부아파트가 준공되어 26동 396가구분의 아파트로 입주료와 수도 요금 등이 면제되었다.

1193-04 브뤼셀 한국참전 기념행사

상영시간 ｜ 00분 52초

영상요약 ｜ 6·25 참전국 대표와 벨지움 참전 용사들이 참석한 가운데 브뤼셀 한국참전 기념행사가 거행되었으며 참전 용사들은 6·23 박정희 대통령 선언 지지 결의문 채택하고 한국과 6·25 참전국과의 유대관계 힘쓸 것을 강조하였다.

1193-05 제5차 종합 학술대회

상영시간 ｜ 00분 21초

영상요약 ｜ 제5차 국내외 한국 과학기술자 종합 학술대회가 서울에서 개최되어 1,000여 명의 과학기술계 인사와 160여 명의 재미 한국 과학기술자가 참가해서 수학, 통계, 전산 등 250여 편의 논문을 발표하고 토의하였다.

1193-06   아산재단 정읍종합병원 개원

상영시간 ㅣ 00분 23초

영상요약 ㅣ 아산재단 정읍종합병원은 아산 복지사업 재단이 설립한 병원으로, 의료 취약
         지구에 설립되어 정읍, 부안, 고창 군민들에게 현대적 의료 혜택 베풀었다.

1193-07   경북 섬유기술 전문훈련소 개원

상영시간 ㅣ 00분 20초

영상요약 ㅣ 서대구 공업단지, 경북 섬유기술 전문훈련소가 개원되어 중학교를 졸업한 소
         녀들을 뽑아 3개월 교육으로 섬유 기능공을 양성하였으며 현장주임, 기사급은
         재교육을 실시하였다.

1193-08   국제 목공기계 전시회

상영시간 ㅣ 00분 20초

영상요약 ㅣ 서울 국제 목공기계 전시회가 개최되어 4개국에서 210점을 전시하고 가구 제
         품의 국제경쟁력 높이는 데 이바지했다.

1193-09   스톨트 부산호 명명식

상영시간 ㅣ 00분 33초

영상요약 ㅣ 대한 조선공사에서 건조되어 노르웨이에 인도될 특수 액체 화물 운반선 "스톨
         트 부산호" 명명 인수식이 개최되었다.

제3차 방위산업 진흥 확대회의 (1978년 9월 2일)

제작정보

출   처 : 대한뉴스 1200호

제 작 사 : 국립영화제작소

제 작 국 가 : 대한민국

영상정보

제 공 언 어 : 한국어

컬   러 : 컬러

사 운 드 : 유

청와대에서 열린 박정희 대통령 주재 제3차 방위산업 진흥 확대회의에서 방위산업 유공자들 표창하고 이를 담당해온 업계와 종사원들의 노고를 치하했다.

내레이션

박정희 대통령은 청와대에서 제3차 방위산업 진흥 확대회의를 주재하고 방위산업 유공자들을 표창했습니다. 박 대통령은 이 자리에서 오늘날 국방과학은 하루가 새롭게 발전하고 있는 만큼 끊임없는 기술개발에 관심을 가져야 한다고 당부하고 방위산업에 있어서는 품질관리에 대한 적극적인 노력이 따라야 한다고 강조했습니다. 박 대통령은 기업체들이 자체 연구소를 갖추고 기술개발에 꾸준한 노력을 기울여야 하며 종업원들의 처우 개선에 관심을 갖고 가족적인 애정으로 돌본다면은 더욱 훌륭한 기술과 능률을 발휘하게 될 것이라고 말하고 그동안 방위 산업이 많이 발전한 것은 흐뭇한 일이라면서 이를 담당해온 업계와 종사원들의 노고를 치하했습니다.

화면묘사

00:00 일렬로 서있는 방위산업 유공자들 목에 훈장을 걸어주고 가슴에 배지를 달아주고 악수를 청하는 박정희 대통령의 모습과 주변에서 이를 촬영하고 있는 사진사들

00:27 군수공장에서 완성된 곡사포를 손보고 있는 공장 노동자들의 모습

00:31 완성되어 컨베이어벨트에서 줄을 지어 나오고 있는 포탄들

00:34 공장 안에서 대포의 포신을 만들고 있는 노동자들

00:36 공장에서 기관총을 조립하고 있는 노동자들의 모습

00:38 조립된 기관총의 모습

00:40 완성된 탱크의 포신이 움직이는 영상

00:45 공장 내부에서 탱크가 언덕을 올라가는 시범을 보이는 모습을 보여줌

00:50 완성된 군수품의 모습

▌ 연구해제

이 영상은 방위산업 육성을 위해 청와대에서 1978년 8월 26일에 개최한 제3차 방위산업 진흥 확대회의 모습이다.

박정희 정부가 방위산업을 시작한 직접적 계기는 1968년부터 급격히 증가한 북한의 연속적인 도발과 1970년 5월부터 구체화하기 시작한 주한미군 철수 움직임이었다. 북한은 1968년 1월 21일 무장특공대 31명으로 하여금 청와대를 습격케 하였고, 이틀 뒤인 23일에는 미국의 정보함 푸에블로호(號)를 납치했다. 이어서 1968년 11월 2일에는 북한 무장공비 100여 명이 울진 삼척지구에 침투하여 1개월 이상 활동하기도 했다. 이같은 연속적 안보위협 속에서 박정희 정부는 1968년 2월 7일 250만 예비군 창설을 선언하고, 1969년의 국정지표를 '일면 건설, 일면 국방'으로 정하면서 방위산업 육성 구성에 들어갔다.

더욱이 미국의 대외적 군사적 개입을 줄이겠다는 1969년 7월 닉슨 독트린의 발표는 한국의 자주국방에 대한 필요성을 절실하게 만들었다. 또한 1970년 6월 22일 북한에 의한 국립묘지 현충문 폭발사건이 발생한지 2주일 후에 미국이 주한미군 2개 사단 중 1개 사단의 철수방침을 한국정부에 통고해 옴으로써 위기의식은 본격화되었고, 방위산업 육성을 위한 구체적 정책일정에 돌입하게 되었다.

박정희 정부의 방위산업정책은 국내적으로 중화학공업을 본격화하는 계기이기도 했다. 1970년 7월 박정희 대통령은 김학렬 경제기획원장관에게 병기를 생산할 수 있는 4대 핵공장 건설을 지시하였는데, 일본, 미국, 유럽 등의 지원거부로 실행이 지연되자 본격적으로 중화학공업을 육성해야겠다는 결정을 하게 된 것이다. 그리고 실행단계부터 중화학공업과 방위산업을 동시에 추진하여 유사시와 평화시에 방위산업과 민간산업으로 동시에 대응할 수 있도록 조처하였다.

방위산업의 기본방침은 1971년 11월 10일 박정희, 김정렴, 오원철의 소위 '청와대 3자 회동'을 거쳐 결정되었으며, 청와대 비서실에 방위산업을 전담할 경제 제2비서실이 신설되었다. 청와대의 주도로 국방과학연구소가 만들어졌고, 국산무기 긴급시제사업을 '번개사업'으로 명명하고 본격적인 방위산업 육성에 착수했다.

1976년 11월 미국에서 카터가 대통령에 당선되고 추가적인 미군 철수 논의가 본격화되면서 방위산업육성과 자주국방 의지는 더욱 강해졌다. 1977년 1월 12일 박정희는 연두기자회견에서 제4차 5개년개발계획에서 기계공업을 핵심산업으로 육성하겠다고 밝혔는데, 이 역시 방위산업 육성을 위한 것이었다. 1980년까지 전투기와 고도전자무기를 제외한 모든 무기의 국산화 계획이 추진되었고, 이 영상에서 등장하는 것과 같이 이를 위한 방위산업진흥확대회의가 청와대에서 정기적으로 개최되기 시작했다.

하지만 방위산업은 중화학공업과 다르게 커다란 국제적 제약하에서 추진될 수밖에 없었다. 자금지원이나 무역관계에서 일본의 전략과 국제정치적 이해, 동아시아에서의 헤게모니 유지를 위한 미국의 전략과 입장은 한국이 극복하기 힘든 국제적 구조였다. 더욱이 막대한 군사원조를 미국에 의존하던 현실에서 미국의 압력에서 벗어나기란 쉽지 않았고, 결국 미국이 허용하는 범위 내에서만 방위산업이 추진되었다.

박정희 정부의 최초 방위산업은 한국군현대화의 일환으로 1968년 초 한미합동연구위원회를 설치하고 M16소총을 국내에서 생산하는 것이었는데, 이는 사실상 한국의 베트남전 파병에 대한 대가였다는 견해가 지배적이다.

반면 1971년 12월부터 극비로 시작하여 5년 후인 1978년 9월 26일 시험발사에도 성공한 유도거리 200km 내외의 국산 유도탄 개발은 결국 미국의 반대와 압력으로 실패할 수밖에 없었다. 핵 개발 구상 역시 1972년 초부터 극비리에 추진되었으나 미국의 압력 앞에 1976년 공식적 폐기를 미국에 약속하게 되었다. 즉, 미국 중심의 국제적 제약 구조하에서 사실상 박정희 정부가 방위산업에서 취할 수 있는 선택권은 제약되어 있었으며, 이러한 제약은 한국의 정권이 교체되어도 지속될 수밖에 없었다.

▍ 참고문헌

김진기, 「한국의 방위산업 발전전략에 대한 연구」, 『한국동북아논총』 58, 2011.
류상영, 「박정희의 중화학공업과 방위산업 정책」, 『세계정치』 32-2, 2011.

해당호 전체 정보

1200-01 제3차 방위산업 진흥 확대회의

상영시간 ㅣ 00분 54초

영상요약 ㅣ 청와대에서 열린 박정희 대통령 주재 제3차 방위산업 진흥 확대회의에서 방위산업 유공자들 표창하고 이를 담당해온 업계와 종사원들의 노고를 치하했다.

1200-02 제24회 국제 기능올림픽 선수 발단식

상영시간 ㅣ 00분 40초

영상요약 ㅣ 제24회 국제 기능 올림픽 선수 발단식이 부산에서 개최되었다. 8월 30일 기계공업고등학교에서 막을 올렸는데 16개국 985명이 참가하였다.

1200-03 소양강 다목적 댐

상영시간 ㅣ 01분 19초

영상요약 ㅣ 강원도 춘천근교의 소양강 다목적 댐이 1973년 10월 담수를 시작한 이후 6년만에 처음으로 수문 개시하였고 이를 대한뉴스 촬영 팀이 고속촬영으로 수문 여는 순간을 포착하였다.

1200-04 서귀포 황금포도

상영시간 ㅣ 00분 33초

영상요약 ㅣ 제주도 서귀포에서 황금 포도재배가 이루어졌는데 미국에서 개발한 색소식물로 수익성이 높고 재배하기가 용이하며 한 송이의 무게가 일반 포도보다 무겁고 값이 나간다.

1200-05 육군 간호병과 창설 30주년

상영시간 ㅣ 00분 19초

영상요약 ㅣ 육군 간호병과 창설 30주년 기념식에서 20여 년간 간호 장교로 복무한 한옥자 대령 등 5명에게 표창하였다.

1200-06 제7회 대통령배 남녀 농구전

상영시간 ｜ 01분 07초

영상요약 ｜ 제7회 대통령배 남녀농구가 서울에서 개최되어 여자부 결승전에서 박찬숙 선수가 활약한 태평양팀이 우승을 차지하였다. 남자부 결승전에서는 고려대학교가 역전승하여 대통령배 우승을 차지하였다.

자연보호헌장 제정 선포식 (1978년 10월 13일)

제작정보

출   처 : 대한뉴스 1206호
제 작 사 : 국립영화제작소
제 작 국 가 : 대한민국

영상정보

제 공 언 어 : 한국어
컬   러 : 컬러
사 운 드 : 유

영상요약

이 영상은 1978년 10월 5일 세종문화회관 대강당에서 개최된 자연보호헌장 제정 선포식을 담고 있다. 박정희 대통령이 자연보호헌장 선포식에서 자연보호헌장을 선포하는 장면을 보여주고 있다.

내레이션

자연보호에 대한 국민적 결의와 의무 등을 수록한 자연보호헌장이 제정, 선포되었습니다. 박정희 대통령은 이날 자연보호헌장은 우리 모두가 일상생활 속에서 하나하나 실천해 나가야 할 산 행동지표가 돼야 할 것이라고 말했습니다. 자연보호헌장은 자연에 관한 우리의 전통적인 인식과 자연훼손의 심각성을 경고하고 국민적 각성을 촉구하는 전문과 더럽혀지고 파괴된 자연은 즉시 복원되어야 한다는 등 일곱 개 실천강령으로 되어 있습니다.

화면묘사

00:00   자연보호헌장 선포 장소 건물 외관. "자연보호헌장선포" 현수막이 걸려져 있음
00:03   자연보호헌장 선포식 전경. 태극기와 "자연보호헌장선포" 현수막이 걸려 있음. 박정희 대통령과 선포식 참가자들
00:08   박정희가 자연보호헌장을 선포하고 있음
00:13   자연보호헌장 선포식에 참가한 여러 인사들
00:19   연설하고 있는 박정희의 뒷모습과 선포식에 참가한 인사들 모습
00:24   단상에 앉아 있는 주요 인사들
00:27   자연보호헌장 선포식에 참가한 여러 인사들
00:31   치사를 하고 있는 박정희
00:35   선포식 장소에 걸려진 표어 현수막. "자연사랑 손길마다 자연보호". "자연은 아름답게 환경은 **" 문구가 적혀져 있음

연구해제

자연보호헌장 제정 선포식에는 박정희 대통령을 비롯하여 민복기 대법원장, 곽상훈 통일주체국민회의 운영위원장, 그리고 이은상 자연보호헌장제정위원장, 이덕봉 자연보존협회장 등 자연보호단체, 학계, 종교계, 언론계 등 각계대표 4,000명이 참석하였으며, 자율적인 자연보호 운동의 생활화가 강조되었다.

자연보호헌장은 1977년 6월 5일 제1회 육림(育林)의 날이 선포된 이후 '범국민적 애국운동'으로 전개되고 있던 자연보호운동의 일환으로 제정되었다. 이날 선포식에서 김치열 내무부장관은 지난해 박정희 대통령이 자연보호운동을 제창한 이후 1년 동안 전국에서 5만 9,000여 보존회의 918만 회원이 참여, 자연보호운동은 현재 범국민적으로 전개되고 있다고 밝혔다. 박정희는 자연보호운동에 대해 '질서와 조화 있는 환경을 이룩하는 것'이 목적이며 곧 개개인의 마음가짐을 정결하고 건강하게 만들어주는 "정신순화운동"이라고 선포하기도 했다.

내무부는 학계·언론계·문화계 등 각계 대표 100명으로 자연보호헌장제정위원회를 구성하고 제1차 심의위원회에서 각계 의견을 들어 자연보호헌장 제정방향과 헌장 제정작업을 본격화 시켰다. 이와 함께 그동안 수집된 각종자료와 각 분야 전문가들의 의견을 바탕으로 6차의 수정작업을 거쳐 기초위원회의 초안을 마련하였다. 이후 이 초안을 세 차례의 심의위원회 토론과 심의에 부쳐 자연보호 헌장의 최종안을 확정하였다.

이렇게 결정된 자연보호헌장은 전문과 7개 조항으로 구성되어 있다. 전문은 인간과 자연과의 관계 및 우리 조상들의 자연관을 천명하고, 산업문명의 발달과 인구팽창에 따른 자연훼손의 심각성을 경고하는 한편, 이에 대한 대응책으로 자연에 대한 새로운 인식과 국민적 각성을 촉구하고 자연보호에 대한 국민의 사명과 결의를 다짐하고 있다. 세부적인 실천사항으로는 자연보호에 대한 국민의 의무, 자연자원의 보전, 자연보호에 대한 국민교육, 개발과 자연의 조화, 자연의 오염과 파괴의 방지, 오손·파괴된 자연의 복원, 아름다운 생활환경을 조성해 나갈 것 등을 규정하였다.

박정희 정부는 이와 함께 국립공원과 대단위도시공원 및 도립공원과 주요관광유원지 등 전국적으로 자연보호헌장비를 건립하기로 하였다. 또한 자연보호헌장을 각급학교 교과서와 정부간행물의 권두에 게재하고 각종 행사시에 낭독토록 하였다.

뿐만 아니라 각종행사에 자연보호 헌장을 낭독케 하고 헌장액자를 각급학교·5관공서·사회교육기관·자연보호단체·마을회관 등에 게시하도록 하며 헌장 해설책자를 10월 말까지 제작, 각급학교의 교육자료와 반상회를 통한 국민교육자료로 삼기로 했다. 자연보호 헌장을 매개로 하여 자연보호 운동을 전국적인 국민운동으로 확장하고자 한 것이다.

참고문헌

「育林의 날·어제 휴일 이틀 동안 자연보호 운동 76만명 참가」, 『경향신문』, 1977년 11월 7일.

「자연보호는 몸소 실천하는 운동-박대통령 우이동 등산로서 쓰레기·빈병 등 주워」, 『경향신문』, 1978년 9월 25일.

「실천 7개항도 규정 '자연보호헌장'제정 10월 5일 선포」, 『동아일보』, 1978년 9월 26일.

「자연보호 헌장은 행사때마다 낭독」, 『매일경제』, 1978년 10월 5일.

「자연보호 헌장 선포」, 『동아일보』, 1978년 10월 5일.

「서울 세종문화회관서 각계 대표 4천명 참석 자연보호헌장 선포」, 『경향신문』, 1978년 10월 5일.

해당호 전체 정보

1206-01 자연보호헌장 제정 선포식

상영시간 ｜ 00분 43초

영상요약 ｜ 이 영상은 1978년 10월 5일 세종문화회관 대강당에서 개최된 자연보호헌장 제정 선포식을 담고 있다. 박정희 대통령이 자연보호헌장 선포식에서 자연보호헌장을 선포하는 장면을 보여주고 있다.

1206-02 새마음 갖기 운동

상영시간 ｜ 01분 18초

영상요약 ｜ 경상북도 구미공단에서 새마음갖기운동 직장봉사대 발대식이 개최되었다. 호국여성봉사단 박근혜 총재가 발대식에 참가하였다. 한편 대구에서는 새마음 중고등학교연합회 발대식이 열렸다. 박근혜 총재가 발대식에 참가하여 발대식 참가자들과 악수를 나눴다.

1206-03 제27회 가을 국전

상영시간 ｜ 00분 41초

영상요약 ｜ 제27회 가을 국전이 덕수궁 국립 현대미술관에서 개막되었다. 주요 인사 및 시민들이 국전의 미술작품 및 조각상 등을 감상하는 모습을 담고 있다.

1206-04 대한반공청년회 망향제

상영시간 ｜ 00분 26초

영상요약 ｜ 대한반공청년회는 음력 9월 9일 중구절을 맞아 강화도에서 망향제를 올렸다. 망향제에서 분향과 참배하는 장면 등이 담겨 있다.

1206-05 조명하 의사 추도식

상영시간 ｜ 00분 25초

영상요약 ｜ 조명하 의사 순국 50주기 추도식이 서울에서 열렸다. 조명하 의사의 영정사진과 추도식에 참가한 참가자들이 참배 하는 모습을 보여주고 있다.

1206-06 한국 기계류, 전자제품 목록 전시회

상영시간 ｜ 00분 27초

영상요약 ｜ 도쿄에서 78년도 한국 기계류와 전자제품 목록 전시회가 열렸다. 전시회에 참
　　　　　가한 국외 여러 인사들이 카탈로그를 구경하고 있는 모습 등을 담았다.

1206-07 금동관 발굴

상영시간 ｜ 00분 35초

영상요약 ｜ 계명대학교 고분 발굴 조사단이 경상북도 보령군 지산동 뒷산에 있는 가야고
　　　　　분 발굴 현장에서 발굴작업을 하고 있다. 현장에서 도자기 등 여러 가지 유물
　　　　　들이 발견되었다.

1206-08 담수어 방류

상영시간 ｜ 00분 21초

영상요약 ｜ 한국자연보존협회가 경기도 양평군 양수리 한강변에서 담수어를 풀어주었다.

물가안정 범국민대회 (1979년 2월 15일)

제작정보

출   처 : 대한뉴스 1225호
제 작 사 : 국립영화제작소
제 작 국 가 : 대한민국

영상정보

제 공 언 어 : 한국어
컬   러 : 컬러
사 운 드 : 유

영상요약

구국여성봉사단 등 10개 단체가 서울에서 물가안정 범국민대회를 개최한 소식을 전달하는 뉴스이다. 범국민대회 참석자들은 국민의 지혜를 모아 분수에 맞는 생활태도를 가져 물가안정에 앞장 설 것을 다짐하였다고 설명하고 있다.

내레이션

구국여성봉사단 등 10개 단체는 서울에서 물가안정 범국민대회를 열고 국민의 지혜를 모아 분수에 맞는 생활태도를 가져 물가안정에 앞장 설 것을 다짐했습니다. 이날 박근혜 총재는 격려사에서 통화가 늘어나서 돈 가치가 떨어지면은 소비자들은 힘을 모아 저축으로 이를 극복하고, 물건 값이 급격히 오르면 물건을 덜 사고, 더 나아가서는 당분간 사지 않도록 노력하자고 말했습니다. 우리는 값이 오른다고 해서 물건을 마구 사들여 쌓아 둘 것이 아니라 부당하게 비싼 물건에 대해서는 불매운동이라도 벌여서 소비자들 자신이 소비자 보호운동에 나서야 하겠습니다.

화면묘사

00:00 "물가안정 범국민대회"라는 간판이 입구에 걸려 있는 건물의 외관
00:03 "忠孝(충효) 물가안정 범국민대회"라는 제목이 걸린 단상과 많은 참석자들의 모습이 보이는 대회장 전경
00:07 단상과 그 앞에 여러 개의 팻말 뒤에 자리 잡고 앉아 있는 많은 참석자들의 모습. 2층 스탠드까지 참석자들로 가득 채워져 있음. 또한 대회장의 옆쪽 벽면에는 "매점매석은 만인의 적이다", "돈 있다고 마구 사면 나라경제 좀 먹는다" 등의 구호가 적혀 있음
00:17 분홍색 옷을 입고 단상에서 격려사를 하는 박근혜
00:22 범국민대회 참석자들의 모습. 모두 어깨띠를 두르고 있는 모습임
00:27 단상 위에서 오른손을 들고 선서를 하고 있는 박근혜
00:30 "운영위원석"이라고 쓰인 팻말 뒤에 서 있는 참석자들과 대표자가 선서를 하고

있는 장면
00:34 　모든 참석자들이 박수를 치고 있는 모습
00:41 　여러 가지 상품들이 박스 채 쌓여 있고, 그 위에 포장을 연 물건들이 진열되어 있는 대형 슈퍼마켓의 내부
00:47 　여러 농산물 및 상품들이 진열되어 있으며, 물건을 사고 있는 많은 사람들의 모습

연구해제

　이 영상은 1979년 2월 구국여성봉사단 등 10개 단체가 서울에서 물가안정 범국민대회를 개최한 소식을 전달한다. 영상에서 물가안정 범국민대회의 진행 장면, 박근혜 구국여성봉사단 총재의 연설 장면, 상점에서 물건을 구입하는 시민들의 모습 등을 볼 수 있다. 대회가 진행되는 벽면에는 "매점매석은 만인의 적이다", "돈 있다고 마구 사면 나라경제 좀 먹는다" 등의 구호가 부착되어 있다. 박근혜 총재는 소비 조절을 통해서 물가를 조정하자는 요지의 격려사를 했다.

　1970년대 박정희 정권의 중화학공업화는 한국의 고도성장을 이끌었다. 하지만 1970년대 말 제2차 석유파동으로 초래된 세계적인 공황기에 이 정책은 과잉중복투자로 경제위기를 심화시키는 원인으로 작용했다. 이 가운데 정부는 경제정책 실패를 국민들의 소비자역할에 대한 강조와 이에 따른 운동을 통해서 해결하려고 노력하였다. 1978년 6월 20일 세종문화회관 별관에서는 "소비절약의 생활화로 자립경제의 기틀을 세우자는" 취지의 소비절약전진대회가 개최되었다. 이날 최규하 국무총리는 최근 고도성장이 지속되면서 경기과열과 초과수요로 물자부족현상이 발생하였고 이것이 물가에 압력을 주어 국민생활에 부담을 주고 있다고 말했다. 따라서 국민들에게 소비에 근검절약을 해야 하며 더욱 저축할 것을 요구했다. 이런 흐름에서 정부는 같은 해 8월, 근래 다시 회자되었던 재형저축을 탄생시켜 근로자들에게 저축증대운동에 협조할 것을 요청했다.

　물가안정운동이 본격적으로 진행된 것은 1979년에 들어서였다. 이란사태로 석유가격이 상승할 것으로 예상되면서 경기는 더욱더 수렁에 빠져들 것으로 보였다. 그러자 1979년 2월 9일, 서울문화체육관에서는 구국여성봉사단, 전국대학생총연합회, 전국중고등학생총연합회, 대한노인회, 자동차노조, 새마음불교본부, 성균관, 서울시의사회, 서울

시 한의사회, 예총 등에서 대표 2,000여 명이 참석한 가운데 물가안정국민대회를 개최했다. 이 자리에서 새마음갖기운동본부 총재 박근혜는 소비자가 물가안정에 근검, 절약, 저축으로 노력하면 물가를 안정화시킬 수 있다는 요지의 격려사를 했다.

그런데 흥미로운 것은 같은 날 소비자보호단체협의회가 YWCA에서 개최한 긴급소비자대회였다. 이 대회에서는 정부의 물가정책이 실효를 거두지 못했기 때문에 문제가 발생했다는 볼멘소리가 터져 나왔다. 이에 대해 한 정부 당국자는 소비자들이 오랫동안 높은 물가에 시달린 결과에 따른 불만이라며 이를 수긍했다. 이날 경향신문 사설에서도 소비자보호단체의 정부의 물가대책 실패에 대한 비판과 불매운동 결의 선언에 대해 긍정적으로 평가하였다. 사설은 이를 소비자들의 경제주체로서의 집단적 자기인식으로 이해하고, 소비자들은 그간 생산자나 유통상인에 비해 약자로 존재하였으나 소비자단체의 조직적 활동은 이 관계를 바꿀 수 있다고 언급하였다.

이 영상은 1970년 말 경제위기 상황에서 박정희 정권이 국내경제를 안정화하기 위한 방법의 하나였던 물가안정운동을 살펴볼 수 있는 영상으로서 의미를 가진다. 1979년 2월 9일에 개최되었던 두 가지 행사에서 터져 나왔던 균열은 단지 소비자만의 문제가 아니라 정권붕괴 직전에 내재된 국민들의 불만들이 일상경제생활의 영역에서 표출되기 시작했던 하나의 예로 이해할 수 있을 것이다.

█ 참고문헌

「世宗文化會館 별관서 虛榮·사치·浪費추방 다짐」, 『매일경제』, 1978년 6월 20일.

「財形加入運動 적극전개」, 『동아일보』, 1978년 8월 31일.

「物價안정國民대회」, 『동아일보』, 1979년 2월 10일.

「"『物價고생』지혜모아 극복" 새마음본부, 物價안정국민대회---朴槿惠총재 치사」, 『경향신문』, 1979년 2월 10일.

「消費者운동의 새次元」, 『경향신문』, 1979년 2월 12일.

「불만부터 터뜨린 消費者대회」, 『매일경제』, 1979년 2월 12일.

「消費節約 汎국민운동」, 『경향신문』, 1979년 2월 24일.

「世宗文化회관서 消費節約추진 汎國民대회」, 『매일경제』, 1979년 3월 27일.

김수행·박승호, 『박정희 체제의 성립과 전개 및 몰락』, 서울대학교출판부, 2007.

해당호 전체 정보

1225-01 박정희 대통령 연두순시

상영시간 ㅣ 02분 08초

영상요약 ㅣ 박정희 대통령의 연두순시 소식을 전달하는 뉴스이다. 상공부, 농수산부, 건
설부, 동력자원부를 순시한 박정희 대통령은 업무보고 및 업무계획에 관한 보
고를 듣고 당부 및 지시사항을 하달하였다.

1225-02 물가안정 범국민대회

상영시간 ㅣ 00분 54초

영상요약 ㅣ 구국여성봉사단 등 10개 단체가 서울에서 물가안정 범국민대회를 개최한 소
식을 전달하는 뉴스이다. 이 범국민대회 참석자들은 국민의 지혜를 모아 분수
에 맞는 생활태도를 가져 물가안정에 앞장 설 것을 다짐하였다고 설명하고 있
다.

1225-03 새마을 증산대회

상영시간 ㅣ 00분 21초

영상요약 ㅣ 경상남도 창원군에서 열린 새마을 총화전진대회 소식을 대회장 내부의 모습
들과 함께 전달하는 뉴스이다.

1225-04 연날리기 대회

상영시간 ㅣ 00분 49초

영상요약 ㅣ 경기도 용인의 한국민속촌에서 열린 연날리기 대회 소식을 전달하는 뉴스이
다. 여러 종류의 연이 하늘을 나는 모습과 연을 조종하는 참가자 및 구경꾼들
의 모습을 보여주고 있다.

1225-05 전국 알파인 스키대회

상영시간 ㅣ 00분 36초

영상요약 ㅣ 대관령의 용평스키장에서 열린 전국 알파인 스키대회 소식을 전달하는 뉴스

이다. 여러 선수들의 경기장면을 보여주고 있으며, 최기병, 김진희 선수의 3관왕 소식 및 남원기 선수의 대회 최고기록 수립 소식을 전하고 있다.

남북한 탁구 단일팀 (1979년 3월 7일)

제작정보

출   처 : 대한뉴스 1228호

제 작 사 : 국립영화제작소

제 작 국 가 : 대한민국

영상정보

제 공 언 어 : 한국어

컬   러 : 컬러

사 운 드 : 유

남북한 탁구 단일팀 구성을 위해 판문점에서 열린 관계자 회의를 촬영한 영상.

내레이션

남북한 탁구 단일팀 구성을 협의하기 위해 남북한 탁구 관계자들이 판문점에서 만났습니다. 한국 측은 국제탁구연맹 회원으로서 마땅히 누리는 기득권을 인정해서 한국 선수단의 참가를 먼저 보장하면은 단일팀 구성에 필요한 구체적인 토의가 쉽게 이루어질 것이라고 강조했습니다.

화면묘사

00:00 판문점의 풍경
00:11 판문점내 회의실에서 웃는 얼굴로 서로 악수를 나누는 남북한 탁구 관계자들과 이를 취재하기 위한 카메라 기자들
00:29 탁구 단일팀 구성을 위해 대화를 나누는 남북한 탁구 관계자들의 다양한 모습
00:35 회의가 진행되는 과정을 촬영하고 기사를 쓰기 위해 유리창에 매달려 얼굴을 회의장 안으로 들이밀고 있는 기자들의 뒷모습

연구해제

  1979년 2월 남북한 탁구 단일팀을 구성하기 위해 남북한 탁구 관계자들이 판문점에 모여 회의하는 장면을 촬영한 영상이다. 회의가 열리고 있는 중립국 감독위원회 회의실 창가에 아슬아슬하게 매달려 있는 기자들의 모습이 인상적이다. 삼엄한 남북한의 경비 태세도 이 회의 날 만큼은 느슨해진 모양이다. 회담장 안에서는 남북의 인사가 서로 웃으며 회의를 하고 있고, 회담장 밖에서는 기자단들이 어수선하게 흩어져 대화를 나루고 있다.

  남북한 탁구 단일팀 논의는 1957년 처음으로 거론된 이후, 1963년 남북한 체육관계자

회의가 개최된 이래 올림픽이나 세계 선수권 대회 등을 앞둔 시점 마다 제기되어왔었지만 특별한 성과는 거두지 못한 실정이었다. 1979년의 남북 단일팀 구성은 북한이 먼저 남한에게 제의하였다. 북한의 체육지도위원회와 탁구협의회가 2월 20일 대한체육회 박종규 회장과 탁구협회 채영철 회장 앞으로 서한을 발송하여, 4월 25일 평양에서 열리는 제35차 세계탁구선수권 대회에 남북단일팀을 구성하여 출전할 것을 제의해왔다. 또한 북한 측은 2월 27일 오전 10시 쌍방의 탁구협회 대표들이 판문점에서 만날 것을 구체적으로 요청했다. 아울러 북한 측은 평양에서 열리는 대회인 만큼 남북 단일팀 출전은 '민족적 화합'을 도모할 수 있을 것이라며 기대감을 표했다.

　남한 측 대표단은 북한의 제의를 받아들였고, 27일 10시 회의에 참석했다. 당시 남한 쪽 언론은 북한의 제의에 대해 두 가지 반응을 보이고 있었다. 일단 북한의 제의가 정치적 책동과 교묘한 술책일 수 있다는 비판적 목소리을 내기도 했지만, 다른 한편으로 1971년 미국과 중국의 핑퐁외교를 떠올리며 일말의 기대감을 가지고 있기도 했다. 그렇지만 실제 회담의 결과는 좋지 않았다. 언어 사용의 불일치와 같은 가벼운 문제로부터 사고방식의 차이로 인한 좁히기 힘든 문제까지 해결하기 어려운 난제들이 있었기 때문이다. 특히 북한 측은 이 회의에서 북한에게 유리한 선수단 선발, 평양에서의 공동훈련, '고려선수단' 명칭 사용 등과 같이 남한이 수락하기 힘든 조건들을 제시했고, 남한 대표단이 이를 수락할 이유도 없었다. 결국 이후 세 차례의 공동회담이 열렸지만 큰 소득을 얻지 못한 채 결렬되었고, 1979년의 남북 단일팀 구성도 실패로 끝이 났다. 남북 탁구 단일팀의 세계 선수권 대회 출전은 1980년대에도 계속 지지부진 하다가 1991년 4월이 되어서야 실현될 수 있었다.

▌참고문헌

「북한, 평양 탁구, 남북 단일팀 제의」, 『동아일보』, 1979년 2월 21일.
「남북 핑핑 대좌」, 『동아일보』, 1979년 3월 2일.
「탁구단일팀 협상의 실패」, 『동아일보』, 1979년 3월 13일.

해당호 전체 정보

1228-01 제60주년 3·1절

상영시간 ┃ 01분 08초

영상요약 ┃ 60주년 3·1절을 맞아 제작한 영상. 기념행사와 3·1절 정신을 보여주는 상징
물들을 보여주고 있다.

1228-02 평화통일 촉진 천만 명 서명운동

상영시간 ┃ 00분 51초

영상요약 ┃ 평화통일 촉진 천만 명 서명운동이 전국적으로 벌어지고 있는데 3·1운동 33인
중 유일한 생존자인 이갑성 옹이 맨 먼저 병상에서 서명하고 박정희 대통령도
"대화로 통일, 총화로 통일"이란 휘호를 써서 서명하였다.

1228-03 박정희 대통령, 각 도 연두 순시

상영시간 ┃ 01분 56초

영상요약 ┃ 박 대통령이 각 도를 순시했다. 강원도, 경기도, 충청북도, 충청남도 순시 모
습을 각각 보여준다.

1228-04 새마음 갖기 및 물가안정 결의 실천대회

상영시간 ┃ 00분 38초

영상요약 ┃ 서울에서 새마음갖기 직장봉사대 발대식과 물가안정 결의 실천대회가 개최되
었다. 박근혜 구국여성봉사단 총재는 근검, 절약, 저축과 새마음운동을 강조하
였다.

1228-05 남북한 탁구 단일팀

상영시간 ┃ 00분 39초

영상요약 ┃ 남북한 탁구 단일팀 구성을 위해 판문점에서 열린 관계자 회의를 촬영한 영
상.

1228-06　예비역 장교 후보생 임관식

상영시간 ｜ 00분 33초

영상요약 ｜ 병과교육을 거쳐 육군의 초급 지휘관으로 근무하게 될 79년도 예비역 장교 후
　　　　　보생 임관식이 전국 각지에서 거행되었다.

1228-07　자연보호 운동과 소비절약 캠페인

상영시간 ｜ 01분 14초

영상요약 ｜ 경기도 성남 주민들의 자연보호운동, 소비절약운동 모습을 담은 영상이다. 자
　　　　　연보호운동으로 안버리기를 강조하고, 이것이 소비절약운동으로 어어진다. 운
　　　　　동을 통한 자원난 극복을 강조한다.

근로자의 날 (1979년 3월 15일)

제작정보

출   처 : 대한뉴스 1229호
제 작 사 : 국립영화제작소
제 작 국 가 : 대한민국

영상정보

제 공 언 어 : 한국어
컬   러 : 컬러
사 운 드 : 유

영상요약

제34회 근로자의 날을 맞아 모범 근로자 422명에게 훈장과 표창을 수여했으며 근로자들은 실질임금 인상과 사회보장제도 확충 등 6개 항의 결의문을 채택했다.

내레이션

제34회 근로자의 날을 맞아 모범 근로자 등 사백스물두 명이 훈장과 표창장을 받는 가운데 전국 각지에서 기념 행사가 베풀어졌습니다. 이날 근로자들은 실질임금을 올리고 사회보장제도를 확충해 달라는 등 6개 항의 결의문을 채택했습니다. 이제는 우리나라 기업체들도 근로자들의 실질임금을 올려주고 후생복지에 크게 관심을 갖고 있는데 태흥 무역 안양공장의 경우 근로환경을 개선하고 연금제도까지 제공해서 복지증진에 실효를 거두고 있습니다. 구미공단에서는 79학년도 야간특별학급 신입생 오백여든다섯 명을 구미여중과 상고 구미 전자공고 등에 입학시켜 모두 1,300여 명 근로청소년들에게 일하면서 배우고 배우면서 일하는 기회를 주고 있습니다. 이밖에 대농과 한일합섬 등 여러 대기업체들도 자체 야간학급을 마련해줌으로써 생산과 관리기술의 향상을 통한 근로자의 자질향상을 꾀하고 이들에게 산업역군으로서의 긍지와 사기를 높여주고 있습니다. 그리고 특별 장학금을 지급하고 갖가지 지원을 하는 등 기업체들이 근로자들에게 이처럼 잘해주는 것은 결과적으로 생산을 높여 기업주의 이익을 도모하는 일이 됩니다.

화면묘사

00:00 '제 34회 근로자의 날' 플래카드가 붙여져 있는 행사장 전경
00:04 객석을 가득 메운 근로자들과 단상에 서 있는 수상자들
00:07 수상자들에게 메달과 훈장을 달아주는 최규하 국무총리를 다양한 각도에서 촬영
00:14 근로자의 날 기념사를 하는 최국무총리
00:14 연설을 듣고 있는 여성 근로자들
00:21 공장 안에서 재봉틀을 가지고 일하는 여성 근로자들의 다양한 모습
00:31 근로자의 날을 축하하는 케이크를 자르고 있는 다양한 장면
00:37 환하게 웃으며 교복을 입는 구미공단의 근로 여학생들
00:42 구미공단 79년도 야간 특별학급 신입생 입학 및 상급 진학학생 환영식의 다양한 장면들
00:47 통학 버스를 타기 위해 버스로 걸어가는 교복 차림의 여학생들

연구해제

이 영상은 1979년 3월 10일 한국노총 주최로 국립극장에서 성대하게 개최된 제34회 근로자의 날 행사장의 모습과 근로자 후생복지에 힘쓰고 있는 대표기업으로서 태흥무역, 한일합섬 등의 활동상을 보여주고 있다.

이날 기념식에서 최규하 국무총리는 치사에서 "근면, 자조, 협동의 새마을정신"을 치하하면서 "기업인들은 근로자들을 가족처럼 아끼고 돌보며 부당한 저임금 해소는 물론 근로자들의 복지증진에 최선의 노력을 다해야할 것"이라고 하였다. 기념사를 한 한국노총위원장 정동호는 "노사간의 진정한 협조관계를 이룩하고 생산성 향상과 성과배분을 합리적으로 조정해 나가기 위해서는 본격적인 노사협의제도의 도입이 필요"하다고 강조하였다. 또한 노동자들은 ▲개발성과의 공정한 배분을 통한 실질임금 향상 ▲생계비 이하 저임금 일소 ▲정부의 물가안정대책 확립 및 서민대중의 실질생활 보장 등 6개 항의 결의문을 채택하였다.

이처럼 1979년 노동계의 화두는 임금문제, 물가문제였다. 한국노총의 노사협의제도 개선요구는 이러한 문제들을 해결하기 위한 제도마련의 성격을 띠었다. 또한 최규하 국무총리 등이 강조한 "근로자들의 복지증진"은 1970년대 저임금 문제를 보완하기 위한 조치였다.

1970년대 각 기업의 단체협약은 정부에 의하여 직접적 통제를 받았기 때문에 대부분 상반기(3~5월)에 집중되어 있었다. 그러나 상반기에 결정된 임금인상은 1년간 고정되어 있어 인플레이션을 반영하기 어려웠다. 노동자들이 6개 항 결의문에서 정부에 물가안정대책을 요구한 것은 이러한 맥락에서 이해할 수 있다. 저임금문제가 사회적으로 부상하였던 1976년 이후 정부와 노사 양측은 임금문제를 우회하는 수단으로서 기업복지(근로복지)를 활용하기도 하였다. 기업에 의해 보장되는 근로복지들은 실제로 인플레이션에 따른 임금침하 현상을 일부분 보완하였지만 전체 임금 대비 기본급의 비율을 낮추는 부작용도 있었다. 낮은 기본급 비율은 경제위기 등으로 조업시간이 단축될 경우 노동자들에게 큰 피해를 입힐 수 있었고, 노사관계의 불균형을 고착화하는 문제를 가지고 있었다. 따라서 이 시기 한국노총의 복지증진 요구는 노동조합 활동이 통제된 상황에서 불가피했지만 다른 한편으로는 임금문제, 노동문제에 대한 근시안적 해결책이라는 한계가 있었다.

▍참고문헌

「34회 근로자의 날, "저임일소, 복지대책을"」, 『경향신문』, 1979년 3월 10일.
김수곤, 『임금과 노사관계』, 한국개발연구원, 1978.

해당호 전체 정보

1229-01 팀스피리트 한미 연합 기동훈련

상영시간 ㅣ 00분 53초

영상요약 ㅣ 팀스피리트 79 한미군 연합 기동훈련을 참관한 박정희 대통령이 한미 장병들을 격려하는 영상이다. 17일 동안 실시된 이번 훈련은 북한의 남침에 대비한 가상 방어훈련으로 미군의 연합작전을 점검하고 한국군의 수용태세를 점검하기 위한 작전이었다.

1229-02 근로자의 날

상영시간 ㅣ 01분 30초

영상요약 ㅣ 제34회 근로자의 날을 맞아 모범 근로자 422명에게 훈장과 표창을 수여했으며 근로자들은 실질임금 인상과 사회보장제도 확충 등 6개 항의 결의문을 채택했다.

1229-03 멕시코 문명 3천년 전

상영시간 ㅣ 00분 32초

영상요약 ㅣ 우리나라에 처음 소개된 멕시코 문명 3천년 전이 서울 덕수궁 국립 현대미술관에서 열렸는데 고대 멕시코 원주민의 토속 문명에서 뉴스페인 예술과 현대미술, 민속 풍물에 이르기까지 귀중한 문화재들이 선보였다.

1229-04 일본 내 한국학교 백두학원 기공식

상영시간 ㅣ 00분 25초

영상요약 ㅣ 재일동포 교육기관 중 일본정부의 정식 인가를 받은 유일한 학교인 오사카 소재 백두학원의 기공식 장면이다.

1229-05 딸기 재배

상영시간 ㅣ 00분 28초

영상요약 ㅣ 경남 창원군 대산면 우암리 부락에서 지난해 겨울에 딸기를 심어 3월까지 대량 출하한 딸기가 대도시에서 높은 값에 팔려 많은 소득을 올렸다.

1229-06   국립 교향악단 귀국

상영시간 ㅣ 00분 40초

영상요약 ㅣ 홍연택 씨가 지휘한 국립 교향악단이 워싱턴, 뉴욕, 시카고 등 22차례의 미국 순회연주를 성공적으로 마치고 귀국하였다.

1229-07   소비절약

상영시간 ㅣ 00분 28초

영상요약 ㅣ 분수에 맞는 근검 절약한 생활을 장려하는 영상이다.

지미 카터 미국 대통령 내한 (1979년 7월 6일)

제작정보
출   처 : 대한뉴스 1245호
제 작 사 : 국립영화제작소
제 작 국 가 : 대한민국

영상정보
제 공 언 어 : 한국어
컬   러 : 흑백
사 운 드 : 유

영상요약

박정희 대통령 초청으로 내한한 지미 카터(Jimmy Carter) 미국 대통령의 환영 모습과 양국 대통령의 회담과 만찬장을 보여주는 영상이다.

▌ 내레이션

지미 카터 미국 대통령이 박정희 대통령의 초청으로 우리나라를 공식 방문했습니다. 카터 대통령은 박 대통령과 두 차례 한미 정상회담을 갖고 발표한 공동성명에서 한국은 그동안의 역경을 극복하면서 박 대통령의 영도하에 지속적이고 괄목할 성장을 이루어 다른 나라에 영감을 제시했다고 밝히고 미국의 핵 우산이 한국 지역의 안보를 보강하고 있음을 확인했습니다. 두 나라 대통령은 한미 간의 경제관계 규모가 급속히 커진 데 대해 만족했으며 카터 대통령은 평화와 안보를 확고히 하기 위해 미군의 한국주둔을 계속할 것이라고 밝히고 한반도의 긴장완화 방안을 마련하기 위해서 남북한과 미국에 고위 당국 대표회의 즉, 세 당국회의를 주최하자고 북한 측에 공동 제의했습니다. 두 나라 대통령은 또 이번 정상회담이 한미 양국이 동반자 관계의 새 시대를 맞이한 현 시점에서 두 나라 국민간의 교류를 더욱 촉진할 필요가 있다고 인정하고 두 나라 정부가 공동으로 출자하는 한미 문화교류 위원회를 설치하기로 합의했습니다. 또한 카터 대통령은 박 대통령에게 미국을 방문하도록 초청했으며 박 대통령은 이 초청을 수락했습니다. 대한 뉴스는 카터 미국 대통령의 우리나라 방문 특집 영화를 별도 제작해서 보여 드리겠습니다.

▌ 화면묘사

00:00 태극기와 성조기를 흔들며 환호성을 지르면서 미국 대통령의 방한을 환영하는 수많은 사람들
00:12 지미 카터 대통령과 악수를 나누는 박 대통령. 미국 대통령이 타고 갈 승용차 근처에 카터 대통령 부인, 박근혜, 고위직 인사들, 수행원들이 보임
00:20 태극기와 성조기를 흔들며 환호성을 지르는 수많은 사람들의 장면
00:24 의장대 사열을 받는 양국 대통령. 차에 서 있는 두 나라 정상
00:28 대형 태극기가 벽에 붙어 있고 박근혜와 미국 대통령 부인이 얘기 중
00:30 선 자세로 승용차를 타고 축하 행사장을 돌고 있으며 많은 사람들이 손을 흔들거나 양국의 국기를 흔들면서 환영 인사를 하는 장면
00:37 미국 대통령 부부에게 꽃다발을 건네는 어린이들

00:46	촬영 기자들과 양복차림의 많은 사람들이 환영식을 지켜보고 있음
00:48	한산한 도로를 두 나라 대통령과 귀빈을 태운 차량이 오토바이들의 호위를 받으면서 달리는 장면. 거리에도 많은 환영의 인파
00:53	거리에서 환영하는 시민들에게 손을 흔들며 응답하는 미국 대통령
01:00	눈이 오듯 길거리에 색색이 떨어지는 꽃가루
01:20	박 대통령과 고위직 인사들, 카터 대통령과 미국의 고위직 인사들이 마주보며 앉아 있음
01:32	청사초롱의 은은한 불빛 사이로 살짝 보이는 태극기와 성조기, 어둑하게 보이는 건물에는 자그마한 불빛들이 보임
01:35	하얀색 양복에 나비 넥타이를 한 박 대통령이 일어서서 종이를 보면서 말을 전달하고 있는 장면. 연회장에 앉아있는 두 나라 고위급 인사들
01:51	연회장에 있는 사람들이 일어서서 와인 잔을 들고 있음

▌ 연구해제

이 영상은 1979년 6월 29일부터 7월 1일까지 한국을 방문한 카터 미국 대통령의 공항 환영식, 서울 시내 행진, 정상회담, 환영 만찬회 등의 모습을 담고 있다. 특히 공항과 서울 시내 거리에서 많은 시민들이 태극기와 성조기를 흔드는 모습이 이 영상에 포함되어 있다. 이 영상만을 보면 한미 정상회담은 우호적인 분위기 속에서 진행된 것처럼 보인다. 그러나 실상은 이 뉴스영상과는 달랐다.

이 영상에 담겨있는 전체회담에는 양국 정상과 주요 관료가 참석했는데, 이 자리에서 박정희는 카터 행정부의 주한미군 철수정책의 문제점을 비판하며 적극적인 공세를 펼쳤다. 이에 대해 카터는 중요한 논의는 단독회담에서 다루자는 태도를 보였다.

카터 대통령은 방한기간 중 정상회담은 6월 30일 오전 전체회담과 오후 단독회담 등 총 2차례 개최되었다. 단독회담에서는 양측이 합의한 주요 의제인 철군과 연계된 남북한 군사력 불균형 극복 문제, 인권문제, 남북미 삼자회담 문제 등을 논의했는데, 이번에는 카터가 적극적인 공세를 펼쳤다. 회담에서 카터는 철군과 관련된 노력을 강하게 요구하였고, 박정희는 국방비 증액과 한국 육군전력 증강에 대한 요구를 받아들이며 최선을 다해 남북한 군사력 불균형을 극복하겠다고 약속했다. 연이어 카터는 박정희가 가장 부담스러워하는 인권문제를 제기했는데, 긴급조치 9호의 폐지와 가능한 많은 정치범 석방의 구체적인 조치를 박정희 대통령에게 요구했다. 이에 대해 박정희는 긴급조치 9호를 해제할 경우 반정부세력이 정부를 전복하려 들 것이라면서 이해를 부탁했다. 그러면서 긴급조치 9호를 해제하는 방향으로 카터의 충고를 유념하겠다고 밝혔다. 정상회담을 마친 후 한미 양국 정상은 군사와 경제적 협력, 인권관련 내용이 담긴 공동성명서를 채택했다.

단독회담 이후에도 카터는 한국의 인권문제와 관련하여 적지 않은 일정을 소화했다. 한국 국회연설을 통해 인권의 중요성을 강조하고, 시간을 일부 연장하면서 김영삼 신민당 총재를 면담했고, 밴스 국무장관을 통해 정치범 명단을 한국 측에 건네주면서 석방을 요청했다.

그러나 이 영상에서는 어디에도 카터가 언급한 인권문제는 포함되어 있지 않다.

참고문헌

박원곤, 「카터 행정부의 도덕주의 외교와 한국정책 : 1979년 카터 대통령 방한의 재해석」, 『미국학』 30, 2007.
이삼성, 「광주학살, 미국·신군부의 협조와 공모」, 『역사비평』 34, 1996.

해당호 전체 정보

1245-01   지미 카터 미국 대통령 내한

상영시간 ㅣ 01분 53초

영상요약 ㅣ 박정희 대통령 초청으로 내한한 지미 카터 미국 대통령의 환영 모습과 양국 대통령의 회담과 만찬장을 보여주는 영상이다.

1245-02   세계 4차 시인대회

상영시간 ㅣ 00분 38초

영상요약 ㅣ 서울에서 개최된 제4차 세계 시인대회의 모습과 참석자들이 고궁을 관람하는 모습을 보여주는 영상이다.

1245-03   한국 증권거래소 신축 개관

상영시간 ㅣ 00분 27초

영상요약 ㅣ 서울 여의도에 새로 건축한 증권 거래소를 소개하고 최규하 국무총리가 방문하는 모습을 보여주는 영상이다.

1245-04   창의력 개발 가정생활 전시회

상영시간 ㅣ 00분 19초

영상요약 ㅣ 주부들의 창의력과 솜씨를 발굴하기 위한 창의력 개발 가정생활 전시회 모습을 보여주는 영상이다.

1245-05   이스라엘 잉어 양식 성공

상영시간 ㅣ 00분 45초

영상요약 ㅣ 강원도 춘성군 금산 잉어 양식장에서 성장이 빠르고 기르기에 용이한 잉어를 시험 양식하는데 성공한 모습을 소개하는 영상이다.

1245-06 13회 대통령배 쟁탈 전국 남녀고교 배구대회

상영시간 ㅣ 00분 26초

영상요약 ㅣ 제13회 대통령배 쟁탈 전국 남녀 고교 배구대회에서 한일여자실업고가 광주
여상과 치르는 결승전 모습을 보여주는 영상이다.

무역진흥확대회의 (1979년 9월 18일)

제작정보

출   처 : 대한뉴스 1255호
제 작 사 : 국립영화제작소
제 작 국 가 : 대한민국

영상정보

제 공 언 어 : 한국어
컬   러 : 컬러
사 운 드 : 유

영상요약

제177차 무역진흥확대회의에서 노사협조를 강조한 박정희 대통령의 모습을 다룬 영상이다.

내레이션

제177차 무역진흥 확대회의에서 박정희 대통령은 기업가는 경우에 따라 적자를 보는 한이 있더라도 종업원을 감원하지 않고 근로자들과 동고동락한다는 의식을 갖고 같이 노력해야 할 것이며 어려운 시기일수록 기업을 살리고 모든 종업원의 생활까지 같이 걱정하고 노력해서 정부와 기업주와 근로자가 삼위일체가 돼서 어려움을 극복해야 한다고 강조했습니다. 정부는 근로자 복지정책 심의위원회를 마련해서 근로자 복지개선에 힘쓰고 있으며 기업체에서도 보다 긴밀한 노사협조로써 오늘의 시련을 극복해 나가고 있습니다. 노사협조가 잘 되고 있는 기업체로 알려진 삼익가구 인천공장에서는 근로자들에게 좋은 작업환경과 좋은 대우를 해 줌으로써 경제불황이라는 말도 아랑곳없이 수출을 늘려가고 있습니다. 이와 같이 기업주는 근로자를 가족처럼 아끼며 이들의 생활안정과 소득향상에 힘쓰고 근로자는 근로자대로 여기가 바로 나의 공장이라는 정신으로 또한 기업이 잘 되면은 나도 잘 된다는 생각으로 진지하게 일해야만 좋은 성과가 나타납니다. 그러기에 기업인과 종업원이 함께 노력하는 기업이 가장 바람직합니다.

화면묘사

00:00 (배경음악-위풍당당 행진곡) 중앙청 외경
00:07 무역진흥 확대회의에 참석한 박 대통령과 기업주들
00:16 기업주들과 악수를 나누는 박 대통령
00:33 발표하는 한 연사와 그것을 경청하는 사람들
00:43 새마을 운동의 마크가 새겨진 모자를 쓴 한 남성이 선서를 하는 장면
00:44 공장에서 작업을 하는 여성, 남성근로자들
01:02 여성 근로자들이 넓은 판자에 나무 조각 같은 것들을 붙이고 있는 장면
01:05 기계 안에서 계속 나오는 가구의 한 면으로 보이는 판들
01:11 마이크를 들고 얘기하고 있는 공장 책임자
01:16 식사를 하고 있는 근로자들
01:24 탁구로 휴식을 취하고 있는 근로자들
01:30 야외에서 배구를 하는 근로자들

연구해제

이 영상은 1979년 9월 7일 영빈관에서 열린 무역진흥확대회의의 모습과 이 회의에서 강조된 내용을 새롭게 구성하여 만들어졌다. 박정희 대통령은 177차 무역진흥확대회의에서 "기업가는 어려운 시기에는 회사이익을 도외시하고 경우에 따라 적자를 보는 한이 있더라도 종업원을 감원하지 않고 근로자들과 동고동락한다는 의식을 갖고 같이 노력해야 할 것"이라고 강조했다. 영상에서도 이러한 내용을 내레이션을 통하여 전달하고 있으며, 구체적으로 정부, 기업주, 근로자 삼위일체를 통한 노사협조와 경제위기 극복을 강조한다.

이 시기 박정희 정권은 제2차 석유파동으로 인한 경제위기와 심각한 노사갈등으로 위기를 겪고 있었다. 1979년 8월 발생한 YH무역 사건은 이러한 상황을 집약적으로 보여주었다. 제2차 석유파동으로 조업단축 및 폐업이 증가하자 총급여 대비 기본급 비율이 낮았던 노동자들은 임금에 심각한 타격을 받았다. YH무역 노동자들은 공장폐업에 맞서 농성을 전개하면서 회사사장 장용호를 반(反)사회적 기업인으로, YH무역을 반(反)사회적 기업으로 고발하였다. 또한 신민당사에서의 농성은 YH무역을 비롯한 노동문제를 정치문제와 결합시키고 있었다.

박정희 정권은 YH무역 사건 이후 산업선교와 가톨릭노동청년회(JOC) 등 종교계 노동운동에 '빨갱이' 낙인을 찍으면서 강력하게 탄압하는 한편 노사협조를 강조하는 유화책을 전개하였다. 이 같은 상황에서 열린 177차 무역진흥확대회의는 노사협조를 지속적으로 강조하고 있다. 영상에서도 전반부는 무역진흥확대회의를 보여주지만, 영상 후반부에서는 근로복지를 상징하는 구로공단 복지심의위원회 발족, 노사협조를 시각화한 삼익가구 인천공장의 이미지를 제공하고 있다.

이처럼 1979년 8~10월 사이 노사정책은 노동운동에 대한 강경책과 노사협조를 강조하는 유화책을 동시에 사용하고 있었다. 그럼에도 1970년대 노동조합의 활동을 직접적으로 제약하였던 「국가보위에 관한 특별조치법」과 노동청 예규(행정조치)가 수정되지 않는 한 노사관계는 안정적으로 유지될 수 없었다. 1979년 10월 박정희 대통령이 사망한 후 전국적으로 노동쟁의가 발생했는데, 이는 이 시기 박정희 정권의 노동정책이 노사관계를 안정화시키지 못했다는 것을 반증하는 것이었다.

참고문헌

「박대통령 지시, 무역진흥회의, "기업가는 근로자와 동고동락"」, 『경향신문』, 1979년 9월 8일.

해당호 전체 정보

1255-01   무역진흥확대회의

상영시간 ㅣ 01분 35초

영상요약 ㅣ 제177차 무역진흥 확대회의에서 박 대통령은 기업주와 종업원은 가족과 같은
관계임을 강조하면서 아무리 힘들더라도 기업주는 종업원을 감원하지 않도록
하고 종업원 또한 자기의 일터를 나의 일로 생각하면서 서로 협조해 나가야
한다고 강조하였다.

1255-02   육군사관학교 졸업식과 임관식

상영시간 ㅣ 00분 54초

영상요약 ㅣ 육사 제3사관학교 제16기 졸업식을 보여주는 영상이다.

1255-03   새마음 갖기 촉진대회

상영시간 ㅣ 00분 11초

영상요약 ㅣ 서울시 약사들이 새마음 갖기 촉진대회에서 물자절약과 소비 절약에 힘쓰자
고 결의했다.

1255-04   건설 소식

상영시간 ㅣ 00분 31초

영상요약 ㅣ 건설공사가 한창인데 제11 한강교인 성수대교가 마무리 공사를 하고 있다. 성
수대교는 교각 사이가 120m로 다른 다리보다 2배 이상 길고 다리 양쪽 끝에서
멈추지 않고 차가 지날 수 있다는 특징이 있다.

1255-05   새마을 어업

상영시간 ㅣ 00분 34초

영상요약 ㅣ 경북 울진군 죽변리. 43명의 어촌계원들이 한 마음으로 정치망 어업을 시작해
서 지금은 연간 8,000만 원의 소득을 올리고 있다는 내용을 담은 영상이다.

1255-06   수산물 이동 판매

상영시간 ㅣ 00분 20초

영상요약 ㅣ 수산물협동조합에서 서울 시민들에게 경제적인 가격으로 신선한 수산물을 제
공하기 위해 아파트를 돌면서 수산물 이동 판매를 하고 있다.

1255-07   옥산 초등학교의 자활 모습

상영시간 ㅣ 00분 22초

영상요약 ㅣ 전북에 있는 옥산 초등학교는 황무지에 과실수와 관상수를 심어 연간 1,800만
원의 수입을 올려 전교생에게 육성회비 면제라는 혜택을 주고 있다.

1255-08   용두 관음보살 점안식

상영시간 ㅣ 00분 22초

영상요약 ㅣ 서울 삼청동 칠보사에서 불교 사상 처음으로 모습을 나타낸 용두 관음보살의
점안식 영상을 보여준다.

1255-09   제9회 대통령 배 국제 축구대회

상영시간 ㅣ 00분 53초

영상요약 ㅣ 제9회 대통령 배 국제 축구대회가 9개국 10개 팀이 참가한 가운데 서울에서
열렸는데 여기에서 우리나라 화랑 팀이 8 대 0으로 수단을 이겼다.

의료보험제도 (1979년 12월 8일)

제작정보

출   처 : 대한뉴스 1268호
제 작 사 : 국립영화제작소
제 작 국 가 : 대한민국

영상정보

제 공 언 어 : 한국어
컬   러 : 컬러
사 운 드 : 유

영상요약

의료보험제도가 마련되었다는 것을 홍보하는 영상이다.

내레이션

갑자기 병이 났을 때 돈이 없어 치료를 받지 못하는 일이 없게 하기 위해 의료보험제도가 마련됐고 전국적으로 8백만 명 이상이 그 혜택을 받고 있는데 종합병원만을 찾는 피보험자가 너무 많아서 늘 혼잡한 실정입니다. 간단한 질병일 때는 가까운 병원이나 의원을 이용하도록 하고 반드시 피보험자 증과 함께 주민등록증을 갖고 가며 병원 측에서도 최대한의 봉사와 친절을 베풀도록 해야겠습니다.

█ 화면묘사

00:00 중앙대학병원 건물의 외부 모습
00:03 네 개의 침상에 환자들이 누워있고 간병인도 보이고 간호사가 환자의 상태를 체크하고 있는 장면
00:05 링거 병을 달아주고 있는 간호사
00:07 병원에서 차례를 기다리고 있는 많은 환자들—아기를 안고 있는 엄마들이 많이 보임
00:11 환자의 가슴에 청진기를 갖다대는 의사와 그 옆에서 돕고 있는 간호사
00:14 사무실에 가득 앉아서 사무를 보는 사람들—의료보험에 관한 일을 보고 있음
00:25 의원에서 진찰받는 한 아이

█ 연구해제

이 영상은 1979년 의료보험제도 운영의 현황과 문제점에 대해 홍보하는 뉴스이다. 영상에서는 병실의 모습, 병원에 대기하고 있는 환자들과 보험 접수 장면, 의사의 진료 장면, "의료보험요양기관"이라고 쓰여 있는 팻말 등을 볼 수 있다. 내레이션에서는 현재 전국 800만 명 이상이 의료보험의 수혜를 받고 있으나, 많은 사람들이 종합병원만을 이용하려고 해서 문제가 되고 있다고 전했다. 따라서 금전적인 부담을 덜고 응급치료를 받도록 하기 위한 의료보험의 취지가 무색하게 하여 간단한 질병은 가까운 병원이나 의원을 이용하도록 권했다.

2014년 현재 의료민영화에 대한 논란이 뜨겁긴 하지만, 전국민을 대상으로 하는 한국의 의료보험제도는 미국도 부러워하는 제도로 안착되었다. 의료보험법이 최초로 제정된 것은 1963년 12월이었다. 그러나 이 법은 강제가입 대신 임의가입제를 채택했기에 의료보험의 본격 시행은 불가능했고 오직 몇 군데 시범사업만 진행될 수 있었다. 이에

1970년 의료보험법 1차 개정을 통해 강제가입 조항으로 변경되었는데, 이때는 시행령이 만들어지지 않아 시행되지는 못했다. 결국 1976년 의료보험법 2차 개정을 통해 1977년에는 500인 이상의 대규모 사업장 대상으로, 1979년에는 모든 공무원과 교원에게 확대되었으며, 1989년에는 전 국민을 대상으로 의료보험이 실시되게 되었다. 이처럼 한국의 의료보험제도는 3차례의 경제개발계획을 통한 급속한 산업화·도시화와 겹쳐있으면서, 여러 가지 시행착오를 거듭하며 수정 보완되어 왔다.

그러나 이 같은 의료보험제도에도 맹점이 있었는데, 1979년 의료보험제도에 대해 사회적으로 문제시되었던 것은 변칙 특진제를 둘러싼 의료수혜의 차별성이었다. 당시 일부 종합병원들이 수입을 올리기 위해 특진을 받는 환자는 전문의에게 진료·검사를 받게 하고 일반환자는 전공의(수련의)가 진료·검사를 하는 변칙적인 특진제를 채택하고 있었기 때문이었다. 특진제는 본래 환자진료를 충실히 한다는 명목으로 일부병원에서 채택했던 것인데, 의료보험 실시 후 폐지되었다가 의료보험환자의 증가로 환자가 늘어나자 특진제가 다시 만들어지고 있었다.

당시 한강성심병원에서 특진료를 내고 전문의로부터 진찰을 받은 한 환자는 "병원에서 돈을 많이 내는 환자는 유명의사에게 치료케 하고 일반 수가를 무는 환자는 전공의에게 맡기는 등 차별대우를 하는 것 같다"면서, "생활이 넉넉지 못한 환자들도 보다 정확한 진료를 받기 위해 어쩔 수 없이 특진을 신청하는 경향이기 때문에 사실상 의료수가를 인상한 것과 마찬가지"라고 말했다. 이와 관련하여 김순용 병원협회장은 "특진제도는 환자에게 차별대우를 한다는 인상을 주고 수익금의 배당을 둘러싸고 의사와 병원 간에 불화가 생길 우려가 있다"며 "전종합병원이 특진제를 채택한 것은 아니다"라고 말했다. 한국의 의료보험제도는 2000년에는 〈국민건강보험법〉으로 확대 발전되었다.

▌ 참고문헌

「변칙特診制 일부綜合病院"患者차별대우"」, 『동아일보』, 1979년 9월 5일.
「韓·日의료보험현황 문제점 강연회 赤字組合방지가 共同課題」, 『동아일보』, 1979년 11월 28일.
「의료 보험」, 『동아일보』, 1979년 11월 27일.
황병주, 「1970년대 의료보험 정책의 변화와 복지담론」, 『의사학』 20-2, 2011.

해당호 전체 정보

1268-01   제10대 대통령
상영시간 ㅣ 01분 46초
영상요약 ㅣ 1979년 12월 6일에 최규하 대통령 권한대행이 제10대 대통령으로 선출되었다.

1268-02   수출의 날
상영시간 ㅣ 00분 33초
영상요약 ㅣ 제16회 수출의 날 기념식에서 대우실업, 삼성물산, 현대 종합상사 등 22개 업체가 각각 억불 수출탑을 받았다.

1268-03   호국 유적지 복원 정화공사
상영시간 ㅣ 01분 00초
영상요약 ㅣ 호국 유적지 복원 정화공사가 이루어지고 있는데 수원성곽과 만인의총이 보수, 복원되었다.

1268-04   박정희 대통령 시해사건 공판
상영시간 ㅣ 00분 38초
영상요약 ㅣ 육군 본부 계엄 보통 군법회의 법정에서 박정희 대통령 시해사건의 첫 공판이 열렸다.

1268-05   의료보험제도
상영시간 ㅣ 00분 36초
영상요약 ㅣ 의료보험제도가 마련되었다는 것을 홍보하는 영상이다.

1268-06   학생들의 한복생활
상영시간 ㅣ 00분 33초
영상요약 ㅣ 정서순화와 한국 여성상을 가르치기 위해 부산 구포 여상은 매달 3일씩 한복을 입도록 하고 있다.

박정희 대통령 시해사건 공판 (1979년 12월 8일)

제작정보
출   처 : 대한뉴스 1268호
제 작 사 : 국립영화제작소
제 작 국 가 : 대한민국

영상정보
제 공 언 어 : 한국어
컬   러 : 컬러
사 운 드 : 유

영상요약

육군 본부 계엄 보통 군법회의 법정에서 박정희 대통령 시해사건의 첫 공판이 열림.

박정희 대통령 시해사건의 첫 공판이 육군 본부 계엄 보통 군법회의 법정에서 열렸습니다. 김재규 등 여덟 명의 피고인에 대한 이번 공판은 재판부의 인정 심문과 검찰관의 공소장 낭독에 이어서 사실심리에 들어가려 했으나 변호인단의 재정신청이 있어 재판부가 이를 받아들임으로서 공판절차가 잠시 중단됐으나 재정신청을 접수해서 이를 심리한 대법원 결정에 따라 이 사건에 대한 재판은 군법회의에서 계속 맡게 됐습니다.

■ 화면묘사

00:00	흰 수의를 입은 김계원을 군복차림의 헌병 두 명이 팔짱을 끼고 자리로 안내하는 모습
00:06	감청색 수의를 입은 두 명도 밧줄에 손이 묶인 채 자리를 잡고 있음
00:10	두 명의 헌병 사이에 자리하고 있는 흰 수의 차림의 김재규. 입을 꽉 다물고 있음
00:17	방송국 카메라를 어깨에 짊어 맨 카메라 촬영기사와 노트에 재판과정을 적고 있는 기자들
00:20	검은 두루마기의 한 노인과 퍼머머리의 한 아주머니에게 뭔가를 질문하며 그들이 하는 말을 꼼꼼히 적는 기자들
00:24	피고인 한 명 한 명이 자리에서 일어나 재판에 성실히 임할 것을 다짐하는 장면

■ 연구해제

1979년 12월 4일 12시, 육군본부 계엄보통군법회의에서 열린 박정희 대통령 시해 제1차 공판을 촬영한 영상이다. 본 영상에 등장하는 여성은 김재규의 부인으로 추정된다. 김재규의 부인은 이날 기자들을 만나 자신이 해외에 도피한 것이 아니라 사건 이후 집에서 나올 수 없었다고 해명하였다.

1972년 유신독재체제를 구축한 박정희 대통령은 1979년 10월 26일 저녁, 서울 종로구 궁정동 청와대 부지 내에 있는 중앙정보부 소속 안가에서 김재규 중앙정보부장에 의하여 살해당하였다. 김재규의 박정희 대통령 암살에 대해서는 크게 두 가지 해석이 존재한다. 먼저 김재규의 개인적 동기를 강조하는 입장이다. 경호실장 차지철의 월권행위와 오만불손한 태도에 대한 반감과 차지철을 두둔하는 박정희에 대한 불만이 누적되었고, 김재규가 중앙정보부장으로서 정국을 통제할 능력을 상실하자 이에 대한 반발로 일으킨 사건이라는 해석이다. 반면 김재규가 유신체제의 극심한 위기를 국내외 동향으로부터 파악하고, 정치적 위기를 극복하기 위하여 박정희 대통령을 암살하였다는 의견도 존재한다. 이 주장은 부마항쟁으로 인한 집권층 내부의 혼란과 미국 입장에 대한 일부 오해, 유신체제 후기의 정당성 상실을 강조한다.

10 · 26사건 직후 육군참모총장 정승화는 김재규 체포명령을 내렸고, 보안사령관 전두환을 불러 김재규를 철저히 조사하라고 명령하였다. 군사법정에 피고인으로 서게 된 명단은 다음과 같다. 김재규(중앙정보부장), 김계원(청와대비서실장), 박선호(중앙정보부 의전과장), 박흥주(중앙정보부장 수행비서), 이기주(중앙정보부 비서실경비원), 유성옥(중앙정보부 관리국수송과 운전사), 김태원(경비원), 유석술(비서실 경비원).

군사법정에서 사형을 선고받은 김재규와 박선호, 유성옥, 이기주, 김태원은 1980년 5월 24일 서울구치소(현재의 서대문형무소 전시관)에서 사형이 집행되었고, 당시 현역군인이었던 박흥주는 1980년 3월 6일 총살형에 처해졌다.

10 · 26사건은 박정희 유신독재체제를 붕괴시킨 결정적인 사건이었으나 이 사건으로 인하여 전두환 보안사령관과 신군부 세력은 정치적으로 두각을 드러내기 시작하였다. 전두환은 10 · 26사건을 수사하기 위한 합동수사본부장에 임명되었고, 그를 중심으로 한 신군부 세력은 12 · 12쿠데타를 단행하고 군부를 장악하였다. 신군부 세력은 1980년 5월, '서울의 봄' 대학생 투쟁과 노동자들의 임금인상투쟁이 격렬해지자 비상계엄을 전국으로 확대하였다.(2차 쿠데타) 또한 신군부 세력은 5 · 17비상계엄 직후 광주에서 시민들의 항쟁을 유혈로 진압하고 정권을 장악하였다.

▌ 참고문헌

「김재규, 김계원 등 기소.. 내주 첫 공판」, 『동아일보』, 1979년 11월 27일.

「집중된 시선 무거운 분위기-고 박정희 대통령 시해사건 첫공판장 표정」, 『매일경제』, 1979년 12월 4일.

오창헌, 「10·26사건의 원인 분석 : 김재규의 행위와 동기를 중심으로」, 『정치정보연구』 4-1, 2001.

천호영, 「10·26과 김재규의 진실」, 『월간 말』 89, 1993.

해당호 전체 정보

1268-01 제10대 대통령
상영시간 ㅣ 01분 46초
영상요약 ㅣ 1979년 12월 6일에 최규하 대통령 권한대행이 제10대 대통령으로 선출됨.

1268-02 수출의 날
상영시간 ㅣ 00분 33초
영상요약 ㅣ 제16회 수출의 날 기념식에서 대우실업, 삼성물산, 현대 종합상사 등 22개 업체가 억달러 수출탑을 받음.

1268-03 호국 유적지 복원 정화공사
상영시간 ㅣ 01분 00초
영상요약 ㅣ 호국 유적지 복원 정화공사가 이루어지고 있는데 수원성곽과 만인의총이 보수, 복원됨.

1268-04 박정희 대통령 시해사건 공판
상영시간 ㅣ 00분 38초
영상요약 ㅣ 육군 본부 계엄 보통 군법회의 법정에서 박정희 대통령 시해사건의 첫 공판이 열렸다.

1268-05 의료 보험제도
상영시간 ㅣ 00분 36초
영상요약 ㅣ 의료 보험제도가 마련되었다는 내용이다.

1268-06 학생들의 한복생활
상영시간 ㅣ 00분 33초
영상요약 ㅣ 정서순화와 한국 여성상을 가르치기 위해 부산 구포 여상은 매달 3일 씩 한복을 입도록 하고 있다.

갱생보호주간 (1961년 11월 11일)

제작정보

출   처 : 대한뉴스KC 339호
제 작 사 : 국립영화제작소
제 작 국 가 : 대한민국

영상정보

제 공 언 어 : 한국어
컬   러 : 흑백
사 운 드 : 무

영상요약

법무부에서는 1961년 11월 1일부터 7일까지를 '갱생보호주간'으로 정하고 형무소에서 복역을 마치고 나온 출감자의 선도와 재범방지를 위하여 일반국민들에 대한 계몽기간으로 설정하는 동시에 보호사업을 보다 완전하게 하기 위한 행사를 하였다. 한편 고원증(高元增) 법무부장관은 11월 1일 상오 법무부장관실에서 전 진주사법보호회 상무이사

배병문 씨에게 공로표창장을 수여했다. 배 씨는 15년간을 무급으로 상무이사직에 있으면서 보호사업에 성의와 열의를 다하여 형을 마치고 사회에 나온 사람들을 선도하였으며 특히 30명을 결혼시켜주는 한편 전세까지 마련해준 공로자다.

내레이션

(내레이션 없음)

화면묘사

- 법무부장관실에서 전 진주사법보호회상무이사인 배병문 씨에게 공로표창장을 수여하는 고원증 법무부장관
- 고원증 법무부장관에게 꽃다발을 받는 배병문 씨와 이를 축하하며 박수치는 관계자들
- 출감자 관리사무실에서 출감자들에게 지장을 받고 물품을 나눠주는 관계자
- 목공소에서 대패질을 하는 출감자들
- 가구의 목재를 닦는 출감자들
- 리어카 바퀴를 제작 중인 출감자들
- 철공소에서 쇠를 다듬는 출감자들
- 줄을 서서 밥을 받고 국을 받은 후 식탁에 앉아 식사를 하는 출감자들

연구해제

이 영상은 1961년 10월 31일 갱생보호법이 제정된 이후 갱생보호주간을 맞아 수감원들의 활동을 소개하는 내용인데, 대한뉴스로 상영되지는 못한 것이다. 영상에는 수감원들이 갱생보호생활을 끝내고 수료증을 받는 장면, 갱생원에서 목공일을 교육받는 모습, 가구에 칠하는 모습, 담금질하는 모습, 급식을 받아 식사하는 모습 등이 담겨있다.

1961년 9월 31일 정부는 '갱생보호법'을 공포했다. 군사정부는 6·25전쟁 이후 아직도 해결되지 못한 고아와 부랑아 문제, 깡패 문제를 사회를 교란시키는 일종의 대상으로

보고, 이를 해결하기 위한 다양한 조치를 취하였는데, 이 법 역시 그중 하나이다. 전문 26조로 되어 있는 이 법은 형의 집행을 마친 자와 형을 받는 사람들을 대상으로 재범의 위험을 방지하고, 자활독립의 경제적 기반을 조성시켜 사회를 보호하고 개인 및 공공의 복리를 돕기 위한 것이다. 갱생보호법안의 요강은 첫째, 이제까지의 사법보호회에 대치하여 검사장, 법원장, 도지사, 형무소장, 사회유지 1명으로 구성되는 「갱생보호회」를 만든다. 둘째, 갱생보호회의계는 국가재정에 준하여 심계대상으로 한다. 셋째, 출소자의 직업보도는 국토건설사업과 관련시켜 추진한다. 넷째, 이 직업보도는 행형성적을 기준으로 하여 개선의욕을 고무한다. 다섯째, 사기업체의 고용에는 정부에서 신원보증을 하며 그 재원으로 피고용자의 수입일부를 적립시킨다. 여섯째, 보호의 종류 방법은 종국적으로 자활독립의 목적달성에 적합하도록 개정한다는 것이 그 내용이다. 이 법에 기초해서 같은 해 12월 20일 법무부는 새롭게 조직된 갱생보호회 전국실무자회의를 개최했다. 이날 회의에서는 갱생보호사업의 발전을 위한 여러 문제가 토의되었다.

▌ 참고문헌

「社會淨化運動 乞人救濟事業으로」, 『경향신문』, 1961년 4월 15일.
「「更生保護法案」작성」, 『동아일보』, 1961년 6월 28일.
「司法保護의 改善을 要望한다」, 『경향신문』, 1961년 6월 29일.
「「更生保護法案」작성」, 『동아일보』, 1961년 6월 29일.
「現實에맞도록「司保委」代替「更生保護法」成案」, 『경향신문』, 1961년 7월 14일.
「再犯않도록 輔導」, 『경향신문』, 1961년 10월 1일.
「更生保護會 實務者會議」, 『동아일보』, 1961년 12월 21일.

해당호 전체 정보

KC339-01 일본 수석대표 박정희 의장 예방

상영시간 ㅣ 00분 44초

영상요약 ㅣ 박정희 의장은 이케다 일본수상의 친서를 가지고 방한한 스기 미치스케(杉道助) 일본수석대표를 1961년 11월 3일 최고회의의장실에서 영접하고 약 40분간 요담했다. 이 자리에는 김종필 중앙정보부장과 배의환 한일회담수석대표, 그리고 약간 뒤늦게 최덕신 외무부장관이 동석했다.

KC339-02 박정희 의장 6군단 시찰

상영시간 ㅣ 02분 41초

영상요약 ㅣ 박정희 최고회의의장은 1961년 11월 2일 김종오 육군참모총장, 원충연 공보실장 등과 함께 제6군단을 시찰하였다.

KC339-03 고린스 장군 부의장 예방

상영시간 ㅣ 00분 51초

영상요약 ㅣ 체한 중인 미태평양지구육군총사령관 제임스 콜린스(James F. Collins) 장군은 버거 주한미대사, 멜로이 유엔군총사령관 등과 함께 최고회의를 방문하였다. 박정희 의장을 대리한 이주일 부의장은 이들과 환담한 뒤 콜린스 대장에게 기념방패를 증여하였다.

KC339-04 하와이 교포 부의장 예방

상영시간 ㅣ 00분 54초

영상요약 ㅣ 고국을 방문 중인 하와이주 한국출신 미국시민사절단 일행 4명은 1961년 11월 2일 상오 최고회의로 이주일 부의장을 예방하였다.

KC339-05 갱생보호주간

상영시간 ㅣ 01분 49초

영상요약 ㅣ 법무부에서는 1961년 11월 1일부터 7일까지를 '갱생보호주간'으로 정하고 형무소에서 복역을 마치고 나온 출감자의 선도와 재범방지를 위하여 일반국민들에 대한 계몽기간으로 설정하는 동시에 보호사업을 보다 완전하게 하기 위한 행사를 하였다. 한편 고원증 법무부장관은 11월 1일 상오 법무부장관실에서 전 진주사법보호회상무이사 배병문 씨에게 공로표창장을 수여했다. 배씨는 15년간을 무급으로 상무이사직에 있으면서 보호사업에 성의와 열의를 다하여 형을 마치고 사회에 나온 사람들을 선도하였으며 특히 30명을 결혼시켜주는 한편 전세까지 마련해준 공로자다.

KC339-06 도령동 화재

상영시간 ㅣ 01분 36초

영상요약 ㅣ 1961년 11월 4일 낮 11시 10분경 세종로에 있는 시민회관 노숙자 숙식소에서 갑자기 불이나 목조단층 약 20평짜리의 동 건물을 전소시키고 약 10분만에 진화되었다. 불은 이 숙식소 내 식당을 경영하는 이진태 씨 부엌에서 불을 때다가 부근에 흩어져있던 대패밥 등의 나무부스러기에 인화된 것으로 추정된다.

전국 상품 상표 전시대회장 (1961년 12월 23일)

제작정보

출   처 : 대한뉴스KC 345호
제 작 사 : 국립영화제작소
제 작 국 가 : 대한민국

영상정보

제 공 언 어 : 한국어
컬   러 : 흑백
사 운 드 : 무

영상요약

재건운동 서울시지부 주최 제1회 전국 상품 상표 전시대회가 1961년 12월 8일부터 25일
까지 화신백화점 3층과 4층에서 개최되었다.

내레이션

(내레이션 없음)

화면묘사

- 인기투표함에 투표용지를 넣는 관람객들
- 화신백화점 내에 전시된 다양한 상품들과 이를 구경하는 관람객들의 모습
- "전국상표상품전시대회장" 플래카드가 걸린 입구로 들어가는 관람객들
- 테이프 커팅식을 하는 관계자들
- 전시된 상품들을 만져보거나 먹어보는 관람객들
- 전시 중인 다양한 상품들의 모습

연구해제

1961년 5·16쿠데타 직후 군사정부는 국산품의 생산 장려와 보호육성을 제창하며 수
입품 금지품목을 증가시키고 국산품애용운동 등을 전개하였다. 동시에 국산품의 품질
향상이 중시되었고, 이를 위해 상표등록 제도가 강조되었다. 지금처럼 상품에 대한 고
유 권리나 특허에 대한 개념이 없던 시절 정래혁 상공부장관이 공시한 상표등록의 중요
성을 살펴보면, ①상표등록을 함으로써 다른 식품과 식별하여 상품 신용도를 높이고,
법의 보호를 받는 동시에, ②국산품을 외래품으로 가장하는 사기를 일소할 수 있어 국
산품이 보호받을 수 있다는 점 등이었다. 이에 호응하여 재건국민운동본부를 비롯한 많
은 사회·경제인 단체 역시 외래사치품의 배격과 더불어 부정한 상품과 상표를 일소하
자는 운동을 전개하였다. 이 연장선상에서 우량 국산품에 대한 전시와 국산품 상표를

알리는 전시회가 전국 각지에서 열리게 되었다.

이 영상에 등장하는 재건국민운동본부 서울시지부 주최의 '전국 상품 및 상표 전시대회' 역시 국산품의 발전을 장려하고, 소비자로 하여금 국산품에 대한 인식을 제고하기 위한 목적으로 개최되었다. 처음에는 1961년 12월 8일~25일까지의 예정으로 화신백화점 3층과 4층에서 개최되었는데, 이후 전시기간이 1962년 1월 10일까지 연장되었다.

전시대회 폐막 이후에는 이에 출품했던 상품 중 우량국산품에 대한 시상이 뒤따랐다. 시상식은 1962년 1월 17일 하오 2시 재건국민운동본부 서울시지부 주최로 시청회의실에서 개최되었으며, 내각수반을 비롯한 각부 장관이 시상했다. 특히 최고상인 내각수반상에는 상품부에서 조선맥주주식회사(크라운맥주)가, 상표부에서는 조화(朝花)주조주식회사가 각각 수상했다.

▌참고문헌

「상표등록토록 정상공 업자에 당부」, 『경향신문』, 1961년 8월 2일.
「상도덕 앙양을 촉진」, 『동아일보』, 1961년 8월 2일.
「알림」, 『동아일보』, 1961년 12월 8일.
「상품에 조맥 상표는 조화」, 『경향신문』, 1962년 1월 18일.

해당호 전체 정보

KC345-01 도로포장 공사(약수동 - 삼각지) 개통식

상영시간 ┃ 01분 26초

영상요약 ┃ 1961년 11월 29일 윤태일 서울특별시장은 기자회견에서 1961년 말까지 삼각지
와 약수동 간 도로포장공사를 준공 개통함으로써 시내의 교통난이 완화될 것
이라고 말했다. 또한 현재 진행중인 공사와 내년에 새로 시작할 도심지와 외
곽도로의 대폭 증설을 통해 서울시의 면목을 일신함과 동시에 교통난을 타개
하겠다고 밝혔다.

KC345-02 삼척 도로 공사 준공

상영시간 ┃ 00분 57초

영상요약 ┃ 1961년 12월 15일 삼척군 장성읍 황지리에 있는 황지초등학교 교정에서 조성
근 국토건설청장이 참석한 가운데 61년도 삼척지역산업도로 제1차 개수공사
준공식을 거행했다. 조 청장은 식사를 통해 이 공사를 준공함에 있어 협조와
노고를 아끼지 않은 미제8군, 유솜당국, 육군제202건설공병대와 도민들에게
진심으로 감사한다는 치하를 하였다.

KC345-03 송요찬 수반 송신소 시찰

상영시간 ┃ 01분 15초

영상요약 ┃ 송요찬 내각수반이 공사현장을 방문하여 공사개요 설명을 듣고 관계자들과
주변을 둘러보았다.

KC345-04 서울역 연말 풍경

상영시간 ┃ 01분 03초

영상요약 ┃ 연말을 맞아 서울역을 찾은 시민들과 기차역 승강장의 모습을 보여준다.

KC345-05   X마스 풍경

상영시간 ｜ 01분 09초

영상요약 ｜ 크리스마스를 맞이하여 트리와 각종 장식물로 치장된 성당 내부의 모습을 보여준다.

KC345-06   여성대회 제1회 전국여성대회 및 제4회 여권옹호 웅변대회

상영시간 ｜ 00분 59초

영상요약 ｜ 인권옹호주간을 맞아 여성의 권익을 옹호하기 위한 '제1회전국여성대회'가 보사부주최로 1961년 12월 12일 삼일당에서 거행되었다. 여성의 손으로 여성의 문제를 스스로 해결하자는 취지 아래 전국대표가 모여 2일간에 걸친 강연회와 분과회의 등이 펼쳐졌다.

KC345-07   전국 상품 상표 전시대회장

상영시간 ｜ 02분 02초

영상요약 ｜ 재건운동 서울시지부주최 제1회 전국 상품 상표 전시대회가 1961년 12월 8일부터 25일까지 화신백화점 3층과 4층에서 개최되었다.

KC345-08   공영 및 간이 주택 입주식, 결핵 주택 요양소

상영시간 ｜ 01분 01초

영상요약 ｜ '구로동 공영 및 간이주택 입주식'이 1961년 12월 11일 박정희 최고회의의장, 윤태일 서울시장 등 내외귀빈이 참석한 가운데 입주현장에 꾸며진 식장에서 거행되었다. 착공된 지 3개월 만에 준공을 본 동 공영주택 및 간이주택으로 인해 현재까지 집이 없던 서울시민 3,300여 세대가 입주할 수 있게 되었다. 한편 1961년 12월 12일에는 김송환 서울시 부시장을 비롯한 관계인사들이 참석한 가운데 서울시내 서대문구 역촌동의 결핵요양소 역시 신병동 준공식을 가졌다.

KC345-09   박정희 의장실 외국손님 접견

상영시간 ｜ 03분 42초

영상요약 ｜ 방한 중인 자유중국 국가안전국장 진대경 장군 일행은 최고회의로 박정희 의

장 및 이주일 부의장을 예방하였다. 한편 체한 중인 주미 필리핀대사 카르로스 로무로는 1961년 12월 11일 최고회의로 박정희 의장을 예방하고 혁명정부의 업적을 찬양하였다. 또한 1961년 12월 12일 자유중국 육전대사령관 정위원 장군은 김성은 해병대사령관의 안내로 최고회의에 박정희 의장을 예방하고 기념방패를 전달하였다.

KC345-10 육영수 여사 양노원 방문
상영시간 ｜ 01분 03초
영상요약 ｜ 박정희 의장 부인인 육영수 여사를 비롯한 최고위원 부인회대표 6명은 1961년 12월 12일 시내 고아원과 양로원 직업소년원 등 12개 후생시설을 방문하고 그들의 월회비로 마련한 선물과 5개 단체로부터 기증받은 물품들을 나누어주었다.

KC345-11 김홍일씨 향구 출발
상영시간 ｜ 00분 38초
영상요약 ｜ 전외무부장관 김홍일은 박정희 의장의 특사자격으로 1961년 12월 18일 니제르 공화국의 수도 니아메이에서 거행되는 독립 1주년기념식에 참석키 위해 12월 9일 김포공항을 통해 출발했다.

KC345-12 사격대회
상영시간 ｜ 00분 23초
영상요약 ｜ 사격을 하는 두 선수의 모습이다.

KC345-13 가요심사
상영시간 ｜ 00분 19초
영상요약 ｜ 최고회의 공보실은 1961년 11월부터 한달 동안 걸쳐 응모한 국민가요작곡 935편의 심사결과, 3편의 당선작을 선정했다. 당선작은 '새아침'(이영조), '새살림의 노래'(윤양석), '새나라는 부른다'(오동일)이다.

박정희 의장 한국은행 시찰 (1962년 1월 13일)

제작정보

출   처 : 대한뉴스KC 347호
제 작 사 : 국립영화제작소
제 작 국 가 : 대한민국

영상정보

제 공 언 어 : 한국어
컬   러 : 흑백
사 운 드 : 무

영상요약

1962년 1월 5일 하오 박정희 의장은 한국은행을 시찰하고 업무현황보고를 듣는 한편, 은행원들에게 국가와 국민들을 위해 친절할 봉사를 할 것을 당부하였다.

(내레이션 없음)

■ 화면묘사

- "한국은행" 간판
- 한국은행 건물 앞으로 들어오는 박정희 의장 차량
- 한국은행 관계자들과 악수를 나누고 한국은행 건물로 들어가는 박정희 의장
- 한국은행 내부를 시찰하는 박정희 의장 일행
- 응접실에 앉아 있는 박정희 의장 일행과 한국은행 관계자들

■ 연구해제

이 영상은 1962년 1월 5일 박정희 최고회의 의장이 한국은행을 시찰한 내용을 담고 있다. 박정희 의장은 5·16 쿠데타 이후 처음 맞는 신년에 중앙은행인 한국은행을 시찰하며 금융정책의 기조를 전달하였다. 박정희 의장은 이날 한국은행뿐만 아니라 재무부도 시찰하였는데, 강력한 국가주도의 경제개발계획 시행을 앞두고 국가재정을 관리하는 두 기구를 시찰했다는 점에서 주목할 만한 행보라 할 수 있다. 특히 1962년 한국은행법이 개정되며 정부의 통제하에 들어갔다는 점에서 더욱 주목할 필요가 있다.

한국의 중앙은행은 1909년 7월 한국은행조례가 공포됨으로써 본격적인 외향을 갖추기 시작했다. 그러나 일제의 식민지배로 조선은행으로 개편되었다. 조선은행은 식민지 조선의 중앙은행이었지만 본질적으로는 조선 경제의 수탈과 일본 산업자본의 대륙침투를 위한 금융조직을 강화하는 역할을 했다. 해방 이후에는 미군정법령에 의거하여 국고금 취급, 발권 및 대외준비의 보유, 시중은행에 대한 재할인 등 중앙은행으로서의 기능을 하였다. 그러나 제한된 범위 내에서만 통화신용정책 권한을 가졌을 뿐 강력한 신용조절 및 통제권한을 갖지 못하였고, 또한 일반은행 업무를 겸영하고 있었으므로, 엄격한 의미에서는 중앙은행으로서 지위를 갖지 못하였다고 할 수 있다.

정부 수립 이후에도 그 기능과 의미에 큰 변화는 없었다. 1950년 한국은행법이 제정

되었지만 통화가치의 안정, 은행신용제도의 건전화 및 국가의 대외결제준비자금 관리를 그 목적으로 규정하며 여전히 광범위한 거시경제의 조절 및 통제의 역할을 부여받지 못하였다. 그리고 1962년 경제개발계획이 추진되면서 한국은행은 실제 운용상은 물론 법제적으로도 독립성이 크게 약화되었다. 한국은행의 독립성 통제는 1962년 5월 한국은행법의 1차 개정을 통해 시행되었다. 1차 개정안은 금융정책수립 운영에 관한 최종적인 책임을 행정부에 귀속하고, 한국은행의 업무에 대한 재무부의 검사권을 신설하며, 화폐금융정책의 운영 및 관리에 관한 사항만 담당하도록 권한을 축소하는 규정을 담고 있다. 또한 정부의 통화신용정책 관여, 총재·감사 등 임원 임명에서의 재무부장관의 관여, 한국은행 업무에 대한 정부의 감독권 보유 등을 포함하고 있었다. 즉 한국은행은 정부의 허가 없이 어떤 독자적인 결정도 내릴 수 없게 된 것이다.

중앙은행의 독립성은 통화신용정책과 관련하여 중앙은행이 정부의 간섭을 받지 않고 독립적으로 통화신용정책을 수립하고 집행할 수 있는 권한을 보장한다. 이때 정부가 시장실패를 통제하기 위해서는 중앙은행의 정책에 개입할 수 있어야 한다는 의견도 존재한다. 그러나 박정희 정부가 시행한 한국은행 독립성 제한은 한국은행을 정부의 성장금융체제 확립과 경제성장을 위한 자금의 동원 및 배분기구로서 활용하기 위한 것이라는 특징이 있다.

▌ 참고문헌

강길환, 「우리나라 중앙은행제도에 관한 비판적 고찰」, 『경기대학교논문집』 37, 1995.

해당호 전체 정보

KC347-01 박정희 의장 한국은행 시찰

상영시간 ㅣ 00분 35초

영상요약 ㅣ 1962년 1월 5일 하오 박정희 의장은 한국은행을 시찰하고 업무현황보고를 듣는 한편, 은행원들에게 국가와 국민들을 위해 친절할 봉사를 할 것을 당부하였다.

KC347-02 안익태씨 박정희 의장 방문

상영시간 ㅣ 00분 13초

영상요약 ㅣ 1962년 1월 5일 최고회의 박정희 의장은 교향악 지휘자 안익태를 만나 환담했다. 20여분 동안 안익태와 환담하는 자리에서 박정희 의장은 "앞으로 우리나라에 돌아와서 이곳에 근거를 두고 적어도 한 해에 6개월씩은 한국에 머무르면서 우리나라를 위해 일해달라"고 당부했다. 반면 안익태는 수십 년 동안 그가 여러 나라를 순방하면서 여러 교향악단을 지휘한 손때 묻은 지휘봉과 자신이 작곡한 교향환상곡 코리아를 박정희 의장에게 선사했다.

KC347-03 각종 미술품 전시회

상영시간 ㅣ 02분 01초

영상요약 ㅣ 미술 전시회장 개막일에 참석하여 테이프 커팅식을 가진 후, 오재경 공보부장과 김종필 중앙정보부장을 비롯한 내외인사들은 작품을 둘러보며 감상하였다.

KC347-04 국악 연주실 개관

상영시간 ㅣ 00분 51초

영상요약 ㅣ 1962년 1월 6일 국립국악원에서는 관계인사 다수의 참석하에 국립국악원 연주실 개관 기념연주회가 열렸다. 동 연주실은 1961년 10월 2일 공보부가 문교부로부터 동 국립국악원을 이관 받은 후 총 공사비 3,200만 환을 들여 구연주실과 악기진열실을 개수하고 을지로 입구에 있던 원각사 대문을 이전 설치하여 이날 준공을 보았다.

KC347-05 이충무공 순국 363주기 무광사 추형제

상영시간 ㅣ 00분 54초

영상요약 ㅣ 이순신 장군에게 제를 올리는 무광사 추형제의 영상이다. 군사정부의 주요 인사들도 참여하고 절을 올리고, 남녀 학생들은 강강수월래를 추었다.

KC347-06 제주도 태흥1리 마을 스케치

상영시간 ㅣ 00분 25초

영상요약 ㅣ 제주도 태흥1리를 시찰 중인 정부 관계자들의 영상이다.

KC347-07 HLCF 개소식(제주도 소식)

상영시간 ㅣ 00분 41초

영상요약 ㅣ 1962년 1월 5일 제주도 서귀포에서는 주파수 1320K.C를 가진 방송중계소(HLCF) 개소식이 열렸다. 이날 개소식에는 강상욱 최고위원, 이원우 공보차관 등이 참석했으며, 이 중계소의 개소로 제주도 인근 도서지방에서 중공과 일본 방송망을 견제하고 KBS방송의 난청을 해소하게 되었다.

KC347-08 정래혁 상공장관 귀국

상영시간 ㅣ 00분 50초

영상요약 ㅣ 차관교섭을 위하여 구라파로 떠났던 정부경제사절단 일행 8명은 일부 민간경제교섭단과 함께 1961년 12월 18일 귀국했다. 정부경제사절단 단장인 정래혁 상공부장관은 성공적인 차관교섭이었다고 자평했다.

KC347-09 민성의 날 행사

상영시간 ㅣ 00분 30초

영상요약 ㅣ "민성의 날" 행사의 연사들과 참가자들의 모습이 담겨있다.

KC347-10 전라남도 지회 재건 총회(주최: 재향군인회)

상영시간 ㅣ 00분 33초

영상요약 ㅣ 5·16군사혁명 이후 정당사회단체 해체령에 따라 해산상태였던 대한민국재향군인회가 조국재건에 앞장설 것을 다짐하며, 1961년 12월 12일 국민운동본부

강당에서 재건총회를 개최하며 활동을 개시했다.

KC347-11 최고회의

상영시간 ㅣ 00분 41초

영상요약 ㅣ 박정희 의장이 참석한 가운데 열린 국가재건최고회의의 진행 모습이다.

KC347-12 아이스하키

상영시간 ㅣ 01분 31초

영상요약 ㅣ 대한빙상연맹주최 제14회 전국아이스하키 연맹전이 1962년 1월 6일부터 서울
운동장 육상경기장 특설아이스링크에서 개막되어 각 학교대표팀들이 참가한
가운데 경기가 치러졌다.

KC347-13 피겨 스케이팅 쇼

상영시간 ㅣ 04분 38초

영상요약 ㅣ 다양한 피겨 스케이트 공연 영상이다.

KC347-14 TV송신탑 설치

상영시간 ㅣ 02분 54초

영상요약 ㅣ 한국 최초의 극초단파 전화가 1년만의 공사를 끝맺고 제주도와 내륙을 연결시
켰다. 1961년 12월 20일까지 시험송수신을 성공적으로 끝마친 초단파 송신시
설은 체신부의 개통허가를 받으면 일반이 사용하게 된다. 이 초단파전화는 제
주도 삼성혈 옆과 목포의 양을산에 각각 2대씩 세워진 높이 15미터의 안테나
로 중계하게 될 것인데 서울, 부산 광주 각 2회선, 목포 6회선으로써 전국 각
지에 중계하게 된다. 이 공사는 1960년 12월 7일 서울태성전업이 착공했으며,
영국 마루코니 회사에서 제작한 파라볼릭형 안테나 4대와 송수신기를 ICA원
조자금으로 구입했었다.

KC347-15 전동차

상영시간 ㅣ 00분 20초

영상요약 ㅣ 정차 중인 전동차의 모습이다.

KC347-16   각기관, 단체별 자매 결연식

상영시간 ㅣ 04분 57초

영상요약 ㅣ 1961년도 연말 들어 시내의 각 기관과 농어촌 간의 자매결연이 성황인 가운데
공보부에서는 자매부락에 전달하라고 500개 부락과 자매관계를 맺은 각 기관
에 "지역사회상호친선관계 농어촌지급용" 라디오 500대를 전달하였다. 공보부
발표에 따르면 자매관계결연운동을 시작한 이래 1962년 1월 6일까지 도시에서
농촌에 보내진 사랑의 선물 실적은 소 58두, 돼지 304두, 가마니 짜는 기계 19대,
새끼 꼬는 기계 36대, 탈곡기 8대, 재봉틀 8대, 괭이 62자루, 삽 668개, 학용품
18,078점, 의류 1,013점 등이다.

벤 장관 일행 회의 (1962년 6월 1일)

제작정보

출   처 : 대한뉴스KC 367호
제 작 사 : 국립영화제작소
제 작 국 가 : 대한민국

영상정보

제 공 언 어 : 한국어
컬   러 : 흑백
사 운 드 : 무

영상요약

울산종합제철공장 건설에 관한 합의서가 1962년 5월 17일 송요찬 내각수반실에서 한미 양국 실업인단 간에 서명되었다.

(내레이션 없음)

┃ 화면묘사

- 송요찬 내각수반과 밴 플리트 장군을 가운데 두고 회의테이블에 둘러 앉아있는 한국 과 미국의 실업인들
- 합의서에 각각 서명하는 한국과 미국의 실업인들
- 합의서에 사인하는 송요찬 내각수반
- 악수를 나누는 한국과 미국의 실업인들
- 미국 측 인사들과 악수를 나누는 송요찬 내각수반

┃ 연구해제

이 영상은 제임스 밴 플리트(James Van Fleet) 장군이 인솔하는 미국실업인 한국시찰단과 송요찬 내각수반 및 한국 기업인 일행이 투자사업에 대한 협약을 체결하는 모습을 담고 있다. 밴 플리트는 1950년 6·25전쟁 당시 미8군 사령관이자 주한 유엔군 사령관이었으며, 5·16쿠데타 직후 미국 내에서도 쿠데타를 비교적 일찍 지지한 친한파로 분류되는 인물이었다. 1961년 11월 이병철 한국경제인협회 회장을 단장으로 미국지역 외자교섭단이 파견되었을 때 밴 플리트가 중개 역할을 하기도 했다.

밴 플리트 일행은 1962년 5월 11일 제1차 경제개발5개년계획과 관련하여 대한투자기회를 검토하기 위해 방한하였다. 38명의 미국 실업계 중진으로 구성된 시찰단은 약 1주일 머물면서 국내 저명한 경제인들과 합작투자를 위한 협의를 가졌다. 구체적으로 14일 한미 경제인들과 경제간담회를 갖고 업종별 사업계획서를 교환하였고, 16일에는 박정희 최고회의장을 만나 미국의 민간실업인들이 경제개발 5개년계획을 지원하기 위하여 제철 및 비료공장 등에 투자할 용의가 있음을 밝혔다. 실제로 미국 민간인 경제사절단과 국내 실업인들은 총 투자액 8,000만 달러에 달하는 울산종합제철공장의 건설에 대해 가계약 합의서에 서명하였으며, 울산공업센터에 건설할 제3비료공장과 정유공장, 그리고

PVC공장을 비롯하여 볏집·펄프공장과 알루미늄공장, 그리고 포장제지공장의 건설 등에 대한 투자를 논의하였다. 이중 PVC공장에 대해서는 21일 연간 4,800톤을 생산할 공장건설의 자금출자에 합의를 도출하기도 했다.

1962년부터 시행된 제1차 경제개발 5개년계획을 시행하는 데 있어 서독의 민간차관이 도입되고 있었지만, 좀 더 조건이 좋은 미국정부의 개발차관을 이용해야 한다는 의견이 실업계에서부터 제기되었다. 실제로 3월 20일 한국경제인협회 회원인 극동해운의 남궁연 사장이 뉴욕에서 블로우-녹스사와의 협력을 통해 울산에 1억 달러 이상의 비용으로 종합제철공장을 건설하겠다고 발표한 일도 있었다.

이 같은 상황에서 한국정부는 밴 플리트 사절단을 통해 미국원조기관으로부터 투자를 받을 수 있다고 확신하였다. 반면 한국의 입장과 달리 미국정부는 밴 플리트 사절단은 미국정부와 별개의 민간시찰단이라며 그 의미를 한정하였다. 또한 밴 플리트 사절단의 적극적인 평가와는 달리 그들이 체결한 합작투자에 대한 개발차관 공여에 관해서도 소극적이었다. 이에 경제개발계획을 시행하기 위한 자금난에 부딪친 군사정부는 제1차 경제개발계획을 수정하였다. 더불어 원조를 받기 위한 조건으로 미국의 요구를 수용하여 재정안정계획을 수립하게 되었다.

▌ 참고문헌

「한국의 경제病 회복단계」, 『동아일보』, 1962년 5월 12일.

「사업계획의견교환」, 『동아일보』, 1962년 5월 15일.

「제철·비료공장에 투자할 용의」, 『동아일보』, 1962년 5월 17일.

「가계약된 차관확정을 요청」, 『동아일보』, 1962년 5월 21일.

「프라스틱 원료공장건설 한·미실업단대표 합의서에 서명」, 『동아일보』, 1962년 5월 22일.

기미야 다다시, 『박정희 정부의 선택』, 후마니타스, 2008.

해당호 전체 정보

KC367-01 박정희 의장 예방(ESTMAN)

상영시간 ㅣ 00분 16초

영상요약 ㅣ 미태평양지구공군사령관 에머트 오도넬(Emmett O'Donnel, Jr) 대장은 1962년 5월 28일 김신 공군참모총장의 안내로 내한인사차 최고회의로 박정희 의장을 예방하였다.

KC367-02 소년, 소녀단 박정희 의장 예방

상영시간 ㅣ 00분 17초

영상요약 ㅣ 1962년 5월 23일 박정희 의장은 의장 접견실을 찾은 대한소년단과 소녀단 대표에게 금일봉을 전달했다.

KC367-03 박정희 의장 훈장 수여

상영시간 ㅣ 00분 20초

영상요약 ㅣ 대통령권한대행 박정희 의장은 1962년 5월 21일 국가재건최고회의위원들과 버거 주한미대사 등이 참석한 가운데 미태평양함대 사령관 존 사이드(John H. Sides) 해군대장에게 일등근무공로훈장을 수여했다.

KC367-04 제16회 어린이 건강심사 표창식

상영시간 ㅣ 01분 12초

영상요약 ㅣ 제16회 어린이 건강심사 표창식이 1962년 5월 26일 시민회관에서 열렸다. 영아부 최우량아 양홍섭(생후9개월)군을 비롯한 200여 명이 우량아 상을 수여받았다.

KC367-05 미 태평양함대 사령관 내한

상영시간 ㅣ 01분 20초

영상요약 ㅣ 미 태평양함대 사령관 존 사이드 해군대장이 미국 고위층인사들과 회담하기 위해 1962년 5월 21일 특별군용편으로 내한했다.

KC367-06 이스라엘 대사 신임장 제정

상영시간 ㅣ 01분 07초

영상요약 ㅣ 신임 다니엘 레윈 이스라엘대사는 1962년 5월 23일 청와대에서 대통령권한대
행 중인 박정희 의장에게 신임장을 제정하였다.

KC367-07 벤 장관 일행 회의

상영시간 ㅣ 01분 09초

영상요약 ㅣ 울산종합제철공장 건설에 관한 합의서가 1962년 5월 17일 송요찬 내각수반실
에서 한미양국실업인단 간에 서명되었다.

KC367-08 울산 공업지구 수반 브리핑

상영시간 ㅣ 00분 31초

영상요약 ㅣ 송요찬 내각수반은 1962년 5월 23일 관계관들을 수반실에 모이게 하여 울산공
업센터의 토지매수대책과 공장건축용지조성 문제에 관해 협의하였다.

KC367-09 육사 학생의 날(62년도 생도의 날)

상영시간 ㅣ 01분 15초

영상요약 ㅣ 육군사관학교 1962년도 생도의 날 행사 영상이다.

KC367-10 경제 개발 5개년 계획 종합 보고

상영시간 ㅣ 00분 29초

영상요약 ㅣ 중앙한해대책위원회는 1962년 5월 27일 위원장인 송요찬 내각수반을 비롯한
관계인사들의 참석하에 긴급한해대책 관계기관장회의를 소집하고 '농작물한
해대책요강'을 지시하였다.

KC367-11 인쇄인 합동 자매 결연

상영시간 ㅣ 01분 10초

영상요약 ㅣ 서울지구 인쇄공업협회 등 7개 단체와 강원도 인제군 남면갑둔 2구 부락 등 7개
부락과의 합동자매 결연식이 1962년 5월 26일 시민회관 소강당에서 거행되었
다.

KC367-12   깡통 공장

상영시간 ㅣ 01분 38초

영상요약 ㅣ 노동자들이 기계를 이용해 네모난 깡통을 제작 중인 작업장의 영상이다.

KC367-13   필드 하키

상영시간 ㅣ 02분 12초

영상요약 ㅣ 1962년 5월 23일 내한한 일본 천리대팀은 5월 26일부터 효창구장에서 한양대
              팀 등 국내 4개 팀과 4차에 걸친 한일친선 필드하키 경기를 거행하였다.

KC367-14   5월 문예인 시상식

상영시간 ㅣ 00분 57초

영상요약 ㅣ 제1회 5월 문예상 시상식이 1962년 5월 23일 시민회관 소강당에서 개최되었
              다. 수상자들은 문학부의 서정주 씨를 비롯한 각 분야의 7인이었다.

토끼 수입 (1962년 6월 16일)

제작정보

출   처 : 대한뉴스KC 369호
제 작 사 : 국립영화제작소
제 작 국 가 : 대한민국

영상정보

제 공 언 어 : 한국어
컬   러 : 흑백
사 운 드 : 무

영상요약

화물선에서 토끼가 든 나무상자를 부둣가로 실어 나르는 인부들의 영상이다.

내레이션

(내레이션 없음)

화면묘사

- 짚이 깔린 상자 안에 있는 하얀 토끼 두 마리
- 토끼가 든 상자를 배에서 부둣가로 실어 나르는 인부들
- 상자에서 얼굴을 내미는 토끼들
- 부둣가에 쌓여져 있는 토끼가 든 상자들
- 상자에서 토끼를 꺼내 살펴보는 검역관들
- 부둣가에 정착 중인 화물선
- 토끼가 든 상자를 배에서 부둣가로 옮기거나 트럭에 싣는 인부들

연구해제

이 영상은 외국에서 수입된 토끼가 하역되어 각지로 이동하는 모습을 담고 있다. 인부들은 토끼가 담긴 상자를 옮기고 검역사들은 상자에 담긴 토끼에 대한 위생검사를 시행했다. 1960년대 토끼 사육은 농가소득의 증대를 위한 방안으로 간주되었다. 토끼가 상품가축으로 주목받았던 이유는 번식력이 뛰어나며 사육방법이 까다롭지 않다는 데 있었다. 9개월만 자라면 식용으로 쓸 수 있기 때문에 국민식생활에 큰 도움을 줄 것이라 인식되었던 것이다. 또한 많은 자본이 필요하지 않으며 사료 역시 자급할 수 있는 푸른풀, 밀기울, 쌀겨 등이라는 점도 주목되었다.

상품가축으로서 토끼의 용도는 식용고기, 가죽 및 털 가공 등으로 볼 수 있었다. 특히 앙고라 토끼의 경우 털의 특성상 털실용으로 보급하기 위한 목적으로 도입되었다. 토끼고기 및 가죽의 가공을 위해 정부 당국에서는 이미 운영 중인 화성축협 외에 네 개의 시설을 추가로 설치할 계획을 세웠다. 1962년 시점에서 서울축협은 연간 60만 마리의 토육모피 처리시설을 서두르고 있었고 춘천, 대구, 이리에서도 1963년 안으로는 처리시설을 준공시킬 준비를 진행하고 있었다.

토끼는 주로 일본으로부터 도입되었는데, 수입경로는 다양했다. 우선 농협중앙회의 주최로 진행되는 경우를 살펴보면 당해 축산자금을 통해 수입하여 각 도에 배정하였다. 이때 우량품종으로서 생후 6개월에서 12개월 사이의 토끼가 수입대상이 되었다. 개인이 토끼 사육을 원하는 경우에는 외국 구입지로부터 제안을 받아 수입추천의뢰서와 함께

농림부에 제출하면 원하는 품종의 토끼를 수입할 수 있었다. 국내에서는 일반시중 및 농협 또는 군축산계를 통해 구입할 수 있었다.

토끼수입 및 상품화를 위한 활동은 주로 농림부, 농협중앙회 및 한국양토협동조합에서 담당하였다. 토끼는 국내시장뿐만 아니라 해외시장까지 겨냥하여 상품화되었다. 1962년 11월에는 일본에 10만 톤의 토끼고기를 수출한 것을 시작으로 이듬해 봄까지 37만 마리의 수출이 계획되어 있었다. 고기뿐만 아니라 50만 장의 토끼털 및 가죽 수출도 계획되었다. 한국 내 소비로는 매달 13만 마리의 토끼고기를 군납용으로 보급하여 판로를 확대할 것이 결정되었다.

▌ 참고문헌

「젖소 千頭·토끼5千마리 導入」, 『동아일보』, 1962년 1월 10일.
「앙골라 토끼 구입방법은?」, 『경향신문』, 1962년 4월 11일.
「모르토르 구입은」, 『경향신문』, 1962년 7월 29일.
「귀족토끼 '앙골라' 수입」, 『동아일보』, 1962년 8월 5일.
「내년봄부터 토끼 '붐'?」, 『경향신문』, 1962년 10월 15일.

해당호 전체 정보

KC369-01 아세아 영화제 수상자 송요찬 내각수반 예방

상영시간 ㅣ 00분 47초

영상요약 ㅣ 아세아 영화제 수상자들이 송요찬 내각수반을 방문한 영상이다.

KC369-02 외국인 송요찬 수반 예방

상영시간 ㅣ 00분 16초

영상요약 ㅣ 1962년 6월 13일 미 해군차관 폴 페이 씨는 박정희 의장과 송요찬 내각수반을
각각 예방하였다.

KC369-03 최고회의

상영시간 ㅣ 00분 33초

영상요약 ㅣ 국가재건최고회의 회의 진행 영상이다.

KC369-04 주 멕시코 대사 신임장 수여

상영시간 ㅣ 00분 30초

영상요약 ㅣ 대통령권한대행 박정희 의장은 1962년 6월 1일 청와대에서 멕시코 주재 이성
가 대사에게 신임장을 수여하였다.

KC369-05 권농일 행사

상영시간 ㅣ 01분 54초

영상요약 ㅣ 1962년 6월 10일 제14회 권농일을 맞아 서울 동대문구 휘경동 농촌진흥청 원
예시험장에서는 기념식을 올리고 기념 모내기를 하였다.

KC369-06 조화 및 생화 전시회

상영시간 ㅣ 03분 25초

영상요약 ㅣ 조화를 연구해 왔던 이미리사 여사의 제1회 조화소품전이 1962년 6월 4일부터
10일까지 중앙공보관에서 열렸다.

KC369-07   프로레스링

상영시간 ㅣ 02분 39초

영상요약 ㅣ 프로레슬링 경기 중인 선수들과 이를 관람하는 관객들의 영상이다.

KC369-08   무술대회

상영시간 ㅣ 03분 05초

영상요약 ㅣ 운동장에서 펼쳐진 유도시합과 검도시합의 영상이다.

KC369-09   토끼 수입

상영시간 ㅣ 02분 14초

영상요약 ㅣ 화물선에서 토끼가 든 나무상자를 부둣가로 실어 나르는 인부들의 영상이다.

KC369-10   단오절 그네 뛰기

상영시간 ㅣ 02분 02초

영상요약 ㅣ 단오를 맞아 그네를 타는 시민들의 영상이다.

KC369-11   한 · 일 배드민턴

상영시간 ㅣ 00분 30초

영상요약 ㅣ 한일 친선 배드민턴 경기가 1962년 6월 6일 풍문여자고등학교 체육관에서 거
            행되었다. 일본선수단은 남녀단체와 개인전에서 모두 한국 대표선수들을 눌
            러 낙승했다.

KC369-12   추념식 행사

상영시간 ㅣ 00분 28초

영상요약 ㅣ 현충일 행사장에서 기념비 앞에 헌화하는 장병들의 영상이다.

소년직업보도소 준공 (1962년 7월 25일)

제작정보
출　　　　처 : 대한뉴스KC 375호
제 작 사 : 국립영화제작소
제 작 국 가 : 대한민국

영상정보
제 공 언 어 : 한국어
컬　　　러 : 흑백
사 운 드 : 무

▌ 영상요약

고아들의 배움의 전당이 될 국립소년직업훈련소 본관이 준공된 지 넉 달 만에 인천시 구산동에 세워져 그 낙성식이 1962년 7월 19일 훈련소 광장에서 있었다.

▌ 내레이션

(내레이션 없음)

▌ 화면묘사

- 국립소년직업훈련소 운동장에 도열 중인 훈련생들
- 천막 아래 단상 위에서 연설 중인 정희섭 보건복지부장관
- 차렷 자세로 연설을 듣는 훈련생들
- 공로자에 대한 표창을 하는 정희섭 보건복지부장관
- 단상 위에 앉아있는 내외 귀빈들
- 기념사를 하는 이주일 부의장
- 다양한 참석자들의 모습
- 국립소년직업훈련소 건물 외관
- "기술은 일생의 재산이다"라고 쓰인 야외 게시판 옆에 앉아있는 소년들
- 정희섭 보건복지부장관에게 포부를 밝히는 글을 읽는 훈련소 대표
- 각계 인사들에게 후원품을 받는 훈련소 대표와 후원품들
- 테이프 커팅식을 하는 관계자들
- 훈련소 각 시설을 둘러보는 관계자들
- 실습 기계 앞에 서있는 훈련생들
- 다양한 훈련소 내 시설들의 모습
- 위에서 바라본 국립소년직업훈련소 전경
- 기계, 목재가공, 전기기기 등의 실습 중인 훈련생들의 모습

연구해제

이 영상은 1962년 7월 19일 소년직업보도소의 준공식을 알리는 내용이다. 영상에서는 직업보도소 전경과 준공식장 모습, 관계자 연설, 상장 수여 및 관계자 훈시 장면, 직업보도소 건물 내외부 시설의 모습 등을 볼 수 있는데, 뉴스로 상영되지는 못하였다.

1962년 7월 19일 1,500명의 고아가 수용될 수 있는 국립소년직업훈련소가 인천 수산동에 세워졌다. 이 훈련소 본관은 지난 3월 22일 김영귀(풍한산업), 채봉인(대륭산업), 이봉수(신일기업) 등이 기증한 2억 환의 자금으로 착공된 것이다. 준공식에는 이주일 최고회의 부의장을 비롯한 정희섭 보건사회부장관, 김병삼 내각사무처장 등이 참석했다. 이주일 부의장이 대독한 축사를 통해 박정희 의장은 "직업훈련에 그치지 말고 인간개조에 하나의 발판이 되어야 한다"고 강조했고, "많은 고아들이 기술을 배워 복지사회 건설에 이바지해야한다"고 말했다.

이 훈련소는 이후 연 500명(14세부터 18세까지)의 기술자를 배출할 계획을 가지고 있었다. 이들에게는 농축, 목공, 철공 「프린트」, 이발, 공예 「라디오」, 상업, 미술제도 등 10개 과목을 교육·훈련할 예정인데, 입소자격은 18세 이하의 남아들로 직업부양 및 의탁처가 없는 아이들이었다.

해방과 6·25전쟁 이후 민간단체와 정부는 부랑아시설을 건설하는 동시에 이처럼 이들에게 실질적인 교육을 하는 시설도 마련하였다. 지역 경찰서와 대학생들이 직업소년학교를 만들어서 부랑아가 교육을 받게 하였는데, 서울 중부서 순경이 1952년에 부랑아 가르치기를 시작한 후 서울 중구(남산)에 건립된 학교를 그 효시로 볼 수 있다. 이 학교에서는 7~17세의 어린이와 청소년(구두닦이, 신문팔이, 행상, 직공, 점원 등) 400~700여 명이 하루 세 시간가량 공부하였다. 이후 정부에서는 1957년에 중앙소년직업훈련소를 설립하였다.

1961년 8월 현재 전국적으로 시설에 있는 아동의 수는 남자 40,530명, 여자 22,077명으로 합계 62,607명으로, 1959년 조사 통계의 5만여 명에 비해 더욱 크게 증가한 수치였다. 고아 보호를 위한 예산은 국고에서 10억 원(28%), 외국원조 18억 원(46%), 자체 9억 원(21%), 기타 6억 원(14%)으로 외원의 비중이 월등히 높았고, 수용소는 국립이 12, 법인 449, 사설인가 120개소로 약 절반의 아동이 외원기관에서 보호 중이었다.

참고문헌

「연장孤兒 職業輔導시설」,『경향신문』, 1962년 2월 6일.

「二億들여着工 少年職業補導所」,『동아일보』, 1962년 2월 28일.

「罪가미웠나? 사람이미웠나?」,『경향신문』, 1962년 4월 12일.

김아람,「5·16군정기 사회정책 : 아동복지와 부랑아 대책의 성격」,『역사와 현실』82,
        2011.

해당호 전체 정보

KC375-01 소년직업보도소 준공

상영시간 ㅣ 04분 50초

영상요약 ㅣ 고아들의 배움의 전당이 될 국립소년직업훈련소 본관이 준공된 지 넉 달 만에 인천시 구산동에 세워져 그 낙성식이 1962년 7월 19일 훈련소 광장에서 있었다.

KC375-02 학예술원 시상식

상영시간 ㅣ 01분 04초

영상요약 ㅣ 제7회 학술원, 예술원상 수여식이 1962년 7월 17일 서울대학교 대강당에서 거행되었다. 이날 김철수 등 학술원상 수상자 5명과 손재형 등 예술원상 수상자 4명은 각각 학술원회장 이병도 박사와 예술원회장 박종화 박사로부터 상장과 부상을 받았다.

KC375-03 귀국하는 인사

상영시간 ㅣ 00분 38초

영상요약 ㅣ 정부관계자가 해외에서 귀국하는 영상이다.

KC375-04 포항항 개항

상영시간 ㅣ 00분 33초

영상요약 ㅣ 1962년 7월 9일자로 포항항구가 개항장으로 승격됨에 따라 송도 앞바다 710미터 지점에 길이 225미터의 방사제 공사가 시작되었다.

KC375-05 자매결연(해운공사와 동양2리)

상영시간 ㅣ 01분 43초

영상요약 ㅣ 해운공사와 동양2리 간의 자매결연식 행사 영상이다.

KC375-06   모범 부락

상영시간 ㅣ 00분 51초

영상요약 ㅣ 기와를 제조하고 가옥들이 정비된 농촌 모범부락 모습이다.

평양 다리굿 (1962년 10월 13일)

제작정보

출   처 : 대한뉴스KC 386호
제 작 사 : 국립영화제작소
제 작 국 가 : 대한민국

영상정보

제 공 언 어 : 한국어
컬   러 : 흑백
사 운 드 : 무

영상요약

경복궁 경회루 안에서 펼쳐지는 평양다리굿 공연과 이를 관람하는 외국인들의 모습이
다.

내레이션

(내레이션 없음)

화면묘사

- 경회루 안에서 펼쳐지는 굿 공연 모습과 이를 관람하는 외국인들
- 사물에 맞춰 춤을 추며 굿을 하는 무당들
- 경복궁 경회루 전경

연구해제

이 영상은 1962년 가을 경회루에서 열린 평양 다리굿 공연을 촬영한 것인데, 대한뉴스로는 상영되지 못하였다. 평양 다리굿은 본래 평안도 지역의 진혼굿으로, 살아있는 자의 장수를 빌고 죽은 자의 혼이 무사히 저승으로 갈 수 있도록 기원하는 굿이다. 하지만 영상에서는 한국을 방문한 외국인들을 위한 공연의 형태로 굿을 진행하고 있다.

1960년대와 1970년대 대한뉴스에서 무당굿을 촬영한 영상은 매우 드물다. 이 영상은 대한뉴스에서 굿을 촬영한 최초의 영상이자 굿 공연을 상세하게 보여주고 있는 거의 유일한 영상으로 의의가 있다. 특히 여러 명의 무당들이 경회루의 한쪽 끝에 무신도를 모셔두고 그림으로 그려진 굿상을 그 아래 배치해 둔 뒤 직접 공연을 하고 있어 눈길을 끈다. 또한 실제 굿에서 사용했던 것으로 보이는 의상을 입고 방울 등의 무구를 사용하는 장면을 촬영하고 있으며, 꽹과리와 장구 반주에 맞추어 역동적인 춤사위를 펼치는 공연 장면의 이모저모를 보여주고 있어 1960년대 굿 공연 실황을 보여주는 희귀한 영상이라고 할 수 있다.

이 영상의 두드러진 특징은 공연 중인 무당의 모습을 비중 있게 보여준다는 점이다. 해방 이후 1950년대까지 한국 사회에서 무속신앙은 국가권력에 의해 '미신'으로 치부되어 왔다. 국가에 의한 무속신앙의 통제와 관련된 신문기사도 매년 빠지지 않고 등장한다. 1949년에는 무녀금지령이 내려지기도 했고, 1950년에는 무당 소탕전이 전개되기도 했으며, 점쟁이와 무당들이 단속당하기도 했다.

1962년 문화재보호법 실행 이후에도 무속신앙은 온전히 보존되기 힘들었다. 박정희 정권의 문화재 정책은 근대화 그리고 민족주의와 관련된 것들에 초점이 맞추어져 있었다. 또한 조국의 근대화에 동원될 충실한 국민을 만들어내기 위해 한민족의 우수성과 뛰어남을 설명하는 것에 문화재를 활용하고자 했다. 이전 시대부터 미신으로 천대받아왔던 무속신앙은 문화로서 인정받기 힘들었다. 또한 문화재로 보존이 된다 하더라도 무속신앙의 내용적 측면은 배제된 채, 춤사위, 무구, 무신도, 의복, 무가와 같이 예술적으로 보존되어야 한다고 판단되는 것들만 선택적으로 보호될 뿐이었다.

이러한 시대배경을 고려해 볼 때 정부 선전 매체인 대한뉴스 제작자들이 평양 다리굿 공연을 취재했다는 것은 이례적인 일이라고 볼 수 있다. 이것은 마을이나 가정에서 종교의식으로 열린 굿이 아닌, 경복궁의 호화스러운 경회루에서 열린 공연 형태의 굿이었기 때문에 가능한 일이었다. 이 영상이 촬영은 되었지만 미공개 된 것은 편집과정에서 사회에 무속무당을 조장할 수 있다는 정부의 우려가 반영된 결과라고 볼 수 있을 것이다. 아울러 정부가 1962년 당시 한국을 방문한 외국인들에게 한국의 전통문화로서 '무당 굿' 공연을 기획했다는 점은 당시 공연의 집행자들이 무속의례의 종교적 문화적인 측면보다는 행위적 측면에 중점을 두었음을 확인할 수 있는 부분이다. 또한 영상의 마지막 부분에 굿이 열리는 경회루의 아름다운 전경을 추가하는 장면은 한국의 아름다운 전통 예술로서 무당굿을 승화시키고자 했던 제작자의 새로운 시도였을 것이라고 볼 수 있다. 이러한 측면들은 이후 문화재 정책을 추진하는 과정에서 '무대 공연화' 되는 굿의 초기 단계의 모습을 보여주는 유추할 수 있게 해 준다.

▌참고문헌

정유진, 「박정희 정부기 문화재정책과 민속신앙」, 『역사민속학』 39, 2012.

해당호 전체 정보

KC386-01   박정희 의장 인삼밭 시찰
상영시간 ㅣ 01분 28초
영상요약 ㅣ 박정희 의장은 1962년 9월 26일 경기도 일대의 농사 실정과 강화도의 수삼재
배장을 시찰했다.

KC386-02   개천절
상영시간 ㅣ 01분 02초
영상요약 ㅣ 1962년 10월 3일 개천절을 맞이하여 서울시는 시민회관에서 기념식을 올렸다.

KC386-03   모범 용사 환영대회
상영시간 ㅣ 01분 54초
영상요약 ㅣ 건군 14주년을 맞아 국군모범용사 60명을 위한 환영대회가 1962년 10월 4일
시청 앞 광장에서 국민운동본부 주최로 열렸다.

KC386-04   아시아 반공대회
상영시간 ㅣ 01분 51초
영상요약 ㅣ 1962년 10월 1일 일본 도쿄에서는 아세아인민반공연맹 제8차 연례회의가 개막
되었다.

KC386-05   반공 수기 당선자 시상식
상영시간 ㅣ 00분 44초
영상요약 ㅣ 공보부는 9·28서울수복 12돌을 기념하여 6·25동란 참전용사의 반공수기를
현상공모하고, 당선작을 시상하였다.

KC386-06   홍삼 수확
상영시간 ㅣ 02분 31초
영상요약 ㅣ 수삼을 홍삼으로 만드는 제조공장 내의 작업모습과 이를 시찰하는 관계자들

의 모습이다.

KC386-07 괴뢰 집단 규탄대회
상영시간 ｜ 01분 03초
영상요약 ｜ 1962년 10월 5일 국민회당에서는 한국아시아반공연맹 북한해방촉진회가 주최
하는 북한괴뢰집단 흑백함선거 진상폭로 규탄대회가 있었다.

KC386-08 불조심 강조기간(10.14~20)
상영시간 ｜ 00분 44초
영상요약 ｜ 불조심 강조기간을 맞아 119에 신고전화를 하는 시민들과 소방서 내의 소방대
원들의 모습이다.

KC386-09 모범 용사 박정희 의장 내외 예방
상영시간 ｜ 00분 58초
영상요약 ｜ 국군의 날에 선발된 모범용사 60명은 1962년 10월 5일 청와대로 대통령권한대
행 박정희 의장을 예방했다.

KC386-10 시내 전경
상영시간 ｜ 00분 23초
영상요약 ｜ 행사를 진행하는 관계자들 영상이다.

KC386-11 미 7함대 사령관 훈장 수여
상영시간 ｜ 00분 35초
영상요약 ｜ 박정희 의장은 1962년 10월 4일 전임 미7함대사령관 윌리엄 셰이(William A.
Schoech) 중장에게 2등근무공로훈장을 수여했다.

KC386-12 3군 사관학교 파티
상영시간 ｜ 01분 01초
영상요약 ｜ 가든파티를 즐기는 박병권 국방부장관과 사관생도들의 모습이다.

KC386-13　국군 묘지

상영시간 ㅣ 01분 01초

영상요약 ㅣ 군인 묘지를 참배하는 미군 및 한국군 장성들의 모습이다.

KC386-14　평양 다리굿

상영시간 ㅣ 01분 11초

영상요약 ㅣ 경복궁 경회루 안에서 펼쳐지는 평양다리굿 공연과 이를 관람하는 외국인들
의 모습이다.

4대 의혹 사건 해명 (1963년 8월 2일)

제작정보
출   처 : 대한뉴스KC 428호
제 작 사 : 국립영화제작소
제 작 국 가 : 대한민국

영상정보
제 공 언 어 : 한국어
컬   러 : 흑백
사 운 드 : 무

영상요약

정부 관계자가 4대 의혹사건('증권파동', '새나라 자동차', '워커힐', '빠징코')에 관해 기자들 앞에서 해명 브리핑을 하였다.

(내레이션 없음)

■ 화면묘사

- 기자들 앞에서 브리핑 하는 관계자
- 브리핑 자료를 검토하는 기자들
- 회견 내용을 바라보는 관계자들
- 브리핑 자료를 보고 얘기하는 군 관계자

■ 연구해제

이 영상은 1963년 8월에 제작된 영상으로 정부관계자가 '4대 의혹사건'에 관해 기자들에게 브리핑하는 모습을 담고 있다. '4대 의혹사건'은 5·16 군사정권이 중앙정보부를 동원하여 현재 통치에 필요한, 그리고 민정이양과 관련하여 창당과 선거를 위해 앞으로 필요한 정치자금을 확보하는 과정에서 발생한 사건들로, '워커힐사건', '증권파동', '새나라자동차사건', '빠찡고사건' 등이다.

'워커힐사건'은 1961년 가을부터 중앙정보부 주도로 관광지 워커힐을 만들면서 중앙정보부 관계자들이 공사자금을 유용하고 군의 장비와 병력을 무상으로 차출, 이용한 사건이었다. 중앙정보부가 1962년 초부터 주가조작을 통해 정치자금을 확보하는 과정에서 발생한 '증권파동'은 1962년 5~6월 동안 증권시장을 공황상태에 빠지게 하고 5,000여 명의 피해자를 만들어냈다. '새나라자동차사건'은 1962년 1월 중앙정보부가 재일교포자본과 합작하여 '새나라자동차주식회사'를 설립하는 과정에서 공권력을 남용하고 자금을 전용하다가 결국 회사가 은행으로 넘어간 사건이었다. '빠찡고사건'은 1962년 10월 5·16 군사정권이 갑자기 빠찡고 영업을 금지하면서, 빠찡고 기계 도입과 관련한 밀수 의혹과 상납 의혹이 제기된 것이었다.

이들 사건은 대부분이 의혹이 불거지면 약간의 조사와 처벌이 이루어진 후 곧 유야무야되어 정확한 진상을 알 수 없었다. 하지만 5·16 군사쿠데타 초기 구악일소를 주장하며 부패척결과 사회정화를 내세웠던 5 · 16 군사정권은 도덕성에 큰 타격을 받았다. 곧 구악(舊惡)과 대비되는 신악(新惡)이라는 용어가 등장했다. 구악을 능가하는 신악은 민정이양을 앞둔 박정희에게 큰 부담이 되었으며, 1963년 말 민정이양 이후에도 박정희 정권의 부정부패를 상징하는 용어로 자리 잡았다.

▌ 참고문헌

민주화운동기념사업회 연구소 엮음, 『한국민주화운동사』 1, 돌베개, 2008.

해당호 전체 정보

KC428-01 4대 의혹 사건 해명

상영시간 ㅣ 00분 50초

영상요약 ㅣ 정부 관계자가 4대 의혹사건('증권파동', '새나라 자동차', '워커힐', '빠징코')에
관해 기자들 앞에서 해명 브리핑을 하였다.

KC428-02 농어촌에 구호품

상영시간 ㅣ 01분 19초

영상요약 ㅣ 군용 배에서 물자를 작은 배로 옮겨 실어 섬으로 나르고 있다.

KC428-03 해수욕장 스케치

상영시간 ㅣ 01분 07초

영상요약 ㅣ 피서객들이 바닷가에서 물놀이를 즐기고 있다.

노동청 개청식 (1963년 8월 31일)

제작정보		영상정보	
출　　　처 :	대한뉴스KC 432호	제 공 언 어 :	한국어
제 작 사 :	국립영화제작소	컬　　러 :	흑백
제 작 국 가 :	대한민국	사 운 드 :	무

영상요약

1963년 9월 4일 노동청 신청사에서 김현철 내각수반이 참석한 가운데 노동청 발족식이 거행 되었다.

(내레이션 없음)

▌화면묘사

- 개청식에 참가한 노동청 공무원들
- 연설하는 김현철 내각 수반
- 연설하는 군인
- 단상에 앉아 있는 내빈들
- "노동청"이라고 쓴 현판을 다는 내빈들

▌연구해제

　이 영상은 1963년 보건사회부 산하 노동국이 노동청으로 승격되면서 개청식 및 현판식을 거행한 모습을 담고 있다. 1963년 9월 군사정부는 국가경제정책의 강력한 추진을 뒷받침하기 위하여 정부조직법을 개정하였는데, 노동정책에 관하여는 보건사회부 장관 소속하에 노동청을 신설하였고, 노동청장은 노동에 관한 전반적인 사무를 관장하게 하였다. 노동청은 청장, 차장, 노정국 및 직업안정국을 두었고, 노정국장 밑에는 노정과 및 근로기준과를, 직업안정국장 밑에는 직업안정과, 실업대책과, 산재보장과를, 그리고 차장 직속의 총무과 등 2국 6과 체제에 공무원 정원 145명 규모로 노동청이 발족되었다. 같은 해 12월 노동청 각 국 및 과의 분장업무를 보다 세부적으로 구체화하는 전면적인 직제규정 개정이 실시되었다. 또 노동청 차장 직속으로 기획관리관(기획관리담당, 법무관)이 신설되었다.

　노동청은 1966년 6월 기획관리관 산하 행정관리담당, 직업훈련담당, 공보담당을 각각 신설하여 5담당 체제가 되었고, 1966년 12월에는 산업안전, 보건에 관한 업무를 전담하는 보험관리과를 신설하여 노정국장 소속으로 두었다. 1968년 6월에는 직업안정, 직업훈련, 노동보험, 노동통계 등 노동행정 업무가 전반적으로 증가하여 청장, 차장의 역할을 보완하는 국장급 기구로 보험관리관 및 직업훈련관을 신설하였다.

한편 1970년 4월에는 근로기준담당관(근로기준정책, 산업안전정책, 여자와 소년근로자 보호업무), 인력개발담당관을 신설하여 고용안정정책, 임금정책 및 기능검정에 관한 업무를 각각 담당하도록 하였다. 1972년에는 기획관리담당관 등 '담당관'을 '관'으로 변경하였으며 각 부서를 개편하고, 노동보험관 산하 재해보상담당을 신설하였다. 이처럼 노동청은 1963년 개청 이래 10여 년 동안 행정대상도 급속도로 증가하여 4국 27과(16담당관 포함)가 되었고, 전국 45개 소속기관을 두는 행정부처로 급성장하였다. 공무원 정원도 881명이 되어 청 발족 시에 비하여 6배 규모로 증가하였다. 유신체제 이후 집권한 신군부 세력은 1980년 대규모 노동운동이 발생하고, 노사관계가 불안정하자 노동행정을 강화한다는 방침 아래 1981년 4월 노동청을 노동부로 승격하는 정부조직법을 개정하였다.

이처럼 노동청은 1960~70년대 박정희 정부의 경제성장노선에 따라 노동자가 증가하면서 행정대상과 행정규모가 증가하였다. 그럼에도 노동행정은 경제성장노선의 하위로 배치되어 실질적 역할을 크게 수행하지는 못하였다. 1963년 『경향신문』 사설에 의하면, 노동청은 "무능 무위한 노동국이 몇몇 감투(청장, 국장)만 늘어난 것에 불과하다"고 평가받기도 하였다. 또한 노동청이 새로 발족했지만 1963년 10월 기준으로 23개 주요기업체 노동자 2,985명이 체불된 4,000여만 원의 임금을 받지 못하고 있었다. 이는 한국의 노동문제가 "노동운동 이전의 문제"에 해당될 정도로 상당히 열악하며, 노동청은 여기에서 아무런 역할을 하지 못하였기 때문이다.

▌ 참고문헌

「노동청은 무얼하는 곳인가」, 『경향신문』, 1963년 10월 7일.
노동부, 『노동행정사』 1, 2004.

해당호 전체 정보

KC432-01 주교 방문

상영시간 ㅣ 00분 29초

영상요약 ㅣ 바닷가 주변 성당에 외국인 주교가 근무하고 있다.

KC432-02 재일교포 김현철 내각수반 예방

상영시간 ㅣ 00분 25초

영상요약 ㅣ 외국 인사가 김현철 내각 수반을 예방하여 환담을 나누었다.

KC432-03 노동청 개청식

상영시간 ㅣ 00분 37초

영상요약 ㅣ 1963년 9월 4일 노동청 신청사에서 김현철 내각수반이 참석한 가운데 노동청 발족식이 거행되었다.

KC432-04 국방대학 입교식(합동 참모본부)

상영시간 ㅣ 01분 47초

영상요약 ㅣ 1963년 9월 3일 합동참모본부 신청사 준공식이 서울 필동 수도방위사 영내에서 김성은 국방부 장관 등이 참석한 가운데 거행되었다.

KC432-05 무역 진흥공사

상영시간 ㅣ 01분 42초

영상요약 ㅣ 1963년 9월 13일부터 22일까지 대한무역진흥공사 주최로 상품포장전시회가 중앙공보관에서 열렸다.

KC432-06 국제 학생 봉사대

상영시간 ㅣ 00분 29초

영상요약 ㅣ 1963년 8월 1일부터 25일까지 국제워크캠프봉사대가 바닷가 마을에서 봉사활동을 하였다.

KC432-07   박사 학위 수여(고대)

상영시간 ㅣ 00분 58초

영상요약 ㅣ 1963년 8월 24일 고려대 졸업식에서 적십자 총재인 최두선을 비롯한 네 명에 대한 명예박사학위 수여식이 거행되었다.

KC432-08   보트대회

상영시간 ㅣ 01분 22초

영상요약 ㅣ 1963년 8월 24일 제44회 전국체육대회 하기수상대회가 한강에서 벌어졌다.

KC432-09   칠석놀이

상영시간 ㅣ 00분 40초

영상요약 ㅣ 1963년 8월 25일 칠월칠석을 맞아 춤과 오고무 등의 공연이 펼쳐져 시민들이 구경을 하였다.

KC432-10   농기구

상영시간 ㅣ 00분 54초

영상요약 ㅣ 농민이 논에 농약을 뿌리고 있다

KC432-11   수영대회

상영시간 ㅣ 02분 10초

영상요약 ㅣ 1963년 8월 24일 제44회 전국체육대회 하기수상대회가 서울운동장을 비롯한 한강에서 개막되었다.

학생 데모 (1964년 6월 5일)

제작정보

출   처 : 대한뉴스KC 471호

제 작 사 : 국립영화제작소

제작국가 : 대한민국

영상정보

제공언어 : 한국어

컬   러 : 흑백

사 운 드 : 무

1964년 한일국교 정상화에 반대하여 학생과 시민들이 거리에서 시위를 전개하였다. 이에 정부는 시위자들에 대한 구속방침을 정하고 경제혼란과 북한의 남침 도발 등을 명분으로 시위를 막고자 하였다.

내레이션

(내레이션 없음)

화면묘사

- 행진하는 군인들
- 교문 앞을 지키고 있는 경찰들
- 거리에서 돌을 던지는 학생과 시민들
- 부상당해 얼굴에서 피가 흐르는 학생과 시민들
- 부상자를 후송하는 경찰들
- 트럭 위에 올라선 시민과 학생들
- "13명 전원구속"이라고 써 있는 한국일보
- "물가 영향을 우려"라고 써 있는 신문
- "모든 물가 앙등을 우려"라고 써 있는 신문
- 물가앙등과 매점매석을 형상화한 만화
- "외교적 고립"이라고 써 있는 만화
- "사회적 혼란"과 "외국자본"이라고 써 있는 만화
- 휴전선 이북에서 지켜보는 김일성을 형상화한 만화

연구해제

본 영상은 1964년 5월 격화되고 있는 한일회담 반대투쟁 장면을 보여주고 있다. 서울의 거리들은 시위를 나온 학생들로 가득 채워졌으며, 한쪽에서는 무장한 군경들이 데모를 제지하기 위해서 대기하고 있었다. 이 영상에는 학생들이 군인과 경찰들에게 돌을 던지는 장면이 매우 상세하게 다뤄지고 있다. 무리의 움직임보다는 무리 속에서 움직이는 개인들을 촬영하는데 초점을 맞추고 있는 것으로 보인다. 또한 흥미로운 점은 학생들이 던진 돌에 맞아 부상을 입은 군경들의 모습을 보여주고 있다는 점이다. 피를 흘리면서 얼굴을 감싸 쥐고 있는 군경들의 모습은 매우 인상적이다. 아울러 영상의 끝 부분에는 학생들의 시위로 인해 사회 불안이 야기되고 있어 물가가 상승하고, 외국의 자본을 투자받기도 힘들며, 또한 북한의 도발을 유발할 수 있다는 경고성 멘트가 삽화와 함께 배치되어 있다. 요컨대 학생들이 시위를 제지하고자 하는 군경들에게 폭력을 행사하고 있으며, 사회를 혼란에 빠뜨리고 있는데, 이것은 국가경제와 국가안보에 문제를 초래할 수 있다는 메시지를 국민들에게 전하고자 한 것으로 보인다.

이 영상은 비교적 탄탄한 내용을 갖추고 있지만 대한뉴스로 상영되지는 못하였다. 대신 1964년 6월 5일자 대한뉴스에는 '수도 서울에 계엄령 선포'라는 제목의 다른 영상이 상영되었다. 상영된 영상에는 일체 다른 언급 없이 무질서한 학생 시위대가 도시를 파괴하는 장면과 이를 제지하는 군인들의 질서정연한 모습만이 두드러지게 부각되고 있으며, 내레이션을 통해 계엄령의 합당함을 설명하고 있다.

한 달도 되지 않는 짧은 기간 동안 제작된 두 영상의 내용에서 나타난 차이점은, 1964년 5월 당시 급속히 격화되어가는 한일협정 반대투쟁의 단면을 반영하는 부분이라고 볼 수 있다. 1964년 5월 박정희에 의해 새롭게 등장한 정일권 내각이 한일회담을 밀어붙여 성사시킬 조짐이 보이기 시작한다. 곧 이어 협상의 최대 걸림돌인 어업 및 평화선 문제를 타결하기 위한 한일각료회담이 5월 20일에 열렸고, 6월에는 본회담이 다시 개최되기로 예정되어 있었다. 그렇지만 사회에서는 굴욕적인 대일 외교에 대한 불만의 여론이 점차 누적되고 있었다. 5월 20일에는 서울대 문리대 교정에서 '민족적 민주주의 장례식'이 열렸다. 이 집회는 이전의 한일회담 반대투쟁이 학교별로 진행된 것과는 달리 서울시내 각 대학의 학생들과 시민들이 연합하여 참여하였으며, 학생들은 선언문을 통해 박정희 정권을 통렬하게 비판, 풍자하였다. 이후 한일회담 반대투쟁은 반정부투쟁의 성격으로 변화하며 격화되었고, 대규모의 반대 시위가 있었던 6월 3일 밤 9시 50분 계엄령이 선포된 것이다.

이처럼 두 영상을 비교해보면 한일회담 반대 학생시위를 보는 정부의 시선이 어떻게 변화했는지를 알 수 있다. 즉 5월 중순 무렵에는 시위대를 사회 혼란을 야기하는 단순한 학생 폭도로 보고 안정을 위해서는 이들을 자제시켜야 한다고 설명하고자 했으나, 5월 말에서 6월 초에는 계엄령을 통해 진압해야 할 대상임을 강조하는 것으로 바뀌었던 것이다.

▌참고문헌

민주화운동기념사업회 연구소, 『한국민주화운동사』1, 돌베개, 2008.

해당호 전체 정보

KC471-01 주한 외교사절 산업계 시찰

상영시간 ㅣ 01분 54초

영상요약 ㅣ 외국인들이 산업현장을 둘러보고 협정서에 서명을 하였다.

KC471-02 전통 예절 교육

상영시간 ㅣ 00분 21초

영상요약 ㅣ 한복을 입은 여성들이 뜨개질, 절, 붓글씨 등 전통 예절에 대해 교육을 받고
있다.

KC471-03 계엄 선포 신문 기사(동아일보)

상영시간 ㅣ 00분 31초

영상요약 ㅣ 한일국교 정상화에 반대하는 시위에 대해 정부는 1964년 6월 3일 서울에 비상
계엄을 선포하였다.

KC471-04 메이퀸 대관식

상영시간 ㅣ 00분 44초

영상요약 ㅣ 1964년 5월 29일 이화여자대학교에서 메이퀸 선발대회 대관식이 거행되었다.

KC471-05 학생 데모

상영시간 ㅣ 02분 16초

영상요약 ㅣ 1964년 한일국교 정상화에 반대하여 학생과 시민들이 거리에서 시위를 전개
하였다. 이에 정부는 시위자들에 대한 구속방침을 정하고 경제혼란과 북한의
남침 도발 등을 이유로 시위를 막고자 하였다.

KC471-06 공장 스케치 및 서울시 전경

상영시간 ㅣ 03분 17초

영상요약 ㅣ 대한뉴스 제작을 하고 남은 내용들이 연관관계 없이 함께 들어가 있다. 외국

인들이 공장을 둘러보는 모습, 6·25전쟁 당시의 모습, 벚꽃놀이 풍경, 간첩검거, 판문점에서의 회담 등이 영상 안에 담겨 있다.

산림조경 (1965년 2월 13일)

제작정보

출   처 : 대한뉴스KC 506호
제 작 사 : 국립영화제작소
제 작 국 가 : 대한민국

영상정보

제 공 언 어 : 한국어
컬   러 : 흑백
사 운 드 : 무

영상요약

대성동 인근의 한 들판에서 농민들이 나무와 잔디를 가꾸고 있다.

내레이션

(내레이션 없음)

화면묘사

- 들판에서 나무 가지치기를 하는 농민들
- 잔디를 잘 자라게 하기 위해 밟고 있는 농민들

연구해제

이 영상은 1965년 2월 8일 대성동 자유의 마을에서 전개되고 있는 산림조경사업을 담고 있다. 산림조경사업은 대성동 자유의 마을을 정비하는 과정에서 전개된 사업으로, 영상에서 보이듯이 가지치기를 비롯하여 지력을 높일 수 있는 땅밟기 등이 행해졌다.

대성동에서 전개된 산림조경사업의 의미를 파악하기 위해서는 먼저 대성동 자유의 마을의 의미에 대해 살펴 볼 필요가 있다. 대성동은 1950년 6월 25일 전쟁 발발 이후 38선의 확정으로 구획된 마을이다. 유엔군과 국군은 38선 획정 이후 대성동의 위치가 군사분계선 남쪽에 속하게 되자 그때까지 피난을 가지 않은 30세대 160명의 마을 주민을 다른 곳으로 이주시키지 않고 그대로 존속시키기로 하고, 이 지역을 '자유의 마을'이라는 새로운 이름으로 부르기 시작했다. 북한에서도 이에 대응해 대성동 맞은 편 비무장지대 내에 기정동을 형성하고 주민을 입주시켰다. 대성동과 기정동은 현재까지도 유지되고 있다.

대성동 자유의 마을은 휴전협정 체결 이후 중립지대로 간주되어 오다가 1963년 1월 1일 이후 한국 행정구역에 흡수되었다. 이는 '수복지구 및 동인접지구의 행정구역에 관한 임시조치법'에 따른 것이었다. 이에 따라 이전까지 경기도 장단군 군내면 조산리에 속해있던 대성동은 새로이 경기도 파주군 임진면에 편입되었고, 이 지역에 속한 주민들도 출생, 사망, 혼인, 병역, 납세, 선거권 등 대한민국 국민으로서의 권리와 의무를 다하게 될 것이라 결정되었다. 그러나 대한민국법령으로 행정구역 상으로는 파주군 임진면에 예속되었지만 여전히 작전상 유엔군사령관 관장하에 놓여있었으므로 실질적으로는 대한민국의 행정권이 미치지 못하는 특수 이방촌이라 할 수 있었다.

　　1965년 당시에 대성동에는 기와집 57채에 37가구, 인구 216명(남 103명, 여 113명)이 살고 있었으며, 육군본부에서 파견된 김달영 대위를 민정관으로 하나의 자치생활을 이루고 있었다.

▌ 참고문헌

「'자유의 마을' 복권」, 『동아일보』, 1962년 12월 11일.
「자유의 마을 대성동」, 『경향신문』, 1965년 7월 27일.
김응섭, 「판문점과 자유의 마을 대성동」, 『북한』 211, 북한연구소, 1989.

해당호 전체 정보

KC506-01 공보관 회의
상영시간 ㅣ 00분 28초
영상요약 ㅣ 1965년 전국의 공보관계자들이 모여 회의를 진행하였다.

KC506-02 월간 경제 보고
상영시간 ㅣ 00분 32초
영상요약 ㅣ 1965년 2월 5일 경제기획원에서는 박정희 대통령이 참석한 가운데 1월 경제동
향보고회가 열렸다.

KC506-03 경기여고 화재
상영시간 ㅣ 01분 32초
영상요약 ㅣ 1965년 2월 9일 낮 3시경 서울 정동 경기여고 본관 서쪽에서 원인불명의 불이
나 삽시간에 본관 건물을 태웠다.

KC506-04 자유의 마을
상영시간 ㅣ 00분 44초
영상요약 ㅣ 전방 대성동 자유의 마을 전경과 농가에서 키우는 돼지의 모습을 보여주고 있
다.

KC506-05 산림조경
상영시간 ㅣ 00분 36초
영상요약 ㅣ 대성동 인근의 한 들판에서 농민들이 나무와 잔디를 가꾸고 있다.

KC506-06 관광 공사 표창장 수여
상영시간 ㅣ 00분 37초
영상요약 ㅣ 1965년 박정희 대통령이 국제관광공사 대표에게 표창장과 깃발을 수여하고
기념촬영을 하였다.

KC506-07 복권 100만 원 기증

상영시간 | 00분 05초

영상요약 | 1965년 2월 4일 한국유리공업주식회사 최태섭 사장이 복권 당첨금 100만 원을
대한적십자사 최두선 총재에게 전달했다.

KC506-08 외신

상영시간 | 00분 57초

영상요약 | 루지와 스키 경기를 보여주고 있는 영상이다.

간첩 체포 중대성명 (1966년 9월 9일)

제작정보

출   처 : 대한뉴스KC 587호
제 작 사 : 국립영화제작소
제 작 국 가 : 대한민국

영상정보

제 공 언 어 : 한국어
컬   러 : 흑백
사 운 드 : 무

영상요약

1966년 9월 7일 경찰관계자들이 회의장에 기자들을 모아 놓고 간첩 체포 중대 성명을
발표하는 내용의 영상이다. 성명장에서는 간첩들로부터 노획한 각종 노획물들이 전시되
어 있었다.

(내레이션 없음)

▌ 화면묘사

- 경찰관계자와 기자들이 모인 회의실 전경
- 경찰 주요 인사가 간첩 체포 중대 성명을 발표하고 있음
- 회의장의 기자들은 성명을 경청하며 노트에 기록하고 있음
- 회의장 중앙에 전시되어 있는 간첩 노획물들 클로즈업
- 노획물 중에는 권총, 통신장비, 헌병 마크 등이 있음

▌ 연구해제

　이 영상은 1966년 9월 7일 육군방첩부대가 북한의 간첩 16명을 일망타진했다고 발표하는 모습을 담은 것으로 추정된다. 영상에는 군 관계자들이 회의장에 기자들을 모아 놓고 간첩체포에 대한 발표를 하는 모습과 간첩들로부터 노획한 각종 장비들이 전시되어 있는 모습이 담겨 있다.

　『동아일보』1966년 9월 7일 기사에 따르면, 1966년 9월 7일 육군방첩대는 북한의 지령으로 3년 동안 암약해온 무전간첩 장세준, 이영수 등 2개조 10명과 고정간첩 및 안내간첩 최열남, 조병래 등 2개조 6명을 합쳐 모두 16명을 일망타진했다고 발표했다. 8월 26일 체포된 간첩망책 장세준은 1963년 6월 간첩으로 남침한 아버지 장지수를 따라 월북을 했다. 이후 3개월간 특수교육을 받은 후 지하당 조직, 육해군 및 경찰의 대간첩작전 상황 및 한·미군에 대한 군사정보 수집, 학생서클 조직과 선거방해공작 등의 임무를 띠고 미화 4천 달러, 한국 돈 10만 원, 무전기 2대, 라디오 2대, 권총, 수류탄 등 공작금품을 갖고 1963년 10월에 다시 남한에 숨어들었다. 그는 속초, 대진, 서울 등지에서 그의 형 장세영 등 5남매를 포함한 9명을 포섭, 간첩활동을 해왔다. 9월 4일 검거된 최열남 등은 1965년 8월과 1966년 5월 두 차례에 걸쳐 남파됐던 조병룡의 지령으로 군사정보수집, 민심동향파악, 남파간첩의 보호안내, 반정부 반미 선동 등의 임무를 갖고 미화 1천

달러, 한국 돈 4만 원, 라디오 2대 등을 받아 활동하다가 잡혔다. 육군 방첩대는 이 검거에 대해 5·16 이후 최대 규모의 사건으로, 1967년 대선과 총선을 교란할 목적으로 북한이 최근 대남간첩활동에 나서고 있는 것이라고 밝혔다.

▌ 참고문헌

「간첩 16명 타진, 5·16후 최대규모 3년동안 암약」, 『동아일보』, 1966년 9월 7일.

해당호 전체 정보

KC587-01 APU 대표 청와대 예방

상영시간 ㅣ 01분 56초

영상요약 ㅣ 박정희 대통령이 9월 5일 아시아국회의원연맹(APU) 각국 대표단을 청와대로 초청하여 칵테일 파티를 열고, 각국 대표들과 일일이 기념사진을 찍었다. 김종필을 비롯한 고위 인사들도 함께 참석하여 대표단들과 대화를 나누었다.

KC587-02 박 대통령 군장성에게 훈장수여

상영시간 ㅣ 00분 33초

영상요약 ㅣ 9월 1일 아침 박정희 대통령이 청와대 접견실에서 신구 해군참모총장으로부터 이임 취임 신고를 받았다. 박정희는 신임총장 김영관 제독에게 중장계급장을 달아주었으며, 함명수 전 총장에게 1등근무공로훈장을 수여하였다. 김성은 국방장관과 이석제 총무처 장관, 장창국 합동참의장과 각군 참모총장 등이 배석했다.

KC587-03 전 일본수상 총리예방

상영시간 ㅣ 00분 56초

영상요약 ㅣ 9월 1일 전 일본수상 기시 노부스케(岸信介)가 일행들과 정일권 총리를 예방하였다. 정일권은 기시 노부스케 일행과 환담을 나누었다.

KC587-04 총리 브리핑

상영시간 ㅣ 00분 17초

영상요약 ㅣ 정일권 국무총리가 회의실에서 관계자로부터 브리핑을 받고 있는 내용의 영상이다.

KC587-05 웨스트 모렌스 장군 총리 예방

상영시간 ㅣ 00분 26초

영상요약 ㅣ 9월 7일 윌리암 웨스트모어랜드(William Westmoreland) 주월미군사령관이 김성은 국방장관의 안내를 받아 정일권 국무총리를 예방하는 내용의 영상이다.

KC587-06 APU 대표 내한(아시아 국회의원 연맹)
상영시간 | 02분 34초

영상요약 | 9월 1일 APU 대표단이 내한하여, 2일부터는 워커힐 강당에서 개회한 아시아 국회의원연맹 제2차총회에 참석했다. 이효상 국회의장이 연설했으며, 김종필을 비롯한 각국 국회의들이 회의를 진행했다. 회의를 마친 뒤 몇몇 외국 국회의원들은 홍종철 공보부 장관과 사무실에서 환담을 나누었다.

KC587-07 APU 대표 부인 공장 시찰 및 육영수 여사 방문
상영시간 | 01분 41초

영상요약 | APU 대표단의 부인들이 청와대 접견실에서 박영수 여사를 만나 인사를 하고, 환담을 나누었다. 이어서 부인들이 방직공장을 시찰하는 내용의 영상이 나온다.

KC587-08 육군 참모총장 이취임식
상영시간 | 01분 11초

영상요약 | 9월 6일 오전 10시 육군본부광장에서 신임육군참모총장 김계원 대장과 전임 김용배 대장의 이취임식을 거행하는 내용의 영상이다.

KC587-09 웨스트 모렌스 장군 국방부 방문
상영시간 | 01분 08초

영상요약 | 9월 7일 주월미군사령관 윌리엄 웨스트모어랜드 장군이 국방부를 방문하여 김성은 국방부 장관과 인사하고, 서로 기념품을 주고 받았다. 이어서 다른 고위급 인사의 사무실을 방문하여 환담을 나누는 내용의 영상이 나온다.

KC587-10 전국 시군 조합장 대표(제1회)
상영시간 | 01분 09초

영상요약 | 제1회 전국 시군 조합장 대회가 개최되고 있는 강당의 전경을 보여주는 영상이다. 몇몇 조합장들은 무대 위에서 연설을 하였다.

KC587-11 박순천씨 귀국

상영시간 ㅣ 00분 56초

영상요약 ㅣ 박순천 민중당 대표가 월남 맹호부대를 방문한 뒤 귀국하여 기자회견을 하는
장면을 찍은 영상이다.

KC587-12 전국 시장회의

상영시간 ㅣ 00분 48초

영상요약 ㅣ 8월 26일 오전 9시 해운대 "풀"에서 개회된 제2차 전국 시장회의의 전경이다.
전국 32개 시장과 내무부, 건설부, 보건사회부, 교통부, 체신부 등의 장차관들
이 참석했다. 전국 시장단이 공사현장을 시찰하는 내용의 영상이 이어진다.

KC587-13 간첩 체포 중대성명

상영시간 ㅣ 01분 19초

영상요약 ㅣ 9월 7일 경찰관계자들이 회의장에 기자들을 모아 놓고 간첩 체포 증대 성명을
발표하는 내용의 영상이다. 성명장에서는 간첩들로부터 노획한 각종 노획물
들이 전시되어 있었다.

KC587-14 월동 대책

상영시간 ㅣ 00분 31초

영상요약 ㅣ 1966년 9월 5일 청와대 회의실에서 박정희 대통령과 정일권 국무총리를 비롯
한 고위 인사들이 모여 상공부 관계자의 월동대책에 관한 브리핑 설명을 들었
다.

KC587-15 파월가족 입주식

상영시간 ㅣ 01분 38초

영상요약 ㅣ 8월 29일 파월장병의 가족들에게 제공하는 주택의 입주식이 있었다. 파월가족
주택 촌 앞의 공터에서 열린 입주식에서 군관계자는 파월장병 가족들에게 상
패를 전달하고 연설하였다.

양구군 전등 점화 (1967년 1월 13일)

제작정보

출   처 : 대한뉴스KC 605호
제 작 사 : 국립영화제작소
제 작 국 가 : 대한민국

영상정보

제 공 언 어 : 한국어
컬   러 : 흑백
사 운 드 : 무

영상요약

박정희 대통령이 홍종철 공보부장관과 함께 대화를 나누고 있다. 이어서 양구군 전등
점화식에 대한 영상이 이어진다.

내레이션

(내레이션 없음)

화면묘사

- 강당의 관객석에 앉아 있는 박정희 대통령과 홍종철 공보부 등 정부 관계인사들의 모습
- 선글라스를 낀 박정희 대통령이 관계자들과 대화를 나누고 있음
- 양구군 마을을 위에서 촬영한 전경
- 강당 내부의 모습
- 강당의 무대 위에서 관계자가 연설하고 있음
- 무대 위에는 양구군 전등 점화와 관련된 인사들이 앉아 있음
- 관객석에 앉아 있는 청중들의 모습
- 공로자에게 트로피를 부여하는 장면
- 트로피를 받은 공로자의 연설
- 전등 점화식
- 밝게 빛나는 전등

연구해제

이 영상은 양구군의 전등 점화를 기념하는 행사를 담고 있다. 전등 점화에 기여한 관계자들에게 트로피를 수여하는 장면과 전등 점화 스위치를 눌러 전등에 불을 켜는 모습, 마을 가로등에 불이 들어오는 풍경 등을 전하고 있다.

1945년 해방 이후 38선을 기준으로 미소 양군이 점령하면서 남한지역은 북으로부터 전력을 공급받고 있었다. 전력대금은 미소 간 합의에 의해 지불될 것으로 합의되어 있었는데 교섭이 결렬되면서 1948년 5월 14일 단전사태가 발생하였다. 5·14단전은 남한 경제에 커다란 충격을 주었다. 대부분의 전기 사용량을 북한에 의존하고 있던 남한의 공장조업률은 이전의 10~20%로 떨어졌고, 공장들은 업종에 구분 없이 거의 휴업상태를

피하지 못하였다. 이를 계기로 남한은 수력발전소 설립 등 전력생산을 위한 방안을 강구하기 시작했다. 5·14단전은 남한의 전력생산 및 배전관계를 재정비하는 계기가 되었는데, 이를 위한 자금은 대부분 미국의 원조에 의존할 수밖에 없었다.

그러나 전력문제는 1960년대에 들어서도 충분히 해결되지 못했다. 특히 농촌의 경우 배전상태가 좋지 않았다. 1965년 당시 전화율은 24.8%에 불과했다. 이는 413만 1,000호의 남한 주택 중 102만 7,000호에만 전기가 들어오고 있다는 것을 의미했다. 이마저도 대부분 도시와 도시주변에 그쳤으며 농촌은 6%에 불과했다. 이에 농촌전화(電化)사업은 적극적으로 전개되어야 할 사업으로 강조되었다. 박정희 정부는 1964년 4월 '농어촌 전화사업 계획 요강'을 발표하면서 정부 재정 1억 원, 산업은행 자금 2억 원을 조성했다. 그리고 1965년 '농어촌전화촉진법'을 제정했다. 이 법으로 전화사업 관련 주체들의 공사비 부담, 전기시설 공사에 소요되는 공사비 자금 조달방식과 전화사업 대상 지역 선정 기준, 융자 상환방식 등이 정해졌다. 이러한 촉진법과 함께 조성된 자금을 토대로 한국전력은 1966년부터 1970년 사이 추진될 '농어촌 전화 5개년계획'을 수립했던 것이다.

이와 함께 1960년대 말에 들어서면 정부와 한국전력은 전력 부족사태를 해결하기 위해 재정차관을 상업차관으로 전환하고 민간발전소 설립을 허용하는 등 다양한 전원개발 정책을 추진했다. 한국전력은 국제개발처(AID: Agency for International Development) 뿐만 아니라 이탈리아, 일본 등으로부터 상업차관도 들여와 송전선로를 세웠다. 대일청구권 자금, 아시아개발은행 차관 등도 배전용 변전소 설립에 사용되었다.

그러나 이들 자금도 전기공급율을 끌어올리는 데에 충분하지 않았다. 이에 한국전력은 소요 경비가 적게 드는 도시 주변의 집단 부락에 먼저 전기를 가설했다. 또한 경기도 및 강원도의 수복지구, 대도시의 빈민촌, 도시철거민단지 등이 우선 공급지역이 되었다. 6·25전쟁 시 최대 격전지였던 양구 역시 이러한 맥락에서 1967년 전기 공급 대상 지역으로 선정될 수 있었던 것으로 보인다. 이처럼 1960년대까지 남한 내 전화사업은 더디게 진행되고 있었는데, 1970년대에 들어 새마을운동에 편입되면서 본격적으로 전개될 수 있었다.

▌ 참고문헌

「올해안에 10만전등가설」, 『동아일보』, 1965년 2월 16일.

「10년가도 못다 할 전국전화」, 『경향신문』, 1965년 2월 22일.

「14개지역에 전등」, 『경향신문』, 1967년 2월 9일.

「농촌전화사업에 적극 후원있어야」, 『동아일보』, 1967년 2월 18일.

김보영, 「8·15직후 남북한 간의 전력교역」, 『경제사학』20, 1996.

김연희, 「농촌 전기공급사업과 새마을운동」, 『역사비평』97, 2011.

해당호 전체 정보

KC605-01 신년 축하회(중앙청)

상영시간 ㅣ 01분 23초

영상요약 ㅣ 중앙청 홀에서 열린 신년축하회 연상이다. 박정희 대통령을 비롯한 정부부처 고위 인사들이 모여 신년을 맞이하였다.

KC605-02 박 대통령 초도순시(체신부)

상영시간 ㅣ 00분 24초

영상요약 ㅣ 박정희 대통령이 체신부 관계자로부터 체신사업 시책과 실적에 대해 보고 받고 있는 영상이다.

KC605-03 박 대통령 초도순시(문교부)

상영시간 ㅣ 01분 03초

영상요약 ㅣ 박정희 대통령과 정일권 국무총리가 문교부를 방문하여 문교현황에 관련된 브리핑을 듣고 있다.

KC605-04 박 대통령 초도순시(농림부)

상영시간 ㅣ 00분 18초

영상요약 ㅣ 박정희 대통령이 농림부를 방문하여 관계자로부터 브리핑을 받는 영상이다.

KC605-05 박 대통령 초도순시(건설부)

상영시간 ㅣ 00분 22초

영상요약 ㅣ 건설부 관계자들의 대통령의 초도순시를 대비하고 있는 영상이다. 관계자들은 브리핑자료를 준비하고, 건물 입구에서 대통령을 기다렸다.

KC605-06 박 대통령 초도순시(공보부)

상영시간 ㅣ 00분 16초

영상요약 ㅣ 공보부가 박정희 대통령의 초도 순시를 대비하여 준비한 브리핑 자료에 대한 영상이다.

KC605-07 박 대통령 초도순시(상공부)

상영시간 ㅣ 00분 47초

영상요약 ㅣ 박정희 대통령이 정일권 국무총리와 함께 공보부를 방문하여 브리핑을 받고
있는 내용의 영상이다.

KC605-08 박 대통령 초도순시(국립영화제작소)

상영시간 ㅣ 01분 26초

영상요약 ㅣ 박정희 대통령일행이 국립영화제작소를 방문한 내용의 영상이다. 제작소의
관계자들이 박정희 대통령 일행을 안내하였다.

KC605-09 양구군 전등 점화

상영시간 ㅣ 01분 47초

영상요약 ㅣ 박정희 대통령이 홍종철 공보부장관과 함께 대화를 나누고 있다. 이어서 양구
군 전등 점화식에 대한 영상이 이어진다.

KC605-10 울산비료

상영시간 ㅣ 00분 27초

영상요약 ㅣ 울산비료의 시동식을 촬영한 영상. 사원들이 작업복과 작업모를 착용한 상태
로 운동장에 사열해서 관계자들의 연설을 듣고 있다.

KC605-11 월남소식

상영시간 ㅣ 04분 16초

영상요약 ㅣ 포병들의 다양한 훈련 장면을 보여주는 영상, 한미 군사 작전회의 장면, 한국
과 베트남 가수들이 공동으로 준비한 공연의 이모저모를 촬영한 영상이 이어
진다.

세운상가 (1967년 7월 30일)

제작정보

출   처 : 대한뉴스KC 633호
제 작 사 : 국립영화제작소
제 작 국 가 : 대한민국

영상정보

제 공 언 어 : 한국어
컬   러 : 흑백
사 운 드 : 무

영상요약

7월 26일 세운상가 개관식이 열렸다. 영부인 육영수가 개관식에 참석하여 테이프 커팅식을 하고 상점에서 의복 3점 등을 직접 구매했다.

(내레이션 없음)

■ 화면묘사

- 새로 개장하는 세운상가의 여러 상점들 모습
- 한복을 입은 육영수 여사가 관계자들과 테이프 커팅식을 하고 세운상가를 둘러보고 있음. 상인들과 시민들이 주변에서 육영수 여사 일행을 지켜봄
- 방명록을 남기는 육영수 여사의 모습
- 직접 상가를 둘러보고 물건을 고르는 육영수 여사의 모습
- 세운상가 내부의 다양한 상점들의 모습

■ 연구해제

이 영상은 극장에서 상영되지는 못하였지만 1967년 7월 26일에 열린 세운상가 아파트 개관식에 참석한 영부인 육영수와 아들 박지만 등의 모습을 담고 있다. 세운상가는 1960년대 조국근대화를 앞세웠던 박정희 정부와 불도저 시장이라 불렸던 김현옥 서울시장이 합작하여 야심차게 추진한 프로젝트였다. 당대 유명한 건축가 김수근이 설계한 세운상가는 종묘부터 종로3가 일대까지 서울의 남북축 1km를 연결하여 세워졌으며 주거, 상권, 교육 공간을 통합하여 '보행도시'를 만들려는 구상에서 출발했다. 서울시가 '불량지구'라고 지정했던 이 지역은 원래 일제강점기 말 미군의 폭격을 대비하여 조선총독부에서 국공유지로 지정했었고, 해방 이후에는 대규모 판자촌 및 성매매업소가 몰려 있던 저소득층 주거지역이었다. 『동아일보』에 따르면 서울시는 세운상가를 건축하면서 민간투자 44억 원을 유치하고자 했으며 A, B, C, D 4개 지구 1만 3,000평의 대지에 8층, 10층, 12층, 13층짜리 건물을 건설하였다. 또한 하루 평균 약 10만 명의 시민이 세운상가를 이용할 것으로 예상하였다. 시멘트 87만 부대, 철근 7,000 톤이 사용된 세운상가의 이름은 김현옥 서울시장이 정했으며 그 의미는 '세계로 뻗는 기운'의 줄임말이었다. 이처럼 세운상가는 1960년대 '조국근대화'의 상징물이자 서울 도시계획의 일환으로 세워졌다.

하지만 세운상가의 건축과정에서 정부재정이 아닌 민간자본(해외차관) 44억 원이 동원되었다는 사실이 중요하다. 세운상가가 계획되었던 1966년은 제1차 경제개발 5개년계획이 마무리되었던 해로 경제적 상황이 저개발 국가 수준에 머물렀다. 국민 1인당 소득은 114달러에 불과했고, 서울인구는 340만 명, 자동차 보유대수는 2만 대에 불과했다. 그러나 김현옥 서울시장은 세운상가 상인과 주민들로부터 매년 취득세, 재산세 등 세금 5억 원의 세수증대를 예상했다. 또한 세운상가에 대한 청사진은 재개발 과정에서 막대한 지가 상승을 동반하여 철거민들의 재입주는 불가능한 일이 되었다. 즉 서울시 랜드마크였던 세운상가의 건설은 민간주도형 부동산 개발방식으로 이뤄졌기 때문에 도시빈민을 배제하고, 도시중산층의 욕망을 반영하면서 추진되었다.

그렇다고 세운상가가 도시중산층의 욕망과 박정희 정부의 정치적 상징물로서 온전히 재현되지도 못했다. 세운상가는 주거, 소비, 여가의 복합도시로 구상되었지만 초등학교와 동사무소 입주계획은 무산되었고, D지구를 제외한 나머지 지구의 아파트는 주거공간으로서의 기능을 상실했다. 1969년 발생한 세운상가의 대형화재는 세운상가 유토피아의 한계를 적나라하게 보여주었다. 5층에서 13층까지 연결된 비상계단은 외벽에 막혀 무용지물이었고, 방화에 대비한 안전시설도 전무했다. 또한 세운상가 가동의 경우 준공된 지 1년 5개월이 넘도록 준공심사를 받지 않은 채 사용되고 있었다.

육영수 여사의 세운상가 방문 영상에서 가장 많이 보이는 모습은 새로 정비된 상가와 육영수 여사의 쇼핑이다. 이는 세운상가를 소비와 여가의 공간으로 구상했던 박정희 정부와 김현옥 서울시장의 목적과 정확하게 일치한다. 근대적 개발논리에서 건설되었던 세운상가는 초창기 화려함과 달리 도시공간으로서 자생성을 결여하고 있었다. 본래 기능의 충실한 이행을 위한 제도적 행정적 관리조차 제대로 이뤄지지 않았다. 1960년대 개발논리에 의해 세워졌던 세운상가는 2006년 서울시의 재개발 논리에 다시 포위되어 철거되고 역사의 뒤안길로 사라졌다.

▌참고문헌

「서울에 또 하나의 명물 세운상가 아파트」,『동아일보』, 1967년 7월 26일.
「세운상가 첫손님 육여사 쇼핑 즐기고」,『매일경제신문』, 1967년 7월 27일.
이동연, 「세운상가의 근대적 욕망 : 한국적 아케이드 프로젝트의 변형과 굴절」,『사회와
      역사』 82, 2009.

해당호 전체 정보

KC633-01 대통령 육본 시찰

상영시간 ｜ 02분 47초

영상요약 ｜ 박정희 대통령이 육군본부, 공산품 전시회, 사무실 등 다양한 곳을 방문, 시찰한 것을 촬영한 영상이다.

KC633-02 리틀 미스 선발대회

상영시간 ｜ 01분 40초

영상요약 ｜ 리틀 미스 선발대회의 다양한 모습을 담은 영상이다.

KC633-03 개교 기념 예술제(제5주년)

상영시간 ｜ 01분 06초

영상요약 ｜ 7월 20일 오후 1시 시민회관 소강당에서는 한국구화학교 개교 5주년 기념행사로 농아예술제가 열렸다.

KC633-04 프란체스카 여사

상영시간 ｜ 00분 26초

영상요약 ｜ 고 이승만 대통령 박사 2주기 추도식에 참석하기 위해 방한한 프란체스카 여사가 7월 26일 청와대로 박정희 대통령을 예방했다.

KC633-05 서울 치대 이동 진료반

상영시간 ｜ 01분 10초

영상요약 ｜ 박정희 대통령과 관계자들이 서울대학교 치과대학 이동진료반의 버스 내부 시설을 둘러보았다.

KC633-06 대통령 시찰

상영시간 ｜ 00분 25초

영상요약 ｜ 박정희 대통령의 시찰 과정을 담은 영상이다.

KC633-07   월남

상영시간 ㅣ 02분 16초

영상요약 ㅣ 월남(남베트남)에 주둔 중인 파월 한국군의 모습을 담은 영상이다. 새로운 무
반동총의 화력시범, 군사우편 전달 모습 등을 담고 있다.

KC633-08   세운상가

상영시간 ㅣ 01분 44초

영상요약 ㅣ 7월 26일 세운상가 개관식이 열렸다. 영부인 육영수가 개관식에 참석하여 테
이프커팅식을 하고 상점에서 의복 3점 등을 직접 구매했다.

KC633-09   외신

상영시간 ㅣ 01분 09초

영상요약 ㅣ 스페인 '팜 플로나 산 페르민' 축제의 다양한 모습을 담은 해외 영상이다.

KC633-10   중앙 정보부장 기자회견

상영시간 ㅣ 02분 08초

영상요약 ㅣ 7월 20일 김형욱 중앙정보부장은 오전 9시 반부터 약40분간 기자회견을 열었
다. 기자회견은 신민당의 19일자 비난성명에 대한 항목별 반박이 주내용이었
다.

KC633-11   즐거운 노래의 밤

상영시간 ㅣ 01분 28초

영상요약 ㅣ 경복궁 근정전에서 열린 "즐거운 노래의 밤" 행사의 다양한 모습을 담은 영상
이다.

KC633-12   유솜 처장 보훈장 수여

상영시간 ㅣ 00분 24초

영상요약 ㅣ 임기만료로 이한하는 번스틴(Joel Bernstein) 주한미국경제협조처(USOM) 처장
은 8월 2일 청와대를 방문하여 박정희 대통령에게 국민훈장 무궁화장을 수여
받았다.

월남 (1967년 12월 15일)

제작정보

출 처	:	대한뉴스KC 653호
제 작 사	:	국립영화제작소
제 작 국 가	:	대한민국

영상정보

제 공 언 어	:	한국어
컬 러	:	흑백
사 운 드	:	무

영상요약

베트남의 한 마을에 태권도장이 개장되어 기념식이 열리는 장면이다. 기념식이 끝나고 청년들이 태권도 시범과 격파를 선보이고 있다.

내레이션

(내레이션 없음)

화면묘사

- 태권도장 개장 기념식이 진행되는 장면
- 군 관계자들의 연설이 이어짐
- 테이프 컷팅식과 태권도장 내부가 보여지고 있음
- 태권도 시범과 격파를 보이는 청년들의 모습

연구해제

일반적으로 태권도는 고대 이래 지속되어 온 한국 고유의 무술로 알려져 있다. 하지만, 태권도의 역사는 생각보다 길지 않다. 1955년 무술인 최홍희가 당수도, 공수도 등의 다양한 격투기들을 하나로 묶어 '태권도'를 처음으로 창안하였다. 초기의 태권도는 일본의 공수도와 흡사했다. 태권도의 기본 형태는 일본의 공수 지도서의 내용과 거의 일치했으며, 기술 용어 역시 일본의 공수에서 사용하는 한자 용어를 그대로 음역하여 사용하고 있었다.

태권도가 한국적으로 변화하기 시작한 것은 1960년대의 일이다. 박정희 정권은 1961년 여러분파로 나뉘어져 있던 단체들을 하나로 통합하여, 1963년에는 대한체육회에 가입시켰고, 전국체육대회에 참여권을 부여하였다. 또한 국가의 핵심조직인 군대에 장병체육활동의 중요한 종목으로 태권도를 채택하고, 문교부에 의해 1972년 학교 교과과정에도 포함시켜, 태권도가 활발히 보급될 수 있도록 했다. 이 결과 태권도는 '국방체육'으로 호명되어 한국의 전통무술로서 자리매김 할 수 있었다.

대한뉴스에는 베트남에 파병된 용사들이 베트남 학생들 앞에서 태권도 시범을 보이고 전수하는 장면이 자주 등장한다. 이러한 파월장병들의 활동은 수출 위주의 경제정책과 마찬가지로 국제무대에서 한국 전통 스포츠인 태권도를 전파함으로써 국위를 선양할 수 있는 방안으로 이용되었다. 외교부는 직접 사범들을 파견하여, 주요 인사들의 접촉상황이나 주재국 정세 등을 파악하는 외교채널로서 이용하기도 하였다.

이 영상은 대한뉴스로 상영되지는 않았지만 베트남에 태권도장을 개장하며 열린 기념식 이모저모를 담고 있다. 한국군인들이 행사를 주도적으로 진행하고 있는데, 1967년 월남전쟁을 치르기 위해 베트남으로 파병되었던 한국군 부대가 주최한 행사로 보인다. 영상 속에서 한국군인들은 직접 태권도장을 차려 베트남 어린이들을 모아 태권도를 가르치고 시범도 보인다. 베트남 주민들도 한국군과 어울려서 태권도 시범을 본다. 이처럼 영상은 태권도를 통해 세계에 한국의 새로운 이미지를 홍보하고자 했던 박정희 정권의 시도를 보여주고 있다.

▌ 참고문헌

전재호, 『박정희 체제의 민족주의 연구』, 서강대학교 박사학위논문, 1997.

해당호 전체 정보

KC653-01 대통령 박정희 국립영화제작소 시찰

상영시간 ｜ 00분 43초

영상요약 ｜ 박정희 대통령과 이후락 중앙정보부장이 국립영화제작소를 시찰하고 나오는 장면이다.

KC653-02 월남군 특수 훈련

상영시간 ｜ 03분 19초

영상요약 ｜ 월남군이 백마 부대에서 4주간의 교육을 받는 모습이다. 제식훈련, 각개전투 등의 훈련을 받고 있다.

KC653-03 월남

상영시간 ｜ 01분 05초

영상요약 ｜ 베트남의 한 마을에 태권도장이 개장되어 기념식이 열리는 장면이다. 기념식이 끝나고 청년들이 태권도 시범과 격파를 선보이고 있다.

KC653-04 8년간 무사고 비행(제11기지 운영대대)

상영시간 ｜ 01분 59초

영상요약 ｜ 제11기지 운영대대 8년간 무사고 비행 기념식이 진행되는 장면이다.

KC653-05 남부 기지 선물 전달식

상영시간 ｜ 00분 59초

영상요약 ｜ 베트남 남부기지에 전달된 선물 전달식이다. 관계자의 연설이 끝나고 마을 주민들과 아이들에게 물품을 배급하고 있다.

KC653-06 희랍대사 부인 육여사 예방

상영시간 ｜ 00분 18초

영상요약 ｜ 박정희 대통령이 청와대에 예방한 인사들을 반갑게 맞이하고 있다. 영부인 육영수와 청와대에 방문한 그리스 대사 아브라 미디스 씨 부인이 환담을 나누는 장면이다.

KC653-07 인력 연구소
상영시간 ㅣ 00분 43초
영상요약 ㅣ 한국 해외 개발 인력 연구소의 전경이다.

KC653-08 P.X 및 송금 관계
상영시간 ㅣ 00분 55초
영상요약 ㅣ 군 P.X의 내부 모습과 군인들이 물건을 구입하는 장면이다.

KC653-09 회의
상영시간 ㅣ 00분 37초
영상요약 ㅣ 시험을 치르는 고사장의 광경이다. 사람들이 열심히 문제를 풀고 있다.

KC653-10 성당
상영시간 ㅣ 00분 50초
영상요약 ㅣ 베트남의 한 성당에서 신랑과 신부가 결혼식을 올리는 장면이다.

KC653-11 겨울 풍경 스케치
상영시간 ㅣ 02분 26초
영상요약 ㅣ 흰 눈으로 덮인 산의 겨울 풍경을 담은 영상이다. 국악사 양성소 준공 건물과 흰 눈으로 덮인 궁의 모습과, 눈싸움을 하는 학생들의 모습이 보인다.

서울 노동청 제1 직업안정소 현판식 (1968년 8월 9일)

제작정보

출　　　처 : 대한뉴스KC 687호
제 작 사 : 국립영화제작소
제 작 국 가 : 대한민국

영상정보

제 공 언 어 : 한국어
컬　　　러 : 흑백
사 운 드 : 무

영상요약

8월 7일 오전 10시에 이승택 노동청장이 참석한 가운데 노동청 서울 제1, 제2 직업안정소 개소식이 열렸다.

(내레이션 없음)

화면묘사

- 이승택 노동청장 등이 참석하여 "노동청 서울 제1 직업안정소" 현판을 달고 있음
- "노동청 서울 제1, 2 직업안정소 개소"를 알리는 구조물의 모습. 구조물 옆에는 "적성 직업 알선하여 생산성 향상하자"라는 슬로건이 써있음

연구해제

이 영상은 1968년 8월 7일 노동청 산하 서울 제1, 2 직업안정소 개소식 모습을 담고 있다. 노동청 산하 서울 제1 직업안정소는 광화문전화국 뒤쪽에 세워졌고, 제2(노량진) 직업안정소는 노량진에 세워졌다. 영상에 나오는 개소식 장소는 광화문에 위치한 제1 직업안정소로 추정된다. 이날 개소식에는 이승택 노동청장 등이 참석하였다. 노동청 산하에 설치되는 직업안정소는 17일까지 전국 25개소에 설치될 예정이었으며, 전국의 구직자와 구인자 동태를 파악하고 카드를 분류하여 근대적 노동시장을 이룩하는데 그 목적이 있었다. 직업안정소의 설치목적은 영상의 슬로건 "적성직업 알선하여 생산성 향상하자"에서 확인할 수 있듯이 노동시장을 유기적으로 구성하여 생산성을 늘리는데 있었다.

한국의 직업안정제도는 일제강점기부터 시작되었다. 1940년 조선총독부는 전쟁수행을 위한 노동력 동원수단으로 조선직업소개령을 공포했다. 1961년 12월 군사정부는 구법을 정리하는 차원에서 직업안정법을 제정·공포하여 직업소개, 직업지도, 직업보도, 노동시장에 관한 조사 분석 및 실업보험을 규정하고 있었다. 1967년에는 직업안정법을 전부 개정하여 직업안정소의 설치와 운영, 직업안정제도를 보완하였다.

그러나 직업안정소의 운영은 안정적이지 않았다. 1968년 6개월간 직업안정소의 운영을 보도한 『동아일보』 기사에 따르면 같은 기간 구인신청은 6,710명인데 반하여 구직신청은 5,284명이었다. 이중 취업알선으로까지 이어진 사람은 구직자의 절반인 2,560명에

불과하였다. 이는 구인자가 요청하는 직종과 구직자의 희망직종이 잘 맞지 않았고, 직업안정소가 실업문제 해결에 큰 역할을 하지 못했다는 것을 보여준다. 또한 직업안정소는 법령상 보건사회부-노동청 산하에 설치되었지만 실제로는 지방자치단체에 의해 설치 운영되었다.

　이 같은 경향은 1970년대에도 이어졌다. 1974년 10월 정부는 산재보험사무소와 직업안정소를 통폐합하여 전국적으로 총 34개소의 노동청 지방사무소를 설치하였다. 그러나 경제정책을 담당했던 고급관리들이 노동시장에 관한 학습, 구상이 전무하였기 때문에 직업안정에 관해서는 무지할 수밖에 없었다. 당시 서석준 경제기획원 차관보는 홍익대학교 박래영 교수의 능률협회에 대한 보고서를 브리핑 받는 자리에서 "직업안정이 이렇게도 중요한 생산적 노동복지 정책이라는 사실을 처음 알았다"고 토로하였다. 또한 이미 1967년 개정 직업안정소법에서 "적성검사"가 추가되었으나 서석준 차관보는 스위스 방문 때 스위스인들이 적성검사를 받는 것을 알고 대단히 놀랐다고 한다. 심지어 노동청 직원들 사이에서도 직업안정 업무로 전근이라도 되면 좌천된 것처럼 판단하고 전근운동을 벌였다. 1960~70년대 노동청 직원에게조차 직업안정 업무는 공무원 사명감 하나로만 수행해야 하는 따분하고 불만족스러운 직책이었던 것이다.

▌ 참고문헌

「직업안정법(법률 제1952호)」, 국가법령정보센터(www.law.go.kr).
「직업안정소 개소」, 『경향신문』, 1968년 8월 7일.
「직업안정소에 비친 기현상」, 『동아일보』, 1968년 12월 25일.
노동부, 『노동행정사』 1, 노동부, 2006.

해당호 전체 정보

KC687-01 청와대 동정

상영시간 ㅣ 01분 34초

영상요약 ㅣ 8월 5일 청와대에서는 임충식 신임 국방부장관의 임명식이 열렸다. 이에 앞서
8월 1일 청와대에서는 김성룡 중장의 신임 공군참모총장 이취임식이 있었다.
전임 공군참모총장 장지양 장군은 1등보국훈장을 받았다.

KC687-02 고가도로 공사

상영시간 ㅣ 04분 56초

영상요약 ㅣ 고가도로 공사모습을 보여주는 영상이다.

KC687-03 안용복 장군 충훈비 건립

상영시간 ㅣ 00분 47초

영상요약 ㅣ 안용복 장군 충혼비 제막식 모습을 보여주는 영상이다.

KC687-04 수영장 스케치

상영시간 ㅣ 00분 48초

영상요약 ㅣ 수영장에서 물놀이를 즐기는 어린이들의 다양한 모습을 담은 영상이다.

KC687-05 한강변 도로 스케치

상영시간 ㅣ 01분 09초

영상요약 ㅣ 한강변의 왕복4차선 도로를 자동차로 달리면서 찍은 다양한 장면을 담은 영상
이다.

KC687-06 어선

상영시간 ㅣ 02분 00초

영상요약 ㅣ 항구에 정박 중인 다양한 선박과 선원들의 모습을 담은 영상이다.

KC687-07   소 선적

상영시간 ᅵ 00분 55초

영상요약 ᅵ 항구로 이송된 소들을 다시 배에 싣는 다양한 모습을 보여주는 영상이다.

KC687-08   기공식

상영시간 ᅵ 00분 16초

영상요약 ᅵ 정일권 국무총리와 여러 남성들이 기공식에 참석했다.

KC687-09   무명 전몰학도 의용군 추념식

상영시간 ᅵ 01분 01초

영상요약 ᅵ 군복을 입은 장성 일행이 불당과 제단에서 묵념을 하고 예를 올리는 모습이
         담긴 영상이다.

KC687-10   뚝도 수원지 제4정수장 기공

상영시간 ᅵ 00분 46초

영상요약 ᅵ 김현옥 서울시장은 8월 1일 뚝도 수원지 제4정수장 기공식에 참석했다.

KC687-11   국회의장 귀국

상영시간 ᅵ 00분 42초

영상요약 ᅵ 이효상 국회의장은 터키 방문 중 일본을 들러 8월 8일 귀국했다.

KC687-12   외국인사 내한

상영시간 ᅵ 01분 51초

영상요약 ᅵ 한국에 입출국하는 다양한 외국인 일행의 모습을 담은 영상이다. 그리고 정일
         권 국무총리 및 각부 장관이 참석한 중앙청 회의 모습을 담고 있다. 마지막으
         로 경전철 개통식에 참석한 박정희 대통령의 모습이 담겨 있다.

KC687-13   회의

상영시간 ᅵ 00분 54초

영상요약 ᅵ 내용을 알 수 없는 회의가 진행되는 모습을 담은 영상이다.

KC687-14　서울 노동청 제1 직업안정소 현판식

상영시간 ㅣ 00분 23초

영상요약 ㅣ 8월 7일 오전 10시에 이승택 노동청장이 참석한 가운데 노동청 서울 제1, 제2
직업안정소 개소식이 열렸다.

칠궁 철거 공사 (1968년 9월 7일)

제작정보
출   처 : 대한뉴스KC 691호
제 작 사 : 국립영화제작소
제 작 국 가 : 대한민국

영상정보
제 공 언 어 : 한국어
컬   러 : 흑백
사 운 드 : 무

영상요약

철거 공사가 진행된 칠궁의 다양한 모습을 담은 영상이다.

(내레이션 없음)

■ 화면묘사

- 칠궁의 모습
- 철거공사 현장의 모습
- 나무와 고궁이 어우러진 칠궁의 모습
- 칠궁의 각종 기와의 모습
- 칠궁의 다양한 모습

■ 연구해제

1968년 8월 21일 촬영한 칠궁 철거 공사 현장의 모습인데, 대한뉴스에는 상영되지 않은 영상이다.

사적 제149호 칠궁(七宮)은 조선시대 역대 왕이나 왕으로 추존된 이들을 낳은 생모이면서 왕비가 아니었던 후궁 일곱 여인의 신위를 모신 묘당이다. 칠궁은 원래 조선시대 영조가 자신의 친어머니이자 숙종의 후궁이었던 숙빈(淑嬪) 최씨를 위해 영조 원년(1725)에 세운 사당에서부터 유래되었다. 처음 건립했을 때는 숙빈묘(淑嬪廟)라 하였다가 1744년(영조 20)에는 육상묘(毓祥廟), 1753년(영조 29)에는 육상궁으로 점차 격이 높아졌다. 이후 순종 2년(1908) 흩어져 있던 임금 또는 추존왕의 어머니 신주를 봉인한 다섯 사당 저경궁(儲慶宮), 대빈궁(大嬪宮), 연우궁(延祐宮), 선희궁(宣禧宮), 경우궁(景祐宮)을 육상궁 경내에 합사(合祀)하면서 육궁(六宮)이 되었고, 1929년 고종의 후궁인 엄귀비의 사당인 덕안궁(德安宮)을 이곳으로 보내어 칠궁이 되었다. 현재 칠궁에서 과거의 격식을 갖춘 모습으로 온전하게 유지되고 있는 것은 육상궁과 육상궁 내에 배치되어 있었던 연우궁뿐이다. 나머지 다섯 궁은 이 영상에서 보여주는 철거 공사로 인해 훼손되어 본래의 모습을 잃거나 소실되었다.

1968년 이루어진 칠궁 철거는 서울시 도시개발 계획에 따른 도로확장공사로 인해 결정되었다. 당시 서울시의 도시계획은 여러 차례 문화재 보존 사업과 상치되는 방향으로 결정되어 문제가 되었다. 문화재위원회는 "도시건설이나 근대화의 이름으로 민족의 유산까지 말살하려는 몰지각하고 성급한 처사"라며 서울시를 비판하였고, 여기에 대해 서울시는 "현대에 어울리는 도시계획"을 중요시하며 문화재는 과거의 형태를 그대로 전하는 길과 함께 현시점을 거쳤다는 흔적을 남기는 방법도 있다고 주장하며 맞섰다. 하지만, 논쟁은 경복궁 담 철거, 덕수궁의 대한문 이전, 사직단의 수구문 철거, 종묘의 담 위치 변경 등의 주요한 문화재들의 훼손으로 이어졌다.

칠궁의 철거도 역시 오랜 기간 논쟁이 오간 사안이었다. 서울시에 의한 칠궁 철거 안이 1963년 9월부터 추진된 이래, 5년 동안 문화재 보존이라는 문제로 문화재 관리국의 반대가 계속 제기되고 있었기 때문이다. 그러나 1968년 1·21사태로 인해 칠궁에 대한 관리권이 문화재관리국에서 청와대 경호실로 넘어감에 따라 청와대의 경호를 위해 불가피하다는 주장이 더해지면서, 최종적으로 서울시의 계획이 채택되었고 칠궁의 철거가 확정된다. 이어서 2월 15일 '문화재를 깔고 가는 도시계획'이라는 비판적 여론과 전주 이씨 문중의 반대에도 불구하고 칠궁의 정문과 정원의 일부가 철거되었으며, 동년 6월 이후부터는 일부 사당 건물에 대한 철거 공사가 진행되었다. 칠궁은 공사가 완료된 이후 청와대 부지에 맞붙어 있는 관계로 일반인 관람이 금지되었다가 2001년 11월 이후 청와대 견학의 단체 관람 코스로서 제한적으로 공개되었다.

▌ 참고문헌

「문화재 깔고 가는 도시계획」, 『동아일보』, 1968년 2월 1일.

「칠궁 일부철거」, 『경향신문』, 1968년 6월 21일.

「노상문화재 대한문 당국의 어설픈 타협이 빚은 말썽의 언저리」, 『동아일보』, 1968년 8월 22일.

양택규, 『경복궁에 대해 알아야 할 모든 것』, 책과 함께, 2007.

한국문화유산답사회, 『답사여행의 길잡이』 15, 돌베개, 2004.

해당호 전체 정보

KC691-01   대통령 무역 박람회 시찰

상영시간 ㅣ 03분 03초

영상요약 ㅣ 9월 9일부터 42일간 국내 최초의 무역박람회가 열릴 예정인 서울 구로동 수출
공업단지의 박람회장을 시찰한 박정희 대통령의 모습을 담은 8월 30일자 영상
이다.

KC691-02   노동청 서울 제1직업 안정소

상영시간 ㅣ 00분 17초

영상요약 ㅣ 지난 8월 7일 개소한 국립직업안정소 서울 제1안정소를 찾는 시민들의 모습을
담은 영상이다.

KC691-03   칠궁 철거 공사

상영시간 ㅣ 01분 18초

영상요약 ㅣ 철거 공사가 진행된 칠궁의 다양한 모습을 담은 영상이다.

제2경제운동실천 국민궐기대회 (1968년 10월 5일)

제작정보
출   처 : 대한뉴스KC 695호
제 작 사 : 국립영화제작소
제 작 국 가 : 대한민국

영상정보
제 공 언 어 : 한국어
컬   러 : 흑백
사 운 드 : 무

영상요약

제2경제운동실천 국민궐기대회가 1968년 9월 28일 오전 10시에 박정희 대통령을 비롯한 전국 39개 사회단체대표와 시민 다수가 참석한 가운데 시민회관에서 열렸다.

(내레이션 없음)

화면묘사

- "제2경제운동실천국민궐기대회" 플랜카드 아래 연단에서 연설하는 남성
- 박정희 대통령이 치사하고 있음
- 제2경제운동실천 국민궐기대회 무대의 전경
- 정일권 국무총리가 연설하고 있음
- 연단에 앉아있는 박정희 대통령의 모습

연구해제

이 영상은 1968년 9월 28일 서울 시민회관에서 개최된 제2경제운동실천 국민궐기대회의 내용을 담고 있다. 박정희 대통령을 비롯한 전국 39개 사회단체 대표와 시민 다수가 참석한 궐기대회에서는 청탁·정실배경 등의 폐단을 일소하고 적재적소주의·인사행정체계확립·사회풍조의 개선 등 13개 항의 100가지 국민실천사항과 운동지침을 담은 결의문을 채택했다. 결의문은 ①우리는 자주와 자립을 바탕으로 한 강력한 민족통일국가를 건설하기 위하여 민주역량을 증강하는 운동을 전개한다, ②우리는 자유와 책임과 성실을 바탕으로 하는 명랑한 민주사회를 이룩하기 위하여 사회적 연대의식을 제고하는 운동을 전개한다, ③우리는 자유사회를 수호하고 밝은 내일을 창조하기 위하여 우리자신을 도의와 합리와 신념으로 무장하는 운동을 전개한다는 내용을 담고 있다.

결의문에서도 드러나듯이 제2경제론은 정신적인 면에서의 '개조'를 주장한 것이었다. 이는 박정희 대통령이 1967년 대통령 선거 이후 가진 첫 공식기자회견에서 처음으로 언급되었다. 그러나 당시엔 박정희 조차 그 개념을 정확히 규정하지 못해 그 의미를 둘러싸고 당과 부처 간에 이해의 차이가 발생하기도 하였다. 경제기획원은 이를 '경제 운영의 기반과 여건이 되는 경제 외적조건'이라고 규정했고, 공화당의 정책연구실에서는 "인간의 물질적 욕구 충족을 위한 행위를 '제1경제'라고 편의상 부른다면 '제2경제'는 이러

한 '제1경제'의 활동과 성장을 저해하는 비경제적 요인을 다루는 것"이라고 규정했다. 그러나 박정희는 이러한 두 가지 규정에 대해 모두 반대하는 입장을 표명했다. 그는 '제2경제'가 '제1경제'를 뒷받침하는 것이 아니라 "순수히 물질 면의 성장을 따르지 못하는 정신면의 성장을 기함으로써 균형 있는 근대화를 추진하려는 것"이라고 설명했다. 즉 박정희의 인식 속에서 근대화는 정신적인 측면과 물질적인 측면의 두 방향이 있으며 '제1경제'와 '제2경제'의 균형 있는 발전을 통해 근대화를 완성하고자 한 것이다.

이는 국가주도의 경제발전과 함께 정신적인 측면까지 통제하고자 했던 박정희 정부의 의도를 반영한 것이었다. 박정희는 1967년 11월 제2차 경제개발계획이 성공적으로 진행되고 수출이 확대되고 있던 시점에 공화당 관계자들에게 "물질면의 성장에 비해 정신적인 분야의 성장이 따르지 못해 커다란 갭이 있으며 그 갭이 물량 면의 고도성장을 저해하고 근대화 작업이 결과적으로 절름발이가 될 우려가 있다"며 해결방안을 강구할 것을 지시했다. 즉 '정신면의 후진성'을 제거하여 물질과 정신의 균형 있는 발전을 이룩해야 하며 이를 정부가 주도적으로 통제할 수 있다는 것이었다.

참고문헌

「조국의 밝은 앞날 약속 훌륭한 성과 거두자」, 『매일경제』, 1968년 9월 28일.
박태균, 「1960년대 중반 안보 위기와 제2경제론」, 『역사비평』 72, 2005.

해당호 전체 정보

KC695-01 제2경제운동실천 국민궐기대회
상영시간 | 01분 07초
영상요약 | 제2경제운동실천 국민궐기대회가 1968년 9월 28일 오전 10시에 박정희 대통령을 비롯한 전국 39개 사회단체대표와 시민 다수가 참석한 가운데 시민회관에서 열렸다.

KC695-02 반공 대강연회
상영시간 | 01분 07초
영상요약 | 9월 27일에 열린 반공대강연회의 모습을 스케치한 영상이다.

KC695-03 한산 대첩 대풍어제
상영시간 | 02분 02초
영상요약 | 9월 29일 통영에서 열린 한산 대첩 대풍어제를 스케치한 영상이다.

KC695-04 대성 국민학교 반공연맹 관람
상영시간 | 01분 10초
영상요약 | 10월 7일 대성국민학교 학생들이 반공연맹을 찾아 각종 전시품을 관람하고 있다.

KC695-05 연예인 가정의 날 리본 달아주기 행사
상영시간 | 01분 05초
영상요약 | 9월 28일 명동에서 열린 가정의 날 리본 달아주기 행사에서 연예인들이 시민들에게 리본을 달아주는 모습을 스케치한 영상이다.

KC695-06 숙녀학원
상영시간 | 01분 27초
영상요약 | 68년 4월에 개원한 서울숙녀학원의 건물 전경과 9월 27일에 이루어진 워킹 강습이 담긴 영상이다.

KC695-07   연고 축구(럭비)전

상영시간 ㅣ 02분 50초

영상요약 ㅣ 9월 28일 효창구장에서 치러진 정기 연고전 럭비, 축구 경기의 모습을 스케치한 영상이다.

KC695-08   구호양곡 하역

상영시간 ㅣ 01분 05초

영상요약 ㅣ 9월 27일 미국으로부터 기증받은 양곡을 싣고 인천항에 입항한 선박에서 양곡을 하역작업 하고 있는 영상이다.

KC695-09   제20주년 국군의 날 행사

상영시간 ㅣ 08분 01초

영상요약 ㅣ 10월 1일 오전 10시 여의도 광장에서 열린 국군의 날 기념식에 박정희 대통령을 비롯, 3부요인, 각 국가대표, 15만여 명의 시민학생들이 참관한 가운데 건군 이후 최대규모의 군사력 시위가 벌어졌다. 이날 식전에 참가한 국군부대는 오후 3시부터 서울시내 시가행진에 들어갔다.

KC695-10   대통령 생신 축하 하례

상영시간 ㅣ 00분 30초

영상요약 ㅣ 9월 30일 51회 생일을 맞은 박정희 대통령은 인사 온 국무위원, 공화당간부 및 소속 국회의원 등을 대접견실에서 접견, 인사를 나누었다.

KC695-11   달라지는 서울(아현 고가도로 개통)

상영시간 ㅣ 00분 58초

영상요약 ㅣ 아현고가도로가 9월 19일 오전 8시 30분 정일권 국무총리, 박경원 내무부장관, 김현옥 서울시장을 비롯, 관계인사가 다수 참석한 가운데 개통되었다. 지난 2월 3일 착공, 만 7개월 15일만에 완공된 이 도로는 총연장 942m, 폭 16m, 4차선으로 공사비는 3억 원을 들였다.

KC695-12 전국 과학 전람회

상영시간 ㅣ 01분 11초

영상요약 ㅣ 9월 27일부터 10월 25일까지 국립과학관에서 개최된 전국 과학 전람회의 개막
모습을 담은 영상이다.

KC695-13 월남 소식

상영시간 ㅣ 01분 01초

영상요약 ㅣ 9월 27일의 월남 소식 가운데 쪼광동 동사무소 개소식을 다룬 영상이다.

KC695-14 보이스카웃 국제 극동회의

상영시간 ㅣ 01분 55초

영상요약 ㅣ 보이스카우트 제6차 극동지역 회의가 9월 30일 오전 10시 반 박정희 대통령을
비롯, 김종필 한국연맹총재 등 한국대표 44명과 아프가니스탄을 비롯한 20개
국 대표 280명이 참가한 가운데 워커힐 코스모스 홀에서 개회됐다.

KC695-15 대전 재생원

상영시간 ㅣ 00분 33초

영상요약 ㅣ 대전 재생원에서 수상자들이 상장과 트로피를 받고 관계자가 연설하는 영상
이다.

KC695-16 기념식

상영시간 ㅣ 00분 56초

영상요약 ㅣ 대형 태극기가 걸린 기념행사장 여학생들과 밴드가 공연하는 모습이 나오며,
청중석 일부에 "政府國會司法府人士席"이란 팻말이 보인다.

KC695-17 예방

상영시간 ㅣ 01분 09초

영상요약 ㅣ 임충식 국방부장관을 예방한 여러 인물들. 악수를 나누고 기념품을 증정하고
있다.

콜롬보 프랜 자문회 위원회의 (1968년 10월 18일)

제작정보

출   처 : 대한뉴스KC 697호

제 작 사 : 국립영화제작소

제 작 국 가 : 대한민국

영상정보

제 공 언 어 : 한국어

컬   러 : 흑백

사 운 드 : 무

영상요약

개발도상국가의 지역협력체제를 다지는 데 초점을 둔 제19차 콜롬보 계획 자문위원회의가 10월 8일 아침 9시 반 워커힐에서 개막됐다. 23개 회원국의 전문가회의 및 행정회의 대표와 9개국 국제기구 옵저버 등 82명이 참석한 가운데 한표욱 총회 사무총장(주태대사)의 사회로 열린 이번 회의는 특별과제로서 수출진흥문제를 중점적으로 취급했다.

(내레이션 없음)

화면묘사

- 발언중인 홀리오크(Sir Keith Holyoake) 뉴질랜드 수상
- 한국, 일본, 홍콩, 싱가폴 대표부의 모습
- "The 19th Colombo Plan Consultative Committee Meeting 제19차 콜롬보 플랜 자문위원회" 회의장의 전체적인 모습
- 회의를 주재하는 한표욱 총회 사무총장의 모습
- 각국 대표가 참석한 가운데 회의가 진행되는 모습
- "IPPF Western Pacific Regional Training & Seminar 國際家族計劃聯盟 西太平洋地域訓鍊(국제가족계획연맹 서태평양지역훈련) 및 세미나"의 행사장 모습
- 연단에 선 남성의 모습
- 각국 대표단의 모습
- 우간다, 케냐 대표가 자리에서 일어나 인사하고 있음
- 세미나하는 모습

연구해제

이 영상은 1968년 10월 8일부터 21일까지 서울에서 개최된 제19차 콜롬보 플랜 자문위원총회를 홍보하고 그 회의 내용을 알리는 것을 목적으로 상영된 것이다.

'콜롬보 계획'은 1949년 트루먼 미대통령이 수립한 후진국개발계획에 자극을 받고 영연방국가가 1950년 1월 수립한 것으로, '남방 및 동남아시아의 공동경제개발에 관한 콜롬보 계획'을 말한다. 즉 이는 동남아에서 영연방의 경제적 지위를 강화하고, 이들 간에 결속을 다지는 것을 목적으로 수립된 것이었다. 이를 위한 구체적 계획으로는 개발원조와 기술원조가 있었는데, 자본원조보다는 기술원조를 중심으로 시행되었다. 기술원조의 한계에 대한 이해가 없던 당시 한국에서는 기술협력뿐만 아니라 외자도입에 수반되어

유입되는 기술까지 포함되는 것으로 이해했으나, 실질적인 효과는 예상보다 미미했다. 이에 대한 국내 규정은 1966년 8월 3일 공포된 「외자도입법」에서 "대한민국 국민 또는 대한민국법인이 외국인으로부터 산업재산권 기타 기술의 양수 및 그 사용에 관한 권리를 도입하는 계약으로서 대통령이 정하는 범위에 해당하는 것"이라고 명시되면서 비로소 구체화되었다.

한국이 콜롬보계획에 의한 기술협력을 추진하기 시작한 것은 1962년 11월 15일 호주 시드니에서 개최된 제14차 「콜롬보계획 자문위원회」에서 한국을 동 위원회의 가입국으로 인정하면서부터이다. 이후 1963년 1월 29일 실론의 콜롬보에서 개최된 제18차 정책회의에서 「콜롬보 계획 기술협력위원회」에 가입하면서 본격적인 기술협력이 추진되어 왔다. 1962년부터 1966년까지 5년간에 걸쳐 한국에 제공된 콜롬보계획에 의한 기술협력은 총 250만 달러 정도였고, 기술자 파견이 그 주종을 이루었다. 콜롬보계획 회원국 가운데서 한국과 실질적으로 기술협력을 활발히 추진한 국가는 영국, 호주, 일본, 캐나다, 뉴질랜드 등으로, 이를 위해 파견된 사람들은 원조국의 국명을 따서 영국정부장학생, 호주정부장학생이라는 명칭을 사용하였다.

이날의 회의는 1966년부터 외무부에 의해 추진되어 온 것으로, 총 24개 회원국과 8개 국제기구 옵저버 200여 명이 참가하였다. 영상을 통해 일본, 홍콩, 케냐 등 회원국의 대표가 참석한 것을 확인할 수 있다. 이날 회의는 "개발도상국의 공업발전은 농업발전의 뒷받침이 있어야 한다"는 점을 특히 강조한 보고서를 채택하고 막을 내렸다. 이 보고서는 역내 국가들의 경제성장을 위해 수출진흥이 효과적이며, 이를 위해 관세완화, 기술원조의 증가, 수출금융과 보험제도의 확대 및 공동시장의 조사활동이 매우 중요하다는 점을 확인시켜주었다. 또한 개발도상국은 노동집약적 상품생산에 전념해야 한다고 강조하였다.

▌ 참고문헌

「콜롬보 계획 자문위 서울개최추진」, 『동아일보』, 1966년 4월 16일.
「콜롬보계획자문위원총회의 개막」, 『경향신문』, 1968년 10월 7일.
「농업발전 위에 공업화」, 『동아일보』, 1968년 10월 25일.
최대식, 「한국공업개발을 위한 기술도입정책」, 『사회과학연구』 5, 1998.

해당호 전체 정보

KC697-01 힐탑 아파트 개관
상영시간 ｜ 02분 04초
영상요약 ｜ 서울 용산구 한남동에 외국인용 힐탑 아파트가 완공되어 10월 11일 개관했다. 100만 달러의 외자와 4억 원의 내자로 완공된 아파트는 연건평 4,072평에 지상11층, 지하1층 건물로 120가구를 수용하게 된다. 힐탑 아파트는 내부에 자동 냉난방시설, 세탁 및 건조시설 등 최신설비가 되어 있으며 앞으로 주택공사에서 임대운영, 연간 33만 달러의 외화를 벌어들이게 된다.

KC697-02 율곡제
상영시간 ｜ 00분 44초
영상요약 ｜ 강릉 오죽헌에서는 율곡제가 열려 추모제와 공연이 있었다.

KC697-03 여성 복지 센터 기공
상영시간 ｜ 01분 01초
영상요약 ｜ 월남 여성 복지센터 기공식에 참석한 군관계자들과 여성들의 모습을 담은 영상이다.

KC697-04 화홍 문화제(수원)
상영시간 ｜ 02분 02초
영상요약 ｜ 10월 15일 수원에서 열린 화홍문화제의 다양한 모습을 스케치한 영상이다.

KC697-05 코리안 파이오니호 취항(부산)
상영시간 ｜ 01분 49초
영상요약 ｜ 10월 15일 취항한 코리안 파이오니호의 취항식이 열린 모습이다.

KC697-06 창경원 물개 인수식(창경원)

상영시간 ｜ 01분 59초

영상요약 ｜ 10월 16일 창경원 물개 인수식을 보러온 사람들의 모습이다.

KC697-07 신라문화제(경주)

상영시간 ｜ 00분 49초

영상요약 ｜ 10월 11일 오전 10시 황성 공설운동장에서 신라 천년의 찬란한 문화와 예술을 되새기는 제7회 신라문화제가 박봉수 대회장을 비롯, 양탁식 경북지사 등 많은 내외귀빈과 3만여 명의 시민이 모인 가운데 열렸다.

KC697-08 백제 문화제

상영시간 ｜ 00분 30초

영상요약 ｜ 제3회 백제문화제가 10월 8일 밤 청사초롱 점등식과 함께 화려한 막을 올렸다. 10일 밤까지 계속될 이 문화제는 공주 지방 연중 고유행사이다.

KC697-09 콜롬보 프랜 자문회 위원회의

상영시간 ｜ 01분 27초

영상요약 ｜ 개발도상국가의 지역협력체제를 다지는 데 초점을 둔 제19차 콜롬보 계획 자문위원회의가 10월 8일 아침 9시 반 워커힐에서 개막됐다. 23개 회원국의 전문가회의 및 행정과 회의 대표와 9개국 국제기구 옵저버 등 82명이 참석한 가운데 한표욱 총회사무총장(주태대사)의 사회로 열린 이번 회의는 특별과제로서 수출진흥문제를 중점적으로 취급했다.

KC697-10 주부 백일장(경복궁)

상영시간 ｜ 01분 27초

영상요약 ｜ 여류문학인주최 제2회 주부백일장이 11일 오전 11시부터 경복궁 경회루 잔디밭에서 열렸다. 130명의 주부들이 참석한 이 백일장에는 '거울', '나들이'란 낯익은 제목이 걸렸고, 오후 2시에 발표된 장원은 시 '거울'을 쓴 김정수(27세, 서울) 씨가 차지했다.

KC697-11 국제회의

상영시간 ㅣ 01분 52초

영상요약 ㅣ 개발도상국가의 지역협력체제를 다지는 데 초점을 둔 제19차 콜롬보 계획 자
문위원회의가 10월 8일 아침 9시 반 워커힐에서 개막됐다. 23개 회원국의 전
문가회의 및 행정과 회의 대표와 9개국 국제기구 옵저버 등 82명이 참석한 가
운데 한표욱 총회사무총장(주태대사)의 사회로 열린 이번 회의는 특별과제로
서 수출진흥문제를 중점적으로 취급했다.

KC697-12 국제 가족계획 지역 의사 훈련(아카데미 하우스)

상영시간 ㅣ 00분 54초

영상요약 ㅣ 대한가족계획협회가 주최한 국제가족계획협회연맹(IPPF) 서태평양지역 훈련
및 세미나가 10월 15~16 양일간 서울 아카데미하우스에서 열렸다. '기본적 인
권으로서의 가족계획'이란 주제로 열린 이 세미나는 일본, 홍콩, 오키나와, 자
유중국, 한국의 정회원 및 옵저버 52명이 참석, 회원국에서 추진하고 있는 가
족계획사업에 관한 효율적 방안을 모색했다.

KC697-13 백구 함정 교체(월남)

상영시간 ㅣ 00분 58초

영상요약 ㅣ 10월 11일 백구 함정 교체식의 모습을 스케치한 영상이다.

KC697-14 확대

상영시간 ㅣ 01분 36초

영상요약 ㅣ 국내외 관객들이 지켜보는 가운데 각종 전통 무용을 보여주는 영상이다.

KC697-15 아폴로 인공위성 발사 광경 보충

상영시간 ㅣ 02분 01초

영상요약 ㅣ 아폴로 인공위성 발사장과 발사대의 모습, 발사 당시의 모습이 촬영된 영상이
다.

경상남도 닭은행 개장 (1968년 11월 23일)

제작정보

출   처 : 대한뉴스KC 702호
제 작 사 : 국립영화제작소
제 작 국 가 : 대한민국

영상정보

제 공 언 어 : 한국어
컬   러 : 흑백
사 운 드 : 무

영상요약

1968년 11월 19일에 개장한 경상남도 닭은행의 개장식 모습을 스케치한 영상이다.

내레이션

(내레이션 없음)

- "경축 경상남도 닭은행 개장" 플랜카드
- 개장식에 참가한 관계자들의 모습
- 개장식 연설을 하고 있음
- 객석에서 바라보는 무대의 모습
- 표창장을 받고 있음
- 행사 관계자들이 개장 테이프 컷팅하는 모습
- 닭은행을 시찰중인 관계자들의 모습
- 기념식수를 하는 모습
- 닭은행의 외관 전경
- 닭은행에 가득 들어찬 닭들이 모이를 쪼고 있음
- "경상남도 축산개발시범 사업장 평면 배치도"의 모습

■ 연구해제

이 영상은 1968년 11월 19일 경상남도 닭은행 개장 기념식을 전하고 있다. 기념식에는 관계자들에 대한 시상식과 테이프 커팅식이 전개되었다. 기념식 이후에는 관계자들이 닭은행을 시찰하였으며 기념수를 심기도 했다. 지금은 이름이 생소한 닭은행은 농가소득 향상을 위한 전반적인 사업 구상 속에서 경상남도 축산개발시범사업의 일환으로 설립된 것이었다. 대규모의 건물 여러 동이 일렬로 세워져 있는 전경을 살펴볼 수 있는데, 이 건물들은 사무실동, 사료창고, 계분사, 산란계사, 직원숙소, 급수고, 육추사 등 분업화되어 구분되어 있었다.

농가소득증대는 박정희 정부 초기부터 주창되어 왔던 것이지만 1967년 농어촌개발공사 설립을 추진하면서부터는 종합농장사업 및 대규모 공장단지의 형태로 추진되었다. 농어촌개발공사는 1968년까지 총 111억 원의 재원을 확보해서 냉동시설·식품공장·주산지조성·연구소설치 등을 계획하였으며, 자금은 아주개발은행(ADB), 대일청구권자금, 외국과의 합작투자로 마련될 예정이었다. 농어촌개발공사는 10억 원의 자본금이 확보되는 대로 이 중 1억 2천만 원을 들여서 양돈양계주산단지를 확보할 것을 계획하였다.

또한 1,800호의 농가를 상대로 100만 수의 양계를 계획, 농가호당 연 27만 5,000원의 수익을 목표로 하였다.

특히 농협 경남도지부에서는 이미 양계사업을 위한 영농단지조성을 중점으로 사업을 펼쳐온 만큼 농가소득 향상을 위한 축산업으로서 양계사업이 주목받고 있었다. 농림부 역시도 농민소득증대책의 하나로 축산진흥방안을 마련하였고, 양계사업에 있어서 소비 확대와 사료확보에 중점을 두고 계획을 세웠다. 영상에서 등장한 닭은행은 바로 이를 위해 1968년 처음 시행된 대규모의 양계사업단지이다.

그러나 이후 대규모의 양계사업 및 농가소득증대방안에 대한 평가는 상반되었다. 경상남도 도지사 이기수는 닭은행이 시민의 장속에 들어있던 돈을 생산자금화하는데 성공하며 농민의 양계밑천이 되어주었고, 시민들에게 큰 이익을 안겨주었다고 평가하였다. 한 주의 이윤이 시중은행 금리의 갑절이나 되어 농민과 시민이 다 같이 큰 이익을 봤다는 것이다. 한편으로는 축산업을 겸업하는 농가에 지원하여 전반적인 농가소득으로 이어져야 하는데 부업과 전업의 구별이 모호하여 약 2,000여만 원이 전업업자에게 돌아가 실제 농가에는 아무런 보탬이 되지 못했다는 평가도 있다. 이 같은 평가에도 불구하고 농가소득 방안으로서의 양계사업은 계속 강조되었고, 1970년대에 들어서는 지역개발사업의 일환으로도 간주되어 지원이 확대되었다.

█ 참고문헌

「농어민 소득향상 되도록」, 『매일경제』, 1967년 10월 7일.

「양잠 등 3종목 추가 영농단지사업확대」, 『매일경제』, 1968년 5월 4일.

「실속없는 '농가부업진흥'」, 『매일경제』, 1968년 7월 8일.

「목야개발공단 설립」, 『동아일보』, 1968년 7월 9일.

「빛을 찾아(1) 농촌」, 『동아일보』, 1969년 1월 1일.

「양계·양돈사업 벌여 지역개발」, 『매일경제』, 1978년 1월 27일.

해당호 전체 정보

KC702-01 청와대 예방(임명장)

상영시간 ｜ 03분 09초

영상요약 ｜ 박정희 대통령이 청와대를 예방한 인사들에게 임명장을 수여하고 환담을 나누는 모습이다.

KC702-02 육영수 여사

상영시간 ｜ 02분 18초

영상요약 ｜ 편직물 공장을 방문한 육영수 여사가 공장 내부 시설을 시찰하고 관계자들과 환담을 나누고 있다.

KC702-03 경상남도 닭은행 개장

상영시간 ｜ 01분 58초

영상요약 ｜ 11월 19일에 개장한 경상남도 닭은행의 개장식 모습을 스케치한 영상이다.

KC702-04 태권도

상영시간 ｜ 02분 09초

영상요약 ｜ 주월한국군 사령관기 쟁탈 태권도시합이 베트남 현지에서 열려 개인대련과 격파 등을 선보이고 있다.

KC702-05 신형 비행기 쇼

상영시간 ｜ 03분 01초

영상요약 ｜ 신형 비행기의 다양한 모습을 스케치한 11월 18일의 영상이다.

KC702-06 경희가족 대음악제

상영시간 ｜ 01분 02초

영상요약 ｜ 제3회 경희가족 대음악제에서 펼쳐진 합창, 악기 연주, 민속악, 오케스트라 등 다양한 공연의 모습을 담은 영상이다.

KC702-07 충북 여성회관 준공

상영시간 ㅣ 02분 15초

영상요약 ㅣ 충북 여성회관 개관식이 11월 20일 오후 2시 영부인 육영수를 비롯, 김효영 지사, 육인수 문공위원장 등 많은 시민과 여성대표들이 참가한 가운데 개최됐다. 육영수는 치사에서 여성회관이 여성의 복지증진과 교양의 도장으로 이용되기를 바란다고 말했다. 이 건물은 공사비 2,100만 원을 들여 건립되었다.

KC702-08 웅변대회

상영시간 ㅣ 01분 47초

영상요약 ㅣ 11월 16일에 개최된 전국남녀학생 및 일반인 영어웅변대회에서 웅변하는 연사들의 모습과 시상식 장면을 스케치한 영상이다.

KC702-09 순국 선열 추모식

상영시간 ㅣ 01분 06초

영상요약 ㅣ 68년도 순국선열 합동추모식이 11월 17일 오전 10시 정일권 국무총리, 이갑성 광복회장 등 관계부처 인사가 참석한 가운데 시민회관에서 거행됐다.

KC702-10 교육 공로자 표창

상영시간 ㅣ 01분 03초

영상요약 ㅣ 대한교련은 11월 14일 오전 서울시민회관에서 한평생을 교육에 몸바쳐온 183명의 교육 공로자를 표창했다. 이날 정일권 국무총리, 권오병 문교부 장관과 470명의 대의원을 비롯, 3천여 교육계 교사들이 참석했다. 식전에서 정 국무총리는 서울 돈암국민학교 교장 한홍수 씨 등 14명에게 국민훈장(목련장)을 달아주어 노고를 위로했다.

KC702-11 북괴 만행 규탄

상영시간 ㅣ 00분 39초

영상요약 ㅣ 간첩 검거와 신고에 관한 몇몇 신문의 기사를 발췌한 영상이다.

KC702-12   건설

상영시간 ┃ 00분 46초

영상요약 ┃ 건설공사 현장의 모습을 스케치한 영상이다.

KC702-13   미 대통령 선거

상영시간 ┃ 02분 10초

영상요약 ┃ 미국 대통령 선거를 앞두고 열린 닉슨 공화당 후보의 유세장 모습이다.

KC702-14   문인회 102 전투비행대대

상영시간 ┃ 01분 52초

영상요약 ┃ 문인회 대표단이 102 전투비행대대를 방문해 위문품을 전달하고 견학하는 영상이다.

KC702-15   간첩 노획물 전시

상영시간 ┃ 00분 37초

영상요약 ┃ 간첩노획물을 전시하고 있는 영상이다.

KC702-16   월남

상영시간 ┃ 02분 11초

영상요약 ┃ 훈장과 기념품을 수여받는 파월장병들의 모습과 후옹(Tran Van Huong) 베트남 수상의 기자회견 모습을 담은 영상이다.

KC702-17   민방위 훈련

상영시간 ┃ 00분 44초

영상요약 ┃ 예비군 민방위 훈련 모습을 촬영한 영상이다.

수출상품 제값받기 궐기대회 (1969년 7월 26일)

제작정보

출   처 : 대한뉴스KC 736호
제 작 사 : 국립영화제작소
제 작 국 가 : 대한민국

영상정보

제 공 언 어 : 한국어
컬   러 : 흑백
사 운 드 : 무

영상요약

무역협회는 7월 18일 오후 500여 명의 무역업자가 참석한 가운데 '수출상품 제값받기 궐기대회'를 열었다. 무역업자들은 이날 궐기대회에서 품질향상 등 5개 항목의 결의문을 만장일치로 채택하고 이 운동을 업계 스스로의 힘으로 전개하자고 결의했다

내레이션

(내레이션 없음)

화면묘사

- "수출상품 제값 받기 궐기대회"라고 쓰인 현수막과 태극기가 걸린 단상에서 발언하는 이활 무역협회 회장. 연단 옆에는 "제값받고 수출하여 자립경제 이룩하자", "피땀흘려 만든상품 제값받고 수출하자" 등의 구호가 쓰여 있음
- 방청석에 착석해 있는 참석자들
- 단상에 착석해 있는 관계자들
- 단상에서 격려사를 하는 김정렴 상공부장관
- 단상에서 결의문을 낭독하는 관계자
- 박수를 치는 방청석의 참석자들
- 자리에서 일어나 만세를 부르는 방청석의 참석자들

연구해제

이 영상은 1969년 7월 18일 무역협회에서 개최된 '수출상품 제값받기 궐기대회'를 보여주고 있다. 이날 궐기대회에 모인 300여 명의 수출업자는 다경쟁 지양, 포장과 디자인 개선, 선적기일 엄수, 새로운 시장개척, 품질향상의 5개 항목의 결의문을 만장일치로 채택했다.

수출상품 제값받기운동은 1969년 6월, 상공부가 그 해 7월을 「수출상품 제값받기운동 강조의 달」로 정하고 수출상품의 고가(高價) 수출을 추진하면서 시행되었다. 상공부는 1969년 6월말까지의 각 수출조합별, 상사별, 품목별 수출단가를 조사하여 품목별로 단가 향상 방안을 강구할 방침을 제시하였으며, 거래조건의 개선과 품질향상, 포장 및 디자인 개선을 통해 업자간의 덤핑을 막는데 주안점을 둘 것이라 밝혔다. 이와 함께 3/4분기 중의 제값받기운동 실적을 분석하여 우수상사에 대해서는 '수출의 날'에 표창하고, 기타 행정적인 우대혜택을 받도록 할 계획을 갖고 있었다.

'수출상품 제값받기운동'은 궁극적으로 수출업자 간의 덤핑을 막기 위한 것이었다. 박정희 정부는 수출지향정책을 전개하면서 수출업자에 대한 제도적·금융적 혜택을 제공해 왔다. 수출을 통해 발생한 결손을 금전적으로 직접지원해 준 수출장려보조금 교부제도나 수출상품의 비용을 떨어뜨려 가격경쟁력을 강화시키는 정책도 있었다. 이에 해당하는 대표적인 정책으로는 수출진흥기금, 수출금융, 조세감면, 저금리정책 등이다. 이 중 수출진흥기금은 수출산업에 1년 단위의 운영자금을 지원해주는 것으로서 기업의 수출향상을 위한 적극적인 지원이었다고 할 수 있다.

이 같은 정책은 기업에게는 막대한 이익을 가져다주었으나 국내적으로는 국내 독과점과 물가인상의 심화로 발현되었다. 또한 정책적으로 추진되는 수출실적 평가에 따라 수출업자 간 과다경쟁이 발생하기도 했다. 그 결과 1960년대 말부터 수출가격의 덤핑현상에 대한 문제가 지적되기 시작했다. 이에 수출로 인한 경제적 이득이 감소하게 되었고, 수출지향화를 통한 경제의 양적 성장을 꾀하고 있던 박정희 정부는 이를 통제하고자 한 것이다. 김정렴 상공부장관은 무역협회를 중심으로 각 수출조합을 총망라하여 정부 지도 아래 '수출상품제값받기운동'을 전개함으로써 금년도에 약 7,000만 달러의 수출 증가를 기하겠다고 말하기도 했다. 즉 '수출상품 제값받기운동'은 수출목표를 달성하기 위해 기업의 수출수익을 보장하는 정부의 수출지원제도의 하나였던 것이다.

참고문헌

「다액 수출에 DA수입권」, 『매일경제』, 1969년 6월 23일.

「수출상품 제값받자」, 『매일경제』, 1969년 7월 18일.

최상오, 「1950~1960년대 중반 무역·외환정책의 형성과 전환: 수출정책을 중심으로」, 공제욱·조석곤 공편, 『1950~1960년대 한국형 발전모델의 원형과 그 변용과정』, 한울아카데미, 2005.

양재진, 「산업화 시기 박정희 정부의 수출 진흥 전략: 수출 진흥과 규율의 정치경제학」, 『동서연구』 24, 2012.

해당호 전체 정보

KC736-01 종합청사

상영시간 ㅣ 00분 59초

영상요약 ㅣ 정부종합청사의 건설 공사 현장 모습을 담은 영상이다. 정부종합청사는 1967년 7월에 착공하여 1970년 12월에 준공되었다.

KC736-02 아폴로 스케치

상영시간 ㅣ 01분 18초

영상요약 ㅣ 7월의 아폴로 11호 발사의 TV중계 모습과 발사 장면을 담고 있는 영상이다.

KC736-03 국방 대학원 졸업식

상영시간 ㅣ 02분 10초

영상요약 ㅣ 국방대학원 제14기 및 합동참모대학 제11기 졸업식이 7월 22일 오전에 열렸다.

KC736-04 중대 봉사 활동

상영시간 ㅣ 01분 12초

영상요약 ㅣ 중앙대학교 학생 봉사단의 농촌 봉사 활동 모습을 담고 있는 영상이다.

KC736-05 수출상품 제값받기 궐기대회

상영시간 ㅣ 00분 59초

영상요약 ㅣ 무역협회는 7월 18일 오후 500여 명의 무역업자가 참석한 가운데 '수출상품 제 값받기 궐기대회'를 열었다. 무역업자들은 이날 궐기대회에서 품질향상 등 5개 항목의 결의문을 만장일치로 채택하고 이 운동을 업계 스스로의 힘으로 전개 하자고 결의했다.

KC736-06 기생충 검진반 결원식

상영시간 ㅣ 00분 49초

영상요약 ㅣ 7월 22일 오후 한국기생충박멸협회는 일본 해외기술협력단의 원조를 받아 12개 반의 기생충검진반을 결단하고 갖고 전국 시도에 배치했다.

KC736-07 권투

상영시간 ㅣ 02분 43초

영상요약 ㅣ 권투 경기 모습을 담고 있는 영상이다.

KC736-08 월남

상영시간 ㅣ 01분 42초

영상요약 ㅣ 베트남 전쟁에 파병된 한국군의 작전 수행 모습을 담고 있는 영상이다.

보건범죄신고센터 (1970년 1월 24일)

제작정보

출　　　처 : 대한뉴스KC 760호

제 작 사 : 국립영화제작소

제 작 국 가 : 대한민국

영상정보

제 공 언 어 : 한국어

컬　　　러 : 흑백

사 운 드 : 무

부정식품, 의약품과 부정의료행위를 색출하고 신고, 고발을 받을 보건범죄고발센터가 1970년 1월 10일 문을 열었다. 보건사회부 별관3층(식품지도담당관실)에 자리한 이 고발센터는 위생관리관을 책임자로 식품, 약품, 의료담당관 1명씩을 두어 신고 즉시 감시요원을 현장에 출동시켜 단속하도록 하였다

▍ 내레이션

(내레이션 없음)

▍ 화면묘사

- 보건범죄신고센터 전경
- 민원실에서 민원을 받고 있는 센터 직원
- 각종 불량식품을 압수하고 있는 모습
- 보건 범죄에 대한 인터뷰
- 각종 불량식품들
- "보건범죄고발센타 T. 74-0400 72-0400"이라고 써 있는 푯말
- 보건범죄고발센터의 감시요원들이 상사의 명을 받고 업무를 수행하는 모습

▍ 연구해제

이 영상은 1970년 1월 10일 보건범죄에 대한 고발 및 진정·청원 등을 받기 위해 설립된 보건범죄신고센터의 역할과 기능에 대해서 전하는 내용이다. 영상에서는 보건범죄신고센터의 전경, 위생담당·약정담당 명패가 올려진 책상에서 일하는 직원들의 모습, 민원실에서 전화로 민원을 받는 센터직원, 물건을 들고 와서 민원실에서 접수를 하고 신고를 하는 여성들의 모습, 압수된 불량식품들의 모습 등을 볼 수 있다.

보건범죄신고센터의 발족은 보건범죄에 관한 국민의 자발적 고발의식을 촉구해서 보

건범죄 근절을 기하자는 것에 목적이 있다. 보사부는 고발센터 운영을 전담하기 위해 센터본부장(위생관리관)을 두고, 아울러 신고를 받는 즉시 기민한 조치를 취하기 위해 본부장 아래 보좌관 식품·의약품·의료관계 업무담당자를 각각 1명씩 두었다. 고발센터에서는 정확한 정보를 제보하는 사람에게는 상여금을 지급하고 정보제보자에 대해서는 신분과 비밀을 보장하기로 했다.

하지만 보건범죄신고센터는 발족한지 4개월 동안 성과를 거두지 못하여 같은 해 5월 15일부터 문을 닫게 되었다. 5월 12일 보사부에 의하면 그동안 하루 3건씩 보건범죄에 관한 고발이 있어 386건이 접수되었으나 그중 8%만이 사직당국에 고발되고, 34%인 131건이 악덕업자들의 허위 또는 무고로 밝혀졌고, 나머지는 52%는 각 시·도에서 취급하는 타안에 불과했다고 한다. 보건범죄신고센터가 폐소된 데에 대해 보사부측은 5월 14일 이전의 활동은 계몽을 앞세운 시범행정이었고 이후는 중앙의 전담처리에서 일선으로 즉각 시·도 단위의 보건소나 전담위원에 「고발센터」사업을 이첩했다고 밝혔다. 하지만 사업을 이첩 받은 서울시는 「고발센터」나 전담위를 따로 설치하지 않고 지금까지 했던 행정에서 별다른 변화가 없다고 답변했다.

참고문헌

「「보건범죄」예방촉진 고발센터 10일발족」, 『매일경제』, 1970년 1월 5일.
「『보건犯罪 고발센터』열어 첫申告"騷音工場조처를"」, 『동아일보』, 1970년 1월 10일.
「보건社會惡방지애전기」, 『매일경제』, 1970년 1월 10일.
「보건범죄고발센터 實效性없어門닫아」, 『매일경제』, 1970년 5월 12일.
「有名無實…부정商品「告發센터」」, 『동아일보』, 1970년 7월 3일.
「社會 아득한 住宅難 해소」, 『경향신문』, 1970년 12월 30일.

KC760-01 대통령 초도순시

상영시간 ㅣ 01분 18초

영상요약 ㅣ 박정희 대통령은 1970년 1월 경제기획원과 재무부를 비롯하여 16개 중앙관서
에 대한 초도순시를 하였다. 대통령의 초도순시란 본래 행정부의 수반으로서
새해를 맞아 각 부처를 순시, 부처의 시정방침과 내용을 브리핑 받아 시정의
구체적인 내용을 파악하고 대통령의 시정 방침이 제대로 반영되었는지를 점
검함으로써 필요사항에 대해 수정, 보완지시를 하고 강조하는 연례행사의 하
나였다.

KC760-02 내무부, 법무부 초도순시

상영시간 ㅣ 01분 56초

영상요약 ㅣ 박정희 대통령은 1970년 1월 경제기획원과 재무부를 비롯하여 16개 중앙관서
에 대한 초도순시를 하였다. 대통령의 초도순시란 본래 행정부의 수반으로서
새해를 맞아 각 부처를 순시, 부처의 시정방침과 내용을 브리핑 받아 시정의
구체적인 내용을 파악하고 대통령의 시정 방침이 제대로 반영되었는지를 점
검함으로써 필요사항에 대해 수정, 보완지시를 하고 강조하는 연례행사의 하
나였다. 이 영상은 내무부와 법무부 순시 장면을 담고 있다.

KC760-03 KAL 송환

상영시간 ㅣ 04분 40초

영상요약 ㅣ 1970년 초 강제 납북된 KAL기 탑승원의 조속송환을 촉구하기 위한 민간사절
단이 파견되었다. 이들은 제네바에 있는 적십자 국제위원회를 비롯, 프랑스,
영국, 이탈리아 인도 등을 순방하여, 관계국 적십자사 대표자들과 만나 KAL기
탑승원의 조속송환에 협조해줄 것을 요청하였다.

KC760-04 보건범죄신고센터

상영시간 ㅣ 02분 00초

영상요약 | 부정식품, 의약품과 부정의료행위를 색출하고 신고 고발을 받을 보건범죄고
발센터가 1970년 1월 10일 문을 열었다. 보건사회부 별관3층(식품지도담당관
실)에 자리한 이 고발센터는 위생관리관을 책임자로 식품, 약품, 의료담당관
1명씩을 두어 신고 즉시 감시요원을 현장에 출동시켜 단속하도록 하였다.

KC760-05 서울 시내 전경

상영시간 | 00분 56초

영상요약 | 서울 시내의 고층건물들의 모습을 배경으로 관련 전문가를 인터뷰하고 있는
것으로 추정되는 영상이다.

KC760-06 한국 반공연맹 창립 제6주 기념식

상영시간 | 00분 38초

영상요약 | 한국반공연맹 창립 제6주년 기념식이 1970년 1월 15일 한국반공연맹 국제회의
장에서 열렸다. 한국반공연맹 본부와 전국 159개 지부에서 일제히 거행된 이
기념식에서 이응준 반공연맹이사장은 "북괴의 도발행위가 악랄해가고 있는
이때 온 국민은 더욱 반공의식을 공고히 하자"고 말했다.

KC760-07 금산 위성 센터

상영시간 | 01분 21초

영상요약 | 1969년 미국 필코포드(Philco Ford)사에서 제작된 안테나 설비를 갖춘 한국 최
초의 위성통신 지구국이 1970년 충남 금산에 세워졌다.

KC760-08 실내수영

상영시간 | 01분 02초

영상요약 | 1970년대 실내수영장에서 어린이들이 수영강습을 받는 모습을 담은 영상이다.

KC760-09 1970 주요 사업계획

상영시간 | 00분 22초

영상요약 | 박정희 대통령은 1970년 1월 경제기획원과 재무부를 비롯하여 16개 중앙관서
에 대한 초도순시를 하였다. 이 영상은 이와 관련하여 총무처를 순시하고 보

고를 받는 박정희 대통령의 모습을 담고 있다.

KC760-10 법무부 내무부 외경

상영시간 ㅣ 00분 14초

영상요약 ㅣ 박정희 대통령은 1970년 1월 경제기획원과 재무부를 비롯하여 16개 중앙관서
에 대한 초도순시를 하였다. 이와 관련하여 법무부와 외무부 건물의 모습을
담은 영상으로 추정된다.

KC760-11 반도호텔 화재

상영시간 ㅣ 00분 22초

영상요약 ㅣ 1970년 1월 영하 15도의 강추위 속에서 발생한 화재가 서울거리의 명물이었던
반도조선 아케이드를 잿더미로 만들고 엄청난 피해를 냈다. 소방차가 출동했
으나 소방호스가 얼고 고층건물 진화용 사다리 등 장비를 갖추지 못한 상황에
서, 아케이드 안의 불길에는 거의 손을 대지 못하고 반도호텔 등 옆으로 번지
지 못하게 하는데 급급했던 바, 고층건물 화재진압에 대한 많은 문제점을 남
긴 것으로 평가되었다.

KC760-12 대통령 표창 수여

상영시간 ㅣ 00분 45초

영상요약 ㅣ 한국 정부는 1970년 1월 20일 중앙청 제1회의실에서 전국 치안 및 예비군 관
계관 중앙회의를 개최하여, 북한의 대남전략을 검토하고 그 대응책을 광범위
하게 협의했다. 이 회의에는 박 대통령과 정일권 국무총리를 비롯한 각 부처
장관, 도지사 및 전국 치안 예비군관계관들과 김계원 중앙정보부장, 문형태
합참의장과 각군 총장들이 참석했다. 이날 박 대통령은 육군 제2102부대 등
8개 단체에 대한 표창과 김재규 보안사령관 등 18명에 대해 개인표창을 하였
다.

결핵 실태조사 (1970년 4월 4일)

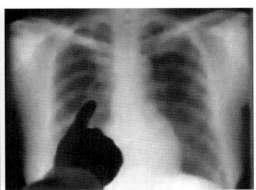

제작정보

출　　　처 :　대한뉴스KC 770호
제 작 사 :　국립영화제작소
제 작 국 가 :　대한민국

영상정보

제 공 언 어 :　한국어
컬　　　러 :　흑백
사 운 드 :　무

영상요약

1970년 3월부터 7월 말까지 대한결핵협회가 진행한 제2차 전국 결핵 실태조사를 다룬 영상이다. 지난 1965년도에 처음 실시되었던 1차 조사에 이어 결핵에 관한 그동안의 변화를 파악하여 새로운 결핵관리정책의 자료를 마련하려 했던 것이다. 결핵협회는 결핵 퇴치를 위한 장기적 사업의 일환으로, 고질병으로 여겨지는 결핵이 사회계층에 어떻게 퍼져 있는지, 또 연령별, 지역별, 성별 감염률 등을 집계하려 했다.

내레이션

(내레이션 없음)

화면묘사

- 의사가 한 여성의 결핵 감염 여부를 진찰하고 상담하는 장면
- 배우 남정임이 결핵예방을 홍보하는 모습
- 현미경으로 조사를 하는 모습
- 엑스레이(X-ray)로 촬영된 흉부사진을 가리키며 의사가 설명하는 모습

연구해제

이 영상은 1970년 3월부터 7월 말까지 진행된 제2차 전국결핵실태조사에 관한 자료이다. 영상에서는 의사가 한 여성의 결핵 감염 여부를 진찰하고 상담하는 장면, 배우 남정임이 결핵예방을 홍보하는 모습, 현미경으로 결핵균을 연구하는 장면, 엑스레이(X-ray)로 촬영된 흉부사진을 가리키며 의사가 설명하는 모습 등을 볼 수 있다.

과거 결핵통계는 결핵 사망률을 가지고 결핵의 만연상태를 측정하고 결핵으로 죽은 사람 대비 전체적 인구비율을 계산하는 방법을 사용하였다. 1965년 처음으로 결핵에 대해 조사한 제1차 조사에서 국민의 결핵감염률은 5세 이상 총인구의 65%였고, 이 가운데 5.1%에 해당하는 124만 명이 결핵환자인 것으로 나타났으며, 7세 아동의 결핵감염률은 무려 47.4%나 되어 세계보건기구(WHO)가 지적한 위험도 17%의 2배를 넘어 국민과 관계자들에게 큰 충격을 주었다. 게다가 당시 조사응답률의 문제에 비춰볼 때 당시 결핵환자는 더 많았을 것으로 보인다. 이처럼 결핵 환자가 많고 치유도 빨리 되지 않는 병이라는 것이 일반화되자 결핵은 점차 사회적인 병으로 인식되었고, 국가의 강력한 시책이 뒤따르지 않는 한 근절되지 않는 병으로 인지되었다. 이에 따라 과학적인 결핵대책을 세워야 할 필요가 있었다. 구체적인 대책 수립을 위해서는 결핵이 사회계층에 어떻

게 퍼져있는가를 파악하는 것이 중요한 과제가 되었다.

1970년 제2차 전국결핵실태조사는 지난 1965년도에 처음 실시되었던 제1차 조사에 이어 결핵에 관한 그동안의 변화를 파악하기 위해 진행한 것이었다. 대한결핵협회는 결핵 퇴치를 위한 장기적 사업의 일환으로 고질병으로 여겨지는 결핵이 사회계층에 어떻게 퍼져있는지 또 연령별, 지역별, 성별 감염률 등을 집계하려 했다. 그리고 이를 통해 새로운 결핵관리정책의 자료를 마련하려고 했다.

국가의 이러한 노력으로 제2차 전국결핵실태조사 결과, 전국민의 4.1%인 110만 7천명 결핵환자임이 확인되었는데, 1차 조사 때와 비교해보면 인구증가율 대비 상당한 감소를 보인 것으로 평가되었다. 더불어 이번조사는 1차 조사 당시 68%의 응답율과 달리 100%가 응답하여 가장 정확한 통계로 평가되었다.

▌참고문헌

「全國結核實態調查 22日부터 7月까지」, 『동아일보』, 1970년 3월 19일.
「전국結核환자 百20萬 罹患率 4%」, 『경향신문』, 1970년 6월 22일.
「줄어드는結核患者 제二차 全國실태調査서 밝혀져」, 『동아일보』, 1970년 10월 29일.

해당호 전체 정보

KC770-01 일본 여객기 납치

상영시간 ┃ 10분 08초

영상요약 ┃ 1970년 3월 31일 동경에서 후쿠오카로 향하던 일본항공(JAL)여객기를 일본의 좌파적 성향의 젊은이들이 납치한 사건이 발생했다. 이들은 승객을 가둔 채 폭파하겠다고 위협했고, 우여곡절 끝에 승객 128명을 태운 채 북한으로 향하던 이 여객기는 한국 공군의 제지로 김포공항에 불시착하게 되었다.

KC770-02 청와대

상영시간 ┃ 01분 53초

영상요약 ┃ 3월 26일 오전 청와대에서 로돌프 우 프레이레 신임 주한 아르헨티나 대사가 박정희 대통령에게 신임장을 제정하였다. 한편, 박정희 대통령은 3월 28일부터 31일까지 수원 농촌진흥청에서 열린 제15회 4H중앙경진대회 주요 수상자들을 청와대로 초청하여 표창을 수여하였다.

KC770-03 대통령 농림부 시찰

상영시간 ┃ 01분 06초

영상요약 ┃ 박정희 대통령은 1970년 3월 27일 농림부에서 금강, 평택지구 농업개발사업 추진상황을 보고받고 농업진흥공사 체제를 시급히 갖추어 공사 담당 능력에 차질이 없도록 하라고 지시했다. 박 대통령은 특히 국산 농업기자재 공급에 차질이 없도록 하라고 지시하고 농업기기의 국산화를 지시했다.

KC770-04 재일교포

상영시간 ┃ 04분 25초

영상요약 ┃ 1970년 봄 도쿄 한국고등학교 학생 등 370여 명의 재일교포학생들이 봄방학 기간에 모국을 방문하였다. 언론에서는 이들을 조총련계 학생들과 대립적인 시각으로 다루면서 이들이 발전한 조국의 모습을 보고 놀라워했다는 소식을 특히 부각시켜 다루었다. 이 영상은 현충사를 방문하고 자매결연을 맺은 학교에서 수업을 듣는 학생들의 모습을 전하고 있다.

KC770-05   후라밍고 축구

상영시간 ㅣ 01분 19초

영상요약 ㅣ 세계적으로 유명한 브라질의 '플라멩코(flamenco)' 축구팀 일행이 1970년 3월 23일 내한했다. 인솔자 산토스(Santos) 단장은 아시아 축구의 강대국인 한국에 와서 경기를 하게 된 것이 기쁘며 축구로 두 나라의 유대가 두터워질 것이라고 기대했다. 이들은 4월 1일까지 서울에서 한국 국가대표 팀과 3차례의 경기를 가졌으며 한국 팀은 플라멩코 팀을 상대로 3전 1승 2무승부를 기록했다.

KC770-06   재일 한국학생 경복고교 방문

상영시간 ㅣ 01분 11초

영상요약 ㅣ 1970년 봄 도쿄 한국고등학교 학생 등 370여 명의 재일교포 학생들이 봄방학 기간에 모국을 방문한 행사가 있었다. 언론에서는 이들을 조총련계 학생들과 대립적인 시각으로 다루면서 이들이 발전한 조국의 모습을 보고 놀라워했다는 소식을 특히 부각시켜 다루었다. 이 뉴스는 그중 남학생들이 서울 경복고등학교를 방문하여 수업을 받는 모습을 전하고 있다.

KC770-07   낙도 어린이 관광

상영시간 ㅣ 03분 23초

영상요약 ㅣ 가난과 굶주림, 질병 등 열악한 환경에서 살아가고 있는 낙도 주민들에 대한 관심과 배려가 필요하다는 지적이 종종 나오던 시점에, 정부 관계자들이 낙도 어린이들을 서울로 초대하여 창경원(창경궁) 등을 구경시켜주고 선물을 전달하는 행사를 벌였다.

KC770-08   JAL 납치사건(3.31~4.3)

상영시간 ㅣ 02분 32초

영상요약 ㅣ 1970년 3월 31일 동경에서 후쿠오카로 향하던 일본항공(JAL) 여객기를 일본의 좌파적 성향의 젊은이들이 납치한 사건이 발생했다. 이들은 승객을 가둔 채 폭파하겠다고 위협했고, 우여곡절 끝에 승객 128명을 태운 채 북한으로 향하던 이 여객기는 한국 공군의 제지로 김포공항에 불시착하게 되었다. 이 영상은 그중에서 일본과 한국 정부 관계자들의 기자회견 장면을 중심으로 구성되어 있다.

KC770-09 제6회 건설주간

상영시간 ㅣ 01분 52초

영상요약 ㅣ 건설부는 1970년 4월 1일부터 7일까지 1주일간을 건설주간으로 정하고 도로, 항만, 하천 및 공공시설물 등에 대한 국민의 애호심을 고취시키기 위한 전국적인 계몽운동을 벌였다. 이 건설주간 행사는 도시와 농촌 각지에서 벌어지고 있는 국토건설사업에 국민의 참여의식을 드높여 각종 시설물을 효율적으로 보존하려는 취지로 진행되었다. 이 영상은 건설주간 기념식과 표창장 수여식, 건설현장 등의 장면들을 담고 있다.

KC770-10 결핵 실태조사

상영시간 ㅣ 00분 39초

영상요약 ㅣ 대한결핵협회는 1970년 3월부터 7월 말까지 제2차 전국 결핵 실태조사에 나섰다. 지난 1965년도에 처음 실시되었던 1차 조사에 이어 이번에는 결핵에 관한 그동안의 변화를 파악하여 새로운 관리정책의 자료를 마련하려 했던 것이다. 결핵협회는 결핵퇴치를 위한 장기적 사업의 일환으로, 고질병으로 여겨지는 결핵이 사회계층에 어떻게 퍼져 있는지, 또 연령별, 지역별, 성별 감염률 등을 집계하려 했다.

KC770-11 고속도로 시찰

상영시간 ㅣ 00분 29초

영상요약 ㅣ 새로 건설된 한 고속도로 위를 달리면서 도로상태와 주변 풍경을 보여주는 영상이다.

KC770-12 ADB총회 외경

상영시간 ㅣ 01분 07초

영상요약 ㅣ 아시아 지역경제협력을 통한 공동번영을 다짐하는 제3차 아시아개발은행

(ADB) 연차 총회가 1970년 4월 9일부터 11일까지 서울 조선호텔에서 열렸다. 25개 가맹국 대표 약 600여 명이 참석한 이 총회는 박정희 대통령의 개회연설로 시작되어 총회의장인 남덕우 재무부장관의 연설, 그리고 본 회의로 이어졌다. 이 영상은 ADB총회를 준비하는 재무부의 ADB 연차총회 준비위원회 사무국 사람들이 일하는 모습을 주로 담고 있다.

와우 APT (1970년 4월 11일)

제 작 정 보

출   처 : 대한뉴스KC 771호
제 작 사 : 국립영화제작소
제 작 국 가 : 대한민국

영 상 정 보

제 공 언 어 : 한국어
컬   러 : 흑백
사 운 드 : 유

영상요약

1970년 4월 8일 오전 서울시 마포구 창천동의 와우시민아파트 15동 5층 건물이 무너져 잠자던 입주자들이 삽시간에 매몰, 33명이 사망한 사건이 발생했다. 이 영상은 그 붕괴 현장의 모습을 담고 있다.

내레이션

(내레이션 없음)

화면묘사

- 건물이 무너져 내려 폐허가 된 와우아파트 붕괴 현장
- 헬멧을 쓴 구조대원들이 구조 및 정리작업을 하는 모습
- 철골구조가 드러난 건물 붕괴의 현장을 보여주는 여러 장면들
- 많은 사람들이 몰려든 가운데 들것으로 사상자를 급하게 이송하는 모습

연구해제

이 영상은 1970년 4월 8일 오전 서울시 마포구 창천동의 와우아파트 한 동이 무너져 내려 폐허가 된 붕괴 현장을 보여주고 있다.

서울 마포의 와우산 중턱에 건설되었던 와우시민아파트는 '불도저'로 불리던 당시 김현옥 서울시장의 야심찬 도시재개발계획의 하나였다. 시민아파트 건설은 김현옥 시장이 1968년 12월 판잣집 등 불량건축물 정리와 변두리로의 인구 분산을 위해 3년 계획으로 판자촌지구 40곳 78만 평에 아파트 2000동을 지어 무주택자 13만 가구를 수용하겠다고 발표한 뒤 본격화됐다. 이 중 와우아파트는 1969년 6월 26일 착공되어 12월 26일 준공되었다.

그런데 준공 뒤 불과 100일여 뒤인 1970년 4월 8일 와우 아파트 16개 동 가운데 1개 동(15동)이 폭삭 주저앉았다. 새벽에 5층 규모의 아파트 한 동이 무너지면서 입주자 15가

구 70명 가운데 32명이 사망했고, 38명이 부상했으며, 아파트가 붕괴하면서 그 아래에 있던 판잣집 한 채가 깔려 1명이 사망했고, 2명이 부상당했다.

어떻게 이런 일이 발생할 수 있었을까? 사고가 나기 6개월 전인 1969년 7월 아파트가 착공된 공사장에 토사가 밀려들어와 인근 70여 가구 주민들이 대책을 세워줄 것을 호소했던 사건이 있었으나 당국은 이를 묵살했다. 와우아파트 붕괴가 일어나기 나흘 전에는 14동 건물의 벽에 갑자기 금이 가기 시작해, 시 당국은 14동 주민들을 이후에 무너진 15동 건물로 이주시키기도 했다. 14동 주민을 15동으로 옮기면서 시 당국은 완전 합격된 이상 문제없는 건물이라고 장담했고, 14동 건물을 보수하면서도 15동 건물에 대해서는 손을 대지 않았다. 준공한 지 채 한 달이 되지 않은 때의 상황이었고, 이후 15동 건물이 무너진 것이다.

와우아파트 붕괴사건 직후 정부의 조사가 있었고, 국회의 조사가 이어졌다. 설계가 잘못됐다는 진단부터 싼 공사비를 이유로 재하청을 받은 부실기업이 철근, 시멘트 등 건설자재를 제대로 사용치 않은 것이 주원인이었다는 등 다양한 원인 진단이 있었다. 결론은 총체적인 부실이었다. 이를 계기로 서울 시내 32개 지구 406개 동의 시민아파트에 대한 일제 안전진단 결과 61개 동에 결함이 있는 것으로 드러나기도 했다. 그러나 그 후에도 사고는 이어졌다. 사고가 발생한 지 3개월도 채 안 돼 와우아파트의 뒤를 받치고 있던 축대가 무너져 내린 것은 물론, 1984년에는 와우산 일부가 폭우로 무너져 내리면서 와우아파트 주민 2명이 숨지고 3명이 중경상을 입기도 했다.

1970년 와우아파트 붕괴는 당시 추진한 압축적 근대화의 부실이 터져 나오기 시작한 사건으로 평가된다.

▍ 참고문헌

박태균, 「와우아파트, 경부고속도로, 그리고 주한미군 감축」, 『역사비평』 93, 2010.
홍성태, 「붕괴사고와 사고사회 : 와우아파트와 삼풍백화점을 중심으로」, 『사회와 역사』 87, 2010.

해당호 전체 정보

KC771-01   낙도 여교사 육영수 여사 예방
상영시간 ㅣ 00분 36초
영상요약 ㅣ 1970년 4월 9일 육영수 여사는 벽지, 도서 지방에 근무하는 여교사 147명을 청
와대로 초청해 다과회를 베풀고 환담을 나누었다.

KC771-02   청와대 예방
상영시간 ㅣ 03분 18초
영상요약 ㅣ 1970년 4월 8일 박정희 대통령이 4월 8일 데이비드 케네디 미국 재무장관의
예방을 받고 환담을 나누었다. 남덕우 재무장관을 비롯하여 케네디 미 재무장
관과 동행한 다른 인사들도 동석했다.

KC771-03   정일권 총리 동정
상영시간 ㅣ 00분 47초
영상요약 ㅣ 한 제과공장을 방문한 정일권 총리와 정부 관계자들이 공장의 설비와 근로자
들을 시찰하는 영상이다.

KC771-04   단종제
상영시간 ㅣ 01분 10초
영상요약 ㅣ 1970년 4월 4일부터 6일까지 강원도 영월군에서 영월 단종제가 열렸다. 이 행
사에서는 충신 선발, 사육신 봉화 등의 행사와 함께 국악의 밤, 시조 경창, 민
요 경창 대회, 연날리기, 농악, 단종문화상 시상식 등이 열렸다.

KC771-05   쥐 잡기 운동
상영시간 ㅣ 01분 23초
영상요약 ㅣ 쥐 잡기 운동을 홍보하기 위해 쥐들이 자주 출몰하는 장소와 불결하고 흉측한
쥐들의 모습을 보여준다.

KC771-06   회의

상영시간 ㅣ 00분 53초

영상요약 ㅣ 정일권 총리가 주재하는 국무회의를 촬영한 영상이다.

KC771-07   월남소식

상영시간 ㅣ 03분 38초

영상요약 ㅣ 베트남에 파병된 백구부대의 각종 현지 대민활동을 촬영한 영상이다.

KC771-08   기능경기 시상식

상영시간 ㅣ 00분 33초

영상요약 ㅣ 영상내용으로 미루어 보아 각종 공로를 세운 소장이나 경찰관을 표창하거나, 고위 인사에게 명예소장, 명예경찰관 신분을 부여하는 기념행사를 촬영한 것으로 추정된다.

KC771-09   와우 APT

상영시간 ㅣ 01분 06초

영상요약 ㅣ 1970년 4월 8일 오전 서울시 마포구 창천동의 와우시민아파트 15동 5층 건물이 무너져 잠자던 입주자들이 삽시간에 매몰, 33명이 사망한 사건이 발생했다. 이 영상은 그 붕괴 현장의 모습을 담고 있다.

KC771-10   미군 경복궁 관광

상영시간 ㅣ 01분 04초

영상요약 ㅣ 주한미군 군인들이 경복궁 경내를 관광하는 장면을 보여주는 영상이다.

KC771-11   민속놀이

상영시간 ㅣ 00분 35초

영상요약 ㅣ 1970년 4월 4일부터 강원도 영월군에서 열리는 단종제를 선두로 각 지방의 전통적인 문화제가 일제히 열렸다. 그 고장의 민속과 역사에 뿌리를 두고 있는 이들 지방문화제에는 지리산 약수제, 동학혁명 기념제, 해남예술제 등이 있었다. 이 영상은 한 지방예술제에서 많은 사람들이 몰려든 가운데 차전놀이와 줄다리기를 하는 장면을 보여주고 있다.

KC771-12 서울시내 전경

상영시간 ㅣ 00분 17초

영상요약 ㅣ 고층건물들이 곳곳에 들어서 있는 서울시내의 전경을 높은 곳에서 바라다본 장면을 담은 영상이다.

KC771-13 단종제

상영시간 ㅣ 00분 43초

영상요약 ㅣ 1970년 봄에 열린 여러 지방문화제 중 하나인 단종제가 강원도 영월군에서 4월 6일부터 열렸다. 이 문화제에는 충신 선발, 사육신 봉화, 국악의 밤, 시조 경창, 민요 경창, 연극, 연날리기, 농악, 단종문화상 등의 행사가 포함되어 있다.

KC771-14 미스코리아 총리 예방

상영시간 ㅣ 00분 33초

영상요약 ㅣ 1970년도 미스코리아 선발대회가 4월 6일 시민회관에서 열렸다. 한국일보 주최로 열린 이날의 전국 결선에서 미스코리아 진에 유영애, 선에는 김인숙, 미에는 이정희가 각각 선발되었다. 이 영상은 이렇게 선발된 이들이 정일권 국무총리를 예방한 모습을 담고 있다.

KC771-15 건설주간

상영시간 ㅣ 01분 11초

영상요약 ㅣ 건설부는 1970년 4월 1일부터 7일까지 1주일간을 건설주간으로 정하고 도로, 항만, 하천 및 공공시설물 등에 대한 국민의 애호심을 고취시키기 위한 전국적인 계몽운동을 벌였다. 이 건설주간 행사는 도시와 농촌 각지에서 벌어지고 있는 국토건설사업에 국민의 참여의식을 드높여 각종 시설물을 효율적으로 보존하려는 취지로 진행되었다.

이대 메이퀸 (1970년 6월 6일)

제작정보
출   처 : 대한뉴스KC 779호
제 작 사 : 국립영화제작소
제 작 국 가 : 대한민국

영상정보
제 공 언 어 : 한국어
컬   러 : 흑백
사 운 드 : 무

영상요약

이화여대는 1970년 5월 30일 개교 84돌을 맞이해 운동장에서 기념식을 열고 메이퀸(5월의 여왕) 및 동창여왕 대관식 등 다양한 행사를 벌였다.

(내레이션 없음)

■ 화면묘사

- 이화여대 총장 김옥길이 박사 가운과 박사모를 쓰고 운동장에서 연설하는 모습
- 메이퀸 축제가 벌어지는 가운데, 한복을 입은 이화여대생들이 꽃다발을 들고 입장하여 운동장에서 공연을 벌이는 장면
- 축제 현장 풍경과 살풀이 공연 장면들
- 삼삼오오 야외 카페에 모여 앉아 이야기를 나누는 사람들
- 교정을 거니는 남녀 젊은이들

■ 연구해제

　이 영상은 1970년 이화여대 메이퀸 행사 장면을 담고 있다. 영상에서는 김옥길 총장이 연설하는 장면, 학교운동장에 앉아있는 사람들의 모습, 한복을 입은 여학생들이 계단을 걸어 내려오는 장면, 한복을 입고 단체로 춤을 추는 학생들의 모습, 휴식장소에서 음료를 마시며 이야기를 나누는 사람들의 모습을 볼 수 있다.

　1970년은 이화여대의 상징이었던 김활란이 별세했던 해(2월 11일)였다. 이화여대의 큰 줄기가 되었던 그녀의 죽음에도 불구하고 본인의 장례식이 "영광과 생명의 노래로 엮은 신나는 음악회"가 되었으면 한다는 그녀의 염원과도 같이 1970년에도 어김없이 5월의 여왕, 메이퀸행사가 진행되었다. 30일에는 이화여대 창립 84돌을 맞아 동교운동장에서 기념식이 진행되었고 5월의 여왕 및 동창여왕 대관식 등 여러 가지 행사를 벌였다.

　메이퀸 선발은 1908년 이래로 이화여대에서 지속된 지성과 미모를 겸비한 '완벽한' 미인을 뽑는 행사로, 이화여자대학교의 개교 기념행사의 하나였다. 이화여대의 한국인 첫 총장이었던 김활란도 1917년 5월 30일 이화학당에서 처음으로 '메이퀸'에 뽑혔었다. 선발된 5월의 여왕은 시녀와 육해공군 의장대의 호위를 받으며 신문기사에도 나고 주간지 표지도 장식하는 등 사회적인 시선까지도 한몸에 받는 인기스타가 되었다.

1970년대에 들어서면서 이 행사에 대한 근본적인 문제가 제기되었고, 1976년 4월 이 대학보에서 이 행사에 대한 특집기사를 다루면서 찬반양론이 시작되었다. 1977년에는 '메이퀸제도 철폐를 위한 졸업생 모임'에서 공식적인 건의문을 제출하였는데, 그 건의문에서는 메이퀸제도가 인권모독, 여성의 비인간화, 전근대적 사고의 잔해라고 규정하였다. 1978년 드디어 약 반수 이상의 학과가 후보선발을 거부함으로써 메이퀸 선발대회는 없어지게 되었다.

▌ 참고문헌

「숲음속에잠긴梨花동산」, 『매일경제』, 1970년 2월 11일.
「"더 풍성한 生命의길로…더 화려한 勝利의길로"」, 『경향신문』, 1970년 2월 13일.
「梨大메이퀸에洪思媛양」, 『동아일보』, 1970년 5월 11일.
「메이퀸戴冠式도 梨大창립84돌」, 『경향신문』, 1970년 5월 30일.
여성사 연구모임 길밖세상, 『20세기 여성사건사』, 여성신문사, 2001.

해당호 전체 정보

KC779-01 육영수 여사 동정
상영시간 | 01분 17초

영상요약 | 영부인 육영수가 청와대로 한 여성단체를 초청해 그들과 이야기를 나누는 행사에 참석했다. 당시 육영수는 탁구 선수들과 같은 운동선수들, 벽지나 낙도의 어린이들, 여교사나 여학생들, 여성단체들을 청와대로 초청해 다과회를 자주 열었다.

KC779-02 낙도 이동 홍보선
상영시간 | 01분 07초

영상요약 | 대한민국 해군은 1969년 9월부터 해군 낙도 이동홍보단을 꾸리고 뱃길을 만들었다. 당시 낙도 이동선은 인천항에서 출발해 서남해지구의 건문도, 완도, 고금도 등 20여개의 외딴 섬을 연결했다. 해군 낙도 이동홍보단은 1개월 정도 순항하며 낙도민에게 무료진료, 반공강연, 위문공연, 대민방역, 어민지도, 친선운동경기를 제공했다.

KC779-03 이대 메이퀸
상영시간 | 01분 40초

영상요약 | 이화여대는 1970년 5월 30일 개교 84돌을 맞이해 운동장에서 기념식을 열고 메이퀸(5월의 여왕) 및 동창여왕 대관식 등 다양한 행사를 벌였다.

KC779-04 대한민국 상공미술전시회
상영시간 | 02분 27초

영상요약 | 대한상의가 마련한 제5회 상공미술전람회가 1970년 6월 1일 국립공보관에서 개막됐다. 공예, 미술, 상업미술 세 부문에서 대통령상과 입선, 특선, 입상을 받은 작품들이 전시되었다. 1일 개막식에는 박정희 대통령과 이낙선 상공부장관, 김기형 과기처장관 박두병 대한상의회장과 관계인사들이 참석해 작품들을 둘러보았다.

KC779-05 하가 시화전시

상영시간 ㅣ 01분 11초

영상요약 ㅣ 제2회 시화전 '하가'가 1970년 6월 1일부터 1주일간 국립공보관에서 열렸다. 김인숙이 그림을 담당하고 이열이 시를 담당했다.

이승복 어린이 동상 제막 (1970년 7월 4일)

제작정보

출   처 : 대한뉴스KC 783호

제 작 사 : 국립영화제작소

제 작 국 가 : 대한민국

영상정보

제 공 언 어 : 한국어

컬   러 : 흑백

사 운 드 : 무

영상요약

1970년 6월 24일 강남국민학교(초등학교) 교정에서 이승복 동상 제막식이 열렸다. 강남 국민학교 어린이회는 4월 18일 이승복 군의 애국심을 본받기 위해 교정에 동상을 세우기로 결의했다.

내레이션

(내레이션 없음)

화면묘사

- 초등학생들이 동상 제막을 축하하는 음악을 연주함
- 이승복 어린이 동상을 덮고 있는 흰 천을 내리며 제막식 의례를 하는 어른들의 모습
- 운동장을 가득 메운 초등학생들이 동상 앞에서 고개 숙여 묵념함
- 보이스카우트 제복을 입은 남자 초등학생이 동상에 헌화하는 장면
- 보이스카우트 단원들이 동상 앞에서 거수경례함
- "나는, 공산당은 싫어요! 라고 외치고 공비의 총칼에 쓰러져간 이승복 군의 정신을 이어받자"라는 글귀와 이승복 어린이 동상의 모습
- 준비해온 연설문을 힘차게 읽는 한 초등학생

연구해제

이 영상은 1970년 6월 24일 서울 강남국민학교에서 열렸던 이승복 동상 제막식 장면이다. 강남국민학교 어린이회는 4월 18일 이승복의 애국심을 본받기 위해 교정에 동상을 세우기로 결의했다. 학생들은 2개월 동안 공병과 폐품 등을 모아 마련한 92,175원으로 높이 1.2m, 받침대높이 1.8m의 동상을 마련하여 6·25 20주년을 하루 앞두고 제막식을 가졌다. 이날 행사에서는 동상 제막을 기념하는 연주회, 동상 제막식, 헌화, 웅변 등이 행해졌다.

1968년 12월 9일 강원도 평창군 용평면에서 이승복군 가족 4명이 북한 무장공비에 의해 살해되는 사건이 언론에 보도되면서 이 사건의 피해자인 이승복은 공산당에 항거한 꼬마 영웅으로 거듭나게 되었다. 이승복 사건은 교과서와 라디오 드라마, 영화 등을 통해서 대대적으로 홍보 되었고, 학교에서는 정규 수업시간과 반공교육시간을 통해 이승복의 용감함과 공산당의 잔인함을 알렸다. 이로써 이승복은 공산당의 잔인함을 알리는 하나의 상징이 되었다. 기념관과 기념비가 건립되었고 전국의 초등학교 교정에 이승복

의 동상이 세워지게 되었다.

    5·16 군사 쿠데타를 통해 정권을 장악한 박정희가 정치적 정당성을 위해 가장 먼저 내세운 것이 반공이었다. 다양한 차원의 반공교육이 학교 교육과정과 언론, 그리고 국가 기관을 통해서 이루어졌다. 6·25전쟁이라는 역사적 사실과 이러한 교육을 통하여 반공은 국민들의 의식 속에서 강력한 힘을 발휘하게 되었다. 반공교육에서 북한은 통일해야 하는 대상이 아닌 반드시 싸워서 이겨야 하는 적으로 규정되었다. 전쟁 당시 겪었던 고통의 기억을 갖고 있던 전쟁세대에게 물론 시간이 흐를수록 늘어가는 전후 세대에게 이승복사건은 국가가 전후 세대에게 반공의식을 내면화 하도록 만드는 데 더 없이 좋은 기회가 되었다.

▌ 참고문헌

허용무, 「초등학교의 이승복 동상을 통해 본 영웅이데올로기의 생성과 소멸」, 『AURA』 31, 한국사진학회, 2013.

해당호 전체 정보

KC783-01 리베리아 신임장 제정

상영시간 ㅣ 01분 30초

영상요약 ㅣ 박정희 대통령은 1970년 7월 2일 라이베리아(리베리아)의 초대 주한대사 로런드 헨리 쿠퍼(Roland H. Cooper)로부터 신임장을 제정 받았다.

KC783-02 전국 여중 교장단 육영수 여사 예방

상영시간 ㅣ 00분 47초

영상요약 ㅣ 1970년 6월 25일 전국 여중 교장단이 청와대를 방문해 육영수 여사를 예방하였다.

KC783-03 번스 씨 훈장수여

상영시간 ㅣ 00분 32초

영상요약 ㅣ 미국 연방은행 총재 아더 번즈(Arthur F. Burns)가 1970년 6월 25일 방한해 6월 30일까지 체류했다. 그 기간 중에 아더 번즈는 정일권 총리를 예방했다.

KC783-04 장관 기자회견

상영시간 ㅣ 00분 25초

영상요약 ㅣ 장관으로 추정되는 한 남성이 상을 수여하고 환담을 나누었다.

KC783-05 서울 - 부산 간 고속도로 개통

상영시간 ㅣ 02분 08초

영상요약 ㅣ 박정희 대통령이 경부고속도로 공사 현장 중 완공되지 않은 곳을 시찰했다. 박정희 대통령이 경부고속도로 오산-천안 구간 개통식에 참석했다.

KC783-06 월남 소식

상영시간 ㅣ 03분 00초

영상요약 ㅣ 정부 관계자가 베트남(월남)을 방문해 군 유공자에게 훈장을 수여했다.

KC783-07 태권도

상영시간 ㅣ 01분 11초

영상요약 ㅣ 대한태권도협회에서 주최한 행사에 많은 사람들이 참석하였다.

KC783-08 우편 번호제 및 우편 기계화 작업

상영시간 ㅣ 01분 07초

영상요약 ㅣ 체신부는 1970년 7월 1일부터 전국적으로 우편번호제를 실시했다. 이에 따라 체신부는 우편번호제 및 우편 기계화 작업의 실시를 기념하는 행사를 개최했다.

KC783-09 일본 승공 시민대회

상영시간 ㅣ 01분 10초

영상요약 ㅣ 일본에서 한국과 일본 사람들이 모여 한일 승공 시민대회를 개최했다.

KC783-10 고속도로 건설

상영시간 ㅣ 01분 10초

영상요약 ㅣ 서울-부산 간 고속도로 공사 현장의 여러 모습을 담았다.

KC783-11 번즈 박사 학위 수여식

상영시간 ㅣ 01분 13초

영상요약 ㅣ 1970년 6월 26일 중앙대학교는 한국을 방문한 미국 연방은행 총재 아더 번즈 (Arthur F. Burns)에게 경제학 명예박사학위를 수여했다. 아더 번즈는 자유주의 와 독재주의 사이의 경제경쟁을 주제로 강연을 했다.

KC783-12 학생 봉사 활동

상영시간 ㅣ 01분 12초

영상요약 ㅣ 1970년 7월 2일 여름방학을 맞아 전국대학생봉사연합회에서 주최한 전국대학 생연합봉사단 결단식이 열렸다. 오주환 학생이 단장을 맡고 있는 전국대학생 연합봉사단은 약 200명 규모의 봉사단이다.

KC783-13   영문 백일장

상영시간 ｜ 01분 12초

영상요약 ｜ 1970년 6월 26일 덕수궁에서 대한공론사가 주최한 제5회 전국남녀 대학 및 고
교생 영문백일장 대회가 열렸다

KC783-14   도지사

상영시간 ｜ 01분 00초

영상요약 ｜ 정일권 국무총리와 고위직 관료로 추정되는 사람들이 수십 명의 공무원들로
보이는 사람들을 모아놓고 상장을 수여하고 격려하는 장면의 영상이다. 1970년
7월 1일 제2회 전매의 날을 맞아 시민회관에서 정일권 국무총리와 박정훈 전
매청장 등 관계자들이 모인 기념식이 있었고, 당시 94명의 전매사업 유공공무
원, 경작자들에게 표창장을 수여한 행사가 있었다. 표창장을 수여하는 모습의
일부를 촬영한 것으로 추정된다.

KC783-15   고양군 어린이 도서관 개관

상영시간 ｜ 01분 09초

영상요약 ｜ 1970년 6월 26일 육영수 여사의 자선단체 양지회가 설립한 고양군 어린이도서
관 개관식이 열렸다. 개관식에는 육영수 여사가 참석했다.

KC783-16   부관 페리호 취항

상영시간 ｜ 01분 09초

영상요약 ｜ 1970년 6월 18일 부산에서 일본으로 가는 페리호의 첫 출항을 기념하는 행사
가 열렸다. 축제 같은 분위기 속에서 부산시민들은 페리호의 승객들을 배웅했
다.

KC783-17   이승복 어린이 동상 제막

상영시간 ｜ 01분 13초

영상요약 ｜ 1960년 6월 24일 강남국민학교(초등학교) 교정에서 이승복 동상 제막식이 열
렸다. 강남국민학교 어린이회는 4월 18일 이승복 군의 애국심을 본받기 위해
교정에 동상을 세우기로 결의했다.

KC783-18 파월장병 환송

상영시간 ㅣ 01분 00초

영상요약 ㅣ 월남으로 파병하는 군인들을 환송하는 성대한 규모의 행사가 열렸다.

KC783-19 배구

상영시간 ㅣ 01분 09초

영상요약 ㅣ 1970년 6월 13일 서울 성수동에 건립한 동서울종합체육관 개관식이 열렸다. 그리고 1970년 6월 15일 제1회 문교부장관기 쟁탈 전국남녀대학배구대회가 개막됐다.

농민회관 건립 기공 (1971년 4월 17일)

제작정보

출   처 : 대한뉴스KC 823호
제 작 사 : 국립영화제작소
제 작 국 가 : 대한민국

영상정보

제 공 언 어 : 한국어
컬   러 : 흑백
사 운 드 : 무

영상요약

농림부는 최대규모의 농민회관을 수원에 세우기로 결정, 1971년 4월 7일 수원시 서둔동
에서 기공식을 진행했다. 또한 이날 제16회 4H구락부 제3회 농촌부업 경진회 행사도 함
께 진행되었다.

(내레이션 없음)

- "농민회관"이라고 적힌 조감도를 촬영
- "경축 제16회 4.H구락부 제3회 농촌부업 경진회. 농민회관기공식"이고 적힌 현수막이 걸린 단상을 촬영, 단상 앞의 스탠딩 마이크 앞에 관계자가 서있음
- 행사에 참석한 참석자들이 두 손을 어깨 높이로 올리고 주먹을 쥐고 있음, 모두 유니폼과 흰색 모자를 착용
- 백두진 국무총리로부터 상징기를 받는 참석자 대표
- 관계인사에게 트로피를 수여하는 백두진 국무총리
- 수상자들에게 뱃지를 달아주는 백두진 국무총리의 다양한 모습
- 행사에 참석한 참석자들이 서있는 모습
- 행사장의 전경, 인파들이 서있음
- 단상 위에서 시상식이 진행되는 모습을 멀리서 촬영
- 수상자들에게 상징기와 트로피를 수여하는 관계인사의 모습
- 박수치는 참석자들
- 시상식을 바라보는 주민들의 모습
- 상장과 트로피를 받는 수상자들의 모습을 멀리서 촬영
- 단상 위의 연단에서 연설하는 관계인사의 모습
- 연설하는 백두진 국무총리는 가까이서 촬영
- 단상 위의 자리에 앉아있는 관계인사들 모습
- 농민회관 건설계획을 참석자와 관계인사들에게 설명하는 한 인사의 모습
- "농민회관건립기공", "농촌의 근대화는 농민의 자조노력으로!"라고 적힌 구조물 아래에서 관계인사들이 테이프를 커팅함
- 기공삽질하는 관계인사들
- 테이프 커팅을 끝낸 관계인사들이 걸어감

- "농민회관"이라고 적힌 조감도
- 수원시 서둔동의 전경

▌연구해제

1971년 4월 7일 우리나라 최대 규모의 수원농민회관 기공식 장면이 담긴 영상이다. 기공식에는 백두진 국무총리를 포함한 관계인사들이 참석하여, 관계자에 대한 시상식과 깃발 전달식, 함께 첫 삽을 뜨는 행사가 진행되었다. 또한 제16회 4H클럽 및 제3회 농촌부업 경진회도 함께 진행되었다.

농민회관의 건립은 농촌의 근대화를 수립하기 위한 방안으로서 제시되었다. 농림부는 농민들에게 영농교육 등 농민훈련을 체계적으로 실시하기 위해 수원에 있는 농촌진흥청 안에 연건평 2,500평 규모(10층)의 농민회관을 세우기로 결정하였다. 1971년 11월 준공을 목표로 하였던 이 회관은 농업관계의 국제회의는 물론 1년 동안 8만 9,700여 명의 농민, 중견농촌자원지도자, 그리고 4H기계훈련 등이 실시될 예정이었다. 좀 더 구체적으로 농림부와 농촌진흥청이 만든 훈련계획을 보면 1972년의 겨울철 농한기를 통해 1주일간격으로 450명씩 모두 7,200명을 합숙 훈련시키며 농촌지도자는 3일 동안 150명씩 1,500명, 4H회원 중 210명에게 8주일 동안 농기계훈련을 무료로 실시할 계획이었음을 알 수 있다.

농민회관 건립은 1960년대에 독농가를 중심으로 농촌의 개혁을 추진하려고 했던 농업관련 정책 담당자나 연구자들의 계획이 확장된 것이라 볼 수 있다. 이들은 독농가의 농업경영이나 농업기술 실태, 농촌마을의 인구와 경제상태 등을 조사하고, 이를 바탕으로 새로운 농업정책을 입안하는 것이 목적이었다. 또한 농촌에 거주하는 모범적인 농민을 통해 농촌의 개혁을 추진하려 하였다. 이 같은 계획이 농민회관이라는 거점을 통해서 실현될 수 있을 것이며, 독농가뿐만 아니라 전체 농민들을 동원하고 교육할 수 있는 장소로 활용하고자 한 것이다. 실제로 1973년 4월 9일에는 농민조합원 및 새마을지도자 교육을 전담하고 있던 농협중앙회 독농가연수원 또한 수원농민회관으로 이전하여 규모가 확장되었다.

참고문헌

「농민회관 건립」, 『매일경제』, 1971년 1월 16일.

「수원서 농민회관 기공」, 『동아일보』, 1971년 4월 8일.

「수원농민회관으로 독농가 연수원 이전」, 『매일경제』, 1973년 4월 9일.

이환병, 『모범 농민·마을의 성장과 농촌 새마을 운동』, 성균관대학교 박사학위논문, 2012.

KC823-01 청와대 예방
상영시간 ｜ 01분 22초
영상요약 ｜ 박정희 대통령이 정부관리들에 인사 표창장을 수여했다.

KC823-02 천도교 행사
상영시간 ｜ 01분 10초
영상요약 ｜ 1971년 4월 5일 동학창도 112주년을 맞아 시행된 수운회관 준공식이 천도교
　　　　　 대강당에서 열렸다.

KC823-03 수도권 전철 기공식
상영시간 ｜ 00분 19초
영상요약 ｜ 1971년 4월 7일 수도권 전철 기공식이 서울시청 앞에서 개최되었다.

KC823-04 노동직업 훈련소 개소
상영시간 ｜ 00분 35초
영상요약 ｜ 1971년 4월 8일 인천에서 중앙직업훈련원의 개원식이 개최되었다. 이 자리에
　　　　　 는 백두진 국무총리, 김태동 보사부장관, 이승택 노동청장 등이 참석했다.

KC823-05 농민회관 건립 기공
상영시간 ｜ 02분 07초
영상요약 ｜ 농림부는 최대규모의 농민회관을 수원에 세우기로 결정, 1971년 4월 7일 수원
　　　　　 시 서둔동에서 기공식을 진행했다. 또한 이날 제16회 4H구락부 제3회 농촌부
　　　　　 업 경진회 행사도 함께 진행되었다.

KC823-06 서울시 문화상 시상식
상영시간 ｜ 01분 12초
영상요약 ｜ 1971년도 서울시 문화상 시상식이 1971년 4월 13일 시민회관 대강당에서 열렸

다. 이 시상식은 학술, 예술, 언론, 건설 부분 등에 걸쳐 시상되었다.

KC823-07 한·미 농산물협정 조인식

상영시간 ㅣ 00분 56초

영상요약 ㅣ 1971년도 미잉여농산물협정이 4월 12일 경제기획원에서 김학렬 경제기획원장
관과 포터 주한미국대사간에 서명, 체결되었다.

KC823-08 탁구선수단 귀국

상영시간 ㅣ 00분 43초

영상요약 ㅣ 일본 나고야에서 열린 제31회 세계탁구선수권대회에 참가한 한국대표선수단
일행 20명이 김창원 단장의 인솔로 1971년 4월 10일 김포공항을 통해 귀국했
다. 이번 대회에서 선수단은 여자단체전에서 3위 남자단체전에서는 8위를 차
지했다. 선수단은 김포공항에서 체육회관에 이르는 코스에서 카퍼레이드를
펼쳤다.

KC823-09 증설식

상영시간 ㅣ 00분 32초

영상요약 ㅣ 기증식 영상이다.

KC823-10 중국사령관 훈장수여

상영시간 ㅣ 01분 14초

영상요약 ㅣ 박정희 대통령은 1971년 4월 7일 방한 중인 자유중국 육군총사령관 유하우창
대장에게 보국훈장 통일장을 수여했다.

KC823-11 청화대 초청 다과(노동자)

상영시간 ㅣ 02분 06초

영상요약 ㅣ 청와대를 방문한 인사들이 박정희 대통령과 육영수를 만나 다과회를 가졌다.

KC823-12 제31회 세계 탁구대회 환영식

상영시간 | 01분 24초

영상요약 | 일본 나고야에서 열린 제31회 세계탁구선수권대회에 참가한 한국대표선수단 일행 20명이 김창원 단장의 인솔로 1971년 4월 10일 김포공항을 통해 귀국했다. 이번 대회에서 선수단은 여자단체전에서 3위 남자단체전에서는 8위를 차지했다.

KC823-13 공예품 전시

상영시간 | 01분 13초

영상요약 | 세계 여러 나라의 대표 공예품들을 한 자리에 모아놓은 공예품 전시회가 열렸다.

KC823-14 농장 기공식

상영시간 | 01분 04초

영상요약 | 농장 기공식 행사 장면을 담은 영상. 공로자들이 표창장을 수여 받고 있다.

KC823-15 암모니아 센터 기공식

상영시간 | 00분 59초

영상요약 | 충주비료의 대단위 암모니아 센터 기공식이 1971년 4월 9일 오후 2시 백두진 국무총리, 이낙선 상공부장관을 비롯한 관계인사들이 참석한 가운데 거행되었다.

KC823-16 남산 식물원

상영시간 | 01분 15초

영상요약 | 남산 식물원 기공식 장면을 담은 영상. 이날 행사에 양택식 서울시장이 참석하였다.

KC823-17 육영수 여사

상영시간 | 00분 25초

영상요약 | 외국인 학생 대표단 일행이 영부인 육영수를 예방하였다.

KC823-18 농구

상영시간 ｜ 02분 06초

영상요약 ｜ 농구 경기 장면을 담은 영상.

KC823-19 한·일 축구(경희대 : 와세다대)

상영시간 ｜ 02분 04초

영상요약 ｜ 한국과 일본 대학들의 축구 친선경기 중 4차로 경희대학교와 와세다대학교가 1971년 4월 1일 효창구장에서 축구 경기를 펼침. 두 대학은 1 대 1로 비겼다.

KC823-20 노동 사업자 대회

상영시간 ｜ 00분 59초

영상요약 ｜ 1971년 4월 12일 노동청에서 제8회 노동사업강조기간을 맞아 우수기업체 및 노동자들에 대한 표창식을 백두진 국무총리를 비롯한 김태동 보사부장관, 이 승택 노동청장 등 관계인사가 다수 참석한 가운데 시민회관 대강당에서 개최 되었다.

KC823-21 국립국악원 개원 20주년 기념 연주회

상영시간 ｜ 01분 10초

영상요약 ｜ 개원 20주년을 맞은 국립국악원이 1971년 4월 1일부터 16일까지 보름동안 기 념행사들을 개최하였다. 두 번의 연주회와 판소리 연창회, 국악전시회 및 지 방순회공연 등의 행사들이 개최되었다.

이병희 후보 유세 (1971년 5월 15일)

제작정보
출 처 : 대한뉴스KC 827호
제 작 사 : 국립영화제작소
제 작 국 가 : 대한민국

영상정보
제 공 언 어 : 한국어
컬 러 : 흑백
사 운 드 : 무

영상요약

박정희 대통령이 1971년 제8대 국회의원 선거 수원지역에 출마한 민주공화당 이병희 후보의 찬조연설에 나섰다.

내레이션

(내레이션 없음)

화면묘사

- 마이크 앞에서 후보 연설을 하는 이병희 후보
- 공원에 모여앉은 사람들의 모습
- 도로를 지나가는 박정희 대통령 일행의 차량
- 차에서 내리는 박정희 대통령. 길 옆에 마중나와 있던 이병희 후보 외 관련 인사들의 모습
- 꽃다발을 받고 연단에 올라 손을 흔드는 박정희 대통령
- '박대통령 일하도록 이병희 밀어주자', '기호1번 이병희'라고 쓰인 연단
- 연단 위에 마련된 단상 앞에서 찬조연설을 하는 박정희 대통령
- 연단 앞에 모여 앉은 사람들
- 연설을 하는 박정희 대통령의 모습
- 연설을 하는 박정희 대통령 옆에 서 있는 이병희 후보
- 연설을 마치고 차에 오르는 박정희 대통령
- 관계인사들이 마중나와 배웅하는 장면
- 박정희 대통령을 태운 차량이 도로를 빠져나가는 장면

연구해제

이 영상은 1971년 5월에 있었던 제8대 국회의원 선거에서 수원에 출마한 공화당의 이병희 후보를 지원하러 온 박정희 대통령의 찬조연설 모습인데, 대한뉴스 편집과정에서 삭제되어 대한뉴스로는 방영되지 않은 영상이다.

1967년 5월 9일 6·8선거를 앞두고 박정희 정부는 국무회의 석상에서 대통령, 국무총리, 장관, 차관 등이 특정 후보를 지지하는 선거운동을 할 수 있게끔 선거법 시행령을 고쳐버렸다. 이에 대해 중앙선거관리위원회는 국무위원이 특정후보를 지지하는 연설을

하는 경우 선거법에 위반된다고 해석하고, 별정직 공무원을 포함한 모든 공무원은 선거운동이 불가하다고 해석하면서 국무회의의 시행령 개정이 부당하다는 공식 견해를 밝혔다. 논란이 커지자 박정희 대통령은 국무위원들에게 선거유세에 나서지 말라고 지시하고 자신도 유세에 나서지 않겠다는 뜻을 분명히 했다. 그런데 이후 박정희 대통령이 지방순회시찰이라는 명목으로 실질적인 지원유세를 행하자 장관들도 유세대열에 합류했다. 이러한 모습이 1971년 제8대 국회의원 선거에서도 반복되었는데 이 영상을 통해 그 사실을 확인할 수 있다.

　1971년 대선 직후 치러진 제8대 국회의원선거에서 수원은 박빙 지역이었다. 수원은 서울의 영향을 많이 받는 곳으로 경기남부를 대표하는 상징성이 있는데다가 직전에 있었던 대선에서도 김대중 후보의 표가 더 많이 나온 곳이었다. 그래서 공화당은 재선의원인데다가 현직 국회운영위원장이며 공화당 중앙위 의장인 이병희 후보를 내세우면서도 박정희 대통령의 지원이 필요했던 것으로 생각된다. 이에 대항해 신민당에서는 거물급 인사인 민선 서울시장 출신 김상돈을 전략공천으로 내세웠으나 지역 출신인 이병희 후보가 지역기반이 없었던 김상돈 후보를 제치고 3선에 성공하였다.

　그러나 선거 전체적으로 보면 1971년에 치러진 제8대 국회의원선거는 대선에서 보여준 변화된 민심이 다시금 표출된 선거였다. 선거 결과를 보면 야당인 신민당이 서울의 경우 19군데 선거구에서 18곳을, 대구에서는 5곳 모두, 부산에서는 8곳 중 6곳에서 승리를 거두었다. 전체 의석 204석 중 공화당은 113석, 신민당은 89석으로 개헌 저지선을 20석이나 상회한 것이다. 신민당은 임시국회도 단독으로 소집할 수 있게 되었고, 장관도 출석시켜 따질 수 있게 되었다. 한국의 헌정 역사상 최초로 균형적인 국회가 탄생하게 된 것이다.

▌ 참고문헌

서중석, 『대한민국 선거이야기』, 역사비평사, 2008.

해당호 전체 정보

KC827-01   청와대 방문

상영시간 ㅣ 02분 36초

영상요약 ㅣ 박정희 대통령이 청와대를 예방한 국내외 인사들을 접견하고 환담을 나누었
다.

KC827-02   이병희 후보 유세

상영시간 ㅣ 01분 26초

영상요약 ㅣ 박정희 대통령이 1971년 제8대 국회의원 선거 수원지역에 출마한 민주공화당
의 이병희 후보의 찬조연설에 나섰다.

KC827-03   제4회 갑오동학혁명 기념문화제

상영시간 ㅣ 01분 01초

영상요약 ㅣ 제4회 갑오동학혁명 기념문화제가 1971년 4월 30일부터 5월 2일까지 전북 정
읍에서 개최되었다.

KC827-04   신익희 선생 15주년

상영시간 ㅣ 00분 57초

영상요약 ㅣ 1971년 5월 5일 해공 신익희 선생의 15주기 추도식이 서울 천도교 수운회관에
서 개최되었다. 이 자리에는 백두진 국무총리, 유진산 신민당 당수 등 여야정
치인 300여 명이 참석했다.

KC827-05   조인식

상영시간 ㅣ 02분 12초

영상요약 ㅣ 1971년 5월 5일 한국과 외국간의 조인식이 개최되었다.

KC827-06   아시아 축구
상영시간 ㅣ 03분 46초
영상요약 ㅣ 1971년 5월 13일 서울운동장에서 제1회 박정희 대통령컵 아시아 축구대회결승
           에서 한국과 버마의 결승전이 개최되었다. 경기는 0 대 0으로 끝났다.

KC827-07   전국 대학 야구대회
상영시간 ㅣ 02분 11초
영상요약 ㅣ 1971년 5월 13일 전국 대학 야구대회가 개최되었다.

KC827-08   한·호 문화협정
상영시간 ㅣ 01분 05초
영상요약 ㅣ 1971년 5월 11일 한·호 문화협정 조인식이 이뤄졌다.

KC827-09   시장기 쟁탈 제3회 종별 체육대회
상영시간 ㅣ 01분 08초
영상요약 ㅣ 시장기 쟁탈 제3회 종별 체육대회가 개최되었다.

KC827-10   이동 적십자
상영시간 ㅣ 01분 03초
영상요약 ㅣ 이동적십자가 군부대를 방문해 군인들이 헌혈을 했다.

KC827-11   제1회 어머니 체련대회
상영시간 ㅣ 01분 48초
영상요약 ㅣ 1971년 5월 16일 제1회 어머니 체련대회가 개최되었다.

KC827-12   성우 체육대회
상영시간 ㅣ 01분 04초
영상요약 ㅣ 1971년 5월 16일 성우 체육대회가 개최되었다.

KC827-13   어머니 날 스케치

상영시간 ㅣ 02분 52초

영상요약 ㅣ 제16회 어머니 날에 진행된 각종 행사들의 모습이 담겨있다.

KC827-14   기자회견

상영시간 ㅣ 00분 46초

영상요약 ㅣ 신범식 문공부 장관이 해외기자들과 기자회견을 가지는 영상이다.

KC827-15   번개표 형광등 공장

상영시간 ㅣ 00분 44초

영상요약 ㅣ 번개표 형광등 생산 공장에서 형광등이 제조되는 과정이 담겨있다.

KC827-16   제1회 전국 QC써클 발표회

상영시간 ㅣ 00분 16초

영상요약 ㅣ 제1회 전국 QC써클 발표회가 개최되었다.

KC827-17   국회의원 투표

상영시간 ㅣ 01분 06초

영상요약 ㅣ 1971년 4월 27일 제8대 국회의원 선거가 진행되었다.

KC827-18   제7회 착한 어머니상 시상식

상영시간 ㅣ 00분 17초

영상요약 ㅣ 한국 부인회 총본부가 선정한 제7회 착한어머니상 수상자들이 5월 8일 교육회
관 8층 대강당에서 상을 수여받았다. 수상자는 김순자, 김흥례, 이공진, 유기
봉, 박경순, 배순남, 서말선, 문영수 등 8명이다.

KC827-19   수출품 선적

상영시간 ㅣ 00분 50초

영상요약 ㅣ 수출상품들이 화물선에 선적되어 있다.

농촌 탁아소 (1971년 7월 10일)

제작정보
출　　　처 : 대한뉴스KC 835호
제 작 사 : 국립영화제작소
제 작 국 가 : 대한민국

영상정보
제 공 언 어 : 한국어
컬　　　러 : 흑백
사 운 드 : 무

영상요약

1971년 7월 4일 대한일보사 관계자들이 농촌의 탁아시설을 위문했다.

(내레이션 없음)

화면묘사

- '황소 탁아소'라는 간판이 달려있는 탁아소의 입구
- 탁아소 입구에서 위문품 전달식이 진행되는 모습
- '대한일보사' 깃발에 쌓인 위문품을 전달하는 관계자들의 모습
- 박수를 치는 어린아이들
- 어린이들에게 일일이 선물을 나누어 주는 대한일보사 관계자들
- 선물을 하나씩 손에 쥐고 있는 어린이들의 모습
- 놀이터에서 놀이기구를 타고 있는 어린이들
- 어린이들로 북적이는 놀이터
- 차례대로 미끄럼틀을 타는 어린이들
- 어린이들에게 둘러싸여 율동을 가르쳐주는 대한일보사 관계자 여성
- 율동을 따라하거나 친구들과 노는 어린아이들

연구해제

이 영상은 1971년 7월 4일 대한일보사에서 농촌의 탁아소를 위문하고 선물을 전달했다는 소식을 전하고 있다. 아이들은 그리 넓지 않은 탁아소의 놀이터를 가득 메우고 왁자지껄 놀고 있다.

농촌의 탁아소 설립은 1960년대부터 전개되어 오던 정부의 증산정책과 관련이 있다. 즉 일손이 귀한 농번기 때 생산과 수확에 전념할 수 있도록 아이들을 돌볼 수 있는 기관이 필요했던 것이다. 1970년에는 농번기에 혼자 남겨진 아이가 사고를 당한 사례도 있어 농촌의 탁아문제가 중요하게 제기되었다. 농촌 무료 탁아소 설치는 1970년 농촌여성지도자들이 갈망하는 농촌개발시책 중 두 번째를 차지할 정도로 시급한 것이었다. 그러나 집권당인 공화당은 장기증농정책을 마련하며 탁아소와 같은 공동시설의 완성을

1980년대까지 완수할 수 있는 장기정책으로 간주하였다. 당장의 증산을 위한 직접적인 정책을 더욱 우선시했기 때문이었다. 따라서 1970년대 초까지도 탁아소의 현황은 긍정적으로 평가하기는 힘들었다. 농촌진흥청이 임시적으로 농번기에만 개설하는 계절(임시)탁아소를 적극 권장하여 곳곳에 세워지기도 했으나 예산 및 준비 부족으로 장난감도 없고 먹을 것도 없어 아이들에게 인기가 없었고, 부모들은 탁아시설을 신뢰하지 못해 금방 데리고 가거나 맡기지 않는 경우가 많았다. 또한 저소득층이 활용하기에는 부담스러운 가격도 부모들이 아이들을 탁아소에 맡기지 않는 이유로 작용하였다.

이 같이 1970년 초에는 탁아를 위한 기반이 충분히 갖춰지지 않았으며 정부가 시급한 정책이라 인식하지 않았던 것이 사실이다. 이 같은 상황 속에서도 서울시는 농촌변두리에 11개소의 탁아소를 운영하였으며, 아이를 맡길 곳이 없어 애태우던 부모들에게는 얼마간 도움을 준 것도 사실이다. 영상에서도 볼 수 있듯이 농촌의 탁아소는 부족한 정부의 지원상황을 민간원조 등을 통해 충당할 수밖에 없었다. 탁아소의 놀이터가 거의 가득 메워질 정도의 아이들이 모여 있는 모습은 농촌 탁아소의 열악한 실태를 직접적으로 드러내는 장면이라 할 수 있다.

농촌 탁아소의 실태가 언론을 통해서도 지적되는 가운데 1971년 10월 농림부는 이듬해까지 전국 농촌에 탁아소 1,720개를 설치할 것이라는 계획을 발표하고, 이를 더욱 확대 강화할 것이라고 하였다. 이는 농어촌생활개선 및 농촌영양개선사업의 일환으로 전개되었다.

▌참고문헌

「보호권 밖으로 밀린 농촌어린이들」, 『경향신문』, 1970년 7월 2일.
「어린이들에 인기없는 탁아소」, 『경향신문』, 1970년 7월 2일.
「공화 76년까지 경지정리 끝내」, 『매일경제』, 1970년 8월 14일
「알뜰한 살림에 이바지 각 여성단체의 사업계획」, 『매일경제』, 1971년 1월 9일.
「예산에 비친 사회복지⟨2⟩ 아동」, 『동아일보』, 1971년 1월 19일.
「탁아소 연장운영 호평에 실적 좋아」, 『경향신문』, 1971년 7월 23일.
「탁아소 내년에 1720곳 설치 농림부 농촌생활개선계획」, 『동아일보』, 1971년 10월 14일.

해당호 전체 정보

KC835-01   청와대 예방
상영시간 ㅣ 01분 03초
영상요약 ㅣ 박정희 대통령이 취임축하차 방문한 외부인사들과 다과 및 환담을 나누었다.

KC835-02   창립 10주년 기념식
상영시간 ㅣ 00분 56초
영상요약 ㅣ 창립 10주년 기념식의 장면이 담겨져 있다.

KC835-03   서울시내스케치
상영시간 ㅣ 02분 07초
영상요약 ㅣ 영어간판이 난무하는 서울 시내의 모습을 담고 있다.

KC835-04   농촌 탁아소
상영시간 ㅣ 01분 02초
영상요약 ㅣ 1971년 7월 4일 대한일보사 관계자들이 농촌의 탁아시설을 위문했다.

KC835-05   새생활운동 실천 대회장
상영시간 ㅣ 01분 01초
영상요약 ㅣ 시 직원들의 새생활운동 실천대회가 개최되어 가두행진 등 캠페인이 진행되었다.

KC835-06   예비군 훈련
상영시간 ㅣ 00분 49초
영상요약 ㅣ 1971년 7월 5일 향토예비군 사격훈련이 진행되었다.

KC835-07   농구
상영시간 ㅣ 03분 11초
영상요약 ㅣ 1971년 7월 3일 서울 장충체육관에서 일본 대학선발팀과 초청 한일 대학 친선

농구대회가 개최되었다. 한국선발팀은 2진인 백팀이 출전했는데, 82 대 79로
승리했다.

KC835-08 전국 미스 수영복 선발대회
상영시간 ㅣ 00분 51초
영상요약 ㅣ 전국 미스 수영복 선발대회가 개최되었다.

빌딩 임금 투쟁 난동 (1971년 9월 25일)

제작정보
출   처 : 대한뉴스KC 846호
제 작 사 : 국립영화제작소
제 작 국 가 : 대한민국

영상정보
제 공 언 어 : 한국어
컬   러 : 흑백
사 운 드 : 무

영상요약

1971년 9월 15일 오전 11시 한진상사 소속 파월 기술자 300여 명이 1968년부터 밀린 노임지불을 주장하며 집단행동을 취했다.

내레이션

(내레이션 없음)

화면묘사

- KAL빌딩 앞에 모여 있는 노동자들의 모습
- '밀린노임 一四九(149)억' '조중훈 나와 해명하라' 등이 적힌 피켓이 세워져 있는 모습
- 깨친 유리창 바깥으로 몸을 내밀고 있는 사람
- 노동자들이 의견을 나누는 모습
- 잔해들이 늘어서 있는 장면과 취재진들의 모습
- 노동자들과 전경이 대치하고 있는 상황
- '대한항공'간판의 모습. 대한항공 빌딩 앞에 몰려든 사람들의 모습
- 전경들 버스 위로 올라선 사람들
- 전경과 시민들로 가득 메워진 대한항공 건물 앞의 모습
- 전경버스가 인파를 뚫고 전진하는 장면

연구해제

이 영상은 1971년 9월 15일 한진상사 KAL빌딩에서 일어난 한진 소속 파월노동자들의 점거농성과 연행 장면을 다루고 있는 매우 중요한 자료인데, 정작 대한뉴스로는 상영되지 않은 미편집본이다. 한진파월노동자 미지불노임청산투쟁위원회(회장 강대봉, 부회장 남기웅)는 한진상사가 약 6년간 4,000여 파월노동자들에게 미지불한 통상임금, 각종 수당이 총 149억 원에 달한다고 주장하면서, 밀린 임금을 받을 때까지 한진상사 본사에서 물러날 수 없다고 밝혔다. 영상에서도 "조중훈은 해명하라", "밀린 노임 149억"이라는 집회구호가 보이며, 머리띠를 한 노동자들은 건물을 점거하다가 경찰에 의하여 모두 연행되었다.

한진상사 KAL빌딩 방화 및 점거투쟁은 1960~70년대의 불균형한 노사관계, 월남 특수의 어두운 면을 고루 반영하는 사건이었다. 한진상사의 노동조건은 베트남 현지에서 외

국기업의 노동조건과 큰 차이가 있었다. Vinell 소속 파월노동자들은 상대적으로 여가시간이 보장되었으나 한진상사 소속 파월노동자들의 일상생활은 준(準)병영생활에 가까웠다. 이들은 군용천막 또는 목조막사에서 생활했으며, 1968년 구정공세 이후에는 직접 총을 들고 기지방어, 운송작업 경호 등에 참여하여 높은 긴장도를 유지하고 있었다.

일터와 전장의 경계가 사라진 문제 외에도 한진상사 소속 파월노동자들은 심각한 부당노동행위에 노출되어 있었다. 첫째, 한진 측에 선발된 노동자들은 중앙정보부에서 실시하는 소양교육을 받았는데, 여기에는 노동쟁의를 위한 노조운영 금지, 불만해소를 위한 친목단체 운영금지 등이 포함되었다. 불만사항은 귀국 후 해결해준다는 단서가 있었지만, 이는 사실상 불만사항을 해결할 의지가 없다는 것을 의미했다. 둘째, 파월노동자 근로계약에 심각한 문제가 있었다. 계약서는 보통 출국 전날 예비소집에서 체결했고, 베트남으로 떠나는 공항에서 도장을 찍었다. 무엇보다 계약서 자체가 불평등하게 만들어져 '근로자 귀국사유'를 사측의 판단에 일방적으로 맡겼다. 실제로 1966년 6월 150여 명의 노동자들이 2시간 태업을 하자 주모자 2명은 해고 후 강제귀국 당하기도 하였다. 이 때문에 노동자들은 불만을 표출하면 강제귀국될 수 있다는 두려움을 가졌다.

이러한 배경에서 KAL빌딩 점거 및 방화사건에 참여한 노동자들은 대부분 귀국 후 한진과 계약이 만료되어 자유로웠던 계약사원과 현지취업자였다. 한진 파월노동자들은 1969년 9월 성북구에서 김태봉을 대표로 '귀국파월기술자친목회'를 만든 후 미불임금투쟁을 조직적으로 전개하기 시작하였다. 초기 투쟁은 민사소송으로 전개되었으나 성과를 거두지 못하였고, 1971년 2월 강대봉을 회장으로 '한진파월기술자미지불임금청산투쟁위원회'를 새롭게 구성하면서 시위와 농성을 벌이게 되었다. 4월에는 서울 KAL빌딩 농성, 6월, 7월, 8월에는 인천, 부산 등지에서 시위가 발생하였다. 9월의 KAL빌딩 방화사건은 이러한 투쟁의 연장선상에서 진행된 것이었다. 9월 16일 오치성 내무부장관은 "집단행동이나 불법적인 폭력에 의지하려는 사고방식은 민주국가에서 도저히 용인할 수 없다"면서 강경담화를 발표하였다. 결국 농성자 63명에게 유죄, 이들 중 13명에게는 징역 1~5년이 선고되었으나 한진 측에는 정부의 이렇다 할 제재가 없었다. KAL빌딩 방화사건은 1960~70년대 노동조건, 정부의 노동배제정책, 사측의 불합리한 노무정책을 종합하였을 때 특수한 사건이라기보다 오히려 자연스러운 현상이었다고도 할 수 있다.

참고문헌

「KAL빌딩에 방화, 파괴 한진 파월노동자들 집단난동」, 『매일경제신문』, 1971년 9월 15
　　　일.

윤충로, 「베트남전쟁 시기 '월남재벌'의 형성과 파월기술자의 저항 : 한진그룹의 사례를
　　　중심으로」, 『사회와 역사』 79, 2008.

해당호 전체 정보

KC846-01 빌딩 임금 투쟁 난동
상영시간 ㅣ 01분 03초
영상요약 ㅣ 1971년 9월 15일 오전 11시 한진상사 소속 파월 기술자 300여 명이 1968년부터 밀린 노임지불을 주장하며 집단행동을 취했다.

KC846-02 백제무열왕릉
상영시간 ㅣ 01분 10초
영상요약 ㅣ 박정희 대통령이 백제 무열왕릉을 시찰했다. 이날 무열왕릉에서는 제례가 개최되었다.

KC846-03 대한민국 사진전람회 시상식
상영시간 ㅣ 00분 10초
영상요약 ㅣ 1971년 9월 1일 오전 11시 '제1회 대한민국 건축 및 사진전람회'가 개최되었다. 이 자리에는 김종필 국무총리, 윤주영 문공부장관, 이해랑 예총회장 등이 참석했다. 전시회는 9월 20일까지 진행되었다. 이번 전람회의 건축부문 대상은 윤광수, 유경주 씨가, 사진부문 대상은 강상규 씨가 차지하였다.

KC846-04 수출진흥 청와대 확대회의
상영시간 ㅣ 01분 27초
영상요약 ㅣ 1971년 9월 20일 오전 청와대에서 수출진흥 확대회의를 열었다. 이날 회의에서는 미국 대통령 닉슨의 달러방위조치와 일본 원화절상에 따른 영향 분석과 수출대책이 논의되었다.

KC846-05 대학생 봉사활동 보고대회
상영시간 ㅣ 01분 09초
영상요약 ㅣ 1971년 9월 18일 '제2회 전국 대학생 연합 봉사활동 보고대회'가 개최되었다.

KC846-06 상록수의 밤

상영시간 ㅣ 01분 02초

영상요약 ㅣ 1971년 9월 16일 심훈 선생 35주년을 기념하는 '상록수의 밤' 행사가 삼일당에서 개최되었다. 한국 상록회가 마련한 이 행사에는 추모식에 이어 농어촌 봉사활동을 한 하계학생봉사대에 표창이 수여됐다. 또한 관련 강의와 심훈 원작인 극영화 '상록수'가 상영되었다.

KC846-07 제10회 전국 도서관대회

상영시간 ㅣ 00분 49초

영상요약 ㅣ 1971년 9월 16일부터 3일간 중앙대학교에서 제10회 전국도서관대회가 진행되었다.

KC846-08 금화생활관

상영시간 ㅣ 00분 36초

영상요약 ㅣ 금화아파트에 위치한 금화생활관의 모습이 담겨있다.

통조림 공장 (1973년 5월 7일)

제작정보

출   처 : 대한뉴스KC 930호
제 작 사 : 국립영화제작소
제작국가 : 대한민국

영상정보

제 공 언 어 : 한국어
컬   러 : 컬러
사 운 드 : 무

영상요약

통조림 공장에서 알루미늄으로 통조림통을 만드는 영상이다.

(내레이션 없음)

화면묘사

- 기계에서 알루미늄으로 통조림을 만들고 있음
- 통조림 안에 음식물이 담겨 있고 이를 밀봉하기 위해 물을 부음
- 여성 근로자들이 통조림 통을 옮기는 작업을 함
- 기계를 이용하여 통조림을 밀봉하는 근로자
- 통조림 제조 작업을 하는 작업장의 모습

연구해제

이 영상은 한 통조림 공장의 작업 모습을 담고 있다. 통조림통에 음식을 넣는 과정부터 밀봉 등 분업화되어 있는 공정과정을 보여주고 있다.

통조림 산업은 농수산가공업을 통한 농가소득 증대를 창출할 수 있는 업종으로 주목을 받았다. 한국에서는 1892년 전남 완도에서 전복통조림을 생산한 것이 최초의 통조림 생산이었다. 이어서 곧 많은 지역에서도 전복통조림 공장이 설립되었다. 1926년부터는 정어리를 시작으로 고등어, 게, 전복 등 수산물 통조림의 생산이 급증하였고, 식민지기를 거쳐 해방이 될 때까지 주로 수산물 통조림 사업이 성장하였다. 그러나 해방과 더불어 품질 좋고 저렴한 각종의 외국산 통조림이 시장에 범람하게 되자 한국 통조림 업계는 기술부족, 기업경영의 미숙, 제조기술의 부족 등으로 거의 폐업상태에 이르렀다.

통조림 산업은 1950년 6·25전쟁 이후 군수용 통조림의 수요가 증가하자 잠시 활기를 띠었다가, 1963년 군수용 통조림 납품이 중지되자 다시 불황과 난항을 겪게 되었다. 이렇듯 부침을 겪던 통조림 산업은 박정희 정부가 경제개발5개년계획과 수출산업육성정책을 적극적으로 전개하면서 활기를 찾게 되었다. 통조림 산업은 해외시장을 겨냥한 수출산업으로 다시 주목되며 생산 및 판매에 주력하기 시작했다. 또한 한국통조림수출조합, 한국농산통조림협회 등 단체가 조직되며 업계의 이익을 대변하기도 했다.

농어촌개발공사에서도 통조림 산업의 육성을 위해 학계와 논의과정을 거치는 등 관심을 가졌다. 1973년에는 고려대 김동훈 교수를 비롯, 한국통조림수출조합 등 학계와 업계대표들이 참석, 농수산 통조림산업 분야에 대한 모든 문제점을 협의하였다. 농어촌개발공사는 이날 간담회를 계기로 농수산가공업에 관련되는 육성기관 및 단체, 연구기관, 학계와 업계 대표 등을 망라하는 협의회를 정기적으로 개최키로 했다. 이날 토의된 의제는 농수산가공업체가 당면하고 있는 일반적 문제점과 해결대책, 원료확보와 관련된 문제점 및 대책, 가공설비투자 및 생산활동에 관한 문제, 농수산물 수출시장 개척에 관한 문제, 신규개발품목 발굴 및 기업화에 따른 문제 등이었다.

1970년대 통조림산업의 주요 해외시장은 일본이었다. 1973년 2월 26일 일본무역진흥회 서울사무소에 의하면 일본인의 연간 통조림 식품 소비량은 1인당 평균 39개인데, 국내 생산량 부족으로 수입이 점차 늘어나고 있다고 하였다. 일본에서는 1969년도 $53,491,000, 1970년에는 $47,255,000, 71년에는 $49,056,458의 통조림을 수입했는데 그중 현저하게 수입량이 증가되고 있는 것은 파인애플, 생선류, 알젓, 소금에 절인 쇠고기, 죽순 등이었다.

한편 1973년 농수산물가공 및 수출업계는 원료수급의 원활과 수출증대를 위해 통조림 가공업체 허가를 TO제로 해주고, 수출지원자금 등 각종 지원시책을 현실화하는 한편 통조림 검사기관을 단일화 해 줄 것 등을 정부당국에 강력히 건의하였다. 또한 현재 농산물 검사소, 수산물검사소, 가축위생시험소 등으로 다원화되어 있는 통조림 검사기관을 단일화 해주고 우리나라에서 생산되지 않는 원료의 가공수출증대를 위해 외국과의 합작투자 유치를 적극 지원해줄 것을 요구하기도 했다. 이는 통조림산업이 농수산가공업 증대를 통한 수출확대 및 농가소득 창출을 목적으로 제시한 박정희 정부의 지원 속에서 육성되고 있었음을 드러내는 지점이라 할 수 있다.

참고문헌

「학·업계 간담회 농수산가공업 협의」, 『매일경제』, 1973년 2월 10일.
「통조림 전망 밝아 일, 수요 크게 늘어」, 『매일경제』, 1973년 2월 26일.
「한국통조림수조 한국농산통조림 이사장에 이상규씨」, 『매일경제』, 1973년 3월 5일.
「농수산가공·수출업계 정부에 건의 '통조림 공장TO제로'」, 『매일경제』, 1973년 3월 6일.
정병선, 「통조림 산업의 현황」, 『식품과학과 산업』 7-21, 한국식품과학회, 1976.

해당호 전체 정보

KC930-01   현충사 전경

상영시간 ┃ 00분 47초

영상요약 ┃ 문화공보부가 총 2억 5,000만여 원을 투입한 아산 현충사 성역화 사업이 마무리되어 이 일대를 헬기를 이용해 상공에서 촬영한 영상이다.

KC930-02   새마을 식생활 개선 전국 주부 경진대회

상영시간 ┃ 01분 01초

영상요약 ┃ 정부의 '식생활개선은 주부의 손으로 실천해야 한다'는 모토로 새마을 식생활 개선 전국주부경진대회가 한국부인회주최로 25일 삼일당에서 열렸다.

KC930-03   양지회 도서기증

상영시간 ┃ 00분 58초

영상요약 ┃ 양지회는 1965년 이래로 매년 전국 국민학교에게 아동 문고를 기증하고 있다, 양지회와 부녀회원들이 기증 받은 도서를 정리, 분류하고 있는 영상이다.

KC930-04   한려수도 전경

상영시간 ┃ 00분 22초

영상요약 ┃ 경상남도 통영시 한산도부터 사천 남해, 전라남도 여수에 이르는 한려수도의 전경이다.

KC930-05   통조림 공장

상영시간 ┃ 00분 38초

영상요약 ┃ 통조림 공장에서 알루미늄으로 통조림통을 만드는 영상이다.

KC930-06   미술 전람회

상영시간 ┃ 01분 03초

영상요약 ┃ 미술 전람회가 열린 가운데 동양화 및 서예 작품이 전시된 영상이다.

KC930-07   전국 고교 야구대회

상영시간 ㅣ 01분 17초

영상요약 ㅣ 중앙일보가 주최하는 제7회 대통령배쟁탈 전국고교야구대회가 열린 가운데
야구 경기 실황 영상이다.

새마을 노동교실 개관 (1973년 5월 27일)

제작정보

출　　처 : 대한뉴스KC 933호
제 작 사 : 국립영화제작소
제 작 국 가 : 대한민국

영상정보

제 공 언 어 : 한국어
컬　　러 : 흑백
사 운 드 : 무

영상요약

여자와 소년근로자들을 위한 새마을 노동교실이 청계피복상가에서 개관되었다. 노동교실 설립은 근로조건 개선을 주장하며 분신자살한 전태일의 정신을 살린다는 취지로 정부가 개설한 것이다. 영부인 육영수는 라디오 1대와 새마을 문고 등을 기증하였고 조의

창 노동청장은 교과서 등을 기증하였다. 기념식장에는 조의창 노동청장을 비롯한 당국 관계자들이 참석하여 기념사 및 표창장을 수여하였다.

내레이션

(내레이션 없음)

화면묘사

- '경축, 새마을노동교실 개관' 현수막이 걸린 기념식장에 많은 사람들이 참석한 가운데 조의청 노동청장이 기념사를 하고 있음
- 기념식에 참석한 여성 및 소년근로자들의 모습
- 조의창 노동청장이 기념연설을 하고 표창장을 수여함
- '마을문고'가 적힌 책장에 기증된 도서가 배치됨
- '청계피복지부, 전국연합노조, 새마을노동교실'이 적힌 현판을 거는 관계자들
- 노동교실을 시찰하는 당국 관계자들과 교실의 모습

연구해제

청계피복노조 새마을노동교실은 전태일의 분신으로 1970년대 민주노조를 상징하는 청계피복노조의 일상과 투쟁에서 중요한 장소였다. 청계피복노조 정인숙 부녀부장은 1972년 청와대 모범근로자 간담회에 초청받았는데 이 자리에서 그녀는 육영수 여사에게 "노동자가 배울 수 있는 장소가 시급하게 필요하다"고 말했고, 육영수 여사가 노동청장에게 지시를 내려 동년 10월 노동교실 설립추진위원회가 구성되었다. 설립추진위원회에는 노사가 함께 참여했으며 각 사업장에서 설립기금 350만 원을 할당하여 1973년 5월까지 258만 원을 징수하였다. 동화시장 옥상에 50평 규모로 부지를 마련한 새마을노동교실은 약 80명의 인원을 수용할 수 있었다. 아시아 아메리카 자유노동기구(아프리)에서는 미싱 7대, 재단기 1대, 16mm 영사기 1대, 녹음기 1대 등 교재기구와 기능실습 및 사무기기를 기증하였다. 육영수 여사는 라디오 1대, 새마을문고 350권을 기증하였고, 조

의창 노동청장은 교과서 1,500부를 지원했다.

새마을노동교실은 1973년 5월 21일 개관하였는데, 이 영상은 당시 개관식 모습을 담고 있는 귀중한 기록이다. 영상에서 확인할 수 있듯 개관식에는 한국노총 위원장, 노동청장 등 각계 손님들이 참석하였으며 정부·노동자·사용자간 우호적 분위기 속에서 진행되었다. 영상에서는 개관식 행사 모습과 행사에 참여한 어린 여성노동자들의 모습, 그리고 육영수 여사가 기증한 새마을문고와 새마을노동교실 내부의 모습이 보인다. 그러나 이 영상은 아쉽게도 극장에서 대한뉴스로 상영되지 못하였다.

영상에서는 새마을노동교실 개관식의 우호적 분위기만 담겨 있지만 개관식 당일의 작은 사건은 앞으로 전개될 새마을노동교실 투쟁의 징후를 보여준다. 청계피복노조는 이날 개관식에 함석헌을 초대하려 했는데 정보당국은 이를 막고 초청한 이를 색출하려 했다. 또한 초청장 인쇄글씨가 자주색이라는 것을 트집삼아 "빨갱이 사상이 침투한 것"이라고 몰아붙이기도 했다. 이러한 갈등은 새마을노동교실 운영과정에서도 드러났다. 정부와 고용주는 새마을노동교실을 도시(공장)새마을운동의 일환으로서 새마을교육, 연소 노동자 특별학급 등으로 운영하려 했으나 노동자들은 노동법 공부, 노동조합 일상활동 등 노동자들의 교양교육 및 권리의식 고취에 활용하고자 했다.

이 같은 갈등은 1977년 전태일의 모친인 이소선 여사의 구속과 새마을노동교실 폐쇄를 계기로 강력하게 분출되었다. 7월 29일 결성된 '평화시장사건 대책위원회'는 이소선 석방, 노동교실 폐쇄중지, 노조탄압 중지를 요구했으나 정부와 고용주들은 9월 노동교실의 임대계약을 만료하였다. 이에 청계피복 노동자 200여 명은 9월 9일 노동교실 점거 농성에 들어갔으나 경찰에 의해 강제진압되었다. 새마을노동교실에서 진행된 '9·9 결사투쟁'의 충격으로 신구교 목사·신부들은 9월 20일 이 사건을 "현 정권이 누구를 위해 무엇을 위해 존재하며, 어떻게 지탱해나가는가를 백일하에 노정한 사건"이라고 규정하였다. 10월에는 노동운동·종교운동·재야운동·학생운동이 결합하여 평화시장노동자 인권문제협의회가 결성되었다. 이후 새마을노동교실 사건은 노동자를 위한 기도회, '한국노동인권헌장' 등으로 이어져 동일방직 사건, YH무역 사건과 함께 후기 유신체제기의 대표적 노동운동으로 자리매김하였다.

참고문헌

「새마을노동교실 개설」, 『매일경제신문』, 1973년 5월 21일.

임광순, 「유신체제하 박정희 정권의 노동정책 전개와 성격 : 공장새마을운동의 양면성
　　　과 균열을 중심으로」, 고려대학교 석사학위논문, 2014.

전태일기념사업회 홈페이지 70민노회, 『민종덕의 이야기마당』, 「8. 노동교실 이야기(1)」.

해당호 전체 정보

KC933-01 김종필 동정

상영시간 ㅣ 01분 11초

영상요약 ㅣ 김종필 국무총리는 박정희 대통령을 대리하여 신임 중화학공업추진위원회 기획단장 김용환 씨에게 임명장을 수여하였다.

KC933-02 북부지역 유신회 제1회 정기총회

상영시간 ㅣ 00분 36초

영상요약 ㅣ 1973년 3월 13일 백두진 의원 등 국민회의가 선출한 73명의 의원이 12일에 유신정우회라는 이름으로 국회사무처에 원내교섭단체 등록을 마쳤다. 한편 북부지역의 유신회 제1회 정기총회가 열린 영상이다.

KC933-03 아세아 영화인 장관 예방

상영시간 ㅣ 00분 48초

영상요약 ㅣ 신상옥을 비롯한 영화배우, 영화감독들이 윤주영 문화공보부장관을 방문한 영상이다.

KC933-04 영화인 귀국

상영시간 ㅣ 00분 38초

영상요약 ㅣ 해외로 영화촬영 떠났던 영화배우 신상옥을 비롯한 여러 배우 및 영화관계자들이 김포공항을 통해 귀국한 영상이다.

KC933-05 선명회 부총재 표창

상영시간 ㅣ 00분 24초

영상요약 ㅣ 윤주영 문화공보부 장관이 한국 선명회 부총재 정주영을 비롯한 관계자 일동에게 표창장을 수여하는 영상이다.

KC933-06 일본 배우 표창

상영시간 | 00분 34초

영상요약 | 윤주영 문화공보부 장관이 한국을 방한한 일본 영화인들에게 표창장을 수여
하는 영상이다.

KC933-07 출판물 단속

상영시간 | 01분 38초

영상요약 | 문화공보부와 내무부는 합동으로 65개 반 130여 명의 단속반을 편성하여 서울
일원의 불법불량출판물 일제 단속에 나섰다. 이들 단속반은 서울 명동, 광화
문, 동대문, 청계천 등 5개 지역에서 유령 출판사의 발행 출판물, 음란도서 도
화, 불온 도서 및 해적 출판물 등을 중점 단속하였다.

KC933-08 새마을 노동교실 개관

상영시간 | 00분 52초

영상요약 | 여자와 소년근로자들을 위한 새마을 노동교실이 청계피복상가에서 개관되었
다. 노동교실 설립은 근로조건 개선을 주장하며 분신자살한 고 전태일군의 정
신을 살린다는 취지로 정부가 개설한 것이다. 영부인 육영수는 라디오 1대와
새마을 문고 등을 기증하였고 조의창 노동청장은 교과서 등을 기증하였다. 기
념식장에는 조의창 노동청장을 비롯한 당국 관계자들이 참석하여 기념사 및
표창장을 수여하였다.

KC933-09 돌고래 쇼

상영시간 | 01분 26초

영상요약 | 동물원에서 조련사들이 돌고래 쇼를 진행하는 영상이다.

KC933-10 군인 복싱 선수권 대회

상영시간 | 01분 25초

영상요약 | 세계군인체육회가 주최하는 제25회 세계군인복싱선수권대회 극동지역 예선전
이 장충체육관에서 열린 영상이다.

정재수 어린이 효자탑 제막식 (1974년 5월 11일)

제작정보

출   처 : 대한뉴스KC 982호
제 작 사 : 국립영화제작소
제 작 국 가 : 대한민국

영상정보

제 공 언 어 : 한국어
컬   러 : 컬러
사 운 드 : 무

영상요약

경북 사산초등학교에서 거행된 효자탑 제막식을 보여주는 영상이다.

(내레이션 없음)

■ 화면묘사

- 참석한 어린이들이 학교 건물 앞에 모여 기립해있음
- 행사에 참석한 마을 주민들과 노인들의 모습

■ 연구해제

1974년 1월 22일 한 어린이의 죽음이 세간의 주목을 받는다. 정재수 어린이가 아버지 정태희와 함께 구정을 맞아 경상북도 상주군의 집에서 충청북도 옥천군의 큰집으로 가기 위해 마루목고개를 넘어가던 도중에 동사한 것이다. 험준한 마루목고개는 며칠 전부터 내린 눈이 33cm가량 쌓여 있었으며, 한밤중 고개는 영하 20도까지 내려가 있었다. 술에 취한 채 고개를 넘던 정태희가 추운 고갯길에 쓰러졌고, 아들 정재수가 그를 일으키는데 실패하자 자신의 외투를 벗어 아버지에게 덮어 주고는 옆에서 잠들었다가 결국 함께 동사하게 된 것이다. 당시 이 이야기는 신문기사로 알려졌고, 후에 초등학교 도덕 교과서에 실렸으며, 영화로 제작되기도 했으며, 어린이대공원, 마루목 고개 등지에 정재수의 효행을 상징하는 기념물들이 세워짐으로써 1970년대 대한민국 사회가 원하고 정부가 지지하는 현대판 효자의 상징으로 부각되었다.

본 영상은 대한뉴스로 상영되지는 않았지만 정재수가 다니던 경북 사산초등학교에 효자탑을 제막하는 장면을 보여주고 있다. 어린이들이 운동장에 열 지어 서있으며, 갓을 쓴 한복차림의 노인들이 주변에서 행사에 참여하고 있었다. 한 부자의 비극적인 죽음에 대해 알리며, 동네의 어른들까지 모셔 행사를 진행했던 것이다. 이는 어린이의 죽음에 '효도'라는 명분이 덧씌워진 하나의 사례로, 어린이에게 충과 효를 강조했던 사회 분위기의 단면을 상징적으로 보여 준다. 박정희 정권은 집권 초반부터 아동의 역할에 대해 분명한 상을 제시하고 있었다. 1966년 박정희는 보이스카우트 한국연맹 소년단에게 "스카우트 정신을 새로이 가다듬어 부모에게 효도하고, 나라 위해 충성하며, 겨레 위해 봉사하는 진실한 소년 소녀가 되어야 한다"고 강조한다. 그에게 있어 아동정책의 근간은 국가에 대한 희생을 강조하는 것이었다. 요컨대 조국과 민족을 위해 자신의 목숨을 버리는 소년들을 영웅으로 추대하며 이를 기념하고 강조했다는 사실은 박정희 정권의 아동정책의 본질을 드러내는 부분이라고 할 수 있을 것이다.

정재수의 효행 이야기는 1994년 상주 사산초등학교가 폐교되고, 도덕교과서에서도 사라지면서 잊히는 듯했다가, 2001년 기념관을 설립하면서 다시 주목받는다. 정재수 기념사업준비위원회와 상주시가 총 사업비 10억여 원을 들여 폐교에 기념관을 건립한 것이다. 그러나 10여 년이 지난 2014년 현재 방문객이 급감하면서 잊혀져가고 있다.

▌참고문헌

「효의 가치관 어떻게 달라지고 있나」, 『경향신문』, 1974년 2월 25일.
「동사효성 영화화 정재수군 역전효진」, 『경향신문』, 1974년 3월 9일.
「아버지 구하다 함께 숨진 정재수군의 효행비 제막」, 『동아일보』, 1974년 6월 14일.
「상주 효자 정재수 기념관 발길 뚝」, 『대구신문』, 2014년 5월 12일.
권형진, 「박정희 정권의 아동정책 '읽어내기'」, 『입법정책』 2-2, 2008.

해당호 전체 정보

KC982-01 청와대 예방

상영시간 ㅣ 00분 46초

영상요약 ㅣ 박정희 대통령은 지난 7일 청와대에서 방한 중인 윌리엄 로저스 한미재단총재의 예방을 받고 환담했다. 이 자리에는 하지스 한미재단 한국 지부장이 배석했다.

KC982-02 김종필 총리 동정

상영시간 ㅣ 01분 26초

영상요약 ㅣ 리틀 엔젤스 예술학교가 신입생 입학식과 함께 개교하였다. 어린이 대공원 내에 위치한 이 학교는 중학교 과정의 교육을 하였다.

KC982-03 어머니의 날

상영시간 ㅣ 00분 38초

영상요약 ㅣ 1973년부터 명칭을 개칭하여 어버이날을 맞아 어머니상 시상식이 열렸다. 각 도의 추천에 따라 수상자가 선정되어 표창을 받았다.

KC982-04 주간지 윤리성에 관한 공청회

상영시간 ㅣ 00분 29초

영상요약 ㅣ 한국도서잡지윤리위원회는 서울시내 신문회관 강당에서 '주간지의 윤리성에 관한 공청회'를 연다. 이 공청회에는 국회문공위원 주간지 발행인 및 편집인과 언론여성 청소년 문화예술단체의 간부 등이 참석하였다. 이 공청회는 현행 법상 주간지의 저속 퇴폐적인 내용을 규제할 수 있는 근거가 거의 없고 법 적용에 있어서도 외설의 한계가 모호하기 때문에 단속이나 규제의 실효성이 없다는 이유로 제도적 보장책을 마련하기 위해 열렸다.

KC982-05 리틀 엔젤스 예술학교 준공

상영시간 ㅣ 01분 11초

영상요약 | 서울대공원 내에 위치한 리틀 엔젤스 예술학교 준공식이 열렸다. 김종필 국무 총리가 참석한 가운데 테이프 커팅, 기념사 등이 진행되었다.

KC982-06 정재수 어린이 효자탑 제막식
상영시간 | 00분 14초
영상요약 | 경북 사산초등학교에서 거행된 효자탑 제막식에 어린이들과 마을주민들이 참석하고 있다.

KC982-07 어린이날 행사
상영시간 | 01분 36초
영상요약 | 어린이날을 맞아 서울 운동장에서 벌어진 동아일보사 주최 '어린이날 경축대잔치'를 비롯한 각종 기념행사가 진행되었다. 마스게임, 경찰들의 행진 등 각종 문화행사가 행해졌다.

KC982-08 어린이날 구성(어린이 회관)
상영시간 | 00분 38초
영상요약 | 어린이날을 맞아 어린이 대공원 야외 음악당에서 당국 관계자들이 어린이들에게 상을 수여했다.

KC982-09 청소년 선도 캠페인
상영시간 | 01분 08초
영상요약 | 경찰, 서울시를 비롯한 한국 청소년 선도협의회가 주축이 되어 청소년 선도 캠페인을 벌였다.

KC982-10 치안국 발표
상영시간 | 00분 21초
영상요약 | 최석원 치안국장은 전국 주요도시에서 암약해온 고정간첩 29명과 이들을 지휘하기 위해 남파된 북괴의 거물 여간첩 채수정 등을 검거하였다. 이들 중에는 대학교수, 중·고등학교교사, 공화당원, 공무원, 회사원 등 사회 각계각층의 인사가 포함되었다.

KC982-11 　리차드 신부 설교

상영시간 ㅣ 00분 56초

영상요약 ㅣ 리처드 주교가 정원을 가꾸고 미사를 집전하는 모습이다.

KC982-12 　여수 종합 식품 공장 준공식

상영시간 ㅣ 01분 07초

영상요약 ㅣ 지난 2월 14일에 신축냉동실에서 발생한 화재로 전소된 여수식품공장이 새로
이 준공식을 가졌다.

KC982-13 　열관리 수료식

상영시간 ㅣ 00분 14초

영상요약 ㅣ 한국열관리협회는 제1기 1급 열관리사 연수교육을 오는 20일부터 국립공원표
준시험소 강당에서 실시하였다. 열관리법의 규정에 의해 1급 열관리사를 양성
해 실시되는 이번 연수교육에 백여 명이 응모하여 소정의 교육을 받게 되었
다.

KC982-14 　국제 사격대회

상영시간 ㅣ 01분 27초

영상요약 ㅣ 제1회 국제친선사격대회가 한국, 일본, 태국, 인도, 필리핀 등 5개국 43명의 선
수가 참석한 가운데 3, 4일간 태릉 국제사격장에서 열렸다.

KC982-15 　스포츠 사진전

상영시간 ㅣ 00분 34초

영상요약 ㅣ 스포츠 기록영화 및 사진만을 촬영, 제작해온 장점동 씨가 회갑을 맞아 스포
츠 반세기 사진전을 국립공보관에서 개최되었다.

KC982-16 　어머니 배구대회

상영시간 ㅣ 02분 14초

영상요약 ㅣ 카네이션컵쟁탈 제4회 어머니배구대회가 지난해 30대 우승팀인 부산남성여고
동창회 팀 등 16개 팀이 참가한 가운데 장충체육관에서 열렸다.

국립중앙도서관 개관 (1974년 12월 14일)

제작정보
출   처 : 대한뉴스KC 1013호
제 작 사 : 국립영화제작소
제 작 국 가 : 대한민국

영상정보
제 공 언 어 : 한국어
컬   러 : 컬러
사 운 드 : 무

영상요약

1974년 12월 2일에 옛 어린이회관으로 쓰이던 건물로 이전하여 개관한 국립중앙도서관을 김종필 국무총리가 둘러보고 있는 모습을 담은 영상이다.

내레이션

(내레이션 없음)

화면묘사

- 국립중앙도서관 내부를 둘러보는 김종필 국무총리와 일행
- 도서관에서 신문을 읽고 있는 사람들
- 국립중앙도서관에서 서울시내를 내려다 보고 있는 김종필 국무총리
- 새롭게 이전한 국립중앙도서관의 외관

연구해제

1974년 12월 2일, 옛 어린이회관으로 쓰이던 건물로 이전하여 개관한 국립중앙도서관을 김종필 국무총리가 류기춘 문교부장관의 안내로 둘러보고 있는 모습을 볼 수 있는 영상이다. 영상에서는 도서관 열람실에서 신문을 읽고 있는 사람들의 모습과 김종필 국무총리가 회의실을 둘러보고 남산에서 서울 중심가를 내려다보는 장면, 새롭게 이전한 국립중앙도서관 건물 외관을 볼 수 있다.

국립중앙도서관은 그동안 일제시기엔 「조선총독부직할도서관」, 1945년 「국립도서관」, 1963년 「국립중앙도서관」으로 이름이 여러 차례 바뀌었으나 1923년 설립 이후 소공동 현재 롯데호텔 서울 부지에 있던 건물을 계속 사용하였다. 그러나 늘어나는 소장장서와 도서관의 기능에 대한 문제가 나타나 이전문제가 제기되고 있었다.

국립중앙도서관 이전의 필요성이 가시화되자 도서관의 역할과 기능에 맞는 부지 선택에 대한 논쟁이 시작되었다. 우선 국립중앙도서관이 "나라의 과거부터 현재 문화의 총체를 대표하며 그 자체가 국력의 척도"라는 위상과, "정부 각행정부처의 실무에 관한 문헌 및 참고자료를 제공하고 국민 대중에 대한 교육적 학술적인 봉사업무를 수행하는 중요기관"이라는 역할을 가진다는 전제가 성립되고 논의가 진행되었다. 중앙대 도서관학과 정필모 교수는 "새로운 도서관 위치는 자유로운 이용의 편의를 위해 교통이 편리한 수도 서울 중심지에 두어야 하며, 중앙 각행정부처의 중앙지점에 두는 것이 가장 바

람직하고, 정신적인 활동에 적합한 주변 환경이어야 한다"고 주장하면서, 당시 관계당국이 이전후보지로 고려하는 여의도나 남산은 교통 상으로나 지형 상으로나 앞서 지적한 필수조건에 맞지 않아 적당치 않다고 반대했다.

그렇지만 1974년 7월 8일 문교부는 국립중앙도서관의 남산 어린이회관으로의 이전을 확정지었다. 문교부는 지난해 10월 이미 호텔롯데에 이전 국립중앙도서관 건물을 8억여 원에 매각하여 당해 7월까지 건물을 비워주기로 계약되어 있었다. 이후 국회에서 국회도서관과 국립중앙도서관을 통합해 여의도에 새 건물을 짓자는 의견이 나왔지만 결국 남산 어린이회관으로 이전을 확정했다. 이에 대해 문교부는 "임시이전이 아니라 정착"이라고 밝혔고 일부인사는 "국립중앙도서관을 시설구조가 맞지 않는 기존 건물로 옮기는 것은 도서관 존재를 얕잡아 생각한 것"이라고 불만을 표출했다.

1974년 이전한 국립중앙도서관(현재 서울특별시 교육정보연구원)은 대지 600평에 연건평 3,700평의 18층 건물로, 옛 건물에 비해 약 3.3배 크고 열람실도 291석에서 1152석으로 확대되었다. 또한 학문연구를 위한 시설도 늘어났는데 10개의 연구실(총 60석), 세미나실(64평), 한국학문헌실(24평. 32석) 등 개인문고실도 2배로 확장되었다. 그러나 이미 이에 대한 타당성 문제가 불거진 것처럼 이전한 건물이 소장 장서 관리 및 운영은 물론 자료실 설치에 이르기까지 도서관 기능에 맞지 않는다는 지적이 있었다. 더불어 가장 큰 문제는 교통 문제였다. 이전 당시 버스노선이 없어 택시를 이용하거나 가파른 길을 걸어 올라가야 하는 어려움이 있었다. 이 건물은 1987년 12월 30일 남산에서 서초구 반포동 소재 신축 건물로 국립중앙도서관이 이전하기까지 사용되었다.

참고문헌

「국립中央圖書館 移轉앞두고 관계자들 주장 "文化의 本山구실 할수있게 再建"」, 『경향신문』, 1974년 4월 4일.

「어린이會館은 大公園으로 옮겨 國立圖書館 移轉확정 남山 어린이會館」, 『동아일보』, 1974년 7월 8일.

「勉學의産室로 50餘年 移転될 国立圖書館 이모저모」, 『매일경제』, 1974년 7월 11일.

「새國立중앙圖書館 그문제점을 보면 규모 커졌지만 閱覽엔不便」, 『경향신문』, 1974년 12월 5일.

「金鍾泌国務總理 国立도서관시찰」,『매일경제』, 1974년 12월 11일.
국립중앙도서관,『국립중앙도서관 60년사』, 국립중앙도서관, 2006.

해당호 전체 정보

KC1013-01 제26회 세계 인권 선언 기념식

상영시간 ㅣ 01분 42초

영상요약 ㅣ 12월 10일 서울시내에 있는 삼일당에서 열린 제26회 세계인권선언일 기념식
영상이다. 수상자들에게 상을 전달하는 모습과 치사를 하고 있는 김종필 국무
총리의 모습 등이 담겨 있다.

KC1013-02 오페라 아리아의 밤

상영시간 ㅣ 03분 27초

영상요약 ㅣ 12월 10일 이화여자대학교 강당에서 한국방송공사 주최로 열린 오페라 아리
아의 밤 영상이다. 이 공연은 국립교향악단과 아카데믹 코랄의 협연으로 열렸
다.

KC1013-03 고 이승복 어린이 6주년 추념식

상영시간 ㅣ 01분 19초

영상요약 ㅣ 12월 9일에 한국반공연맹 국제회의장에서 열린 고 이승복 어린이 제6주기 추
념식 영상이다.

KC1013-04 세계 자동차 박람회

상영시간 ㅣ 00분 52초

영상요약 ㅣ 여러 회사의 자동차들이 전시되어 있는 국제자동차박람회장의 모습을 담은
영상이다.

KC1013-05 통일 정책 세미나

상영시간 ㅣ 00분 53초

영상요약 ㅣ 반도관광유스호스텔에서 열린 대정부문제 리더쉽 세미나 및 통일정책 세미나
영상이다.

KC1013-06 국립중앙도서관 개관

상영시간 ㅣ 00분 44초

영상요약 ㅣ 12월 2일에 옛 어린이회관으로 쓰이던 건물로 이전하여 개관한 국립중앙도서
관을 김종필 국무총리가 둘러보고 있는 모습을 담은 영상이다.

KC1013-07 새마을 성공 사례 강연회

상영시간 ㅣ 00분 48초

영상요약 ㅣ 10월 31일 마포구청에서 열린 새마을 성공사례 발표강연회로 추정되는 영상
이다. 주민 2,500여 명이 참석하여 새마을지도자들의 성공사례를 들었다.

KC1013-08 여성 반공 궐기대회

상영시간 ㅣ 01분 00초

영상요약 ㅣ 12월 6일 명동 예술극장에서 한국부인회 주최로 열린 여성들의 반공궐기대회
영상이다.

통일주체국민회의 (1975년 1월 18일)

제작정보

출   처 : 대한뉴스KC 1017호
제 작 사 : 국립영화제작소
제 작 국 가 : 대한민국

영상정보

제 공 언 어 : 한국어
컬   러 : 컬러
사 운 드 : 무

영상요약

1974년 12월 23일 통일주체국민회의 대의원들이 한 자리에 모인 제1차 회의에서 대통령을 선출하기 위한 투표를 진행하는 영상이다. 제8대 대통령으로는 박정희가 선출되었다.

(내레이션 없음)

화면묘사

- "의사일정"이 벽면에 붙어 있는 모습
- "외신기자 촬영대"라는 팻말이 걸린 곳에 수많은 외신기자들이 자리하고 있음
- "통일주체국민회의"라는 글이 쓰인 무대장치가 설치된 체육관 내부
- 투표용지를 받고 투표를 하고 있는 통일주체국민회의 대의원들
- 각 지역의 이름이 쓰인 투표함
- 투표함에서 투표용지를 꺼내어 개표를 진행하는 장면
- 각 방송사에서 투표 상황을 중계하고 있음
- 투표결과를 발표하는 의장
- 박수를 치고 있는 대의원들의 모습
- 커다랗게 "대통령후보자 박정희"라고 쓰인 종이가 대의원들이 앉은 자리 뒤로 붙어 있음

연구해제

이 영상은 1974년 12월 23일 시행된 통일주체국민회의 대의원들의 투표 장면과 이를 취재하는 기자들, 그리고 대통령 선출 결과를 발표하는 모습 등 통일주체국민회의의 대통령 선출 과정을 살펴볼 수 있는 장면들을 담고 있다.

통일주체국민회의는 1972년 12월에 공포된 유신헌법 제35조에 의거해 설치되었던 헌법기관으로 모든 국가기관의 정상으로 설정되어 있고, 통일정책에 관한 심의 결정, 대통령과 국회의원 선거, 헌법 개정 확정이라는 세 가지 권한을 갖고 있었다. 그러나 통일주체국민회의는 8년 동안 통일정책에 대한 심의 결정이나 헌법 개정을 확정한 적은 한번도 없었고, 두 차례 단일후보로 추천된 박정희를 대통령으로 선출했으며 세 차례 대통령이 추천한 국회의원 후보자들을 추인했을 뿐이다. 따라서 일반적으로 통일주체국

민회의는 헌법상 정의된 위상이나 권한과 달리 박정희의 대통령직 유지와 입법부 장악을 위한 도구였던 것으로 인식된다.

1973년부터 8년간 대의원의 활동을 살펴보면 통일주체국민회의는 단순히 유신체제 유지뿐 아니라 유신체제의 주체세력을 형성하는 기제로 국민들에게 유신체제의 정당성을 알리는 중요한 수단으로 작동하였다. 또한 통일주체국민회의는 중앙은 물론 지방 말단까지 인적 연결망을 지닌 전국적으로 단일한 조직체였다. 대의원들은 친정부적인 사업가나 새마을지도자 등 지역에서 영향력을 지닌 매우 친정부적인 사람들로 구성되었다. 각 시·도별로 홍보반원으로 위촉받은 대의원들은 통일안보연구회, 새마을연수, 통일안보 연수, 시·도정 보고회, 산업시찰에 참여하여 박정희 정권의 시책을 전달받고 이를 국민들에게 알리는데 동원되었다. 곧 박정희 정권의 유신체제를 상징하는 통일주체국민회의의 대의원의 주요역할이 일상적인 활동을 통해 유신체제의 정당성을 국민들에게 지속적으로 전파하는 것이었음을 알 수 있다. 통일주체국민회의 대의원을 대상으로 한 통일 안보 보고회의 모습은 대한뉴스 제1110-02호와 1163-03호에서 확인할 수 있다.

▌참고문헌

전재호, 「유신체제의 구조와 작동 기제」, 『유신과 반유신』, 민주화운동기념사업회, 2005.

해당호 전체 정보

KC1017-01 대통령 연두 기자회견

상영시간 ㅣ 10분 02초

영상요약 ㅣ 1월 14일 중앙청에서 진행된 박정희 대통령의 연두 기자회견 영상이다. 기자
회견 장면을 비롯해 사람들이 텔레비전을 통해 기자회견 장면을 보고 있는 모
습도 담겨 있다.

KC1017-02 대통령 연두 기자회견

상영시간 ㅣ 06분 57초

영상요약 ㅣ 1월 14일 중앙청에서 진행된 박정희 대통령의 연두 기자회견 영상이다.

KC1017-03 대통령 연두 기자회견

상영시간 ㅣ 07분 28초

영상요약 ㅣ 1월 14일 중앙청에서 진행된 박정희 대통령의 연두 기자회견 영상이다.

KC1017-04 김종필 총리 군부대 시찰

상영시간 ㅣ 05분 00초

영상요약 ㅣ 1월 9일부터 며칠간에 걸쳐 육·해·공군의 전후방 기지를 시찰한 김종필 국
무총리의 모습을 담은 영상이다. 공군, 육군, 해군의 각 부대를 방문하여 군인
들과 인사하고 훈련 모습을 참관하는 등의 모습들이 담겨 있다.

KC1017-05 전방부대 풍경

상영시간 ㅣ 02분 54초

영상요약 ㅣ 전방부대의 여러 모습들을 담은 영상이다. 탱크부대의 훈련 장면과 휴전선 부
근 순찰 장면 및 군인들의 여가생활 모습 등이 담겨 있다.

KC1017-06 명동성당

상영시간 ｜ 02분 01초

영상요약 ｜ 명동성당에서 미사가 진행되는 모습과 한 교회에서 기도하고 있는 모습을 담은 영상이다.

KC1017-07 경복궁

상영시간 ｜ 00분 50초

영상요약 ｜ 경복궁의 여러 모습을 담은 영상이다.

KC1017-08 북괴의 군사훈련

상영시간 ｜ 04분 02초

영상요약 ｜ 북한군의 군사훈련 장면이 담긴 영상이다. 전쟁으로 인해 주민들이 피신하는 모습과 북한 주민들의 일상생활 모습들도 섞여 있다.

KC1017-09 고려대학교

상영시간 ｜ 03분 22초

영상요약 ｜ 여러 대학교의 캠퍼스 모습과 도서관에서 공부 중인 학생들의 모습이 담긴 영상이다.

KC1017-10 경기여고 졸업식

상영시간 ｜ 02분 29초

영상요약 ｜ 경기여자고등학교로 추정되는 곳의 졸업식 모습을 담은 영상이다. 졸업식 장면과 졸업생들이 가족들과 기념촬영을 하고 있는 모습 등을 담고 있다.

KC1017-11 제1땅굴

상영시간 ｜ 06분 38초

영상요약 ｜ 1974년 11월 15일 비무장지대 내에서 발견된 제1땅굴의 여러 모습을 담은 영상이다. 땅굴 주변과 내부를 조사하는 여러 장면과 휴전선 너머 북한 땅의 모습 등을 보여주고 있다.

KC1017-12　남북 적십자 회담

상영시간 ｜ 01분 42초

영상요약 ｜ 남북조절위원회 위원장회의로 추정되는 영상이다. 이후락 남측 공동위원장과
　　　　　김영주 북측 공동위원장이 함께 자리하여 회의를 하는 모습이 담겨 있다.

KC1017-13　통일주체국민회의

상영시간 ｜ 03분 04초

영상요약 ｜ 1972년 12월 23일 통일주체국민회의 대의원들이 한 자리에 모인 제1차 회의에
　　　　　서 대통령을 선출하기 위한 투표를 진행하는 영상이다. 제8대 대통령으로는
　　　　　박정희가 선출되었다.

KC1017-14　현충사

상영시간 ｜ 01분 19초

영상요약 ｜ 현충사 경내의 여러 모습과 박정희 대통령 부부의 현충사 방문 장면이 담긴
　　　　　영상이다.

KC1017-15　체신행정 전진대회

상영시간 ｜ 01분 09초

영상요약 ｜ 1월 13일 체신공무원훈련소에서 열린 체신행정 전진대회 영상이다.

KC1017-16　남산 도서관

상영시간 ｜ 00분 41초

영상요약 ｜ 도서관에서 공부를 하고 책을 찾는 사람들의 모습과 남산도서관 앞에 줄 지어
　　　　　서 있는 사람들의 모습을 담은 영상이다.

KC1017-17　식생활 개선 촉진 서울특별시 지도자 대회

상영시간 ｜ 00분 48초

영상요약 ｜ 1월 9일 이화여고 유관순기념관에서 열린 식생활 개선 촉진 서울특별시 교육
　　　　　자 대회 영상이다. 이 대회에는 서울시내 각급 학교 교직원 대표 2,000명이 참
　　　　　석하였다.

KC1017-18 북괴 무장선 격침

상영시간 ㅣ 00분 43초

영상요약 ㅣ 1974년 12월 15일 서해에서 표류 중 발견된 북한 무장선박을 예인하는 장면을 담은 영상이다. 군 당국은 이 선박을 무장감시선으로 판단했다.

KC1017-19 판문점 군사 정전 회담

상영시간 ㅣ 00분 42초

영상요약 ㅣ 1974년 12월 20일 판문점에서 열린 군사정전위원회 제357차 본회의 장면으로 추정되는 영상이다. 이 본회의에서 남한 정부는 유엔군 수석대표를 통해 서해에서 예인된 선박을 북한으로 돌려주겠다는 의사를 북한 측에 전달하였다.

지학순 주교 (1975년 2월 22일)

제작정보

출　　　처	:	대한뉴스KC 1021호
제 작 사	:	국립영화제작소
제 작 국 가	:	대한민국

영상정보

제 공 언 어	:	한국어
컬　　　러	:	컬러
사 운 드	:	무

영상요약

1975년 2월 17일 구속 중이던 지학순 주교를 비롯한 피고인들이 2·15석방조치에 의해 서울구치소에서 석방되어 나오던 모습을 담은 영상이다. 약 700여 명의 사람들이 서울 구치소 앞을 지키고 있었으며, 석방된 사람들이 나올 때마다 열렬한 환영을 해 주는 모습들이 담겨 있다.

(내레이션 없음)

화면묘사

- 서울구치소 앞에 몰려 있는 많은 사람들과 기자들의 모습
- 밤 늦은 시각에도 많은 사람들이 서울구치소 앞을 지키고 있음
- 석방되어 나온 한 남성이 기자들과 인터뷰를 하고, 팔을 번쩍 치켜들면서 가는 장면
- 웃으며 서울구치소에서 나오는 석방자. 기자들과 인터뷰를 하고 사진촬영을 함
- 또 다른 석방자가 기자들과 인터뷰를 하는 모습
- 서울구치소에서 나온 석방자들이 밖에서 기다리던 사람들과 포옹을 하고 있음
- "총재 지학순 주교 만세", "민권의 기수 지학순 주교 만세 천주교 원주교구"라고 쓰인
  현수막을 들고 있는 사람들
- 석방되어 나오는 지학순 주교의 모습. 하얀 한복을 입고 있음
- 기다리고 있던 사람들이 지학순 주교를 열렬히 환영하는 여러 장면들
- 계속해서 서울구치소 밖으로 나오는 석방자들의 모습

연구해제

  1975년 2월에 제작된 이 영상은 다소 긴 4분 13초 동안 박정희 정부의 2·15 석방조치
로 출감하는 긴급조치 위반자들의 모습을 담고 있다. 특히 여기에는 지학순 천주교 원
주교구장의 출감 장면이 담겨져 있는데, 이를 취재하기 위해 걸음을 뗄 수 없을 정도로
몰려든 많은 기자들과 출소를 환영하는 많은 인파를 볼 수 있다.

  박정희 정부는 1974년 재야인사들과 야당이 유신헌법에 대한 개헌추진운동을 재개하
자 유신헌법 찬반 국민투표를 실시했다. 그러나 국민투표는 1975년 2월 12일 비상계엄
령하에서 찬반토론도 허용되지 않은 강압적인 상태로 치러졌고, 결과는 국민들의 압도
적 찬성이었다. 국민투표 결과에 고무된 박정희 정부는 1975년 2월 15일 긴급조치 위반
구속자들을 석방하는 등 유화조치를 취했다. 이 영상은 비록 상영되진 않았지만 바로

이날 민주화운동을 한 학생과 재야인사, 종교계 인사들이 새벽 어스름 속에서 서울구치소에서 퇴소하는 모습을 편집 없이 담고 있는 귀한 영상이라 하겠다.

당시 천주교 원주교구 주교였던 지학순은 1921년 평안남도 중화군에서 출생해서 1950년 월남했다. 그리고 6·25전쟁 중인 1952년 사제서품을 받았고, 1968년 천주교 원주교구의 초대 교구장이 되었다. 그는 1974년 7월 6일, 반정부시위를 주모한 협의를 받고 있던 김지하 시인에게 자금을 제공하였다는 협의로 외국에서 돌아오는 공항에서 연행되어 구금되었다. 같은 해 10월에는 민청학련사건의 배후 지원자 중 한 사람으로 몰려 투옥되었는데, 이를 계기로 천주교 민주화운동의 핵심주역인 천주교정의구현전국사제단이 출범하였다. 지학순은 석방 후에도 에큐메니컬운동 단체인 '한국교회사회선교협의회' 회장으로 활동하는 등 인권옹호에 적극 나섬으로써 한국 민주화의 지주로서 많은 이들에게 영향을 끼쳤다.

▌ 참고문헌

민주화운동기념사업회 연구소, 『한국민주화운동사』 2, 돌베개, 2009.

해당호 전체 정보

KC1021-01 국일관 화재사건

상영시간 ㅣ 02분 09초

영상요약 ㅣ 2월 18일 국일관에서 발생한 화재사건 관련 영상이다. 이 불은 국일관을 비롯하여 인근 목조함석건물 400여 평을 태운 후 약 1시간 20분만에 진화됐으며, 인명피해는 없었다.

KC1021-02 지학순 주교

상영시간 ㅣ 04분 13초

영상요약 ㅣ 1975년 2월 17일 구속 중이던 지학순 주교를 비롯한 피고인들이 2·15석방조치에 의해 서울구치소에서 석방되어 나오던 모습을 담은 영상이다. 약 700여 명의 사람들이 서울구치소 앞을 지키고 있었으며, 석방된 사람들이 나올 때마다 열렬한 환영을 해 주는 모습들이 담겨 있다.

KC1021-03 대성동 국민학교 졸업식(7회)

상영시간 ㅣ 02분 01초

영상요약 ㅣ 대성동 자유의 마을에 있는 대성동초등학교의 졸업식 영상이다. 졸업식 모습과 마을의 전경 등이 담겨 있다.

KC1021-04 메이크업 강연회

상영시간 ㅣ 01분 06초

영상요약 ㅣ 2월 18일에 태평양화학 주최로 열린 75년 봄 메이크업 발표회 영상이다. 강연 장면과 직접 메이크업을 시연하는 장면 등을 담고 있다.

희망의 날 대향연(통일교 종교행사) (1975년 8월 23일)

제작정보

출   처 : 대한뉴스KC 1045호
제 작 사 : 국립영화제작소
제 작 국 가 : 대한민국

영상정보

제 공 언 어 : 한국어
컬   러 : 컬러
사 운 드 : 무

영상요약

1975년 4월 14일부터 16일까지 통일교 주최로 서울 장충체육관에서 열린 "희망의 날 대향연" 공연 실황을 보여주는 영상이다.

█ 내레이션

(내레이션 없음)

█ 화면묘사

- 많은 관객들이 관람하는 가운데 "희망의 날 대향연" 문구가 보이는 무대에서 공연하는 무용단과 합창단 단원들

█ 연구해제

이 영상은 1975년 4월 14일 서울 장충체육관에서 개최된 세계기독교 통일신령협회(통칭 통일교회)의 「희망의 날」 한국만찬회 장면을 담고 있는데, 대한뉴스로는 상영되지 않은 영상이다. 영상에서는 한복을 입은 여성들이 무대에서 강강수월래를 하는 장면, 행사장 무대에 "희망의 날 대향연"이라고 쓰여 있는 글씨와 참석한 수많은 사람들의 모습을 볼 수 있다.

통일교는 1954년 문선명(文鮮明)이 창설한 종교단체로, 신흥종교냐, 기독교의 이단이냐, 아니면 사이비 종교냐에 대해서는 논란의 여지가 많았는데, 그동안 통일교에 대해 비판과 냉담한 반응을 보였던 인사들이 이처럼 만찬에 대거 참석하여 대조적인 인상을 주었다.

이날 행사는 한국에서 처음 진행된 문선명의 공개강연이 있을 예정임이 크게 홍보되었다. 그래서 국내 기독교의 기성교단들은 통일교가 유신정권에 대한 반정부세력의 인권과 민주회복을 강력하게 주장하고 있는 시기적인 이점을 이용하여 교세확장을 하려고 한다고 보았고, 언론에서도 통일교가 이 행사를 계기로 활발한 국내활동이 예상된다고 예측하였다. 그러나 문선명은 자신의 국외활동과 종교관만을 얘기했다.

이전 해에는 미국에서 행해지고 있는 통일교의 강력한 선교활동이 화제가 된 적이 있었다. 1974년 10월 15일 워싱턴의 힐튼호텔에서 문선명이 주최한 만찬회에 사회 인사 3,000여 명이 참석했던 것이다. 다음날인 16일 밤에는 컨스티튜션 홀에서 열린 「희망의 날」 강연에는 4,000여 명이 문선명의 설교를 듣기 위해 모였고, 9월 18일 뉴욕 메디슨스

퀘어가든에서 열린 강연회에는 20,000여 명이 모였다. 더불어 한국에서도 1974년 11월 23일자 신문 1면 광고란에 국내 각 대학교수 100명이 연서한 통일교회 활동에 대한 지지성명서가 실려 교계와 학계에서 논란이 되었다.

▌ 참고문헌

「熱狂과批判의 소용돌이속 美서선풍일으키는統一敎」, 『동아일보』, 1974년 10월 19일.
「統一敎會활동 지지聲明광고 파문」, 『경향신문』, 1974년 11월 26일.
「物量作戰의 '대향연'」, 『동아일보』, 1975년 4월 17일.
「統一교회 '희망의 날 대향연'으로 敎勢과시」, 『경향신문』, 1975년 4월 18일.

해당호 전체 정보

KC1045-01 종합 학술회의

상영시간 ㅣ 00분 48초

영상요약 ㅣ 1975년 8월 11일 학술원 주최로 서울 무역회관에서 열린 광복30주년기념 종합 학술회의 개막식에서 이병도 학술원회장과 유기춘 문교부장관이 연설하는 모습을 보여주는 영상이다.

KC1045-02 제2회 조국순례 대행진

상영시간 ㅣ 01분 05초

영상요약 ㅣ 1975년 8월 11일 유기춘 문교부장관 참석하에 열린 제2회 조국순례대행진 발대식과 기념비 제막식 등을 보여주는 영상이다.

KC1045-03 조국 방문단

상영시간 ㅣ 01분 01초

영상요약 ㅣ 1975년 8월 12일 조총련계 전향자 재일교포로 구성된 재일본대한민국거류민단 효고지구 모국방문단 일행이 기자회견을 하는 장면과 더불어 이들 일행이 고궁과 박물관 등을 구경하는 모습을 보여주는 영상이다.

KC1045-04 새마을 교육

상영시간 ㅣ 01분 14초

영상요약 ㅣ 1975년 8월 17일부터 23일까지 수원 새마을지도자연수원에서 정계·학계 및 언론·종교·문화예술계 주요인사 105명을 대상으로 실시한 제1차 새마을 교육 모습을 비롯하여 다양한 새마을 교육 장면을 보여주는 영상이다.

KC1045-05 한일 친선협회 총회

상영시간 ㅣ 00분 58초

영상요약 ㅣ 이병희 무임소장관이 일본을 방문하여 여러 인사들과 악수를 하는 모습, 한일 친선협회 총회로 추정되는 대회장에서 한 내빈이 연설하는 모습 등을 보여주는 영상이다.

KC1045-06   희망의 날 대향연(통일교 종교행사)

상영시간 ㅣ 00분 32초

영상요약 ㅣ 1975년 4월 14일부터 16일까지 통일교 주최로 서울 장충체육관에서 열린 '희
망의 날 대향연' 공연 실황을 보여주는 영상이다.

새마을가족계획 캠페인 (1976년 11월 8일)

제작정보

출　　　처 ： 대한뉴스KC 1107호

제 작 사 ： 국립영화제작소

제 작 국 가 ： 대한민국

영상정보

제 공 언 어 ： 한국어

컬　　러 ： 컬러

사 운 드 ： 무

포항 시내 거리에서 가족계획 관련 캠페인을 벌이는 보건 관계자들 및 시가를 행진하는
가족계획사업 관계자들의 모습을 보여주는 영상이다.

내레이션

(내레이션 없음)

화면묘사

- 시내 인도에 "가족계획상담소 포항시보건소" 팻말이 보이는 간이 상담소에서 보건 관
  계자들이 시민들을 상대로 상담을 하는 모습
- "가족계획어머니회" 띠를 두른 인사들이 거리의 시민들에게 유인물을 나누어 주는 장
  면
- 가족계획사업 관계자들이 "인구증가억제하여어린이를보호하자" 등의 문구가 적힌 현
  수막과 팻말을 들고 시가지를 행진하는 장면들

연구해제

  이 영상은 새마을가족계획 캠페인에 관련한 자료이다. 영상에는 포항 시내 거리에서
가족계획 관련 캠페인을 벌이는 보건 관계자들과 시가를 행진하는 가족계획사업 관계
자들의 모습을 볼 수 있다. 좀 더 자세히 보면, 시내 인도에 "가족계획상담소 포항시 보
건소" 팻말이 부착된 간이상담소에서 보건관계자들이 시민들을 상대로 상담하는 모습,
"가족계획어머니회" 띠를 두른 인사들이 거리의 시민들에게 유인물을 나눠주는 장면,
가족계획사업 관계자들이 "인구증가 억제하여 어린이를 보호하자" 등의 문구가 적힌 현
수막과 팻말을 들고 시가지를 행진하는 장면들이 있다.
  가족계획사업은 박정희 정권의 경제개발 5개년계획의 일환으로 실시되었다. 이 사업
은 경제성장의 장애요인으로 규정된 인구성장을 미리 억제함으로써 '조국 근대화'를 앞

당기기 위한 것이었다. 이를 위해 정부는 인구억제라는 국가적 목표를 달성하기 위해 목표치를 할당하고 독려하는 방식을 실시했는데, 실제 사업의 추진은 가족계획어머니회 등의 민간단체를 통해 주로 진행되었다.

가족계획어머니회의 조직은 대한가족계획협회 이사장이던 양재모가 미국 인구협회로부터 초기 조직 비용으로 미국국제개발처(USAID: United States Agency for International Developement)의 자금 22만 8,000달러를 지원받으면서 시작되었다. 대한가족계획협회는 어머니회 조직에 앞서 전국 139개 군에 한 명씩 총 139명의 군 간사를 선발하여 2주간의 합숙훈련 후 1968년 5월에 각 군으로 배치했고, 전국 읍·면 가족계획 요원을 대상으로 가족계획어머니회의 의의와 접근방법에 관한 교육을 실시하였다. 이후 서울과 부산을 제외한 전국 9개도에서 1968년 5월부터 약 2개월 반에 걸쳐 전국적으로 16,868개의 가족계획어머니회가 만들어졌다. 가족계획어머니회는 1977년 새마을부녀회로 통합되었는데, 통합 직전인 1976년에는 전국 27,292개 조직에 749,647명의 회원을 확보하고 있었다.

가족계획어머니회의 직접적인 목적은 가족계획을 널리 보급토록 하는 것이었다. 하지만 1968년 당시 가족계획이란 금기시되는 주제여서 여성들도 가족조차 모르게 실천해야 하는 것이 문제였다. 따라서 이 조직은 이처럼 "사회적 소수집단의 위치"에 "사회적 정당성을 강화해 주기 위해서" "실천자들을 단합시킬 필요가 절실"했던 여성들을 위해, 그러나 그 동기를 표면에 내세우기 어려우므로 "여성의 자질향상, 지역사회 발전을 위한 공동노력, 가계소득 향상 등을 표방"하였다. 그러나 실질적으로는 이 조직을 피임약의 정기적인 보급망으로 이용함과 동시에 그 복용일을 기억하기 어려운 점을 상호 독려로 보충하도록 하는 역할도 하였다.

1976년 시점에는 가족계획에 대한 대중의식도 변화되었던 것으로 보인다. 같은 해 11월 2일 국회 보사위에서 한영수 의원(신민)이 "가족계획 시술사업은 길거리에서 할 것이 아니라 은밀히 해야 할 것이 아니냐"고 묻자 신현확 보사장관은 "가족계획요원에게 물어보았더니 선생 같은 사람은 한 세대 지났다"면서 "요즘 젊은 사람들은 길거리에서 간단히 물어보고 시술을 받는다고 하더라"고 대답했다. 이러한 의식 변화를 이 영상에서 확인할 수 있는데 거리에서 가족계획 상담과 캠페인 활동이 자연스럽게 이뤄지는 모습이 바로 그것이다.

참고문헌

「"家族계획사업은 은밀히…"」, 『경향신문』, 1976년 11월 3일.

「「家族計劃」15년의 발자취」, 『매일경제』, 1976년 11월 25일.

「大韓家族計劃協會 創立15주년紀念式」, 『동아일보』, 1976년 11월 25일.

김홍주, 「한국 사회의 근대화 기획과 가족정치 : 가족계획사업을 중심으로」, 『한국인구
학』 25-1, 한국인구학회, 2002.

배은경, 「가족계획사업과 여성의 몸 — 1960~70년대 출산조절보급과정을 통해본 여성과
'근대'」, 『사회와 역사』 67, 2005.

조은주, 「인구와 통치 : 한국의 가족계획 사업」, 연세대학교 박사학위논문, 2012.

해당호 전체 정보

KC1107-01 적십자 기념
상영시간 | 00분 54초
영상요약 | 1976년 10월 27일 대한적십자사 서울지사 문화관에서 열린 대한적십자사 창립
71주년 기념식에서 최규하 국무총리가 유공자에게 표창하는 장면 및 정일권
국회의장이 연설하는 모습을 보여주는 영상이다.

KC1107-02 세계 아동 미술 전시회
상영시간 | 00분 53초
영상요약 | 1976년 10월 29일 서울 어린이회관 무지개극장에서 열린 제18회 세계아동미술
전람회 개막식에 참석한 박근혜 양이 어린이들의 미술작품을 관람하는 모습
을 보여주는 영상이다.

KC1107-03 육사 30주년 모교 방문
상영시간 | 02분 05초
영상요약 | 육군사관학교 졸업생들의 임관 30주년 기념 모교방문으로 추정되는 행사에서
유재흥 대한석유공사사장 등의 내빈들이 사관생도들의 분열을 관람하고 학교
시설을 둘러보는 장면을 보여주는 영상이다.

KC1107-04 전자 전람회
상영시간 | 01분 03초
영상요약 | 한국부인회 주최로 1976년 11월 2일부터 11일까지 가고파백화점에서 열린 가
정전기용품전시회에서 내빈들이 개막 테이프를 끊고 전시회를 둘러보는 모습
을 보여주는 영상이다.

KC1107-05 대동 유화공장 준공식
상영시간 | 00분 40초
영상요약 | 1976년 10월 27일 울산석유화학단지에서 열린 무수마레인산울산공장 준공식

과 공장의 여러 모습들을 보여주는 영상이다.

KC1107-06 제4회 강원도 산주대회
상영시간 ｜ 00분 10초
영상요약 ｜ 1976년 11월 1일 춘천시민회관에서 열린 제4회 강원도 산주대회에서 내빈들이
전시품을 관람하는 모습을 보여주는 영상이다.

KC1107-07 정립회관 개관기념
상영시간 ｜ 00분 57초
영상요약 ｜ 1976년 11월 1일 정립회관에서 열린 한국소아마비협회 창립 10주년 및 정립회
관 개관 1주년 기념식에서 박근혜 양이 축사를 하고 수영대회를 참관하는 모
습을 보여주는 영상이다.

KC1107-08 국전 시상식
상영시간 ｜ 00분 35초
영상요약 ｜ 1976년 11월 4일 국립극장 소극장에서 열린 제25회 가을 국전 시상식에서 김성
진 문화공보부장관이 수상자들에게 상장을 수여하는 모습을 보여주는 영상이다.

KC1107-09 무궁화호 포항 입항
상영시간 ｜ 00분 38초
영상요약 ｜ 항구 부두에서 화물차를 선박에 싣는 모습을 보여주는 영상이다.

KC1107-10 새마을가족계획 캠페인
상영시간 ｜ 00분 59초
영상요약 ｜ 포항 시내 거리에서 가족계획 관련 캠페인을 벌이는 보건 관계자들 및 시가를
행진하는 가족계획사업 관계자들의 모습을 보여주는 영상이다.

KC1107-11 도자기 발굴
상영시간 ｜ 01분 00초
영상요약 ｜ 1976년 11월 1일 신안 앞바다 해저에서 발견, 인양된 도자기들의 모습을 보여
주는 영상이다.

성수대교 착공 (1977년 4월 25일)

제작정보

출   처 : 대한뉴스KC 1131호
제 작 사 : 국립영화제작소
제작국가 : 대한민국

영상정보

제공언어 : 한국어
컬   러 : 컬러
사 운 드 : 유

영상요약

서울시가 성수대로 건설공사의 제2공구인 성수대교 및 연결입체도로 건설공사를 착공하여 착공식이 진행되었다.

내레이션

(내레이션 없음)

화면묘사

- 성수대교 계획도의 모습
- 설명을 하는 관계자와 우산을 쓰고 이를 듣고 있는 관계자들의 모습
- 발파식을 진행하는 관계자들의 모습
- 한강에서 연기가 피어오르는 모습
- 관계자들이 공사가 진행될 부지를 둘러보는 모습
- 불도저가 지나가고 있는 모습

연구해제

이 영상은 한강을 남북으로 잇는 11번째 다리인 성수대교의 착공식을 보여주고 있다. 한강을 가로질러 서울 성동구 성수동과 강남구 압구정동을 연결하는 성수대교는 1977년 4월 15일 착공에 들어가 1979년 10월에 완공되었다. 너비 19.4m, 길이 1,160m의 왕복4차선 도로를 갖춰 당시 한강 다리 중 가장 길며, 국내 최초 철강재 트러스 교량으로 주목받았다. 총공사비로는 116억 원이 투여됐다.

그러나 당시는 소위 압축경제 성장기로서 사회기반시설을 정밀하게 시공하는 것보다 적기에 공급하는 것이 중요시되었다. 수단과 방법보다는 목적과 결과가, 기술적 타당성보다는 정치적 이용가치가 우선시되었고, 기술자들 역시 그런 위정자들의 논리에 보조를 맞추어 건설공사의 부실이 잇따랐다. 문제는 성수대교가 그 대표적 사례였다는 점이

다. 이는 1994년 10월 21일 성수대교 교량 붕괴사고로 여실히 드러났다. 32명이 목숨을 잃었고, 국민들은 큰 충격에 빠졌다. 원인은 역시 부실용접, 균열발생, 볼트 연결부위의 결함 등 공사 당시의 총체적인 부실에 있었다. 그 후 2년 8개월 후인 1997년 7월 3일 성수대교는 새로이 복구되었으나, 성수대교 붕괴는 압축성장의 부정적 면을 폭로하는 대표적 사례로서 강렬히 기억되고 있다.

▌ 참고문헌

「성수대교와 진입로 착공」, 『동아일보』, 1977년 4월 15일..
「성수대교 개통 한강 11번째다리」, 『경향신문』, 1979년 10월 16일.
김영걸, 「성수대교 붕괴에서 복구, 개통까지」, 『대한토목학회지』 45-7, 1997.

해당호 전체 정보

KC1131-01 학생 체육관 준공 연극 영화상 시상식
상영시간 ㅣ 02분 13초
영상요약 ㅣ 서울시 학생체육관이 강남구 신청동에 건설돼 개관되었다. 이는 착공 4년 5개
월만에 개관된 것이다. 시민회관별관에서 제13회 한국 연극, 영화예술상 시상
식이 진행되었다.

KC1131-02 성수대교 착공
상영시간 ㅣ 01분 10초
영상요약 ㅣ 서울시가 성수대로 건설공사의 제2공구인 성수대교 및 연결입체도로 건설공
사를 착공하여 착공식이 진행되었다.

KC1131-03 제10회 과학의 날
상영시간 ㅣ 01분 16초
영상요약 ㅣ 제10회 과학의 날을 기념하는 기념식이 최규하 국무총리를 비롯 과학계, 산업
계 인사 등 450여 명이 참석한 가운데 과학기술연구소 강당에서 열렸다.

KC1131-04 부활절 기도회
상영시간 ㅣ 01분 59초
영상요약 ㅣ 부활절을 맞아 기독교 신자들이 여의도 광장에서 새벽예배를 드리는 모습을
담은 영상이다.

KC1131-05 창경원, 벚꽃, 춘경
상영시간 ㅣ 00분 58초
영상요약 ㅣ 벚꽃이 만개한 창경원을 찾은 시민들의 모습을 담고 있는 영상이다.

KC1131-06   종합 학술 대회

상영시간 ∣ 00분 54초

영상요약 ∣ 국내외 한국과학기술자 종합학술대회가 한국과학기술단체총연합회와 재구한
국과학기술자연합회 공동주최로 한국과학기술연구소에서 열렸다.

KC1131-07   4H 경진대회 시상식

상영시간 ∣ 00분 34초

영상요약 ∣ 제22회 새마을 4H구락부 중앙경진대회가 수원에 있는 서울대 농대 강당에서
전국 4H지도자 및 우수부원 등 1,000여 명이 참석한 가운데 개막되었다.

청와대 도청 규탄대회 (1978년 4월 28일)

제작정보

출   처 : 대한뉴스KC 1182호
제 작 사 : 국립영화제작소
제 작 국 가 : 대한민국

영상정보

제 공 언 어 : 한국어
컬   러 : 컬러
사 운 드 : 무

영상요약

대한노인회 인천시지부 산하 1천여 명의 노인들이 인천자유공원 맥아더장군 동상 앞 광장에 모여 미국기관의 청와대도청사건을 규탄하는 궐기대회를 가졌다. 이 외에도 전국 곳곳에서 청와대도청사건을 규탄하는 궐기대회가 열렸다.

내레이션

(내레이션 없음)

화면묘사

- 광화문 광장을 행진하는 화학노조의 모습
- 판넬을 들고 행진하는 화학노조의 모습. 판넬 문구 "한국은 동아시아의 미국의 반…
  주권침해가 웬말이냐!", "우방원수의 안방 도청묵인이 도덕외교냐! 한국노총"
- 구호를 외치는 노조들의 모습
- 궐기대회를 위해 모여있는 대한노인회 회원들의 모습
- 구호를 외치는 대한노인회 회원들의 모습
- 행진을 하는 대한노인회 회원들의 모습
- 경찰의 제지를 받는 사람들의 모습
- 판넬을 들고 궐기대회를 진행하는 대한노인회의 모습
- 현수막 문구 "청와대 도청사건 규탄 성토대회". 미국의 도청사건을 비난하는 내용의
  피켓을 든 사람들의 모습
- 피켓을 든 여성들의 모습. 피켓 문구 "양국의 우의 없이는 공산주의와 싸울수없다"
- 미국을 비난하는 내용의 피켓을 들고 구호를 외치는 여성들의 모습
- 만세를 부르는 여성들의 모습
- 행진을 하는 화학노조 등 시민들의 모습

연구해제

　이 영상은 1978년 미국정부의 한국 청와대도청사건에 대한 각계 시위모습을 담고 있다. 유신체제하에서 정부 주도의 관제시위와 국민들의 반미시위 사이 그 어딘가에 있었던 1978년 4월의 거리모습을 영상에서 발견할 수 있다. 미국의 청와대 도청 소동은 1976년에 시작되었다. 1976년 10월『워싱턴포스트』는 "1970년 미 정보기관이 전자도청 녹음기 등을 이용하여 청와대에서 미국 의회를 상대로 한 로비활동 관련회의를 했다는 첩보를

입수했다"고 보도했다. 이에 국무총리와 외무부장관은 주한 미국대사를 불러 조속한 공개해명을 촉구했고, 미국정부는 논평하지 않다가 두 달 만에 비공식적으로 도청사실을 부정하며 진화에 나섰다. 그런데 1977년 6월, 『뉴욕타임즈』가 청와대 도청이 1970년이 아닌 1975년부터였다고 보도하면서 이 사건은 다시 화제가 되었다. 박정희 정부는 미국 정부에 도청하지 않았다는 사실을 문서로 확인해줄 것을 요청했고, 터너 CIA국장이 청와대 도청 관련 보도가 사실이 아니라고 공식 해명하였다. 1978년 4월 3일에는 전 주한 미국대사였던 포터가 CBS에 출연하여 1967년 이전에는 도청했으나 자신이 그만두도록 명령했다고 밝혔다. 그러나 그의 발언은 오히려 1967년 이전의 도청, 1970년 도청, 1975년 도청 등 총 3회 이상의 도청이 있었다는 의구심을 불러일으켰다. 박정희 정부는 도청이 사실이라면 이는 주권침해의 중대한 문제라며 미국에 강력하게 항의하였고, 미국정부는 터너 국장이 공식 해명했다면서 이 사건을 무마하고자 했다.

이 영상의 시위장면들은 이러한 배경하에서 전개된 반미시위를 보여준다. 한국노총은 11일 10시 여의도 한국노총 앞뜰에서 미국정보기관의 청와대도청사건 진상규명을 요구하는 규탄대회를 가졌다. 대한상이군경회도 같은 시간 중앙원호회관에서 정기총회를 열고 미국의 청와대 도청을 규탄했다. 이밖에도 수도여고 등 11개 남녀 고교에서 청와대도청사건을 '중대한 주권침해'라면서 규탄했고, 4·19회 등 각종 사회단체들이 미국 규탄집회를 가졌다. 이러한 분위기는 지방으로 확산되어 대전에서는 재향군인회 충남지회 산하 회원과 대전고등학교 학생들이 각각 규탄시위를 벌이기도 했다. 이 영상에서 보이듯이 종로구 미 대사관 앞에서 미국 정보기관을 규탄하는 화학노조원 200여 명, 석유노조 100여 명의 시위도 전개되었다.

이 같은 반미시위는 대개 자주국방의 결의를 다지며 방위성금을 내는 행사로 마무리되었다. 국회도 동참하여 국회 외무위원회는 미국정부의 해명과 재발방지를 요구하는 성명을 채택하였다. 마침내 4월 18일 미국 카터 대통령은 주한미국대사를 통하여 한국 정부에 서한을 전달하였다. 이 서한에서 미국정부는 도청 사실이 없음을 거듭 해명하고 전직 공직자의 발언이 대한민국 정부에 누를 끼친 데 대해 유감을 표명했다. 정부는 이 서한을 받아들였고, 마치 약속한 듯 전국의 반미시위는 일제히 막을 내렸다. 1970년대 중반 박정희 정부와 미국정부는 주한미군 문제, 인권문제, 코리아게이트 등으로 껄끄러운 관계에 있었다. 청와대 도청사건은 박정희 정부의 입장에서 미국정부를 궁지로 몰 수 있는 호재였다. 4월 11일 촬영된 것으로 보이는 이 영상이 〈대한뉴스〉 제1182호(4월

28일자)에서 공개되지 않은 까닭은 4월 18일 이후 한미 간 갈등관계가 소강상태에 접어들었기 때문인 것으로 보인다.

▌ 참고문헌

「대전서도 시위, 미 도청 규탄 전국확대」, 『경향신문』, 1978년 4월 11일.
김정인, 「도청의 추억」, 『월간 참여사회』 12, 2013.

해당호 전체 정보

KC1182-01 청와대 도청 규탄대회

상영시간 ㅣ 01분 42초

영상요약 ㅣ 대한노인회 인천시지부 산하 1천여 명의 노인들이 인천자유공원 맥아더장군 동상 앞 광장에 모여 미국기관의 청와대도청사건을 규탄하는 궐기대회를 가졌다. 이 외에도 전국 곳곳에서 청와대도청사건을 규탄하는 궐기대회가 열렸다.

KC1182-02 라이온스 화재 현장

상영시간 ㅣ 00분 57초

영상요약 ㅣ 1978년 4월 16일 라이온스호텔 3층 사우나 휴게실에서 불이나 구관3층과 신관 4층을 모두 태우고 1시간 30분만에 진화됐다.

KC1182-03 세종문화 회관 분수

상영시간 ㅣ 00분 47초

영상요약 ㅣ 세종문화회관 광장 앞에 있는 분수의 모습을 담고 있는 영상이다.

노력동원 모내기 (1978년 6월 16일)

제작정보

출   처 : 대한뉴스KC 1189호
제 작 사 : 국립영화제작소
제 작 국 가 : 대한민국

영상정보

제 공 언 어 : 한국어
컬   러 : 컬러
사 운 드 : 무

영상요약

전국적으로 모내기 총동원령이 내려져 온 국민이 모내기에 총력을 다하고 있는 사회 분위기 속에서 공무원들이 모내기 작업에 파견된 모습을 담은 영상이다.

(내레이션 없음)

■ 화면묘사

- 기계를 이용해 논을 고르는 주민의 모습
- 모가 심어져 있는 논의 모습
- 일렬로 서서 모를 심는 사람들의 모습
- 여기저기 농기구들과 지푸라기가 널려져 있는 모습
- 기계를 이용해 모를 심는 모습
- 하늘색 유니폼을 입은 사람들이 모를 심고 있음
- 현수막 문구 "익산군청노력봉사단"
- 표지판 문구 "충청남도 천원군"
- 모를 심고 있는 농민들의 모습
- 모를 심는 농민들의 모습 클로즈업
- 모를 들고 웃고 있는 농민의 모습
- 새참을 먹는 농민들의 모습
- 줄에 맞추어 모를 심는 농민들의 모습

■ 연구해제

  이 영상은 1978년 6월 13일에 전개된 익산군청 노력봉사단의 모내기와 충청남도 천원군의 모내기 장면을 담고 있다. 이들 모내기 장면은 농민뿐만 아니라 관공서 직원 등과 같이 농민 외 구성원이 참여하고 있다는 점이 특징이다. 이는 당시 농수산부에서 전개한 '모내기 일손돕기'의 일환이었다.

  1960년대 농림부가 지속적으로 추진한 정책은 식량증산과 농가소득증대였다. 이에 따라 제1차 경제개발계획 기간(1962~66)에는 수리사업 등 토지기반조성 및 영농의 다각화 정책이 집중적으로 추진되었다. 제2차 경제개발계획(1967~71)에는 1차 소득증대특별

사업이 함께 진행되었는데, 1974년부터는 새마을운동의 사업 중 하나로 전환되었다. 농업소득은 쌀·보리·과실·채소·특용작물 등을 포함한 경종작물 생산을 비롯하여 축산·양잠생산 등 농가의 모든 농업경영활동에서 얻은 소득의 합을 포함한다. 따라서 농업소득의 향상은 식량증산과 소득증대특별사업에 의해 가능하다고 볼 수 있다. 식량증산을 위해 정부가 추진한 사업은 토지기반사업, 통일벼 보급, 농약과 비료의 사용 확대, 이중 곡가제의 실시 등으로 요약할 수 있다. 이와 함께 정부는 이모작을 권장하며 가을보리 등 각종 가을곡식 파종을 적극적으로 권고했다. 이에 모내기 시기와 가을곡식 파종시기가 겹쳐 노동력 부족현상이 심각하게 지적되었던 것이다. 게다가 모내기를 할 수 있는 기계보급도 충분치 않은 상황에서 일일이 사람의 손을 거쳐야 하는 상황은 노동력 부족 문제를 더욱 심화시켰다. 정부는 이 문제를 영상에서 볼 수 있듯이 부락별 공동작업이나 행정기관, 각 사회단체, 학교 그리고 가능하다면 후방 군장병까지도 동원하는 방식으로 해결하고자 하였다. 식량의 자급자족과 증산의 목표를 달성하기 위해서는 보리베기와 모내기에 차질이 없도록 해야 할 것이라는 점이 강조되기도 했다.

이와 함께 이촌향도에 의한 노동력 이출도 한 원인으로 작용하였다. 1960년대 이후 도시 산업부분이 급속하게 성장하면서 농촌인구가 대거 도시로 빠져나갔는데, 이는 농촌생산방식의 변화에도 영향을 미쳤다. 특히 1970년대 말에 들어서는 전국적으로 임금이 30~50%가 인상되기도 하였으며, 인상된 품삯에도 일손을 확보하기가 어려웠다. 그러다보니 자연스럽게 농촌 노동력은 노인과 부녀자가 주력을 차지하게 되었는데, 이는 호남과 영남의 곡창지대에서도 마찬가지로 나타나는 현상이었다. 이에 따라 가족들이 자경할 수 있는 한도를 넘어선 큰 농토를 가진 농가는 일손부족으로 농토의 일부를 팔아치우는 사태까지 빚어졌다. 특히 이 영상이 제작되었던 1978년 당시에는 농촌주택개량사업과 보온 못자리 설치로 시작되는 봄철농번기가 겹쳐 최악의 인력난을 맞은 해로 평가되었다. 농민들은 이 같은 일손부족이 영농에 치명적 타격을 주어 증산목표에 차질을 가져올 것으로 우려하고 있었으며, 농촌인력과 농기계를 효율적으로 사용할 수 있는 당국의 뒷받침과 협업영농제도 등 과감한 대책을 호소하고 있었다. 뿐만 아니라 1978년에는 가뭄이 겹쳐 농촌 생산에도 어려움을 겪고 있었다.

농촌의 일손부족은 증산목표 달성 여부뿐만 아니라 농민 여론의 정부에 대한 인식과도 연관되어 있는 문제였다. 이에 따라 정부는 여름방학에 대학생 봉사대를 파견하거나 군부대, 관공서 직원들을 동원하는 등 농촌의 일손부족에 대한 노동동원을 적극적으로 추진하지 않을 수 없었다.

▌참고문헌

「농사철과 농촌일손 동원」, 『동아일보』, 1973년 5월 23일.
「일손부족 품삯 올라 농촌은 고민하고 있다」, 『경향신문』, 1978년 4월 19일.
박재묵, 「노동력 이출과 농촌 사회구조의 변동」, 『인문학연구』 12-2, 충남대학교 인문과
　　　학연구소, 1985.
이환병, 『모범농민·마을의 성장과 농촌 새마을 운동』, 성균관대학교 박사학위논문,
　　　2013.

해당호 전체 정보

KC1189-01   벨지움 왕세자 내한(알베르 왕자)

상영시간 ㅣ 01분 39초

영상요약 ㅣ 벨기에 알베르 왕자 일행이 내한하여 김포공항에서 환영식을 갖고 최규하 국무총리가 이들을 맞이했다. 이어 알베르 왕자 일행은 박정희 대통령을 접견하고 훈장을 수여 받았다.

KC1189-02   국제 기계전

상영시간 ㅣ 01분 10초

영상요약 ㅣ 국내 최초로 대규모의 공작기계 및 공구전시회가 덕수궁 행각에서 개막되었다. 이 전시회에는 국내업체와 더불어 외국업체들도 참여해 큰 규모의 국제공작기계전을 마련했다.

KC1189-03   노력동원 모내기

상영시간 ㅣ 03분 56초

영상요약 ㅣ 전국적으로 모내기 총동원령이 내려져 온 국민이 모내기에 총력을 다하고 있는 사회 분위기 속에서 공무원들이 모내기 작업에 파견된 모습을 담은 영상이다.

경제4단체 송년 간담회 (1979년 1월 29일)

제작정보

출   처 : 대한뉴스KC 1223호
제 작 사 : 국립영화제작소
제 작 국 가 : 대한민국

영상정보

제 공 언 어 : 한국어
컬   러 : 컬러
사 운 드 : 무

영상요약

전국경제인연합회(전경련), 대한상공회의소(대한상의), 한국무역협회(무협), 중소기업협
동조합(중소기협) 등 경제 4단체가 서울 조선호텔 그랜드볼룸에서 국무총리 및 경제각
료 초청 송년 간담회를 개최하였다. 최규하 국무총리가 송년 간담회에서 정주영 전경련
회장 등 여러 경제단체 인사들과 인사하는 모습을 보여주고 있다.

(내레이션 없음)

화면묘사

- 전국경제인연합회(전경련), 대한상공회의소(대한상의), 한국무역협회(무협), 중소기업 협동조합(중소기협) 등 경제 4단체가 서울 조선호텔 그랜드볼룸에서 국무총리 및 경 제각료 초청 송년 간담회를 개최함
- 최규하 국무총리가 송년 간담회에서 여러 경제단체 인사들과 악수를 나누고 건배를 하며 이야기를 하고 있음
- 최규하 국무총리가 정주영 전경련 회장과 대면하는 모습

연구해제

  이 영상은 1978년 12월 28일 조선호텔에서 열린 재계·경제계 인사들의 송년회 현장을 담고 있는데, 편집과정에서 제외되어 대한뉴스로는 방영되지 않은 장면들을 담고 있다. 이 송년회는 국무총리와 경제각료 초청으로 경제 4단체 공동주관하에 개최되었다. 이날 송년회에는 정주영 전국경제인연합회(이하 전경련) 회장을 비롯한 재계인사와 최규하 총리, 신현확 부총리를 비롯하여 한국은행 총재, 국세청장, 상공부장관, 재무부장관 등 정부각료 총 300여 명이 참석했다. 경제 4단체는 전국경제인연합회, 대한상공회의소, 한국무역협회, 중소기업협동조합중앙회로서 경제계의 이익을 대변하는 단체들을 총칭한다. 영상에서 제시되듯이 박정희 정부하 경제4단체는 정부와 상호협조관계를 형성하며 긴밀하게 연관되어 있었으며, 상호이익을 보장해 왔다.

  경제 4단체 중 그 기원이 가장 오래 된 조직은 '대한상공회의소'인데, 이는 구한말에 각 지역별로 결성되어 있던 '상의소'를 전신으로 한다고 볼 수 있다. 각 지역별로 조직되어 활동하던 '상업회의소'가 1953년 전국 규모의 법정단체로 체제를 정비하며 '대한상공회의소'를 설립한 것이다. 전경련은 5·16쿠데타로 군사정부가 설립된 이후인 1961년 8월 공식출범하였으며, 1962년 5월에는 '중소기업협동조합중앙회'가 결성되었다. '중소기

업협동조합중앙회'의 경우 군사정부에 의해 법정단체로서 출범되었다는 특징이 있다.

　자유당시절, 자본가 조직은 정부와 결탁하여 독점자본을 형성하고 재벌로 그 규모를 확대시켜 나갔다. 이들은 1960년 4·19 발생 이후 부정축재자처벌을 염원하는 국민들의 성원으로 해체되는 듯하다가 1961년 5·16쿠데타로 수립된 군사정부에 의해 기사회생하였다. 정부주도의 경제정책을 추진해 나가는 과정에서 자본가의 협조가 필요했던 쿠데타 주역들이 수감되었던 대기업 총수들을 석방하고 다시금 경제활동의 기회를 잡을 수 있게 기회를 준 것이다. 이들은 곧 '경제재건촉진회'의 회원이 되었고, 박정희 정부의 경제개발계획을 추진하는 주체가 되었으며, 그 세를 확장시켜 한국형 재벌로 재탄생하였다.

　이 단체들 중 특히 전경련은 막강한 사회적 권위와 영향력을 갖고 있었다. 전경련은 박정희 정부의 개발독재체제하에서 마치 정부기구처럼 주요 경제정책을 수립하고 집행하는 데 적극 참여할 수 있었다. 정부의 특혜와 제도적 지원 속에서 성장한 재벌과 자본가 단체들은 다양한 방법으로 자신의 이해를 정부정책에 반영해 왔다. 이 같은 과정에서 '정경유착'의 관행이 자리 잡게 되었는데, 주로 선거자금을 지원하는 방식으로 경제적 이익을 보장받을 수 있었다.

▌참고문헌

「총리·경제각료 초청간담 이모저모」, 『매일경제』, 1978년 12월 29일.
홍덕률, 「전경련, 왜 만들어졌는가?」, 『내일을 여는 역사』 19, 2005.

해당호 전체 정보

KC1223-01 청와대 예방

상영시간 ㅣ 01분 24초

영상요약 ㅣ 미 의원단이 청와대로 박정희 대통령을 예방하였다. 미 의원들이 박정희 대통령과 회담을 가지고 있는 모습이다.

KC1223-02 박 대통령 연두 기자회견

상영시간 ㅣ 01분 34초

영상요약 ㅣ 박정희 대통령이 연두기자회견을 열었다. 방송국 직원들이 대통령 연두기자회견 TV방송을 제작하는 모습이다. 사무실에서는 직원들이 대통령 연두기자회견 TV 방송을 보고 있다. 슈퍼마켓에서는 마을 주민들이 모여서 대통령 연두기자회견 TV 방송을 시청하고 있다.

KC1223-03 최규하 총리 동정

상영시간 ㅣ 00분 59초

영상요약 ㅣ 최규하 국무총리가 이낙선 국제기능올림픽대회 한국위원회위원장, 대한사격연맹회장과 제42회 세계사격선수권대회 유공자, 학생, 교육자 등에게 훈장을 수여하고 있는 모습이다.

KC1223-04 여대생 훈련소 입소

상영시간 ㅣ 01분 09초

영상요약 ㅣ 여대생들이 훈련소에 입소하여 군사훈련을 받는 모습이다. 총을 쓰는 훈련, 방탄마스크를 착용하는 훈련 등을 받고 있다.

KC1223-05 건설현장 스케치

상영시간 ㅣ 02분 01초

영상요약 ㅣ 제1한강교 확장 공사 현장, 독립문 로터리 고가차도 공사현장, 금화터널 공사 현장에서 노동자들이 작업하는 모습을 보여주고 있다.

KC1223-06 이조가구(신세계)

상영시간 | 01분 00초

영상요약 | 신세계 백화점 화랑에서 조선시대 가구 전시전이 열렸다. 장롱, 탁자, 선반, 서랍장 등 여러 종류의 조선시대 가구들이 전시되어 있다. 시민들이 전시회를 관람하고 있다.

KC1223-07 비닐하우스

상영시간 | 00분 44초

영상요약 | 비닐하우스에서 한 여성이 상추에 물조리개로 물을 주고 있다.

KC1223-08 환경 질서 운동

상영시간 | 02분 10초

영상요약 | 서울 중부경찰서에서는 환경 질서 운동을 전개하였다. 경찰관이 거리에서 상인들에게 불량간판에 대해서 설명하는 모습이다. 아울러 중부경찰서에서는 권장간판 전시장을 열었다. 권장간판 전시장에서 상인들이 구경하고 있다.

KC1223-09 차량물결

상영시간 | 01분 12초

영상요약 | 고층빌딩들이 서 있는 큰 거리에 버스, 택시 등 자동차들이 지나다니는 모습이다. 보행자는 횡단보도를 건너고 있다.

KC1223-10 주산 11단 자격 수여

상영시간 | 01분 22초

영상요약 | 서울 동구여상 이정희가 한국에서 처음으로 주산 11단 자격을 취득하였다. 이정희가 주산 11단 자격증서 및 장학금을 받고 있는 모습이다. 아울러 계산문제를 제시하자 이정희가 주판으로 계산을 하는 모습을 보여주고 있다.

KC1223-11 백화점 쇼핑

상영시간 | 01분 53초

영상요약 | 세일을 맞이한 백화점에서 사람들이 붐비고 있다. 사람들이 의류코너, 식품코

너 등에서 쇼핑을 하는 모습을 보여주고 있다.

KC1223-12 박 대통령 연두 기자회견

상영시간 ㅣ 01분 10초

영상요약 ㅣ 박정희 대통령 연두기자회견 TV방송을 가전제품 판매점과 가정에서 시청하는 모습을 보여주고 있다.

KC1223-13 고 최규식 경무관 추념

상영시간 ㅣ 01분 50초

영상요약 ㅣ 서울 동작동 국립묘지에 있는 고 최규식 경무관 동상 앞에서 여러 경찰 간부들이 거수경례를 하고 있는 모습이다. 아울러 묘지 앞에서도 가족 및 경찰 고위 인사들이 참배를 하고 있다.

KC1223-14 1979년 시무식

상영시간 ㅣ 01분 28초

영상요약 ㅣ 중앙청 홀에서 1979년 시무식이 열렸다. 수많은 공무원들이 참석한 가운데 최규하 국무총리가 연설을 하고 있다. 아울러 최규하 국무총리가 여러 인사들과 악수를 나누고 있다.

KC1223-15 이스라엘 국회의장 총리 예방

상영시간 ㅣ 00분 37초

영상요약 ㅣ 이츠하크 샤미르 이스라엘 국회의장이 최규하 국무총리를 예방하였다. 이츠하크 샤미르 이스라엘 국회의장과 최규하 국무총리가 회담을 가지는 모습이다.

KC1223-16 각도지사, 차관, 치안본부장 임명장 수여

상영시간 ㅣ 00분 39초

영상요약 ㅣ 최규하 국무총리가 각 도지사, 차관, 치안본부장에게 임명장을 수여하였다. 임명장을 받은 인사들이 최규하 국무총리 앞에서 선서를 하고 있다.

KC1223-17 경제4단체 송년 간담회

상영시간 ㅣ 00분 31초

영상요약 ㅣ 전국경제인연합회(전경련), 대한상공회의소(대한상의), 한국무역협회(무협), 중소기업협동조합(중소기협) 등 경제 4단체가 서울 조선호텔 그랜드볼룸에서 국무총리 및 경제각료 초청 송년 간담회를 개최하였다. 최규하 국무총리가 송년 간담회에서 여러 경제단체 인사들과 인사를 하고 있다. 한편 최규하 국무총리가 정주영 전경련 회장과 대면하는 모습을 보여주고 있다.

남북대화 천만인 서명운동 (1979년 2월 22일)

제작정보

출   처 : 대한뉴스KC 1226호
제 작 사 : 국립영화제작소
제 작 국 가 : 대한민국

영상정보

제 공 언 어 : 한국어
컬   러 : 컬러
사 운 드 : 무

영상요약

남북대화 촉진 천만인 서명운동이 통일꾼 본부의 주최로 전개되었다. 기미독립선언 33인 중 유일한 생존자인 이갑성과 이용희 통일원 장관이 서명을 하는 모습이다. 통일꾼 본부는 지나가는 시민들에게도 서명을 받고 있다.

내레이션

(내레이션 없음)

화면묘사

- 기미독립선언 33인 중 유일한 생존자인 이갑성에게 기자들이 인터뷰를 시도하고 있음
- 붓글씨로 서명을 하는 이용희 통일원 장관
- 李甲成(이갑성), 李用熙(이용희) 이름이 적혀 있는 종이
- 이갑성이 주변의 도움을 받아 붓글씨를 쓰고 있음
- "李甲成(이갑성)" 명패와 이갑성 자택 외관
- 통일꾼 본부가 남북대화 촉진 천만인 서명운동을 전개하고 있음. 지나가는 시민, 등산객들이 서명을 하고 있음

연구해제

이 영상은 1979년에 진행된 '평화통일촉진 천만 명 서명운동'에 관한 것이다. 영상에는 3·1운동 33인 중 유일한 생존자였던 이갑성 옹이 서명하는 모습과 이용희 통일원 장관이 서명하는 모습이 담겨 있다. 이 영상이 저본이 되어 만들어진 대한뉴스 1228-2호에는 이갑성 옹의 서명 장면 바로 앞에 박정희 대통령의 서명 장면이 먼저 나온다. 박정희 대통령은 "대화로 통일 총화로 통일"이라는 휘호와 함께 서명을 했다. 내레이션에 따르면 이 운동은 1979년 통일원 연수교육을 받은 '통일꾼'들이 3월 1일을 기해 전국적으로 벌인 운동이었다.

평화통일에 대한 염원은 분단 이후 우리 사회에서 끊임없이 제기되고 있는 가장 절박하고 중요한 주제이다. 박정희는 유신을 단행하면서 그 명분으로 남북대화를 내세웠다. 남북대화를 더 잘하기 위한 체제로의 전환, 통일을 위한 좀 더 효과적인 시스템의 구축이라는 것이 박정희가 내세운 유신의 이유였다. 이에 따라 박정희는 1974년 연두기자회견에서 남북한 상호불가침협정 체결을 제의했다. 그 내용은 상호 무력 불침범 약속, 상

호 내정 불간섭, 휴전협정 효력 존속 인정 등이었다. 박정희의 남북대화에 대한 기본 입장은 단계론에 입각한 기능주의적 접근전략이었다. 박정희는 통일의 전 단계를 평화공존 체제의 정착으로 인식하고 평화공존이 남북대화를 통해 이루어질 것이라고 생각하였다. 박정희는 압도적인 국력에 의해 실제로 '통일정책'을 추진하기 이전까지 과도적으로 '대북정책'을 실시해 평화공존론에 입각한 '분단관리', 또는 남북대화를 매개로 한 '현상유지' 정책을 구사하고자 하였다.

유신정권의 평화공존론은 '선 평화 후 통일' 정책의 강조로 이어졌다. 유신정권은 한반도문제의 논점이 북미관계를 축으로 전개되는 양상을 띠기 시작하면서 필사적으로 남북대화와 평화공존, 불가침협정, 교차승인, 나아가 남북 간 경제협력 기구 구성을 제의하는 등 남북관계 모드를 유지하고자 하였다. 그러나 북한은 대미 직접 대화노선을 수정하지 않았으며 박정희 유신정권을 외면하였다. 북한은 6·23 선언 취소, 미군 철수, 반공파쇼 정책 중지, 민주인사 석방, 북침소동 중지 등을 남북대화의 전제조건으로 내걸며 박정희 정권을 압박하였다. 북한은 유신헌법의 철폐, 반공법과 국가보안법의 폐지 등도 지속적으로 주장하였다.

결과적으로 유신체제 구축 이후 남북관계는 악화일로를 걸었다. 박정희는 통일을 위하여 유신체제를 수립한다고 하였으나 그 역사적 귀결과 실제는 달랐다. 1970년대 그의 대북정책은 유신체제를 무기로 한 것이었지만 결국 대결과 분단 강화로 귀착되고 말았다. 땅굴발견, 베트남 공산화, 판문점 도끼사건, 무장간첩 침투, 지하당 조직사건 등 남북 간 대결과 긴장상태는 유신체제기 내내 지속되었다.

▍참고문헌

김지형, 「유신체제기 박정희 남북관계 구상과 실제」, 『역사와 현실』 88, 2013.

해당호 전체 정보

KC1226-01   국립중앙박물관

상영시간 | 01분 32초

영상요약 | 국립중앙박물관에 고대의 왕관 및 장신구, 불상, 도자기류 등이 전시되어 있다. 국내외 귀빈들이 전시회를 관람하고 있다.

KC1226-02   제주도 풍물

상영시간 | 02분 09초

영상요약 | 제주도 풍물을 소개하고 있다. 수족관에서 열대어들이 헤엄치는 모습과 동굴에서 바라본 제주도 바닷가와 섬 등을 보여주고 있다.

KC1226-03   행글라이더

상영시간 | 00분 53초

영상요약 | 산 정상에서 행글라이더를 조립한 후 행글라이더를 타고 하늘을 나는 모습이다.

KC1226-04   남북대화 천만인 서명운동

상영시간 | 01분 26초

영상요약 | 남북대화 촉진 천만인 서명운동이 통일꾼 본부의 주최로 전개되었다. 기미독립선언 33인 중 유일한 생존자인 이갑성과 이용희 통일원 장관이 서명을 하는 모습이다. 통일꾼 본부는 지나가는 시민들에게도 서명을 받고 있다.

KC1226-05   남북조절위원회

상영시간 | 03분 03초

영상요약 | 판문점 중립국감독위원회 회의실에서 남북 대표간의 회담이 재개되었다. 민관식 남북조절위원회 부위원장을 비롯한 남한 대표들과 권민준 노동당중앙위원회 부부장을 비롯한 북한대표들이 서로 이야기를 나누고 있다. 아울러 수많은 취재진들이 모여들어 사진을 찍으며 취재하는 모습을 보여주고 있다.

국무총리 반상회 참석 (1979년 4월 6일)

제작정보

출   처 : 대한뉴스KC 1232호
제 작 사 : 국립영화제작소
제 작 국 가 : 대한민국

영상정보

제 공 언 어 : 한국어
컬   러 : 컬러
사 운 드 : 무

영상요약

최규하 국무총리가 참석한 가운데 서울시 종로구 삼청동의 어느 집에서 반상회가 열렸다. 부녀자들이 모여 자료를 보면서 반상회를 하고 있는 모습이다.

(내레이션 없음)

│ 화면묘사

- 최규하 국무총리가 서울시 종로구 삼청동의 집에서 열리는 반상회에 참석함. 최규하 총리와 주민들이 악수를 나누고 있음
- 반상회에 모인 주민들. 최규하 국무총리가 참석한 가운데 부녀자들이 모여 반상회를 하고 있음. 부녀자들이 반상회 자료를 보고 있음

│ 연구해제

    1979년 4월 초에 제작된 이 영상은 최규하 국무총리가 반상회에 참여해서 주민들과 대화하는 모습을 담고 있다.

    1976년 4월 30일, 박정희 정권은 매월 말일을 '반상회의 날'로 지정하였고, 이에 따라 5월 31일 전국에서 일제히 첫 반상회가 열렸다. '반상회'란 박정희 정권이 유신체제를 유지하기 위해 창출한 다양한 동원 기제 중 하나로, 가구별로 모든 국민을 최말단 행정조직인 반 단위로 동원한 조직이다. 식민지시기 애국반, 해방 이후 국민반, 그리고 1950년대 말 국민방과 유사한 조직으로, 1960년 민주당 정권 시기에 각 시도의 조례에 따라 매월 1회씩 개최하도록 정했지만 제대로 실행되지 않았던 것을 박정희 정권이 부활시킨 것으로, 국무총리가 참석하는 것을 보여주는 등 적극적인 홍보를 하며 참석을 권유, 장려하였다.

    박정희 정권은 반상회 재정비의 이유를 '주민들의 친목 도모와 공동관심사 토론을 통한 지역발전을 위해서'라고 홍보하였다. 물론 반상회는 주민들의 주기적인 모임을 통해 마을의 개발사업을 논의할 기회를 제공하고, 이를 실천하는 계기가 되기도 하였고, 행정부로서는 주민들의 애로사항과 숙원사업 청취를 통해 정책을 통해 조정하는 계기로 작동하는 등 순기능도 있었다. 그러나 반상회의 본래 목적은 정부의 반공교육, 국정 홍보 또는 국민의 행동지침을 전달하는 장소로 활용하고자 함에 있었다. 특히 정부는 반

상회를 통해 비상시 행동요령, 간첩이나 거동 수상자 신고 요령, 유언비어 신고 요령, 그리고 정부에 대한 비판적 언동 금지 등의 사안을 적극적으로 전달했다. 결국 반상회는 정부의 정책 홍보와 공지사항 전달과 함께 주민들의 동향 및 여론 파악의 도구로 이용되었다.

▌ 참고문헌

민주화운동기념사업회 연구소 엮음,『한국민주화운동사』 2, 돌베개, 2009.
전재호,「유신체제의 구조와 작동 기제」,『유신과 반유신』, 민주화운동기념사업회, 2005.

해당호 전체 정보

KC1232-01 국무총리 반상회 참석
상영시간 ㅣ 00분 56초
영상요약 ㅣ 최규하 국무총리가 참석한 가운데 서울시 종로구 삼청동의 어느 집에서 반상회가 열렸다. 부녀자들이 모여 자료를 보면서 반상회를 하고 있는 모습이다.

KC1232-02 당국 실무간 대변인 발표
상영시간 ㅣ 00분 42초
영상요약 ㅣ 남북대화 재개를 위한 대한민국 당국 실무대표단 이경식 대변인이 성명을 발표하고 있다. 취재진들이 모여서 카메라로 사진을 찍거나 발표 내용을 메모하고 있다.

KC1232-03 미육군 참모총장 총리 예방
상영시간 ㅣ 00분 34초
영상요약 ㅣ 최규하 국무총리가 로저스 미 육군 참모 총장과 접견을 하고 있다. 만나서 악수를 나누며 인사를 한 후 이야기를 나누고 있다.

KC1232-04 방송통신대 입학식
상영시간 ㅣ 00분 59초
영상요약 ㅣ 1979년도 방송통신대 입학식이 서울대학교 운동장에서 열렸다. 입학식에 참가한 학생들이 운동장에 정렬해 서 있다. 아울러 입학식에서 한 인사가 치사를 하고 있다.

KC1232-05 국민 식수 전시관 개관
상영시간 ㅣ 02분 03초
영상요약 ㅣ 국민식수전시관이 개관되었다. 국민식수전시관에 전시되어 있는 전시품들을 보여주고 있다. 실내전시관과 야외전시관에서 전시를 관람하고 있는 시민들의 모습이다. 구자춘 내무부 장관이 관계자의 설명을 들으며 전시관을 둘러보고 있다.

KC1232-06 남산식물원

상영시간 ㅣ 00분 23초

영상요약 ㅣ 남산식물원에 전시되어 있는 여러 종류의 꽃과 나무들의 모습이다.

탄광촌 구성 (1979년 6월 30일)

제작정보
출　　처 : 대한뉴스KC 1244호
제 작 사 : 국립영화제작소
제 작 국 가 : 대한민국

영상정보
제 공 언 어 : 한국어
컬　　러 : 컬러
사 운 드 : 무

영상요약

대한석탄공사 도계광업소의 모습이다. 광부들이 갱 내부에서 작업을 하고 있다. 광부 부인들이 탄광작업을 체험하는 모습도 보여주고 있다. 탄광촌 새마을 구판장에서 광부들과 그의 가족들이 물건을 구매하는 모습이다.

내레이션

(내레이션 없음)

화면묘사

- 탄광촌의 새마을 구판장 모습. 생수 등 물품들이 전시되어 있음. 광부들이 물건을 구매하고 있음. "새마을 구판장" 간판. 광부 및 그의 가족들이 물건을 사서 나오고 있음
- "대한석탄공사 도계광업소(대한석탄공사 도계광업소)" 현판과 건물 외관
- 부녀자들이 집에 모여서 자수를 하고 있음
- 광부들이 갱 내부에서 작업을 하고 있음
- 광부 부인들이 탄광작업을 체험하고 있음. 갱 내부에서 부인들이 광부에게 차를 따르고 광부가 차를 마시는 모습. 차를 타고 갱 내부를 이동하는 광부들과 부인들
- 공장에서 여공이 재봉틀로 일을 하고 있음
- "경축 낙동강 승전기념관 개관" 현수막. 개관식에 참석한 여러 참석자들의 모습. 개관 테이프 커팅 장면
- 농민들이 솔로 소를 목욕시켜주는 장면

연구해제

극장에서 대한뉴스로 상영되지 못한 이 영상은 1979년 대한석탄공사 도계광업소(강원도 삼척시 소재)를 중심으로 한 탄광촌의 일상과 작업장 모습을 담고 있다. 영상에서는 탄광촌의 새마을운동, 탄광촌 주민들의 새마을구판장 활용, 새마을부녀회 활동, 광부 부인들의 탄광 체험 등을 세부적으로 보여주고 있다. 특히 새마을구판장의 바깥과 안의 모습을 골고루 보여주어 탄광촌에서 새마을구판장이 갖는 공간적 위상을 잘 보여준다.

한국의 석탄산업은 1950년 '대한석탄공사법'의 제정, 공포부터 시작하지만 획기적인 발전은 1961년 5·16군사쿠데타로 등장한 박정희 정권의 경제개발5개년계획의 시행에서 찾을 수 있다. 박정희 정부의 에너지정책은 '주유종탄' 정책으로 석유산업을 중심으로 전개되면서도 1960년대 내내 정부에서 석탄가격을 철저하게 통제하고 보조금을 지

원하기도 하였다. 그러나 1973년 발생한 제1차 석유파동으로 주유종탄 정책은 종지부를 찍었고, 주탄종유 정책으로 급선회하였다. 이것은 1973년 정부가 석탄산업 육성자금을 대폭 증액하여 석탄산업의 육성을 도모하는 것이었고 다른 한편으로는 1975년 '석탄수급조정에 관한 임시조치법'의 시행으로 석탄의 유통, 품질관리체계를 확립하고 시행기간을 1986년까지 연장하는 것이었다. 1978년 동력자원부의 발족과 제2차 석유파동은 정부로 하여금 '석탄생산 극대화 정책'의 추진뿐 아니라, 비축량 확대를 위한 적극적 석탄 수입에까지 나서게 하였다. 석유파동으로부터 촉발된 정부의 위기인식은 '선 생산, 후 보안'의 생산독려와 강도 높은 막장노동의 확대, 탄광촌 일상의 조직화인 광산새마을운동으로 이어졌다.

　이처럼 1970년대 후반 탄광촌은 영상에서 보이듯, 생산증강과 탄광촌 주민들의 삶을 위로부터 재조직화하는 방식으로 통제되었지만 이러한 통제정책은 새로운 국면에서 전혀 예상치 못하는 방향으로 흘러가기도 하였다. 1980년 봄 4일간 광부와 탄광촌 주민들이 완전히 공권력을 해체시켰던 사북항쟁이 그 대표적인 예이다. 10 · 26사건으로 유신체제가 붕괴하자 사북탄광의 광부들은 열악한 노동조건과 노동조합의 어용성에 저항하였는데 이 과정은 탄광촌의 일상과 공간을 가로지르는 저항의 응축과정을 의미했다. 사북항쟁은 탄광촌의 공동 빨래터, 선술집으로 대변되는 저항의 네트워크가 정교하게 작동했기 때문에 가능했는데 이 과정에서 이데올로기적 국가장치였던 새마을부녀회와 사택반장 체제는 저항의 네트워크로서 활용되었다. 새마을부녀회는 항쟁소식을 탄광촌 주민들에게 빠르게 전달하는 역할을 수행하였고, 사택반장은 비공식 담론과 공식 담론이 결합하는 양상을 보여주었다. 결국 이 영상의 1979년 탄광촌 일상은 1980년 사북항쟁의 저항과 완전히 다른 모습이자 일상의 정치가 폭발적 저항의 정치로 나아가는 연속성에서 고루 평가하면서 해석할 수 있다.

▌참고문헌

박철한, 「사북항쟁연구 : 일상, 공간, 저항」, 서강대학교 석사학위논문, 2002.

해당호 전체 정보

KC1244-01 국군 모범용사 접견

상영시간 ㅣ 01분 09초

영상요약 ㅣ 최규하 국무총리가 국군모범용사들을 접견하였다. 국군모범용사들과 악수를 나눈 뒤 다과회에서 이야기를 나누고 있다.

KC1244-02 군사정전회담

상영시간 ㅣ 02분 10초

영상요약 ㅣ 판문점에서 군사정전회담이 열렸다. 군사정전회담에 임하는 북한군 대표들과 유엔군 대표들의 모습이다. 판문점에서 보초를 서는 국군들과 행진을 하는 북한 군인들의 모습이다. 아울러 기자들이 회담장 바깥에서 창문 너머로 사진을 찍고 있다.

KC1244-03 국군 장병 위문 공연

상영시간 ㅣ 02분 05초

영상요약 ㅣ 영화진흥공사의 주최하에 국방부, 문화공보부의 후원으로 국군장병위문공연이 열렸다. 가수들의 노래 공연과 무용단의 춤 공연을 보여주고 있다. 군인들이 공연을 보면서 즐기고 있다.

KC1244-04 6·25행사 군악대 연주

상영시간 ㅣ 00분 39초

영상요약 ㅣ 제29주년 6·25 상기 군악연주회가 열렸다. 군악대의 연주에 맞추어 여군들이 합창을 하고 국군장병들이 4중창을 하는 모습이다. 공연을 보면서 박수를 치는 관중들의 모습을 보여주고 있다.

KC1244-05 청룡기 야구

상영시간 ㅣ 04분 20초

영상요약 ㅣ 청룡기 쟁탈 제34회 중고야구대회가 열렸다. 상문고와 부산고의 경기와 인천고와 경남고의 경기를 보여주고 있다. 관중석에서 학생들이 응원을 하는 모습을 보여주고 있다.

KC1244-06   탄광촌 구성

상영시간 ㅣ 01분 26초

영상요약 ㅣ 대한석탄공사 도계광업소의 모습이다. 광부들이 갱 내부에서 작업을 하고 있다. 광부 부인들이 탄광작업을 체험하는 모습도 보여주고 있다. 탄광촌 새마을 구판장에서 광부들과 그의 가족들이 물건을 구매하는 모습이다.

제10대 대통령 당선 (1979년 12월 8일)

제작정보

출   처 : 대한뉴스KC 1268호

제 작 사 : 국립영화제작소

제작국가 : 대한민국

영상정보

제공언어 : 한국어

컬   러 : 컬러

사 운 드 : 무

영상요약

통일주체 국민회의에서 대통령 선거가 진행되었다. 통일주체 국민회의 대의원들이 투표를 하고 있다. 통일주체 국민회의에서 최규하가 제10대 대통령으로 선출되었다. 최규하 대통령이 대통령 당선 소감을 발표하고 있다.

(내레이션 없음)

■ 화면묘사

- 통일주체 국민회의에서 대통령 선거가 이루어짐. 통일주체 국민회의 대의원들이 투표를 하고 있음
- 통일주체 국민회의에서 제10대 대통령으로 최규하가 선출됨
- 최규하 대통령이 대통령 당선 소감을 발표하고 있음. "통일주체 국민회의" 마크가 벽에 붙어 있음
- 비디오, 사진 촬영을 하는 취재진들

■ 연구해제

이 영상은 1979년 12월 6일 통일주체국민회의를 통해 최규하 대통령 권한대행이 제10대 대통령으로 선출되는 장면이다. 이날 투표에서 재적 대의원 2,560명 중 단독 입후보한 최규하 후보가 찬성 2,464표, 무효 84표를 획득해, 박정희 대통령 서거에 따른 대통령 보궐선거에서 대통령으로 선출되었다. 통일주체국민회의 대의원들은 11개 시·도 지역별로 투표에 들어가, 토론 없이 무기명 비밀투표로 투표용지에 후보자 1명의 이름을 기재한 후 투표함에 넣는 방식으로 투표를 진행하였다. 영상에는 투표의 진행절차 과정과 선거에 앞서 통일주체국민회의 의장 권한대행 자격으로 개회사를 하는 최규하 대통령의 연설 장면이 담겨 있다.

10·26사건가 발생할 당시 국무총리였던 최규하는 박정희 대통령이 피살되자 유신헌법 제48조에 따라 대통령 권한대행에 취임하게 되었다. 공화당과 유정회 등 여권 관계자들을 만나 시국수습책을 협의하고, 11월 10일 발표한 시국에 관한 특별담화에서 최규하는 규정된 시일 내에 법이 정하는 절차에 따라 대통령선거를 실시하여 새로 선출되는 대통령에게 정부를 이양할 것을 언명하였다. 그리고 "새로 선출되는 대통령은 현행 헌법에 규정된 잔여 임기를 채우지 않고 현실적으로 가능한 빠른 기간 내에 각계각층의

의견을 광범하게 들어서 헌법을 개정하고, 그 헌법에 따라 선거를 실시해야 한다"고 밝혔다.

최규하의 이 담화는 통일주체국민회의에서 뽑는 대통령 보궐선거에 자신이 후보로 나서겠다는 의미이기도 했다. 이에 대해 공화당과 신민당은 표면적으로는 각각 다른 반응을 보였다. 공화당 의장서리 박준규는 공화당은 대통령 보궐선거에 후보를 내지 않기로 했다고 밝혀 최규하의 대통령 취임을 수용했다. 반면 신민당 총재 김영삼은 유신헌법에 의한 대통령선거는 잘못이라고 지적하고, 시간을 끌수록 혼란이 일어나므로 3개월 이내에 헌법을 개정하여 대통령선거를 해야 한다고 주장했다. 당시 공화당은 과도체제에는 정당이 참여하지 않는 것이 옳다고 하면서 보궐선거에 불참했다. 이것은 유신체제와 공화당을 분리하고자 하는 의도와 함께 당시 실질적으로 공화당이 군이나 관료세력을 이끌어 나갈 수 있는 역량이 되지 못했다는 현실도 작용한 것이었다. 신민당의 경우 헌법 개정 후 대통령선거 실시를 주장했지만, 단독으로 개헌을 실현할 힘이 없었을 뿐만 아니라 가택연금 중에 있는 김대중의 입장도 고려해야 했다. 신민당은 김대중에게 공평한 기회를 주지 않으려 한다는 비난을 받지 않기 위해서라도 대통령선거를 서둘 필요는 없었다. 그 결과 영상에서 보듯이 1979년 12월 6일 실시된 통일주체국민회의에서 최규하 후보는 압도적인 지지하에 대통령에 당선될 수 있었다.

하지만 최규하가 통일주체국민회의에서 대통령으로 선출된 지 1주일만인 1979년 12월 12일 이른바 12·12 군사쿠데타가 발생했다. 합동수사본부장인 전두환 보안사령관의 지시로 계엄사령관인 정승화 육군참모총장을 포함하여 일부 장성들이 체포되는 사건이 벌어졌다. 전두환을 위시한 신군부가 정치 환경의 급변으로 초래된 권력의 공백상태를 활용하여 정치권력을 장악하려는 움직임을 보였고, 여기에 기득권에 안주하여 변화를 두려워 한 일부 정치인 및 관료집단이 합세하여 권위주의체제로의 회귀를 도모한 것이다. 이것이 1979년 12월 12일 발생한 사건의 본질이었다.

이후 하극상 사태를 일으켜 군부를 장악한 전두환의 신군부는 학생들의 시위가 격렬해지는 것을 기화로 정권장악에 나섰다. 신군부는 민주화 열망에 부응하여 사회 각 분야에서 분출되기 시작한 진통을 사회혼란으로 규정하고, 거기서 발생하는 위기를 극복한다는 명분으로 비상계엄을 전국적으로 확대하는 이른바 5·17조치를 취했다. 이에 따라 신군부가 중심이 된 새로운 권력구조가 구축되자 최규하는 1980년 8월 16일 대통령직을 사임했다.

▌참고문헌

심지연, 「최규하정부 하의 정당구도 분석」, 『한국정치외교사논총』 24-2, 2003.

해당호 전체 정보

KC1268-01 제10대 대통령 당선

상영시간 | 00분 52초

영상요약 | 통일주체 국민회의에서 대통령 선거가 진행되었다. 통일주체 국민회의 대의
원들이 투표를 하고 있다. 통일주체 국민회의에서 최규하가 제10대 대통령으
로 선출되었다. 최규하 대통령이 대통령 당선 소감을 발표하고 있다.

KC1268-02 최규하 대통령 선거 공고

상영시간 | 02분 04초

영상요약 | 곽상훈 통일주체 국민회의 대의원을 비롯한 여러 대의원들이 통일주체 국민
회의 사무처를 방문하여 최규하 대통령 권한대행을 제10대 대통령 후보자로
등록하는 접수를 하고 있다. 박영수 사무총장이 등록 서류를 살펴보고 접수증
을 발급하고 있다. 박영수 사무총장이 기자들이 모인 가운데 최규하 대통령
후보 등록자를 발표하고 있다. 아울러 통일주체 국민회의 사무처 청사 게시판
에 최규하 대통령 후보 등록 공고를 붙이고 있다.

KC1268-03 최규하 대통령 첫 등정

상영시간 | 00분 40초

영상요약 | 최규하 대통령이 국무위원들과 악수를 나눈 후 회의를 하고 있는 모습이다.

KC1268-04 총리 사회 저명 인사 면담

상영시간 | 02분 56초

영상요약 | 최규하 대통령이 여러 사회 저명 인사들과 인사를 나눈 후 이야기를 나누고 있
다. 술잔을 기울이거나 담배를 피면서 이야기를 나누는 모습도 보여주고 있다.

KC1268-05 약시 아동 위한 바자회

상영시간 | 01분 00초

영상요약 | 약시 아동을 위한 자선 음악회가 열렸다. 가수들의 노래 공연 장면과 어린이

들이 합주하는 모습을 보여주고 있다.

KC1268-06 수원 성곽 복원 준공

상영시간 ㅣ 02분 10초

영상요약 ㅣ 수원성곽 복원 준공식이 열렸다. 최규하 대통령이 참석하여 수원성곽 복원공
사에 대한 관계자의 설명을 듣고 있다. 아울러 최규하 대통령과 여러 인사들
이 기념비 제막식과 기념식수를 하고 있다. 최규하 대통령이 수원성 내부 시
설을 시찰하고 있다.

KC1268-07 망향제

상영시간 ㅣ 02분 05초

영상요약 ㅣ 중구절을 맞이하여 대한반공청년회의 주최로 중구절 망향제가 임진각에서 열
렸다. 망향제에서 한 인사가 치사를 하는 모습과 눈물을 흘리는 망향제 참가
자들의 모습을 보여주고 있다. 아울러 망향제단 앞에서 헌화, 참배를 하는 참
가자들을 보여주고 있다.

KC1268-08 밀감밭

상영시간 ㅣ 02분 08초

영상요약 ㅣ 제주도의 밀감밭에서 농민들이 밀감을 수확하는 모습이다.

KC1268-09 국회의원 부인 국군 장병 위문

상영시간 ㅣ 01분 25초

영상요약 ㅣ 국무위원 부인들이 각종 위문품을 포장하여 국군장병들에게 전달하는 모습이
다.

KC1268-10 겨울철새

상영시간 ㅣ 01분 59초

영상요약 ㅣ 겨울철새의 모습이다. 철새들이 바다에서 헤엄치다가 바다 위를 나는 모습과
저수지 위를 날거나, 물가에서 헤엄치는 철새들의 모습 등을 보여주고 있다.

찾 아 보 기

ㅈ

ㅊ

'한국 근현대 영상자료 수집 및 DB구축' 과제 참여자

연구책임자
허은 (고려대학교 한국사학과 교수)

공동연구원
강명구 (서울대학교 언론정보학과 교수)
김려실 (부산대학교 국어국문학과 교수)
조준형 (한국영상자료원 한국영화사연구소장)
최덕수 (고려대학교 한국사학과 교수)
지우지 피자노(Giusy Pisano) (프랑스 루이-뤼미에르 고등영상원 교수)

전임연구원
박선영 (현 고려대학교 한국사연구소 연구교수)
박희태 (현 성균관대학교 CORE사업단 연구교수)
양정심 (현 대진대학교 인문학연구소 연구교수)
장숙경 (전 고려대학교 한국사연구소 연구교수)

연구보조원
공영민, 금보운, 김명선, 김성태, 김재원, 김진혁, 마스타니 유이치(舛谷祐一), 문민기, 문수진,
서홍석, 손지은, 심혜경, 예대열, 유정환, 윤정수, 이동현, 이상규, 이설, 이수연, 이정은, 이주봉,
이주호, 이진희, 임광순, 장인모, 정유진